경영학 연구방법

김길환 · 정현석

經文社

머리말

경영학 및 사회학에서 중요하게 사용되는 통계분석은 사회현상을 과학적 방법을 통해 설명하고 이론을 개발하는 데 목적을 두고 있다. 이러한 목적을 달성하기 위해서 연구자는 상황에 맞는 연구방법과 통계기법을 적용할 수 있는 능력이 필수적이다. 하지만 통계학을 처음 접하는 연구자가 가지는 생각이 "통계학은 어렵다" 이다. 이는 기존의 많은 통계학 연구가 계산에 치중한 결과라 생각한다. 이에 본 저서에서는 경영학에서 사용되는 연구방법에 대해 가급적 과학적 연구방법을 바탕으로 한 흐름에 맞추어 설명하고 실제 통계 부분은 계산 위주의 분석이 아닌 Excel을 활용한 실습을 통해 어떻게 분석하고 해석하는지를 중심으로 작성하였다.

본 저서는 경영학에서 많이 활용되는 양적연구방법에 대한 이해를 돕도록 기본적인 개념을 소개하고 설명한다. 또한, 사례 소개에 대해 그림과 도표를 활용하여 연구방법에 대한 개념을 시각적으로 이해하는 데 도움이 되도록 하였으며, 각 장의 마지막에 연습문제를 통해 복습을 돕도록 했다. 통계기법에 대한 설명을 위해서는 누구나가 쉽게 접할 수 있는 엑셀 프로그램을 이용하였으며, 사례를 통한 결과해석에도 많은 부분을 할애하였다.

본 저서는 경영학이 속한 사회과학에서 과학적 연구방법이 무엇인지를 설명한 1장, 사회과학에서 개념을 숫자로 바꾸는 과정, 측정하는 방법, 설문지 작성에 대해 설명한 2장, 표본을 바람직하게 추출하는 방법에 대해 다루는 3장, 자료를 의미있는 정보로 요약하는 방법을 설명하는 4장, 확률 및 확률분포의 개념에 대해 설명하는 5장, 확률변수의 구성요소인 이산확률변수와 연속확률변수에 대해 설명한 6~7장, 통계학의 가장 기초적이며 핵심적인 이론을 설명하는 8장, 과학적 연구를 위해 가설을 검증하기 위한 방법에 대해 설명한 9장, 분산분석의 활용법에 대해 설명한 10장, 상관분석에 대해 설명한 11장, 회귀분석 및 다중회귀분석에 대해 기술한 12~13장으로 구성하였다.

지금까지 경영학 및 사회학에서 필요한 통계방법을 정리하고자 국내외의 다양한 저서 및 사례를 참조하여 통계학에 대한 이해를 높이고자 본서를 작성하였지만 부족한 부분이 존재할 것이라 생각된다. 이 부분은 차후 추가적인 연구와 독자들의 조언을 통해 보완하고자 한다. 마지막으로 본서의 출간을 위해 도움을 준 경문사 관계자에게도 감사의 말씀을 전하고자 한다.

2023년 6월

저자

차 례

01 과학과 연구

02 측정과 설문지

03 표본설계 및 자료수집

04 기술통계분석

05 확률과 확률분포

06 이산확률분포

07 연속확률분포

08 표본분포

09 가설검정

10 분산분석

11 상관분석

12 단순회귀모형

13 다중회귀모형

부 록

과학과 연구

01
Chapter

제1절 ▌과학적 연구의 본질

1. 과학

보편적 진리나 법칙의 발견을 목적으로 하는 과학은 다음과 같이 정의될 수 있다.

> 과학(science)은 자연현상이나 사회현상을 측정하거나 관찰하여 그 안에 존재하는 일련의 보편적인 법칙 및 원리를 발견하고 발전시키는 방법론에 대한 학문이다.

과학은 크게 자연과학과 사회과학으로 구분할 수 있다.

> 자연과학(natural science)은 자연적으로 형성된 물질, 지구, 천체, 인체, 태풍, 노화, 빛과 같은 모든 자연현상을 연구대상으로 하고, 사회과학(social science)은 인간들의 행동과 그들이 이루는 사회에서 발생하는 사회현상을 연구대상으로 하는 학문이다.

일상에서 과학이라고 말할 때는 보통 자연과학을 생각하는 경우가 많으며, 과학을 좁은 의미로 사용할 때의 의미가 자연과학이다. 자연과학은 사회과학과 함께 경험과학으로 분류되기도 하지만, 자연과 학문을 가리켜 순수과학 또는 기초과학으로 사용하기도 한다. 자연과학에는 물리학, 지구학, 생물학, 화학, 천문학 등이 포함되고 사회과학에는 사회학, 심리학, 정치학, 법학, 종교학, 예술학, 윤리학, 경제학, 경영학 등이 포함된다.

자연현상은 인간의 의지와는 무관하게 발생하는 현상을 총칭하므로 다음과 같은 특성을 지닌다.

첫째, 자연현상은 인간의 의지나 가치와 무관하게 발생한다. 예를 들어, "나이가 들면 노화현상이 나타난다.", "기온이 영하로 떨어지면 물은 얼음이 된다." 등은 인간의 의도나 가치에 상관없이 발생하고 존재한다. 이를 몰가치성의 원리라 한다.

둘째, 자연현상은 인간의 인식여부와 관계없이 단지 자연의 원리에 따라 사실 그대로 존재하는 현상이다. 예를 들어, "우리 몸에는 병을 치유할 수 있는 자생력이 있다.", "수풀은 계절마다 빛깔을 달리한다." 등의 사실은 인간의 인식여부와 관계없이 존재한다. 이를 존재법칙의 원리라 한다.

셋째, 자연현상은 특정 원인이 반드시 그에 상응하는 결과를 가져오는 관계가 엄격한 규칙으로 존재하며 예외가 없다. 예를 들어, 사람은 태어나면 죽는다는 사실에는 예외가 없다. 이를 필연성과 확실성의 원리라 한다.

넷째, 자연현상은 시간과 장소에 관계없이 같은 조건에서는 같은 현상이 발생한다. 예로 물은 1기압에서 가열하여 섭씨 100도가 되면 끓어 기체로 변한다는 사실에는 예외가 없다. 이를 보편성의 원리라 한다.

한편 사회현상은 인간의 의지에 따라 인위적으로 발생하는 것으로 사회 속에서 나타나는 현상을 총칭하므로 다음과 같은 특성을 지닌다.

첫째, 사회현상은 인간의 가치나 신념을 반영하여 발생한다. 예를 들어, 운동하면 몸에 좋으니까 운동이 중요하다는 인간의 의지와 가치가 개입되어서 당연히 그렇게 해야 한다는 뜻이다. 이를 가치함축성의 원리라 한다.

둘째, 사회현상은 인간의 규범적 욕구가 반영되어 "마땅히 ~를 해야한다."로 진술된다. 예를 들어, 기온이 영하로 내려가면 추우니까 옷을 두껍게 입어야 한다는 인간의 규범적 요구가 개입되어서 당연히 그렇게 해야 한다는 뜻이다. 이를 당위법칙의 원리라 한다.

셋째, 사회현상은 원인과 결과가 엄격한 법칙으로 대응하기보다는 확률적으로 관련을 맺고 있어 예외적인 현상이 나타날 수 있다. 예를 들어, 정부가 곡물 공급량을 확대하면 가격이 하락할 확률이 높으나 반드시 그렇게 되는 것은 아니다. 이를 개연성과 확률성의 원리이다.

넷째, 사회현상은 시대와 사회를 초월하여 예외 없는 현상이 존재하면서도 그 현상은 시대와 사회에 따라 변화된다. 예로 장례문화는 시대와 사회를 초월하여 보편적으로 나타나는 현상이지만 시대와 사회에 따라 그 방식이나 의미가 다양한 형태로 변화되었다. 이를 보편성과 특수성의 원리라 한다.

이러한 자연현상과 사회현상의 차이점은 [표 1-1]처럼 요약될 수 있다.

표 1-1 자연현상과 사회현상의 차이

자연현상	사회현상
몰가치성	가치함축성
존재법칙	당위법칙
필연성과 확실성	개연성과 확률성
보편성	보편성과 특수성

또한 과학은 응용 방법에 따라 순수과학과 응용과학으로 분류할 수도 있다.

순수과학(pure science)은 영리 활동을 목적으로 두지 않고 순수한 지적 호기심에서 나오는 학문의 진리 탐구 자체를 목적으로 하는 학문이고, 응용과학(applied science)은 순수과학연구의 결과를 통해 인류의 사회생활에 실용적인 욕구를 충족시키려는 것을 주된 목적으로 하는 학문이다.

순수과학은 공학이나 응용과학 따위의 밑바탕이 되는 수학, 물리학, 화학, 생물학 등이 이에 해당한다. 반면 응용과학은 공학, 건축학, 경영학, 법학, 행정학, 사회복지학, 신문방송학, 관광학, 의학, 치의학, 약학, 수의학, 농학, 수산학, 임학, 군사학 등이 이에 속한다.

2. 과학적 연구

학문의 발전을 위해서는 이론적 수준과 실증적 수준 사이를 반복해서 발전시켜 나아가야 한다.

이론적 수준(theoretical level)은 자연현상이나 사회현상에 관한 개념이나 개념들 간의 관계를 이론적으로 설명하는 연구이고, 실증적 수준(empirical level)은 측정되거나 관찰된 자료를 바탕으로 이론적 개념과 개념 간의 관계를 검정하여 이론들이 실제와 얼마나 부합하고 현상을 잘 설명해주는지를 검정하는 연구이다.

이론은 사실(truth)이 아니라 특정 현상에 관한 연구자들의 주장이므로 이론이 실제와 얼마나 적합한지에 따라 이론의 적합도(goodness)가 결정된다. 실제와 적합한지를 확인하기 위한 방법이 실증적 검정이며 이러한 과정의 반복이 과학적 연구라 할 수 있다. 따라서 과학적 연구는 다음과 같이 정의할 수 있다.

과학적 연구(scientific research)란 이론을 제기하고 제기된 이론과 실제 간의 적합성을 조사하는 과정이 반복되어 이론이 보다 세련되게 현실을 잘 설명할 수 있게 만드는 과정이다.

이처럼 끊임없는 이론과 실제 간의 검정 과정을 통해야 이론이 현실을 더 잘 설명할 수 있다. 연구를 이론수립에 공헌하는 귀납적 연구와 이론검정에 공헌하는 연역적 연구로 분류하듯이 과학적 연구는 연구방법, 연구자료, 연구시점 그리고 연구실험에 따라 다양하게 분류한다. [그림 1-1]은 앞으로 살펴볼 분류기준에 따른 연구유형을 보여주고 있다.

그림 1-1 분류기준에 따른 연구유형

이론	방법	자료	시점	실험
귀납적 연구	실증적 연구	양적 연구	횡단적 연구	실험연구
연역적 연구	해석적 연구	질적 연구	종단적 연구	비실험연구

제2절 방법 및 자료에 따른 연구유형

연구를 수행하는 방법에 따른 연구의 유형은 [표 1-2]처럼 실증적 연구와 해석적 연구 두 가지로 대별된다.

표 1-2 연구방법에 따른 연구유형

실증적 연구	연역적 이론을 바탕으로 양적 자료를 사용하는 양적 연구
해석적 연구	귀납적 이론을 바탕으로 질적 자료를 사용는 질적 연구

1. 실증적 연구

1) 개념

객관적이고 경험적으로 검정된 결과만을 사실로 인정하는 실증주의적 철학에 기반을 두고 있는 실증적 연구는 다음과 같이 정의한다.

실증적 연구(empirical research)는 과학적 절차와 방법으로 경험적인 자료를 분석하여 사회현상에 관한 보편적인 규칙성과 법칙성을 설명하려는 학문이다.

사회현상을 검정할 때 계량화된 양적 자료를 사용하기 때문에 실증적 연구를 양적 연구(quantitative research)라고도 한다. 이러한 실증적 연구는 표본을 대상으로 설문지 또는 구조화된 면접을 사용하여 자료를 수집하고 분석하여 모집단의 특성을 추론하고 일반화한다. 설문조사를 통해 고객만족도와 고객충성도 간의 인과관계를 검정하여 고객의 만족도를 높이면 충성도는 높아진다는 법칙의 발견 또는 가격과 판매량 간의 인과관계를 검정하여 가격이 오르면 판매량은 감소하고 가격이 내리면 판매량은 증가한다는 법칙의 발견이 실증적 연구의 예이다. 실증적 연구는 바로 이렇게 사회현상 안에 존재하는 법칙을 발견하고 나아가 법칙을 통해 현상을 설명하는 것을 목적으로 한다. 이러한 연구방법은 실증주의적 관점에 기초하므로 모든 연구자가 동의할 수 있는 객관적인 자료의 수집과 분석을 통한 검정이 중요하다.

연역적 접근을 바탕으로 하는 실증적 연구는 가설을 세우고 경험적 자료를 수집하여 가설을 검정하고 그 결과를 일반화하는 과정을 거친다.

2) 연역적 연구

연역적 연구(deductive research)는 연구목적이 이론적 개념이나 개념 간의 관계를 실제 자료를 통해 검정하는 데 있다. 다음의 예를 살펴보자.

모든 사람은 죽는다.
소크라테스는 사람이다.
그러므로 소크라테스는 죽을 것이다.

연역적 연구는 보편적 법칙에서부터 특수 법칙을 끌어내는 과정이다. 주로 사용하는 연역적 연구는 [그림 1-2]와 같이 "문제제기 → 가설설정 → 탐구설계 → 가설검정 → 결론도출 → 일반화" 과정을 거쳐 수행된다.

그림 1-2 연역적 연구 과정

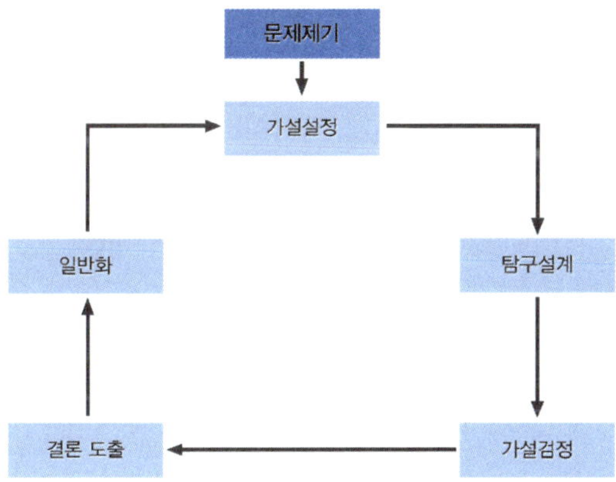

(1) 문제제기 : 어떤 현상을 관찰하여 문제점을 발견하는 과정이다.

(2) 가설설정 : 인식한 문제에 대하여 잠정적인 해답을 내놓는 과정이다.

(3) 탐구설계 : 가설을 어떻게 검정할 것인지 계획하고 준비하는 과정이다.

(4) 가설검정 : 관찰하거나 측정한 자료로 가설의 진위여부를 확인하는 과정이다.

(5) 결론도출 : 타당한 결론을 이끌어 내는 과정으로 가설이 맞지 않으면 다시 탐구한다.

(6) 일반화 : 주어진 결론의 규칙성을 보다 넓은 범위로 확장하는 과정이다.

이러한 절차를 얼마나 잘 충족시키는가에 따라 실증적 연구의 질이 결정된다. 예를 들어, 소비자의 사용의도에 관한 문헌연구를 통해 "편의성을 갖춘 제품은 소비자의 사용의도를 높일 것이다."라는 가설을 설정한다. 다음 단계는 고객에 대한 관찰(설문지 또는 면접)을 통해 가설을 검정한다. 마지막으로 가설의 채택 여부를 결정하여 결론을 도출한다. 만약 결론이 가설을 채택하지 않았다면 그 이유를 추론하여 가설과 일치하는 결론이 날 때까지 일련의 탐구과정을 반복하여야 일반화가 가능하다.

다음은 전자제품의 편의성과 사용의도 간의 관계를 연역적 방법으로 살펴본 것이다. [그림 1-3] (a)와 같이 편의성과 사용의도는 관계가 있을 것이라는 가설을 세운다. 가설을 수립한 다음에는 [그림 1-3] (b)와 같이 편의성과 사용의도를 탐구한다. 마지막으로 [그림 1-3] (c)와 같이 가설과 관찰치를 비교하여 가설을 채택하거나 기각하는 결론을 내린다.

그림 1-3 연역적 연구 과정의 예

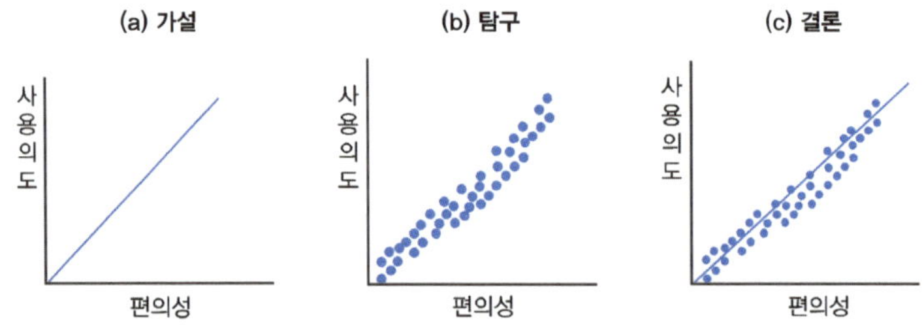

3) 장단점

실증적 연구의 장단점은 다음과 같다.

장점	단점
• 행복, 만족, 사랑과 같이 볼 수 없는 개념도 측정방법을 개발한다면 어떤 사회현상도 조사할 수 있다. • 적은 변수로 복잡한 사회현상에 대한 일반적인 법칙을 발견할 수 있다. • 표본으로 모집단의 특성을 추론함으로써 시간과 비용을 절감할 수 있다. • 연구의 결과는 기존의 이론을 기각 또는 강화하여 새로운 이론을 만들어 낼 수 있다.	• 매우 복잡한 사회현상을 단지 수량화가 가능한 몇 가지 개념만으로 분석하면 단편적인 연구가 될 수 있다. • 수량화하기 어려운 개념을 탐구하는 데는 한계가 있다. • 이론적 근거가 없는 자료의 수집과 분석은 의미가 없을 수 있다. • 연구자가 선택한 표본, 조작화, 통계분석방법에 따라 연구결과가 달라질 수 있다.

2. 해석적 연구

1) 개념

의도와 가치를 지닌 인간의 행위를 실증적으로 연구하기에는 어려워 그 대안으로 인간의 행위가 지닌 의미를 해석하는 데 중점을 두는 해석적 연구는 다음과 같다.

해석적 연구(interpretive research)는 인간의 행위가 지닌 의미를 해석하는 데 중점을 두고 연구자의 직관적인 통찰로 사회현상의 의미를 해석하고 이해하려는 방법이다.

해석적 연구는 실증적 연구의 한계를 비판하면서 대안적 접근으로 모색된 연구방법이다. 심층면접, 현장조사, 참여관찰로 수집한 질적 자료를 연구자가 주관적으로 해석하므로 해석적 연구는 질적 연구(qualitative research)로도 불린다.

해석적 연구는 사회현상을 자연 상태 그대로 이해하고 그 의미를 해석하는 것이 일차적 목적이므로 연구자의 경험, 지식, 직관을 통해서 계량화가 어려운 인간의 내면적인 특성과 복잡한 사회현상을 심도 있게 파악하는 데 유용하다. 해석적 연구는 연구 결과의 일반화에 목적을 두지 않아 하나의 임시적인 원리나 사실을 발견하는 연구로 끝날 수도 있지만, 이러한 해석적 연구들이 누적되어 새로운 이론을 도출한다는 점에서 귀납적 연구라고 할 수 있다. 귀납적 연구에 바탕을 둔 해석적 연구는 관찰된 자료로부터 이론적 개념이나 개념 간의 관계를 추론하는 데 있다.

2) 귀납적 연구

> 귀납적 연구(inductive research)는 연구목적이 관찰된 자료로부터 이론적 개념이나 개념 간의 관계를 추론하는 데 있다.

다음의 예를 살펴보자.

소크라테스는 죽었다.
플라톤도 죽었다.
따라서 모든 사람은 죽을 것이다.

귀납적 연구는 관찰된 특수하고 개별적인 사실들로부터 일반적인 원리를 도출해내는 사고의 방법, 즉 특수 사실로부터 일반적인 원리를 끌어내는 추리를 말한다. 다윈의 진화론도 여러 가지 관찰 결과를 종합하여 하나의 결론을 도출하는 과정을 거쳐 완성되었다. [그림 1-4]와 같이 귀납적 연구는 "문제제기 → 관찰설계 → 관찰수행 → 결론도출" 과정을 거쳐 수행된다.

(1) 문제제기 : 어떤 현상을 관찰하여 문제점을 발견하는 과정이다.
(2) 관찰설계 : 관찰을 어떻게 할 것인지 계획하고 준비하는 과정이다.

그림 1-4 귀납적 연구 과정

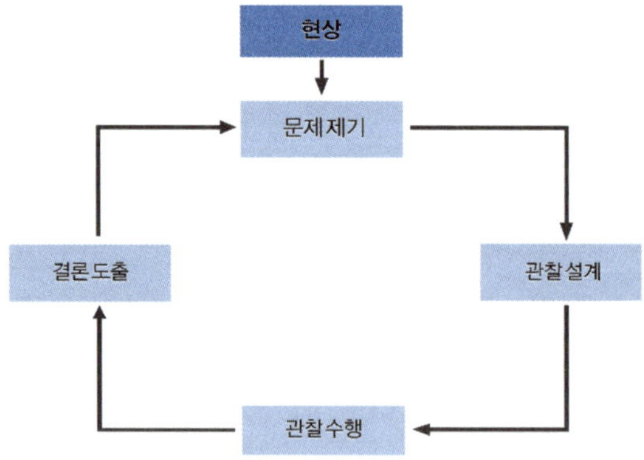

(3) 관찰수행 : 현상을 관찰하고 측정하여 새로운 규칙성을 발견하는 과정이다.

(4) 결론도출 : 실제에 적용하고 확인하여 일반적인 결과를 도출하는 과정이다.

예를 들어, 특정 브랜드의 사용의도에 관심이 있다면 관찰방법을 계획한 후 관찰을 통해 소비자들의 행동 특성을 파악하여 결론을 도출한다. 이때 결론은 검정된 것이 아니라 단지 관찰을 통해 얻은 임시적인 결론일 뿐이다. 이러한 임시적인 결론은 다양한 실제상황에 적용하고 확인해야 일반화된 결론을 도출할 수 있다.

[그림 1-5]는 전자제품의 편의성과 사용의도 간의 관계를 귀납적 방법으로 살펴본 것이다. [그림 1-5] (a)와 같이 편의성과 사용의도에 관심을 가지고 관찰한다. 다음으로 [그림 1-5] (b)와 같이 관찰치에서 어떤 유형을 발견한다. 마지막으로 [그림 1-5] (c)와 같이 잠정적인 결론을 내린다.

그림 1-5 귀납적 연구 과정의 예

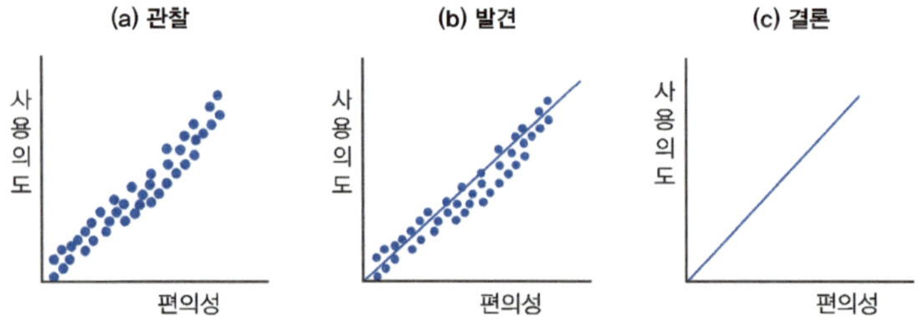

3) 장단점

해석적 연구의 장단점은 다음과 같다.

장점	단점
• 사회현상에 대한 풍부하고 자세한 해석이 가능하다. • 인간의 내면에 숨겨진 진정한 의미를 이해하는 데 도움이 된다.	• 수집한 자료를 주관적으로 해석하므로 자의적 해석이라는 인상을 주기 쉽다. • 조사 결과를 일반화하기 어렵다는 단점을 가지고 있다.

3. 실증적 연구와 해석적 연구의 특징 비교

실증적 연구와 해석적 연구는 상호 대비를 이루고 있어 다음과 같은 특징을 가지고 있다.

실증적 연구(양적 연구)	해석적 연구(질적 연구)
• 조사자가 찾은 객관적 현상이 존재 한다.	• 현상의 틀에 입각한 조사자의 주관적 입장을 취한다.
• 신뢰성 있고 반복 가능한 자료의 특징을 가진다.	• 해석적 연구를 위한 비공식적인 언어를 사용한다.
• 복수사례연구에 대해 일반화가 가능하다.	• 수집된 자료는 타당성이 있고 실질적이지만 신뢰성이 낮고 일반화가 어렵다.
• 안정적 상황을 가정한다.	• 동태적 현상을 가정한다.
• 대규모 분석에 유리하다.	• 소규모 분석에 유리하다.
• 상황을 특정해 분석한다.	• 상황을 열어두고 다양한 정보를 얻어 분석한다.
• 연구대상의 관계를 통계적 분석으로 밝힌다.	• 주관적 동기의 이해와 의미해석을 하는 현상학적 · 해석적 입장이다.
• 확인지향적이며 결과지향적이다.	• 발견지향적, 과정지향적이다.
• 조사결과에 연구자의 개입이 어렵다.	• 조사자 개입에 따라 결과에 영향을 준다.

제3절 ▌시점에 따른 연구유형

연구를 수행하는 시점에 따라 연구의 유형은 [표 1-3]처럼 횡단적 연구와 종단적 연구로 구분한다.

표 1-3 연구시점에 따른 연구유형

횡단적 연구	특정 시점을 기준으로 연구
종단적 연구	같은 대상을 2차례 이상 연구

1. 횡단적 연구

횡단적 연구(cross-sectional study)는 일회조사(onetime survey)처럼 어떤 한 시점에서 여러 특성을 가진 조사대상을 연구하는 방법이다.

횡단적 연구는 일정 시점에서 특정 표본이 가지고 있는 특성을 파악하거나 자료를 수집하는 연구이다. 예로 특정 시점에서 부모의 직업과 자녀의 직업 간의 관계 연구나 행정서비스별 만족도의 비교 연구가 있다. 이처럼 횡단적 연구는 종단적 연구에 비해 한 시점에서 연구를 진행하므로 특정 시점에 연구가 완료된다. 따라서 횡단연구는 인구나 주택의 총조사와 같이 연구대상의 수가 많고 연구대상이 넓게 분포된 광범위한 조사에 많이 활용된다. 횡단적 연구의 장단점은 다음과 같다.

장점	단점
• 자료수집이 쉬워 시간이 적게 소요된다. • 모집단을 대표하는 표본을 추출하면 결과를 일반화할 수 있다. • 유사한 목적을 가진 연구들끼리 객관적인 비교가 가능하다.	• 연구의 깊이가 낮을 수 있다. • 시간의 흐름에 따른 변화추이를 파악할 수 없다. • 표집된 대상의 대표성 확인이 어렵다.

2. 종단적 연구

종단적 연구(longitudinal study)는 연구문제의 특성이 시간에 따라 어떻게 변화되는지를 지속적으로 조사하는 방법이다.

종단적 연구는 같은 표본을 간격을 두고 두 번 이상 관찰하고 조사함으로써 장기간에 걸쳐 조사대상자의 변화 분석이 가능하다. 이처럼 종단적 연구는 시간의 경과에 따른 변화를 분석하는 연구이다.

장점	단점
• 특정 현상이 시간의 흐름에 따라 어떻게 변화하는지를 파악할 수 있다.	• 장기간 반복 조사하므로 시간과 비용이 많이 소요된다.
• 횡단적 연구에서 파악하기 힘든 변수 간의 인과관계를 분석할 수 있다.	• 장기간 같은 응답자를 구하는 일이 어렵다.
• 횡단적 연구보다 신뢰성 있는 정보 획득이 가능하다.	• 같은 응답자가 계속 답하면 선입관이 개입되어 객관적인 자료의 확보가 어렵다.

[그림 1-6]은 종단적 연구와 횡단적 연구의 차이를 보여주고 있다.

그림 1-6 종단적 연구와 횡단적 연구

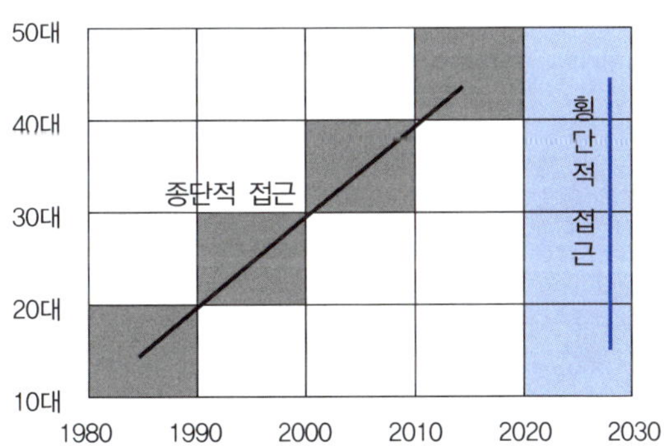

제4절 ▌실험에 따른 연구유형

실험여부에 따라 연구는 [표 1-4]처럼 구분된다.

표 1-4 실험여부에 따른 연구유형

실험 연구	연구자가 독립변수를 통제하고 조작하는 연구
비실험 연구	연구자가 독립변수를 통제하고 조작하지 못하는 연구

1. 실험연구

실험연구(experimental research)는 연구자가 독립변수를 조작(manipulate)하고 외생변수를 통제(control)하면서 종속변수를 관찰하는 방법이다.

실험연구의 3가지 조건은 첫째 전체 집단의 각 대상이 실험군이나 대조군에 배치될 확률이 모두 같도록 무작위로 배정하고, 둘째 독립변수를 인위적으로 변화시키거나 조작하고, 셋째 독립변수 이외에 어떠한 외생변수도 종속변수에 영향을 미치지 않도록 통제하는 것이다.

예를 들어, 새로운 기계도입의 효과를 연구하기 위해 실험연구를 하려면 먼저 구성원을 실험군과 대조군에 무작위 배치하고 사전 측정으로 생산량을 측정한다. 그리고 조작으로 실험군에게 새로운 기계를 도입한 후 실험군과 대조군의 생산량을 다시 측정하여 변화 정도를 조사한다. 이 실험연구설계를 도식화하면 [표 1-5]와 같다.

표 1-5 실험연구설계

	사전조사	조작	사후조사
실험군	생산량	새로운 기계도입	생산량
대조군	생산량		생산량

이때 종속변수는 생산량이 될 것이고 독립변수는 새로운 기계도입이다. 하지만 새로운 기계도입뿐만 아니라 직무만족이나 근무연수가 생산량에 영향을 미치는 변수일 수도 있다. 이처럼 연구자가 보고자 하는 실험변수는 아니지만 종속변수에 영향을 미치는 변수를 외생변수라 한다. 따라서 실험을 제대로 설계하려면 종속변수에 영향을 미치는 외생변수를 통제하여야 한다.

외생변수를 통제하는 방법으로는 무작위추출, 균형화, 상쇄, 제거가 있다. 첫 번째 무작위추출방법은 외생변수의 통제가 어려울 때 실험군이나 대조군을 모집단에서 무작위로 추출해서 사용하는 방식이다. 두 번째 균형화방법은 경험을 한 구성원들을 선정해서 실험하는 방식이다. 모두 같은 경험을 했기 때문에 상대적으로 외생변수가 종속변수에 미치는 영향이 크지 않다고 본다. 세 번째 상쇄방법은 최대한 외생변수의 영향을 줄일 수 있는 반작용 효과를 줘서 실험을 진행하는 방식이다. 네 번째 제거방법은 해당 변수를 아예 제거하거나 배제하여 실험하는 방식이다. 예로 직무만족이나 근무연수의 경험이 없는 신입사원들만 골라서 실험하는 방식이다.

> 내적 타당도(internal validity)는 실험의 결과로 나타난 종속변수의 변화가 오로지 독립변수에 의한 것인지를 판별하는 것으로 독립변수의 종속변수에 대한 영향에 다른 변수의 개입을 통제한 정도로 판단한다.

종속변수의 변화가 독립변수에 의한 것인지 아니면 다른 변수로 인한 것인지 판별하는 것이 내적 타당도이므로 실험의 내적 타당도를 확보하려면 외생변수를 통제하여 오직 독립변수만이 종속변수에 영향을 줄 수 있도록 실험설계를 해야 한다.

> 외적 타당도(external validity)란 실험의 연구결과가 더 많은 사람에게 적용가능하고 똑같은 연구가 진행되어도 같은 결과가 나오는 정도를 말한다.

실험의 연구결과를 다른 상황이나 다른 대상자에게도 적용할 수 있는 정도, 즉 결과를 일반화할 수 있다면 그 연구의 외적 타당도는 높다고 할 수 있다. [표 1-6]은 실험연구의 장점과 단점을 보여주고 있다.

표 1-6 실험연구의 장단점

장점	단점
• 외생변수를 통제함으로써 작은 표본으로도 실험결과에 대한 신뢰가 높다.	• 외생변수 모두를 통제하는 것이 현실적으로 불가능하다.
• 실험상황과 독립변수를 조작함으로써 변수 간의 인과관계를 정확히 파악할 수 있다.	• 인위적인 실험상황으로 인하여 현실성이 부족하여 연구결과의 일반화에 문제가 있다.
• 같은 실험을 시점을 달리하여 반복할 수 있어 종단적 연구가 가능하다.	• 표본이 작으면 표본의 대표성이 문제 된다.
• 같은 실험을 반복할 수 있어 연구결과의 일반화와 보편성을 높일 수 있다.	• 표본이 커지면 외생변수를 통제하기 어렵고 조작할 수 없는 변수가 많아 복잡한 현상은 실험을 통하여 규명하기 어렵다.

2. 비실험연구

사회과학연구에서 많이 이용되고 있는 비실험연구는 다음과 같은 의미를 가진다.

> 비실험연구(non-experimental study)란 독립변수의 특성상 연구자가 독립변수의 조작이 불가능하고 외생변수의 통제도 불가능한 경우에 적용되는 방법이다.

비실험연구는 설문지 또는 면접으로 표본을 직접 조사하여 자료를 수집하는 방법에 주로 적용되는 연구이다. 비실험연구의 한계점으로는 독립변수를 조작할 수 없고 해석의 오류를 범할 가능성이 크다는 점이다. 실험연구와 비실험연구인 설문조사를 비교하면 [표 1-7]과 같이 요약할 수 있다.

표 1-7 실험연구와 설문조사의 비교

실험연구	설문조사
• 독립변수를 조작하여 그에 따른 종속변수의 변화를 관찰하는 방법이다.	• 응답자로부터 설문지를 수집하여 분석하는 방법이다.
• 독립변수들을 조작하고 외생변수를 통제하므로 내적 타당도가 높다	• 변수의 조작이나 통제가 불가능하여 내적 타당도가 낮다.
• 작은 표본에 유리하다.	• 큰 표본에 유리하다.
• 실험실실험은 외적 타당도가 낮지만 현장실험은 외적 타당도가 높다.	• 무작위 표본을 사용하여 표본의 대표성을 확보할 수 있어 외적 타당도가 높다.

• 3개 이상의 독립변수를 한 번에 조작하기 어려워 연구주제가 단편적이다.	• 한 번의 조사로 다양한 자료를 얻을 수 있어 다양한 주제에 관해 연구할 수 있다.
• 장기간에 걸쳐 연구가 수행되어 시계열적 자료를 획득할 수 있다.	• 주로 횡단연구를 하므로 시계열적 자료를 얻기 힘들다.
• 물리 및 자연과학에 적합하다.	• 사회 및 행동과학에 적합하다.

제5절 ▌사회과학연구와 통계학

자연현상을 탐구하는 자연과학과 사회현상을 탐구하는 사회과학은 다음과 같은 점에서 차이가 있다. 자연과학은 보편성과 확실성의 원리를 취하고 있어, 과학적인 화학이나 물리 실험은 장소, 시간, 연구자에 관계없이 항상 같은 결과를 가져온다. 예를 들어, 기온이 영하로 떨어지면 물이 얼음으로 변하는 실험은 언제 어디서 누가 실험을 하더라도 같은 결과를 가져올 것이다. 반면에 사회과학은 같은 사회현상에 관한 연구라도 장소, 시간, 연구자에 관계없이 항상 같은 결과를 가져오지 못한다. 예를 들어, 사랑과 만족의 관계를 조사한다고 가정하자. 사랑과 만족의 개념 모호성이나 측정도구의 불완전성 등으로 인해 언제 어디서 누가 연구를 하는가에 따라 결과가 달라지므로 연구결과를 일반화하는 데 있어 자연과학보다는 어려운 점이 많다.

이러한 사회과학의 문제점으로 인해 사회과학이 진정한 과학인가에 대해 의문을 가지게 되었다. 따라서 사회현상을 객관적으로 설명할 수 있도록 이론에 대한 검정이 반드시 이루어져야 사회과학이 진정한 과학이 될 수 있다. 이를 위해 사회과학자들은 통계적인 방법을 활용하여 실험과 유사한 결과를 얻고자 노력하였는데, 이는 사회현상을 연구하는 데 있어 자연과학의 실험연구를 한다면 인간의 존엄성 문제가 발생할 수 있기 때문이다. 이에 사회과학자들은 사회 현상을 연구하는데 통계적 접근방법을 사용한다.

그러므로 사회과학은 같은 상황에서 다른 사람에 의해 연구되어도 같은 결과를 도출할 수 있도록 연구의 객관성을 유지하여야 한다. 객관성을 유지하여야 연구결과를 일반화하여 이론으로 발전시킬 수 있기 때문이다. 이러한 측면에서 사회과학은 연구의 객관성을 유지하기 위해 과학적인 방법을 이용하여야 한다. 여기서 과학적 방법이란 사회현상에 존재하는 개념 간의 인과관계를 경험적인 자료를 통계적으로 분석하여 결론을 내려 일반화를 꾀하는 과정이라 할 수 있다.

예를 들어, 제품의 사용 편리성은 재사용의도에 영향을 미치는가?, 창의적 조직풍토는 혁신제품개발에 영향을 미치는가?, 만족한 고객은 재방문하는가? 등과 같은 사회현상의 원인과 결과, 즉 인과관계(causality)에 대한 가설을 설정하고 이 가설의 타당성 여부를 판단하기 위해 통계학을 활용한다. [그림 1-7]처럼 먼저 조사대상 모집단으로부터 표본을 추출하여 자료를 수집한 다음 표본자료를 분석하여 얻은 정보를 가지고 모집단에 대해 추론함으로써 객관적이고 일반화가 가능한 결과를 도출한다. 이것이 사회과학에서 통계학의 역할이다.

그림 1-7 통계적 추론

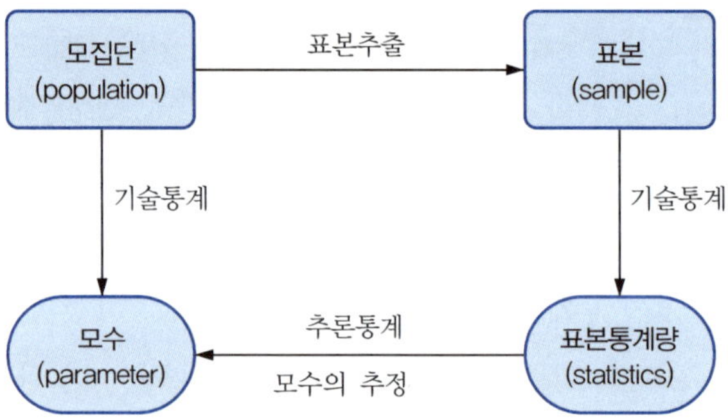

연습문제

〈객관식 문제〉

1. 다음 중 귀납적 접근법에 관한 설명으로 틀린 것은?
   ① 통제된 상황을 만들어 조사를 실시한다.
   ② 관찰된 사실 중에서 공통적인 유형을 찾아 결론을 도출하는 접근법이다.
   ③ 자연적인 상황을 전제로 일반적 진리 또는 원리로서의 결론을 내리는 방법이다.
   ④ 경험의 세계에서 관찰된 많은 사실이 공통적인 유형으로 전개되는 것을 발견하고, 이들의 유형을 객관적인 수준에서 증명하는 것이다.

2. 자연현상과 다른 것은?
   ① 몰가치적 ② 당위법칙 ③ 필연성과 확실성 ④ 보편성

3. 다음 중 일회성 연구인 것은?
   ① 동류집단연구 ② 패널연구
   ③ 추세연구 ④ 횡단연구

4. 종단적 연구에 대한 설명으로 틀린 것은?
   ① 오랜기간 조사로 인해 비용이 많이 든다.
   ② 일정 기간 여러 번의 관찰을 통해 얻은 자료를 이용하는 연구이다.
   ③ 일회성 연구가 아니다.
   ④ 시간이 적게 소요된다.

5. 다음 중 과학적 연구방법의 기본 과정에 대한 설명으로 틀린 것은?
   ① 과학적으로 증명된 연구는 항상 절대적이라 할 수 있다.
   ② 경험과 관찰은 객관적 현상에 대한 타당한 추론으로 지식의 원천이다.
   ③ 확인된 지식이 없다면 과학적으로 검정되어야 한다.
   ④ 과학적 설명은 통계학을 통해 이루어질 수 있다.

6. 사회과학적 연구의 일반적인 연구목적과 가장 거리가 먼 것은?
① 사건이나 현상을 설명하는 것이다.
② 사건이나 상황을 기술 또는 서술하는 것이다.
③ 사건이나 상황을 예측하는 것이다.
④ 새로운 이론이나 가설을 만드는 것이다.

7. 사회 과학에서 다루는 사회현상의 특징과 거리가 먼 것은?
① 가치함축성 ② 확률성 ③ 개연성 ④ 필연성

8. 다음 중 과학적 연구의 특징과 가장 거리가 먼 것은?
① 논리적 체계성 ② 주관성 ③ 수정가능성 ④ 경험적 실증성

9. 다음은 과학적 조사의 어떤 특징과 가장 가까운가?

A대학생은 수업의 선택에 있어 아무런 이유 없이 수강신청을 한 것이 아니라 과목에 대한 흥미도와 교수에 대한 만족도 등을 고려하여 수강신청이 이루어졌다는 결론을 내렸다.

① 간결성 ② 가치중립성 ③ 인과성 ④ 보편성

10. 실증적 연구와 해석적 연구의 특징에 관한 설명으로 틀린 것은?
① 해석적 연구는 사회현상에서 나타나는 현상을 심층적으로 이해하는 데 있다.
② 해석적 연구는 귀납적 접근을 바탕으로 연구자와 조사대상자의 상호작용을 중요시한다.
③ 실증적 연구는 모집단을 대표하는 표본을 대상으로 연구를 실시한다.
④ 실증적 연구는 사례를 바탕으로 통계적 분석을 활용한다.

11. 다음 중 실증연구를 위한 방법이라 하기 어려운 것은?
① 귀납적 접근 ② 가설검정 ③ 통계적 분석 ④ 양적자료사용

12. 다음 중 틀린 것은?
① 과학적 조사는 최소한의 변수를 이용하여 최대한의 설명을 하려고 한다.
② 질적 연구는 강제적 측정과 통제된 측정을 이용하는 방법이다.
③ 실증적 연구는 모집단을 대표하는 표본을 대상으로 연구를 실시한다.
④ 사회과학에서 과학적 설명은 통계적 분석을 통해 이루어진다.

13. 양적 연구와 질적 연구에 대한 설명으로 틀린 것은?
① 질적 연구는 연구대상의 관계를 통계적인 분석을 통하여 밝히는 연구이다.
② 양적 연구는 강제적 측정과 통제된 측정을 이용하는 방법이다.
③ 질적 연구는 주관적·해석적 연구방법이다.
④ 양적 연구는 모집단에 대한 일반화를 위한 연구이다.

14. 질적 연구에 대한 설명으로 틀린 것은?
① 인간 행위가 지닌 의미의 이해를 추구한다.
② 신뢰성에 문제가 있을 수 있다.
③ 참여관찰도 질적 연구이다.
④ 자료처리 및 정리가 따로 필요없다.

15. 실험연구와 설문조사 연구에 대해 잘못 설명한 것은?
① 실험연구는 조사대상자가 적어 한 번에 많은 정보를 얻기 어렵다.
② 실험연구는 시계열적 자료를 획득하기 용의하다.
③ 설문조사는 무작위 표본을 사용한다면 외적 타당도가 높게 확보된다.
④ 설문조사는 연구자가 독립변수를 조작하여 그에 따른 종속변수의 변화를 관찰하는 방법이다.

16. 여자군인을 대상으로 하는 사회조사에서 변수가 될 수 없는 것은?
① 연령 ② 결혼여부
③ 직업종류 ④ 근무시간

17. 과학적 연구의 특성에 대한 설명으로 틀린 것은?

① 과학적 조사는 경험적으로 검정 가능해야한다.

② 과학적 조사를 통해 얻어진 지식은 바뀌지 않는다.

③ 조사방법과 과정이 같으면 같은 결론을 얻을 수 있어야 한다.

④ 과학적 조사는 이론을 제시하고 그것을 실증적으로 확인 할 수 있어야 한다.

18. 질적 조사방법과 양적 조사방법의 차이점에 관한 설명으로 틀린 것은?

① 양적 방법은 관찰자로부터 독립된 객관적 현상이 존재한다고 보는 데 비하여 질적 방법은 그렇지 않다.

② 양적 방법은 현상의 결과적 측면에 주력한다면 질적 방법은 현상의 과정적 측면을 이해하는데 주력한다.

③ 양적 방법은 조사절차가 유연하고 객관적이지만 질적 방법은 그렇지 않다.

④ 양적 방법은 일반화를 위해 노력하지만 질적 방법은 그렇지 않다.

측정과 설문지

02

Chapter

제1절 ▌측정의 과정

1. 명제와 가설

이론이나 관찰을 통해 개념 간의 관계를 잠정적으로 옳다고 서술한 것이 명제이다.

> 명제(proposition)란 개념과 개념 간의 관계를 논리적으로 기술하여 진위를 물어보는 뜻이 담긴 문장이다.

명제는 객관적으로 참과 거짓을 구분할 수 있는 문장으로 추상적이고 주관적인 견해를 배제한 문장이다. 따라서 논리학적으로 뜻이 분명한 문장으로 참인지 거짓인지를 검정 가능한 문장을 명제라 한다. 일반적으로 명제는 이론에 근거한 연역법이나 실증 관찰을 통한 귀납법에 따라 도출될 수도 있다. 예를 들어, 다음의 명제를 생각해 보자.

"학생들의 지능은 그들의 학업성취도에 영향을 미칠 것이다"
"작업자의 경력은 업무성과에 영향을 미칠 것이다"
"교육수준은 소득수준에 영향을 미칠 것이다"

명제는 추상적인 개념으로 이루어졌기 때문에 직접 검정할 수 없다. 이러한 문제를 해결하기 위해 명제는 경험적 검정이 가능하도록 개념화와 조작화 과정을 거쳐 개념들을 측정 가능한 변수로 변환시켜 간접적으로 측정한다.

> 개념화(conceptualization)란 연구에 사용될 개념과 그의 구성요인들을 보다 간결하고 명확한 용어로 정의하는 과정이다.

예를 들어, 여가란 무엇인가에 관한 이론연구는 일상생활을 떠나 휴식을 취하는 모든 활동, 의무적인 활동 전후에 남는 자유로운 시간, 일상에서 벗어나 새로운 것을 보고 듣고 느끼는 활동, 직업상의 일이나 필수적인 가사 활동 외에 소비하는 시간, 즐기는 시간, 경제 활동 이외의 하고 싶은 것을 하는 것, 일 이외의 여분의 시간, 노동시간을 제외한 시간에서 내가 즐기고 경험하는 모든 것, 자기개발을 위해 쓸 수 있는 시간 등 다양하게 정의될 수 있다.

이처럼 여가는 생활필수시간과 노동시간 등 구속시간을 뺀 나머지 자유시간으로 보고 여가를 시간적으로 정의하거나, 자유시간 중에 행하는 활동으로 보고 여가를 활동적으로 정의하거나, 시간도 활동도 아닌 마음의 상태로 작은 욕구와 성취감을 맛보려는 인간의 상태 속에 존재한다고 보고 여가를 상태적으로 정의할 수도 있다. 또한 걷기, 요가와 같은 힘이 덜 드는 적극적 여가 활동이 있는가 하면 킥복싱, 축구와 같은 힘이 많이 필요한 적극적인 여가 활동도 있다. 영화보기, TV보기 등은 수동적인 여가 활동의 예로 들 수 있다. 또 다른 예로 소득을 지칭할 때는 개인 소득인지 가족 소득인지 혹은 월 소득인지 연 소득인지를 명확하게 명시해야 한다.

따라서 연구자 간 오해를 줄이기 위해서는 연구에 사용되는 개념을 명확히 정의할 필요가 있다. 그런데 개념적 정의를 경험적으로 측정할 수 없다면 검정을 할 수 없는 문제가 생긴다. 이러한 문제를 해결해주는 것이 조작적 정의이다.

조작화(operationalization)란 어떤 추상적 개념을 경험적으로 확인될 수 있도록, 즉 측정할 수 없는 개념을 측정이 되도록 정의하는 것을 의미한다.

사회과학연구에서 사전적 정의 대신 조작적 정의를 사용하는 이유는 구성개념이 실제로 어떻게 측정되는지를 보여주기 때문이다. 예를 들면 지능, 학업성취도, 경력, 작업성과, 교육수준, 소득수준이라는 추상적 개념은 우리가 직접 측정할 수가 없다. 따라서 측정할 수 있게 조작화를 통해 정의함으로써 이들을 측정하고 검정할 수 있게 한다. 위의 명제에 사용된 추상적인 개념은 다음의 [표 2-1]과 같이 조작적 정의로 인해 측정 가능할 수 있게 구체화된다.

표 2-1 조작화의 예

개념	개념적 정의	조작적 정의
지능	지적 활동의 능력	지능지수
학업성취도	교육적인 목표를 성취하기 위한 교육의 결과	학업성적
경력	겪어 지내 온 여러 가지 일	근무연수
업무성과	어떤 일을 하여 이룬 성과나 공적	불량률
교육수준	교육의 내용이나 정도	최종학력
소득수준	소득의 크기	한 가구당 실질소득

지능과 학업성취도라는 개념은 지능지수와 학업성적이라는 변수로, 경력과 업무성과라는 개념은 근무연수와 불량률이라는 변수, 교육수준과 소득수준은 최종학력과 가구당 실질소득으로 대체할 수 있다. 위에 제시된 명제는 다음과 같은 가설의 형태로 변환될 수 있다.

"학생의 지능지수는 학업성적에 영향을 미칠 것이다"
"작업자의 근무연수는 불량률에 영향을 미칠 것이다"
"최종학력은 가구당 실질소득에 영향을 미칠 것이다"

명제가 이론적 단계(theoretical plane)라면 가설은 실증적 단계(empirical plane)이다. 그러므로 가설은 실증 분석이 가능해야 하며 실증 분석 결과는 가설을 지지하거나 기각하는 결론이 도출되어야 한다. 다시 말하면 가설은 다음과 같이 정의할 수 있다.

> 가설(hypothesis)이란 두 개 이상의 변수 간의 관계를 검정할 수 있도록 기술한 잠정적인 명제이다.

실증 가능한 명제는 가설이고 그 가설을 경험적으로 검정함으로써 연구의 답을 찾아내므로 가설은 연구의 핵심이다. [그림 2-1]에서 보듯이 개념은 이론적 단계를 거쳐 개념화되고 실증적인 단계에서 조작화 과정을 거쳐 변수가 된다.

그림 2-1 개념화와 조작화

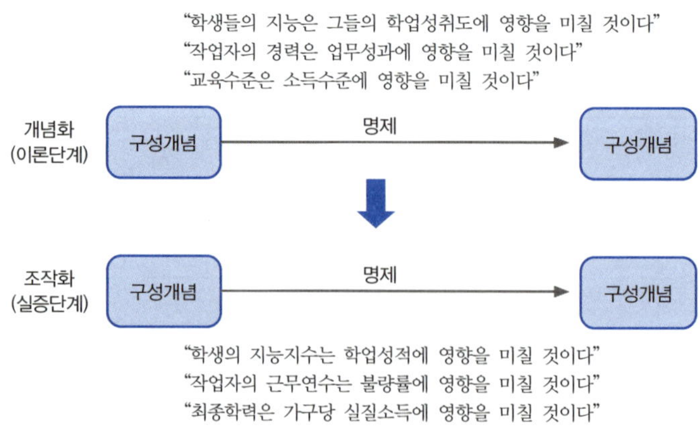

변수란 관심이 있는 대상의 경험적 속성(empirical property)을 나타내며, 그 속성에 계량적인 수치를 부여할 수 있는 개념 또는 경험적으로 측정 가능한 개념이라고 정의할 수 있다.

변수(variable)는 측정가능한 개념을 말한다.

2. 구성개념과 측정변수

개념은 관심 대상의 속성에 추상적인 의미를 부여한 것으로 그 자체를 직접 측정할 수는 없다. 예를 들어 '길이'는 하나의 개념으로, 이는 다소 길거나 짧은 사물에 대한 다수의 관찰 결과를 나타낸다. 반면 사회과학에서 사용되는 개념은 무게, 길이, 자동차, 영화와 같은 개념보다 훨씬 더 추상적이다. 불량 태도, 자아, 직무만족, 행복 등과 같이 추상화의 정도가 높은 개념은 그 개념이 나타내고자 하는 경험적 현상과 연결하는 것이 어렵다. 구성개념은 사회과학의 연구에서 사용되는 추상성이 높은 개념을 말한다.

구성개념(construct)이란 특정 연구를 위해 선택되거나 조작적으로 창조된 개념이다.

지능, 부자, 의식, 욕구, 태도, 동기, 지각, 자아, 폭력적 영화, 재미있는 프로그램과 같이 이론이나 설명을 위하여 조작적으로 만들어 낸 개념이 구성개념이다. 구성개념은 구체적인 실물이 없어 직접 측정할 수 없으나 측정할 수 있는 현상을 만들어 낸다고 가정한다. 예로 사랑이란 개념은 그 자체는 볼 수도 측정할 수도 없지만, 사랑하는 정도에 따라 행동이 달라질 수 있다는 심리적 속성에 근거하여 사랑하면 나타나는 행동을 관찰하여 사랑을 측정할 수 있다. 예를 들어, [표 2-2]와 같이 조작적 정의에 따라 측정변수들을 개발하여 행복의 정도를 측정할 수 있다.

사회과학 연구에서 대부분의 구성개념은 불분명한 내재적 의미를 포함하기 때문에 다수의 지표를 활용하여 측정한다. 반면 거주지, 학년, 무게, 월급의 구성개념은 다수의 지표가 불필요한 예이다. 또한, 구성개념을 구체화하기 위해 일차원(unidimensional) 혹은 다차원(multidimensional)으로 명시할 것인지 결정해야 한다.

표 2-2 행복의 조작적 정의 및 측정변수

개념	조작적 정의	측정변수
행복	생활 속에서 만족을 느끼는 정도	• 나는 나 자신에 대하여 대체로 만족한다. • 나는 나 자신에 대해 긍정적인 태도를 가지고 있다. • 나는 다른 사람보다 가치 있는 사람이라고 생각한다. • 나는 나의 일을 처리해온 방법에 만족한다. • 나는 부지런히 생활하며 일에 전념할 수 있었다. • 나는 삶에서 내가 원하는 중요한 것들을 소유해왔다. • 나는 가족들과의 관계에 대하여 만족하는 편이다. • 나는 친구들과의 관계에 만족하는 편이다.

일차원 구성개념은 보통 하나의 관점을 가지기 때문에 한 가지의 관점에서 단일지표 또는 다수지표로 측정한다. 일차원 구성개념의 예로는 온도, 몸무게, 매출액 등이 있다. 하지만 사고력과 같은 복잡한 구성개념은 일차원으로 측정할 수는 있으나 그 측정 자체가 비현실적이므로 다차원 구성개념을 요구한다. 가령 사고력을 정의하기 위하여 [그림 2-2]와 같이 이해, 추론, 비판, 창의 능력의 네 가지 관점을 제시한다면 사고력의 구성개념은 하위 구성개념을 지닌 다차원적이라고 한다.

그림 2-2 사고력의 구성요인

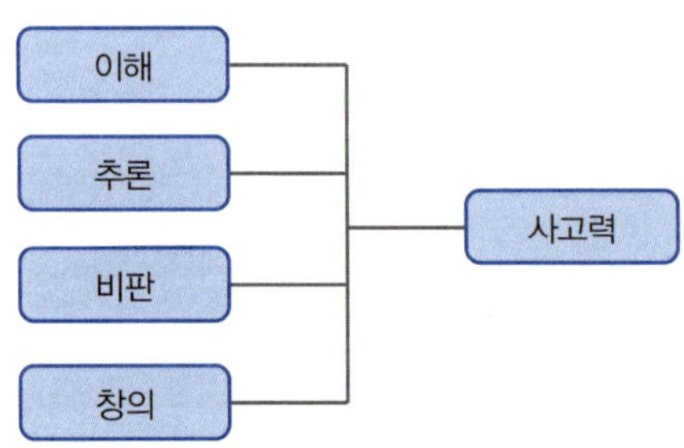

이해, 추론, 비판, 창의는 반드시 개념적으로 분리되고 서로 다른 방법으로 측정되어야 한다. 여기서 이해는 독해 과정에서 글 또는 말의 구조를 파악하여 중심 내용을 확인하는 능력을, 추론은 글의 내용을 활용하여 필요한 정보를 추론하는 능력을, 비판은 글을 종합하여 비교 · 분석하는 능력을 그리고 창의는 글쓴이의 의도를 파악하여 능동적으로 반응하고, 적절한 대안을 찾는 능력을 말한다.

각 능력의 측정값을 평균하여 사고력의 점수로 사용한다. 이처럼 여러 개의 상호독립적인 요인(개념)을 통합적으로 고려할 때 다차원 구성개념을 사용한다. 다차원 구성개념의 또 다른 예로 서비스의 성질을 나타내는 서비스품질이라는 구성개념은 [그림 2-3]과 같이 신뢰성, 확신성, 공감성, 대응성, 유형성의 다섯 가지 요인으로 구성된다고 할 수 있다.

그림 2-3 서비스품질의 구성요인

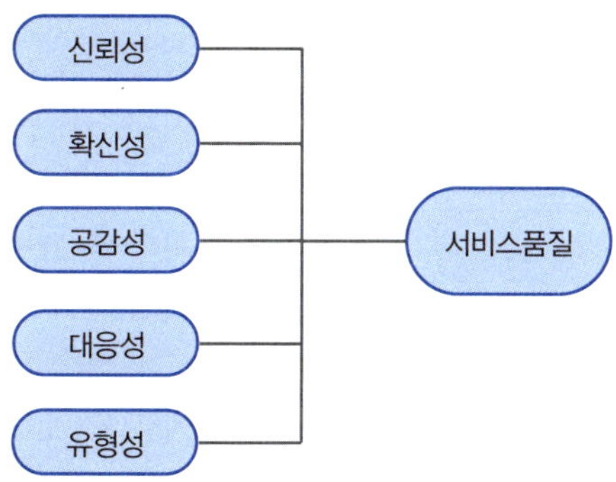

[그림 2-4]와 같이 구성개념은 직접 관찰되거나 측정될 수 없어 측정변수를 통해서 간접적으로 측정한다.

그림 2-4 개념, 구성개념, 측정변수 간의 관계

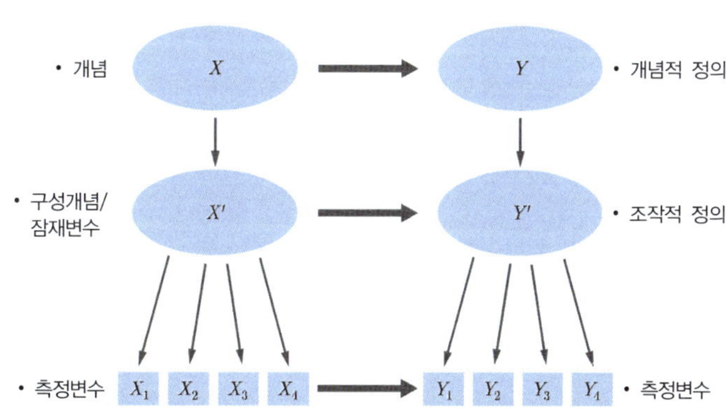

측정변수(measurement variable)는 조작적 정의에 따라 관찰이나 측정이 가능하고 잠재변수와 연결되어 있는 설문 문항들을 말한다.

따라서 행복이라는 구성개념은 측정변수들을 사용하여 간접적으로 측정한다. 예를 들어, 구매의도의 개념적 정의가 다양하므로 구성개념을 명확히 하고 측정이 가능하도록 "특정한 행위를 수행하려는 의도의 강도"로 조작적 정의를 내릴 수 있다. 이러한 조작적 정의에 따라 측정변수를 개발하여 개방성의 정도를 [표 2-3]과 같이 측정할 수 있다.

표 2-3 구매의도의 조작적 정의 및 측정변수

잠재변수	조작적 정의	측정변수
구매의도	특정한 행위를 수행하려는 의도의 강도	• ABC를 지속적으로 이용할 수 있다. • ABC를 구매하기 위해 노력한다. • ABC를 구매할 계획을 갖고 있다. • ABC를 다른 것보다 가장 먼저 선택하고자 한다.

여기서 구매의도를 측정하기 위해 여러 가지 측정문항을 사용하였다면 구매의도가 구성개념이 되고 그 문항들이 측정변수가 되는 것이다. 이를 도식화하면 [그림 2-5]와 같다.

그림 2-5 구성개념과 측정변수

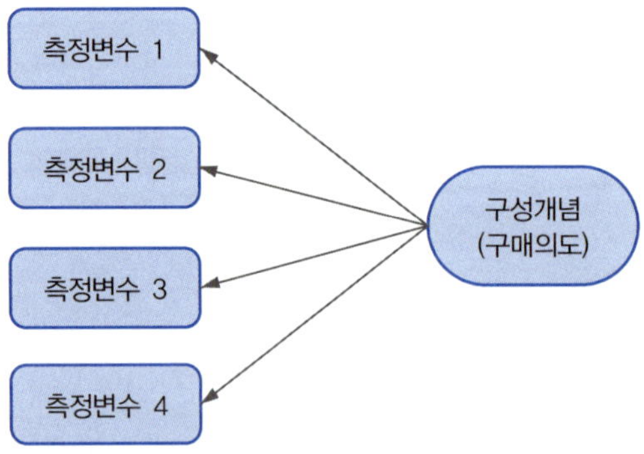

3. 측정변수의 조건

대학생의 전공능력을 측정하기 위해 대학교 전공과목의 평점이 사용되었다면, 전공능력이 구성개념이 되고 평점이 측정변수가 된다. 평점이 전공능력을 측정하는 여러 가지 방법 중 하나일 뿐 유일한 방법은 아니다. 복수의 측정도구를 사용하면 단일 측정도구를 사용하는 경우보다 측정의 오류를 줄일 수 있어 측정의 타당도와 신뢰도를 높일 수 있다.

이처럼 조작화를 통해 추상적인 구성개념을 구체적인 숫자로 변환할 수 있다. 실증주의 연구자들은 조작적 정의를 통해 인간의 어떠한 행위도 경험적으로 검정할 수 있다고 한다. 하지만 조작화를 어떻게 하는가에 따라 다른 결과를 얻을 수 있다. 또한 조작화를 잘못하면 엉뚱한 현상을 측정하는 오류를 범하기도 한다.

따라서 구성개념을 측정하기 위한 다양한 측정변수가 존재하므로 연구목적과 구성개념에 맞는 측정변수가 사용되어야 한다. 중요한 것은 모두가 동의할 수 있는 절대적이고 보편적인 측정변수는 없다는 것이다. 따라서 연구자는 좋은 측정변수의 개발을 위해 노력을 해야 한다.

4. 가설의 형태

가설은 "A는 B에 영향을 미칠 것이다."와 같이 가정적 형태 또는 "A는 B에 영향을 미친다."와 같이 단정적 형태로 표현할 수 있지만, 일반적으로 가정적 형태로 표현한다. 또한, 가설은 강하게 또는 약하게 표현할 수도 있다. 예를 들어, 공부시간과 학업성적이라는 두 개념을 가지고 다음과 같은 가설을 만들 수 있다.

- 공부시간과 학업성적은 관련성이 있을 것이다.
- 공부시간과 학업성적은 정(+)의 관련성이 있을 것이다.
- 공부시간은 학업성적에 영향을 미칠 것이다.
- 공부시간은 학업성적에 정(+)의 영향을 미칠 것이다.

첫 번째 가설인 "공부시간과 학업성적은 관련성이 있을 것이다."는 약한 가설이라 할 수 있다. 왜냐하면, 공부시간이 증가하면 학업성적이 증가하는지 아니면 그 반대의 경우인지에 관한 방향성이 나타나지 않았다. 그보다 좀 더 명확한 가설은 "공부시간과 학업성적은 정(+)의 방향으로 관련성이 있을 것이다."고 할 수 있다. 이는 인과성은 없지만 방향성은 제시하였기 때문이다. 이보다 더 강한 가설은 "공부시간은 학업성적에 영향을 미칠 것이다."로 이는 인과성을 보여주고 있다. 가장 강력한 가설은 "공부시간은 학업성적에 정(+)의 방향으로 영향을 미칠 것이다."로 인과성과 방향성 모두를 표시하는 것이다.

5. 가설의 조건

올바른 가설의 수립은 과학적 연구의 가장 기본적인 조건이므로 다음의 조건을 충족해야 한다.

첫째, 검정할 가치가 있어야 한다. 너무 당연한 사실이거나 기존연구의 단순 반복에 불과한 변수 간의 관계라면 가설로서 부적합하다.

둘째, 경험적으로 증명할 수 있어야 한다. 현실 세계에서 검정할 수 없는 명제는 가설이 될 수 없다. 따라서 과학적 방법을 통해 검정하여 사실 또는 거짓 중 하나로 판명될 수 있어야 한다.

셋째, 가설은 영향을 주는 변수와 영향을 받는 변수를 명확하게 명기하여야 한다. "공부시간은 학업성적에 영향을 미친다."라는 가설에서 공부시간이 영향을 주는 변수이고 학업성적이 영향을 받는 변수라는 것은 분명하다. 나아가 가설이 사실인지 아닌지를 가릴 수 있다는 점은 확실하다. "행복한 사람은 아름답다."라든지, "사랑하는 사람은 행복하다."는 과학적 가설이라 할 수 없다. 왜냐하면, 여기에는 어느 변수가 영향을 주고 어느 변수가 영향을 받는지가 명기되지 않았고, 사실인지 거짓인지를 밝힐 수 있는 관계도 명기되어 있지 않기 때문이다.

6. 통계학과 가설검정

관심의 대상이 되는 모집단을 전수조사하여 가설을 검정하는 일은 거의 불가능하지만 통계학은 이를 가능하게 해준다. 통계학은 표본의 정보를 가지고 모집단의 정보를 추측하는 통계적 추론을 할 수 있게 해준다.

> 통계적 추론(statistical inference)은 모집단에서 표본을 뽑아 그 표본의 정보를 바탕으로 모집단의 정보를 추론하는 것을 말한다.

이처럼 과학적 분석도구들로 구성된 통계학은 모집단이 아닌 표본을 가지고 가설의 진위를 판단하는 데 사용된다. 모집단에 관한 가설을 검정하기 위해 표본을 사용한다면, 먼저 해당 모집단에 관해 정의하고 그 모집단에서 표본을 추출하기 위한 표본추출설계를 한다. 표본추출설계에 따라 추출한 표본자료를 가지고 통계적 분석을 한다. 통계적 분석을 위해 먼저 기술통계학으로 표본자료를 정리하고 요약하여 가설검정에 필요한 표본정보를 만든 다음 그 표본정보를 가지고 추론통계학으로 가설의 진위를 판단한다. 분석 결과가 가설과 일치하면 가설은 채택되고 일치하지 않으면 가설은 기각된다. 가설이 채택되면 결과에 대한 일반화 가능 여부를 판단하고 가설이 기각되면 그 이유를 신중히 추론해보아야 한다. 통계학에 의한 가설검정의 과정은 [그림 2-6]과 같이 이루어진다.

그림 2-6 통계학과 가설검정

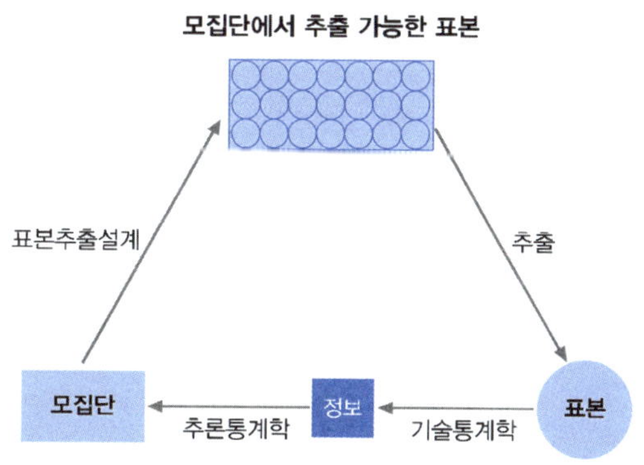

제2절 ▌ 측정과 척도

1. 측정

변수와 자료는 다음과 같은 관계를 가진다.

> 변수(variable)는 자료의 속성이고 자료(data)는 변수의 값을 말한다.

예를 들어, 제품특성을 기술할 때 수명, 가격, 무게, 유지비용 등과 같은 변수를 사용한다. [표 2-4]처럼 변수란 관측할 때마다 다른 값(숫자나 기호)을 가지는 자료의 속성(attribute)이고 변수를 관찰하여 기록한 값을 자료라 부른다.

표 2-4 변수와 자료의 예

변수	A사	B사	C사
제품수명	1,000시간	5,000시간	25,000시간
제품가격	1,000원	3,000원	10,000원
제품무게	500g	300g	150g
연간 총 유지비용	15,000원	7,500원	4,300원

한편 자료의 속성에 숫자는 부여하는 측정은 다음과 같이 정의한다.

> 측정(measurement)이란 측정도구(measurement instrument)를 가지고 측정대상이 지닌 속성에 값(숫자나 기호)을 부여하는 과정이다.

예를 들어, [표 2-5]와 [그림 2-7]처럼 제품무게를 측정한다는 것은 제품무게의 속성에 저울이라는 측정도구를 사용하여 제품무게의 수치를 부여하는 과정이다. 지능을 측정하기 위해서는 지능이라는 속성에 지능검사지라는 측정도구를 사용하여 지능지수의 수치를 부여한다.

표 2-5 측정의 예

변수	측정도구	측정값
키	자	175cm
학업성취도	시험	92점
무게	저울	76kg
시간	시계	62초
온도	온도계	섭씨 20도
순이익	회계자료	920억 원
지능	지능검사지	143

그림 2-7 측정의 다양한 예

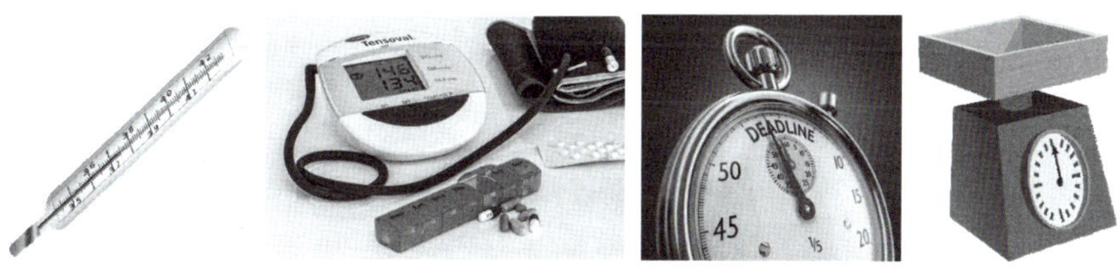

만약 개념이나 변수를 측정하지 못한다면 숫자로 표현되는 자료를 수집할 수 없어 양적 연구를 수행할 수 없게 된다. 즉 [그림 2-8]처럼 이론적이고 추상적 세계를 경험적인 현실 세계로 연결하는 수단이 측정이므로, 측정의 목적은 바로 이론적 세계와 현실 세계를 연결하는 것이다.

그림 2-8 측정의 역할

2. 척도

무게를 측정하기 위해서는 저울이라는 측정도구를 사용하여야 하고 시간을 측정하기 위해서는 시계라는 측정도구를 사용한다. 하지만 행복이나 만족과 같은 인간의 내면적인 속성을 측정하기 위해 연구자는 설문문항이라는 측정도구를 만들어 이들의 속성에 수치를 부여한다. 이 경우 설문문항이라는 측정도구가 척도가 된다.

척도(scale)는 측정을 위한 도구로써 일정한 규칙에 따라 관측 대상의 속성에 대하여 수치를 부여하기 위해 사용되는 도구이다.

사람이나 사물의 특성을 수량화하기 위해 그 특성에 숫자를 부여하는 측정도구가 척도이다. 예를 들어, 만족을 측정하기 위해 리커트 5점 척도라는 측정도구를 사용하여 매우 만족이면 5점, 만족이면 4점, 보통이면 3점, 불만족이면 2점, 매우 불만족이면 1점을 부여한다. 또한 성별을 측정하기 위해 남자면 1을 여자면 2를 부여하는 명목척도를 사용한다. 이처럼 척도는 사람이나 사물의 특성을 측정하기 위해 규칙에 따라 수치를 부여하는 측정도구이다.

3. 척도의 유형

척도가 변수를 측정하는 측정도구라면 측정은 측정도구로 수치를 할당하는 과정이라고 할 수 있다. 하지만 척도와 측정은 유사 개념으로 사용된다. 같은 이유로 측정에 의해 생성된 자료가 갖는 정보의 수준을 측정수준(level of measurement)이라 하고, 척도에 의해 생성된 자료가 갖는 정보의 수준을 척도수준(level of scale)이라 한다. 따라서 측정수준은 척도수준이라 언급하기도 한다. 척도수준에 따라 척도는 명목척도(nominal scale), 서열척도(ordinal scale), 등간척도(interval scale) 그리고 비율척도(ratio scale)로 분류할 수 있다. 네 가지 유형의 척도에 관한 예와 특징은 [표 2-6]과 같다.

표 2-6 척도의 예

척도	표시	예	특징	측정값
명목척도	범주	성별, 학년, 전공	=, ≠	성별: 남자, 여자 학년: 1학년, 2학년, 3학년
서열척도	순위	크기, 등수, 계급	명목+ <, >	크기: 소형, 중형, 대형 등수: 1등, 2등, 3등
등간척도	상대적 크기	온도, 점수, 만족	서열+ +, −	온도: 10℃, 20℃, 30℃ 점수: 10점, 30점, 60점
비율척도	비율	길이, 무게, 이익	등간+ ×, ÷	길이: 20cm, 40cm, 60cm 무게: 40kg, 80kg, 120kg

1) 명목척도

[그림 2-9]처럼 성별, 종교, 출신지, 전공, 직업, 대중매체 등은 다음과 같이 정의되는 명목척도에 해당한다.

> 명목척도(nominal scale)는 속성에 부여된 숫자가 그 속성이 어떤 범주(category)에 속하는지 알려주는 정보만을 가진 측정도구를 말한다.

측정 대상을 상호배타적인 범주나 종류에 따라 분류하는 방법으로 사용되는 명목척도는 범주의 속성을 숫자로 식별하기 위한 목적으로 사용한다. 여기서 숫자는 의미가 없으며 단지 특정 범주만을 가리킨다. 명목척도는 가장 약한 척도수준으로 가장 쉽게 인지된다. 명목척도를 측정한 자료를 명목자료라고 한다. 다음과 같은 설문을 수행할 때 명목척도의 자료를 얻게 된다.

그림 2-9 명목척도의 예

【예】 귀하의 성별은?

① 남 ( ) ② 여 ( )

【예】 귀하의 결혼 여부는?

① 미혼 ( ) ② 기혼 ( )

【예】 귀하가 현재 거주하고 있는 지역은?

① 경기도 ( ) ② 강원도 ( ) ③ 충청도 ( )

④ 경상도 ( ) ⑤ 전라도 ( ) ⑥ 기타 ( )

명목척도는 같은 범주와 다른 범주를 나타내는 기호(=, ≠)의 사용은 가능하지만 사칙 연산(+, −, ×, ÷)의 적용은 불가능하다.

2) 서열척도

[그림 2-10]처럼 학년, 계급, 선호도, 성적 순위, 사회경제적 지위, 교육 정도, 인기가요 순위 등이 다음과 같이 정의되는 서열척도에 해당하는 예이다.

서열척도(ordinal scale)는 명목척도의 특성을 가지면서 크기 순서대로 서열화가 가능하지만, 서열 간의 구체적인 차이는 알 수 없고 단지 순서만을 나타낸다.

그림 2-10 서열척도의 예

측정대상을 상호배타적으로 분류하지만, 측정결과의 서열 순서를 매겨주는 것으로 순위척도라고도 한다. 다시 말하면 측정대상을 분류할 뿐만 아니라 측정대상의 속성이 크고 작음 또는 많고 적음에 따라 순위를 매긴 척도이다. 예를 들어, 성적 순위는 1등, 2등, 3등, …, 10등이라는 서열 관계는 성립하지만, 그들 사이의 차이는 알 수 없다. 수식으로 표시하면 1등 > 2등 > 3등> … > 10등이라는 순위 관계의 부등식은 성립되지만 1등 = 2등 − 3등과 같은 사칙연산은 불가능하다. 서열척도를 측정한 자료를 서열자료라 한다. 다음과 같은 설문을 수행할 때 서열척도의 자료를 얻게 된다.

【예】 귀사의 규모는?
① 대기업 ( ) ② 중기업 ( ) ③ 소기업 ( )

【예】 자동차의 크기는?
① 소형 ( ) ② 중형 ( ) ③ 대형 ( )

【예】 귀하는 지난 일주일 동안 얼마나 술을 마셨습니까?
① 자주 ( ) ② 가끔 ( ) ③ 하지 않음 ( )

명목척도와 마찬가지로 서열척도는 범주형 자료이기 때문에 각 숫자 간 차이가 같지 않아 사칙연산은 불가하다. 하지만 서열척도는 순위를 판단하는 부호(<, >)를 사용할 수 있다.

서열척도를 만드는 방법으로는 서열순위척도와 쌍대비교척도가 있다.

> 서열순위척두(rank-order scale)는 서열척도의 한 종류로서 응답자의 태도나 의견에 대해 여러 보기의 상대적 순위를 정하는 것이다.

비교대상의 순위를 1등, 2등, 3등으로 구분하는 것이기 때문에 쉽게 이해하고 응답할 수 있다. 다음은 서열순위척도의 예이다.

【예】 귀하가 거주하고 싶은 지역을 선호하는 순서에 따라 번호를 매겨 주시기 바랍니다.
① 동구 (   ) ② 서구 (   ) ③ 남구 (   ) ④ 북구 (   )

하지만 비교 대상이 5개 이상이 되면 비교대상 간의 순위를 결정하는 것이 매우 어렵게 된다. 또한, 응답자의 입장에서는 손쉽고 단순한 질문이지만 연구자의 입장에서는 자료분석에 사용할 통계적 기법들이 제한된다는 단점이 있다. 보통 가장 많이 나타나는 1위의 값만 의미가 있고 나머지는 큰 의미가 없다. 이 경우 응답자가 특정 값을 1위로 표시했더라도 1위를 가장 선호하기보다는 그나마 1위를 가장 덜 싫어한다는 의미일 수도 있어 해석에 주의가 필요하다.

쌍대비교척도는 서열순위척도를 확장한 것으로 다음과 같이 정의된다.

쌍대비교척도(pairwise comparison scale)는 어떤 개념에 대한 다양한 보기를 제시한 후 응답자에게 그 보기들을 둘씩 짝지어서 더 선호하는 것을 고르게 하는 방법이다.

다음은 쌍대비교척도의 예이다.

【예】 다음의 신발 상표를 둘씩 비교하여 둘 중에서 더 선호하는 신발 상표를 기입하여 주세요.

① 가 & 나 ( ) ② 가 & 다 ( ) ③ 가 & 라 ( )

④ 나 & 다 ( ) ⑤ 나 & 라 ( ) ⑥ 다 & 라 ( )

만약 n개의 비교 대상이 있다면 $n(n-1)/2$만큼의 비교를 수행하여야 한다. 예를 들어, 네 가지 종류의 신발 상표가 있다면 $4(4-1)/2$개의 쌍이 가능하므로 응답자에게 6개의 쌍을 하나씩 제시한 다음 둘을 비교하여 어느 것이 더 호의적인지를 판단하도록 한다. 다음으로 상표별로 더 호의적으로 평가된 횟수를 계산하여 각 상표에 대한 점수로 삼는다. 점수가 높을수록 상표에 대해 더 호의적인 태도로 해석한다.

응답자에게 여러 대상을 한꺼번에 제시하고 순위를 정하는 서열순위척도보다 둘 중 하나를 고르게 하는 과정을 반복하는 쌍대비교척도가 응답자에게는 편한 방법이다. 하지만 이 방법은 비교하는 대상의 수가 많아지면 비교해야 할 쌍이 너무 많아져 비효율적이다.

3) 등간척도

[그림 2-11]처럼 온도, 지능지수, 야구시합점수, 시험성적, 물가지수, 적성검사지수 등이 다음과 같이 정의되는 등간척도의 예이다.

그림 2-11 등간척도의 예

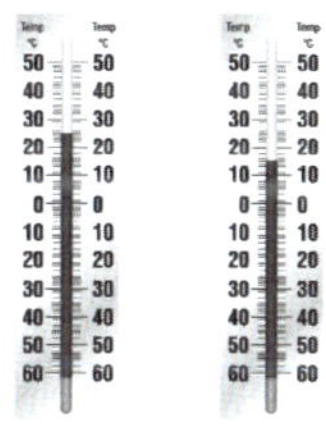

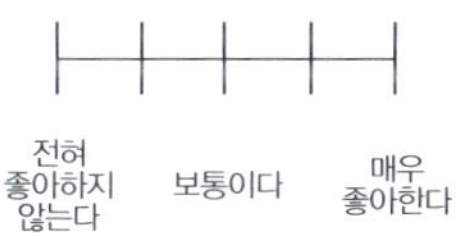

점수	등급	평점	점수	등급	평점
93~100	A+	4.8	63~66	D+	1.3
90~92	A0	4.0	60~62	D0	1.0
87~89	A−	3.7	56~59	D−	0.7
83~86	B+	3.3	0~56	F	0
80~82	B0	3.0			
77~79	B−	2.7			
73~76	C+	2.3	Pass	P	
70~72	C0	2.0			
67~69	C−	1.7			

> 등간척도(interval scale)는 서열척도가 갖고 있는 모든 특성을 가지면서 값 간의 차이도 의미가 있어 덧셈 및 뺄셈이 가능하다.

등간척도는 특정 대상을 범주에 따라 분류하고 서열순서를 매긴다는 것은 서열척도와 동일하지만 서열을 나타내는 숫자 간의 간격이 산술적 의미가 있다는 점이 서열척도와 다르다. 예를 들어, A학생의 성적이 30점이고 B학생의 성적이 60점이라면, B학생은 A학생보다 성적이 30점 높다고 할 수 있다. 명목척도나 서열척도와는 달리 분류와 순위의 성질뿐만 아니라 등간성을 갖기 때문에 10점+20점=30점 또는 15점−5점=10점과 같이 가감을 할 수 있다. 하지만 절대 영점(absolute zero)이 없어 곱셈과 나눗셈은 불가능하여 값 간의 비율은 무의미하므로 60점 학생이 30점 학생보다 2배 더 공부를 잘한다거나 2배 더 영리하다고 말할 수는 없다. 마찬가지로 6℃가 3℃보다 2배 더 따뜻하다고 말할 수 없다. 등간척도를 측정한 자료를 등간자료라고 한다. 다음과 같은 설문을 수행할 때 등간척도의 자료를 얻는다.

【예】 구입한 냉장고가 마음에 드십니까?

매우 불만족	불만족	보통	만족	매우 만족
①	②	③	④	⑤

【예】 현 정부의 경제정책에 대해 찬성하십니까?

전혀 그렇지 않다	그렇지 않다	그렇지 않은 편이다	보통 이다	그런 편이다	그렇다	매우 그렇다
①	②	③	④	⑤	⑥	⑦

특정 현상을 등간척도로 측정하는 방법으로는 리커트척도가 있다. 사회과학이나 여론조사에서 가장 많이 사용하는 척도이다.

리커트척도(Likert scale)는 등간척도의 일종으로 어떤 태도나 의견에 대해 부정(불만족)/긍정(만족)의 정도를 측정하는 척도이다.

일반적으로 리커트 5점 척도(1: 전혀 그렇지 않다, 2: 그렇지 않다, 3: 보통이다, 4: 그렇다, 5: 매우 그렇다) 또는 리커트 7점 척도(1: 전혀 그렇지 않다, 2: 그렇지 않다, 3: 그렇지 않은 편이다, 4: 보통이다, 5: 그런 편이다, 6: 그렇다, 7: 매우 그렇다)를 사용한다. 다음은 5점과 7점 리커트 척도의 예이다.

【예】 오늘 행사에서 제공된 소책자가 유용했습니까?

전혀 그렇지 않다	그렇지 않다	보통 이다	그렇다	매우 그렇다
①	②	③	④	⑤

【예】 오늘 행사에서 제공된 소책자가 유용했습니까?

전혀 그렇지 않다	그렇지 않다	그렇지 않은 편이다	보통 이다	그런 편이다	그렇다	매우 그렇다
①	②	③	④	⑤	⑥	⑦

리커트 척도는 응답자의 의견을 여러 개의 문항으로 측정한 다음 모든 문항의 응답 점수를 합산하여 응답자의 의견 점수를 구하는 척도이다. 하나의 측정문항으로 응답자의 응답을 측정하는 경우를 단일척도라 한다. 단일척도로는 측정이 어려운 복합적인 개념을 측정해야 할 때는 여러 개의 측정문항으로 응답자의 응답을 측정하는 복합척도를 사용한다. 복합척도를 사용하면 단일척도를 사용하는 경우보다 측정의 타당성과 신뢰성을 높일 수 있다. [표 2-7]은 고객충성도를 측정하는 리커트 7점 복합척도의 예이다.

표 2-7 복합척도의 예

설 문 내 용	전혀 그렇지 않다	그렇지 않다	그렇지 않은 편이다	보통이다	그런 편이다	그렇다	매우 그렇다
1. 나는 ABC 병원을 계속 이용할 것이다.	1	2	3	4	5	6	7
2. 병원이용 시 ABC 병원을 우선적으로 선택할 것이다.	1	2	3	4	5	6	7
3. ABC 병원을 타인에게 추천할 것이다.	1	2	3	4	5	6	7
4. 진료비가 다른 병원보다 비싸더라도 ABC병원을 이용할 것이다.	1	2	3	4	5	6	7

[표 2-7]처럼 관련 있는 문항들을 하나로 모아서 제시한다고 하여 행렬문항(matrix question)이라 부르기도 한다. 행렬문항은 지면을 경제적으로 활용할 수 있고, 쉽고 빠르게 응답할 수 있으며, 다른 문항에 대해 응답 비교가 편리하다.

리커트 척도는 특정 주제에 대한 사람들의 의견을 심도 있게 평가하는 데 매우 유용하면서도 편리하고 범용적이다. 그러나 총점을 계산하는 과정에서 각 문항 간 응답자의 편차가 사라지므로 총점이 의미하는 개념적 정의가 무엇인지에 대해서도 별도로 이론을 세워야 한다. 또한 자기보고(self-report) 식이기 때문에 주관성이 혼입된다는 문제점도 있고, 사람마다 각 점수가 의미하는 긍정/부정 및 동의/거부의 정도가 다를 수 있다는 문제점을 가지고 있다.

4) 비율척도

[그림 2-12]처럼 길이, 무게, 거리, 나이, 매출액은 다음과 같이 정의되는 비율척도의 예이다.

> 비율척도(ratio scale)는 가장 강한 수준의 척도로 앞의 세 가지 척도의 특성뿐만 아니라 의미 있는 0을 가져 사칙연산이 가능하여 값 간의 차이를 비율로 알 수 있다.

비율척도는 절대적인 기준이 있는 영점이 존재하므로 사칙연산이 가능하고, 분류도 가능하고, 차이를 비교할 수도 있고, 순위도 만들 수 있으므로 가장 강한 수준의 척도이다. 예를 들어, 200kg은 50kg보다 4배 더 무겁고, 30cm는 10cm보다 3배 더 길고, 200원은

그림 2-12 비율척도의 예

과세표준	세율
1,200만원 이하	6%
1,200만원 초과~4,600만원 이하	15%
4,600만원 초과~8,800만원 이하	24%
8,800만원 초과~1억5천만원 이하	35%
1억5천만원 초과~3억원 이하	38%
3억원 초과~5억원 이하	40%
5억원 초과	42%

출생연도	나이
1980년	42세
1981년	41세
1982년	40세
1983년	39세
1984년	38세
1985년	37세
1986년	36세
1987년	35세
1988년	34세
1989년	33세
1990년	32세
1991년	31세
1992년	30세
1993년	29세
1994년	28세
1995년	27세

키(cm)	표준
165cm	59.8kg
166cm	60.6kg
167cm	61.3kg
168cm	62.0kg
169cm	62.8kg
170cm	63.5kg
171cm	64.3kg
172cm	64.9kg
173cm	65.8kg
174cm	66.6kg

100원보다 2배 더 많다고 할 수 있다. 이처럼 절대 영점(0cm, 0kg)을 가지며 숫자의 차이는 비율을 나타낸다. 길이, 무게, 거리, 나이, 매출액은 비율척도로 다음과 같은 설문을 수행할 때 비율척도의 자료를 얻는다.

【예】 귀하의 월 평균 수입은?

【예】 귀사의 작년 매출액은?

【예】 귀하의 몸무게는?

【예】 귀사의 투표율은?

5) 척도의 비교

명목척도는 조사대상을 어떤 변수에 관해 대립되는 범주로 분류하는 경우, 서열척도는 조사대상을 어떤 변수에 관해 서열적으로 배열하는 경우, 등간척도는 조사대상을 어떤 변수에 관해 크기 등의 차이를 수량적으로 비교하는 경우, 비율척도는 조사대상을 어떤 변수에 관해 비율을 알 수 있게 하는 경우에 적합하다. 이들 네 가지 척도를 비교하면 [표 2-8]과 같다.

표 2-8 척도별 특징

	범주	순서	등간	절대영점	특징	
명목척도	○	×	×	×	숫자부여	=, ≠
서열척도	○	○	×	×	범주+순서	>, <
등간척도	○	○	○	×	서열+등간	+, −
비율척도	○	○	○	○	등간+절대영점	×, ÷

자료의 종류에 따라 분석방법이 달라지므로 자료들의 종류를 먼저 파악하는 것이 중요하다. 자료는 [그림 2-13]처럼 속성에 의해 구분될 수 있는데, 크게 범주형 또는 질적 변수를 관찰하여 기록한 질적(qualitative or categorical) 자료와 연속형 또는 양적 변수를 관찰하여 기록한 양적(quantitative or numeric) 자료로 구분할 수 있다.

그림 2-13 자료의 구분

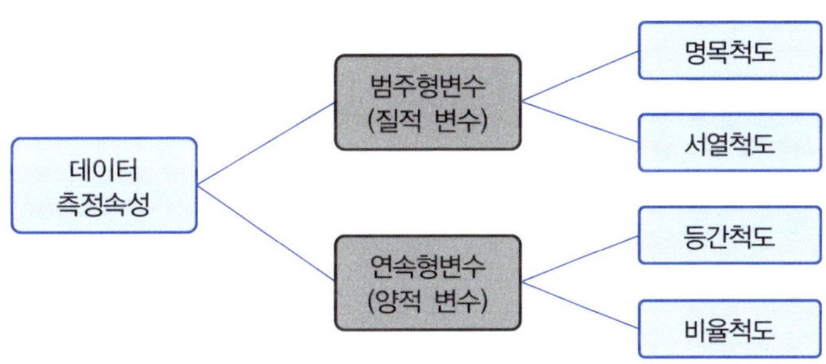

제3절 ▌측정도구의 신뢰도와 타당도

1. 신뢰도 개념

측정도구 또는 척도의 일관성(consistency)을 의미하는 신뢰도는 다음과 같이 정의된다.

> 신뢰도(reliability)란 같은 대상에 대하여 같거나 유사한 측정도구를 사용하여 반복 측정하면 같거나 비슷한 결과를 얻을 수 있는 정도를 말한다.

개인의 지능검사, 적성검사, 어학능력검사, 심리검사를 반복 조사할 때 검사의 값이 같거나 비슷한 값을 나타내어야 검사의 신뢰성이 있다고 한다. 같은 의미로 척도가 같은 대상자에 대해 반복 측정한 값이 같거나 비슷하여야 그 척도는 신뢰도가 있어 측정도구로 써 가치가 있다. 예를 들어, 어느 사람이 어학능력검사를 위해 두 종류의 검사지를 사용하여 6회 검사한 결과가 [표 2-9]와 같다고 가정하자.

표 2-9 어학능력검사 결과표

측정일자	어학능력검사지 A	어학능력검사지 B
1	88	98
2	87	72
3	82	80
4	86	92
5	84	40
6	82	36

어학능력검사지 A는 82~88 사이에서 변동이 거의 없어 측정의 일관성이 있는 어학능력검사지라 할 수 있고 반면 어학능력검사지 B는 36~98 사이에서 변동이 심하여 측정의 일관성이 없는 어학능력검사지라 할 수 있다. 따라서 어학능력검사지 A는 신뢰도가 높고 B는 신뢰도가 낮은 측정도구라 한다. 이처럼 신뢰도는 측정도구의 일관성을 의미한다.

2. 타당도 개념

시간을 측정할 때 시계를 사용하여 시간을 객관적으로 재고 있다면 타당도가 있다고 말하고, 시간을 저울로 측정한다면 타당도가 없다고 한다. 즉 타당도는 척도가 측정하려는 개념을 정확하게 측정하고 있을 때 척도의 타당도가 있다고 한다.

> 타당도(validity)란 측정도구가 측정하고자 하는 개념을 얼마나 정확하게 측정할 수 있는가를 나타내는 지표이다.

따라서 타당도는 측정도구가 무엇을 측정하고 있느냐의 문제인 동시에 그 측정도구가 측정하려는 목표를 얼마나 정확하게 측정하느냐의 문제이다.

3. 타당도와 신뢰도의 관계

사회과학에서 사회현상의 측정이 어려운 것은 자연현상의 측정처럼 객관적이고 통일된 기준이 없다는 것이다. 우리는 몸무게를 측정할 때 체중계를 측정도구로 사용하여 무게를 측정하고 만약 정밀성을 요구하면 반복 측정하여 정확성을 추구한다. 그러나 사회과학연구는 객관적인 측정도구를 지니지 못해 같은 대상을 반복하여 측정하기도 어렵지만, 설사 반복하여 측정하더라도 유사한 결과를 얻는다는 보장도 없어 측정에 따른 여러 가지 문제가 발생할 수 있다.

예를 들어, 어학능력검사를 반복하여 측정했을 때 검사의 값이 비슷하지 않으면 그 검사는 신뢰도가 없다고 말한다. 또한 어학능력검사의 문제 중 일부가 수학능력검사의 문제라면 그 검사는 타당하지 않다고 말한다. 전자는 신뢰도의 문제이고 후자는 타당도의 문제이다. 다시 말하면 타당도는 측정도구가 구성개념을 얼마나 정확하게 측정하는가의 지표이고 신뢰도는 측정도구가 구성개념을 얼마나 일관성 있게 측정하는가의 지표이다. 따라서 사회과학연구에서는 사용하려는 측정도구의 신뢰도와 타당도를 확인할 필요가 있다.

[그림 2-14]에서 신뢰도가 높다는 것은 정확하게 쏘는 것과는 별개로 일관성 있게 같은 방향으로 계속해서 쏘는 것과 관련된 의미이고, 타당도가 높다는 것은 가운데 표적을 향해서 정확히 쏘느냐와 관련한 의미이다.

그림 2-14 타당도와 신뢰도

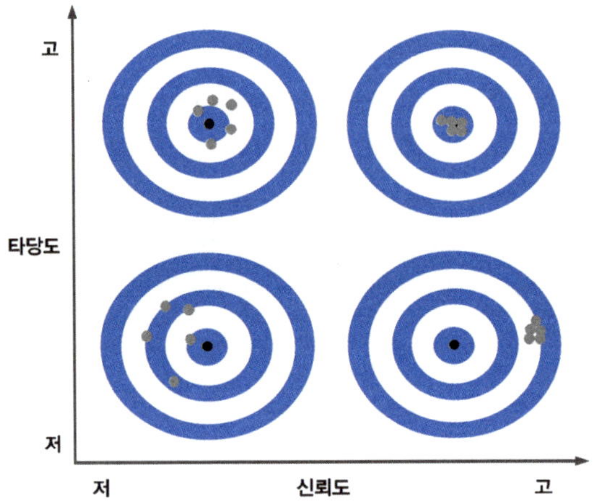

신뢰도를 높인다고 타당도가 높아지는 것은 아니다. 하지만 타당도를 높이면 신뢰도가 높아진다. 실제 지능지수가 160인 사람의 지능지수를 지능지수검사지가 일관성 있게 100으로 측정한다면 그 지능지수검사지는 신뢰도는 있으나 타당도는 없는 측정도구이다. 반면 실제 지능지수가 80인 사람의 지능지수를 지능지수검사지가 일관성 있게 80으로 측정한다면 그 지능지수검사는 타당도와 신뢰도가 있는 측정도구가 된다. 이처럼 타당성이 보장되면 신뢰도가 확보되지만 신뢰도가 확보된다고 타당도가 확보되는 것은 아니기 때문에 일반적으로 타당도 검사를 마친 후에 신뢰도 검사를 한다.

제4절 ▌설문문항

설문지의 측정문항은 응답자에게 요구하는 답변의 형식에 따라서 크게 개방형 문항과 폐쇄형 문항으로 나뉜다. 주관식 답변을 요구하는 측정문항은 개방형 문항이고 객관식 답변을 요구하는 문항은 폐쇄형 문항이다.

1. 개방형 문항

개방형 문항(open-ended question)은 응답자가 직접 자신의 생각을 자유롭게 응답할 수 있도록 만든 주관식 또는 단답형 문항이다. 다음은 개방형 문항의 예이다.

【예】 조직의 리더가 갖추어야 할 자질은 무엇이라 생각하십니까?

____

【예】 현재의 전공교육에 어떤 문제점이 있다고 생각하십니까?

____

개방형 문항의 장단점은 [표 2-10]과 같다.

표 2-10 개방형 문항의 장단점

장점	단점
• 의견을 정확히 받을 수 있다.	• 응답률이 저조하다
• 답변 가능한 보기가 많은 경우에 유용하다.	• 응답에 많은 시간이 소요된다.
• 자유로운 의견을 수렴할 수 있다.	• 자료 분석에 많은 시간과 비용이 소요된다.
• 소규모 조사에 적합하다.	• 자료 분석에 연구자의 주관이 개입될 수 있다.
• 예상치 못한 응답을 찾을 수 있다.	• 분류되지 않는 자료는 누락될 수 있다.

2. 폐쇄형 문항

폐쇄형 문항(close-ended question)이란 표준화된 답을 보기로 제시하여 객관식 답변을 요구하는 문항을 말한다.

명목척도, 서열척도, 리커트 척도 등이 이에 해당한다. 다음은 폐쇄형 문항의 예이다.

【예】 귀하의 연령은?

① 20대 미만 ( ) ② 20대 ( ) ③ 30대 ( )
④ 40대 ( ) ⑤ 50대 이상 ( )

【예】 귀하는 교통위반을 하신 적이 있으신가요?

① 예 ( ) ② 아니요 ( )

폐쇄형 문항의 장단점은 [표 2-11]과 같다.

표 2-11 폐쇄형 문항의 장단점

장점	단점
• 응답을 쉽게 할 수 있어 응답률이 높다.	• 심층적 자료를 얻기 어렵다.
• 대규모 조사에 적합하다.	• 응답자가 원하는 답이 보기에 없을 수 있다.
• 능률적이며 경제적이다.	• 객관식 문항을 만들기가 쉽지 않다.
• 자료의 분석과 해석이 쉽다.	• 응답자의 자유로운 응답을 제한한다.

3. 폐쇄형 문항의 유형

폐쇄형 문항의 유형에는 [그림 2-15]와 같은 것들이 있다.

그림 2-15 폐쇄형 문항의 유형

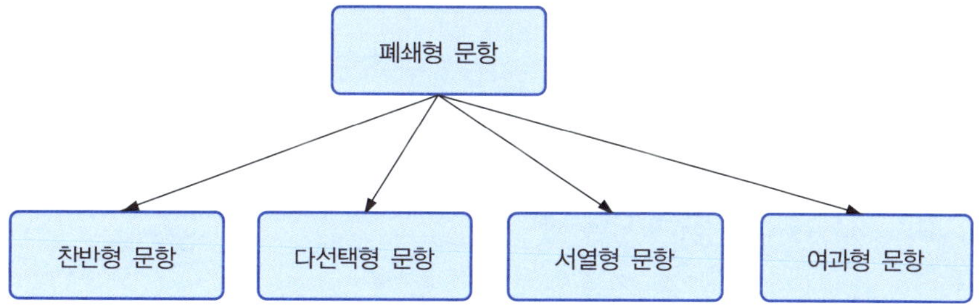

1) 찬반형 문항

찬반형 문항(agree-disagree question) 또는 2자 택일형(alternative-response type) 문항은 보기 범주를 2가지만 제시하여 둘 중 하나를 선택하도록 하는 문항이다.

의견(찬성/반대)이나 경험의 유무(있다/없다)를 확인하여 응답자의 특성을 분류하기 위한 목적으로 많이 사용한다. 보통 극단적인 2개의 선택지만 있고 중간단계가 없어 극단적인 응답으로 유도되어 중요한 정보를 잃을 수 있다는 단점이 있다. 다음은 찬반형 문항의 예이다.

【예】 귀하는 XYZ 제품을 이용해본 경험이 있습니까?
① 예　　② 아니오

【예】 귀하는 현재의 교육정책에 대해 찬성하십니까?
① 예　　② 아니오

2) 다선택형 문항

다선택형 문항(multiple choice question)은 여러 응답 보기 중 한 개 또는 중복 선택하도록 하는 문항이다.

다음은 다선택형 문항의 예이다.

【예】 현재 가장 시급한 복지정책은 무엇이라 생각하십니까?

① 아동복지 ② 청소년복지 ③ 군인복지

④ 장애인복지 ⑤ 노인복지 ⑥ 기타

다선택형 문항은 여러 개의 보기 중에서 하나를 선택하도록 하는데 경우에 따라서는 다음과 같이 중복응답도 가능하도록 한다.

【예】 다음 중 좋아하는 과일 2가지를 고르시오.

① 사과 ② 수박 ③ 참외 ④ 딸기 ⑤ 레몬 ⑥ 키위

문항에서 응답자가 ②와 ④를 택했다면 이는 좋아하는 과일이 ②와 ④인 것을 의미한다. 아래에 설명할 서열형 문항과의 차이는 중복응답이더라도 응답자가 문항의 보기에 대한 선호도를 고려하지 않는다는 것이다.

3) 서열형 문항

서열형 문항(ranking question)은 응답자가 중요도 또는 선호도 순으로 응답하도록 하는 문항이다.

서열형 문항은 주로 선호도나 중요도를 확인하고자 할 때 사용한다. 다음은 서열형 문항의 예이다.

【예】 현재 가장 시급한 복지정책이 무엇인지 우선순위에 따라 1, 2, 3, ... 순서로 표기해 주세요.

① 아동복지 ( ) ② 청소년복지 ( ) ③ 군인복지 ( )

④ 장애인복지 ( ) ⑤ 노인복지 ( )

【예】 다음 중 좋아하는 과일 2가지를 선택하여 선호도에 따라 1, 2로 순위를 표시해 주세요.

① 사과 ( ) ② 수박 ( ) ③ 참외 ( ) ④ 딸기 ( ) ⑤ 레몬 ( ) ⑥ 키위 ( )

위의 예에서 응답자가 "1위 ②, 2위 ④"처럼 답변을 하면 해당 응답자는 수박을 가장 좋아하고 그 다음에 딸기를 좋아한다고 해석할 수 있다.

4) 여과형 문항

여과형 문항(filter question)은 전체 응답자 중 일부만을 조사하고자 할 때 응답자를 걸러내기 위해 묻는 문항이다.

여과형 문항은 하나의 문항을 통해 다른 문항으로 넘어갈 때 걸러내는 역할을 하는 조건부 문항이다. 다음은 여과형 문항의 예이다.

【예】 귀하는 올해 독감예방접종을 하셨습니까? 했으면 2)로 가고 아니면 5)로 가시오.

【예】 학교폭력을 당한 경험이 있나요? 있으면 3)으로 가고 아니면 7)로 가시오.

【예】 여러분의 직계존속 중 장애인이 있습니까?
① 있다 ② 없다
①의 경우, 있다면 다음 중 누구에 해당합니까?

【예】 전공공부가 취업에 도움이 된다고 생각하십니까?
① 매우 그렇다 ② 그렇다 ③ 보통 ④ 아니다 ⑤ 전혀 아니다
④, ⑤의 경우, 도움이 되지 않았다면 그 이유는 다음 중 무엇입니까?

제5절 ▌설문지

1. 설문지 개념

통계적 가설검정을 위해서는 반드시 수치화된 자료가 있어야 하지만 현실적으로 인간의 의견과 같은 내면적인 속성을 숫자로 측정하기는 매우 어렵다. 하지만 인간의 의견을 측정할 때 객관적인 자료를 얻을 수 있는 방법 중의 하나가 설문지를 이용하는 것이다.

> 설문지(questionnaire)는 연구자가 조사하고자 하는 측정문항을 체계적으로 배열하여 인쇄한 문서이다.

과거에는 주로 종이 설문지를 가지고 설문조사를 하였으나 현재는 정보통신기술의 발달로 인터넷이나 스마트폰을 활용한 온라인 설문조사를 많이 사용한다.

> 설문조사(survey research)란 측정문항들이 포함된 설문지를 만들어 응답자의 특성, 생각, 의도, 태도 등을 자료화하는 방법이다.

자료를 직접 수집하는 가장 일반적인 방법인 설문조사의 장단점은 [표 2-12]와 같다.

표 2-12 설문조사의 장단점

장점	단점
• 면접시 발생하는 면접자 편견의 개입이 없다.	• 응답률이 낮다.
• 충분한 시간을 가지고 신중을 기할 수 있다.	• 깊이 있는 조사가 어렵다.
• 비용이 비교적 적게 든다.	• 설문지에 대한 통제를 제대로 할 수 없다.
• 자료의 수집과 분석이 용이하다.	• 응답해야 할 사람이 응답했는지가 의문시된다.
• 익명성이 보장된다.	• 어려운 문항에 대한 보충설명이 곤란하다.
• 큰 표본에도 용이하게 적용할 수 있다.	• 응답내용이 허위나 과장일 수 있다.

2. 설문문항작성

설문지에서 발생하는 여러 가지 오류를 줄여 좋은 설문지를 작성하는 데 도움을 줄 수 있는 기준은 다음과 같다.

• 포괄성

폐쇄형 문항에서 포괄성은 응답자 누구나 답변이 가능해야 한다는 의미이다. 예를 들어, 포괄성에 위배되는 아래와 같은 문항을 살펴보자.

【예】 귀하의 키는 얼마입니까?

① 160cm 이상~170cm 미만 ② 170cm 이상~180cm 미만
③ 180cm 이상~190cm 미만 ④ 190cm 이상~200cm 미만

【예】 현재 기르고 있는 애완동물은?

① 새 ② 고양이 ③ 오리 ④ 닭 ⑤ 개

【예】 담당자의 서비스에 얼마나 만족하셨습니까?

① 최고 만족 ② 매우 만족 ③ 만족

첫 번째 문항은 키가 155cm인 사람은 답변할 수가 없고 두 번째 문항은 물고기나 다른 동물을 키우는 사람은 답할 수 없게 되므로 다음과 같이 포괄성 문제를 해결할 수 있다.

【예】 귀하의 키는 얼마입니까?

① 160cm 미만 ② 160cm 이상~170cm 미만
③ 170cm 이상~180cm 미만 ④ 180cm 이상~190cm 미만
⑤ 190cm 이상~200cm 미만 ⑥ 200cm 이상

【예】 현재 기르고 있는 애완동물은?

① 새 ② 고양이 ③ 오리 ④ 닭 ⑤ 개 ⑥ 기타

세 번째 문항에는 담당자의 서비스에 대해 불만이 있는 경우에는 답을 할 수 있는 보기가 없다. 답의 보기는 다음과 같이 객관적이어야 하며 적절히 균형을 이루어야 한다.

【예】 담당자의 서비스에 얼마나 만족하셨습니까?

① 매우 불만 ② 불만 ③ 보통 ④ 만족 ⑤ 매우 만족

• 상호배타성

패쇄형 문항에서 상호배타성은 응답자가 2개의 답을 하도록 구성되면 안 된다는 의미이다. 예를 들어, 상호배타성에 위배되는 아래와 같은 문항을 살펴보자.

【예】 귀하의 키는 얼마입니까?

① 170cm 이하　　② 170cm 이상~180cm 이하

③ 180cm 이상~190cm 이하　　④ 190cm 이상

위의 문항에서는 키가 170cm인 경우 ①과 ② 중 어디에 답할지 고민하게 된다. 위와 같은 문제가 생기지 않도록 다음과 같이 문항을 구성해야 한다.

【예】 귀하의 키는 얼마입니까?

① 170cm 미만　　② 170cm 이상~180cm 미만

③ 180cm 이상~190cm 미만　　④ 190cm 이상

• 쉬운 단어

가급적 전문 용어나 고어 사용은 피하고 응답자의 수준에 맞는 어휘나 문장을 사용하여 응답자가 문항의 요지를 쉽게 파악할 수 있도록 하여야 한다. 다음과 같은 문항은 피해야 한다.

【예】 주취 감형에 찬성합니까?

① 매우 반대　② 반대　③ 보통　④ 찬성　⑤ 매우 찬성

• 간단 명료

문항이 너무 길면 응답자가 지루하다고 느껴 문항을 다 읽지 않고 불성실한 답을 하게 되므로 내용이 정확하면서도 간결하도록 한다. 다음과 같은 문항은 피해야 한다.

【예】 우리 정부는 북한의 도발에 대해 확고한 한미 연합방위태세를 유지하는 가운데, 담대한 구상을 바탕으로 북한이 도발을 중단하고 비핵화 대화에 복귀하도록 하기 위한 외교적 노력을 흔들림 없이 경주해 나갈 것이라는 국가정책에 대해 찬성하십니까?

① 매우 찬성　② 찬성　③ 보통　④ 반대　⑤ 적극 반대

• 객관식 문항

응답자가 깊이 고민하거나 시간을 많이 들여 답해야 하는 다음과 같은 문항은 개방형 또는 서술형 문항을 가급적 피해야 한다.

【예】 돈의 소중함을 언제 알았습니까?

【예】 이 제품은 언제 고장 날 것으로 예상합니까?

• 이중 질문

한 가지 문항에는 하나의 질문만 하도록 한다. 다음과 같은 한 문항 속에 두 가지 내용을 묻는 문항은 피해야 한다.

【예】 레스토랑의 가격과 맛에 만족하십니까?
① 매우 불만 ② 불만 ③ 보통 ④ 만족 ⑤ 매우 만족

• 유도 문항

문항에 의견을 삽입하여 특정 대답을 암시하거나 유도하면 응답이 왜곡될 수 있으므로 문항은 객관적이고 가치중립적이어야 한다. 다음과 같은 유도형 문항의 피해야 한다.

【예】 올해부터는 경기가 매우 좋아진다고 합니다. 정부의 경기부양정책에 만족하십니까?
① 매우 불만 ② 불만 ③ 보통 ④ 만족 ⑤ 매우 만족

• 동일 의미

응답자 모두에게 같은 의미가 전달되어 응답자가 자의적으로 해석할 수 있는 여지가 없어야 한다. 다음의 예처럼 기간이 명시되지 않아 일주일, 한 달, 일 년인지 응답자가 혼동하는 문항은 피해야 한다.

【예】 당신은 고기를 몇 번 먹습니까?

• 긍정형 문항

문항의 표현을 긍정적으로 하고 다음과 같은 부정적인 표현은 가급적 하지 않도록 한다.

【예】 당신은 서비스에 얼마나 불만족하고 있습니까?

3. 문항순서

설문문항의 수와 설문시간에 대한 명확한 기준은 없으나 가급적 적은 것이 좋다. 설문문항이 너무 많으면 중요하지 않은 순으로 제외하거나 조사목적을 축소하여 줄이는 것이 좋다. 설문지에 제시된 문항의 순서를 어떻게 하느냐에 따라서 응답이 달라질 수 있어 문항이 결정되면 문항의 순서를 다음의 기준을 참고하여 결정해야 한다.

- 중요한 문항은 앞에 배열한다.
- 응답자의 흥미를 유발하는 문항은 앞에 배열한다.
- 일반적 문항은 앞에 전문적 문항은 나중에 배열한다.
- 쉬운 문항은 앞에 어려운 문항은 나중에 배열한다.
- 유사한 문항은 묶어 배열한다.
- 민감하거나 인적사항에 대한 문항은 뒤에 배열한다.

4. 설문지 서문

보통 설문지를 작성해주는 응답자들에게 이 연구가 왜 진행되는지, 어디서 진행되는지, 무슨 목적으로 진행되는지를 간단하게 알려주어야 한다. 그래야만 응답자들도 설문지의 목적을 이해하고 엉뚱한 답을 하지 않을 수 있기 때문이다. 따라서 서문으로 인하여 응답자들이 설문지를 신뢰하게 되어 응답 회수율을 높일 수 있도록 한다. 이를 위해 설문지에는 반드시 [그림 2-16]처럼 다음 사항이 기술되어 있는 서문이 있어야 한다.

- 인사말
- 연구주제
- 조사의 목적과 취지
- 개인 신상에 대한 비밀 보장 문구
- 응답에 대한 감사 문구
- 신뢰감을 부여할 수 있도록 조사 기관 및 연락처 명시

그림 2-16 설문지 서문의 예

> 안녕하십니까?
> 본 설문지는 고객만족도를 파악하기 위한 기초자료를 얻기 위한 것입니다. 평소에 생각하고 있으신 바를 한 문항도 빠짐없이 솔직하게 답변해 주시면 신뢰성 있는 연구결과를 얻는데 도움이 될 것입니다.
> 귀하의 응답은 통계법에 의하여 비밀이 철저히 보장되며 연구목적 이외의 다른 어떤 목적으로도 쓰이지 않습니다. 귀하의 소중한 시간과 응답에 감사를 드립니다.
>
> ○○○○년 ○○월
>
> OO대학교 OO학과
> 연구자 ○ ○ ○ 드림

5. 사전검사

> 사전검사(pretest)란 본 조사에 들어가기에 앞서 작성된 설문지 초안을 이용하여 조사를 실시하는 것을 말한다.

사전검사는 본 조사하기에 앞서 설문지 초안을 이용해 소수의 응답자에게 직접 조사하여 미처 생각하지 못했던 문제점 및 오탈자를 찾기 위해서 실시한다. 따라서 사전검사는 설문지의 초안을 만든 후에 설문지의 질문내용, 언어구성, 문항의 수, 포괄성, 상호배타성, 동일문항에 대한 내적일관성, 응답형식, 문항의 배열 등에서 오류가 있는지를 확인하기 위해서 이뤄지는 조사이다.

보통은 사전검사를 통해 발견된 문제를 수정한 후 다시 한번 사전검사를 하는 것이 바람직하다. 설문지 작성에 아무리 많은 시간과 노력을 들여도 설문지에는 오류가 발생할 수 있기 때문에 이러한 과정을 거치지 않고 바로 본 조사에 들어가면 연구자가 얻고자 하는 자료를 수집하는 데 문제가 생길 가능성이 높다. 설문조사를 마친 후에 문제점이 발견되면 그것만큼 당황스러운 일도 없을 것이므로 본 조사 이전에 설문지의 문제점을 파악하는 사전검사를 실시하여야 한다.

제6절 ▌구글 설문지 만들기

간단한 설문 조사를 위해 설문지를 만들고 싶다면 구글 설문지를 사용해서 설문 내용을 작성한 다음 작성한 내용 링크를 보내주면 설문 조사를 간단하고 편리하게 할 수 있다. 구글 설문지 작성 방법과 설문조사 결과를 보는 방법을 알아보기로 한다.

- 검색 창에 "구글 폼" 또는 "구글설문지"를 입력하고 [Google Forms: 온라인 양식 제작 도구]를 클릭한다.

- [Forms로 이동]을 클릭한다.

- 새 양식 시작하기에서 내용 없음을 클릭한다.

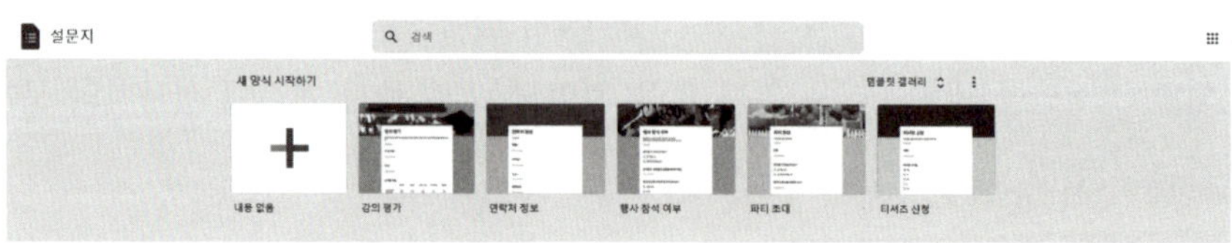

• [제목 없는 설문지]에 설문지 제목을 입력하고 [설문지 설명]에 서문을 입력한다.

• 완성된 설문지 제목 및 서문은 다음과 같다.

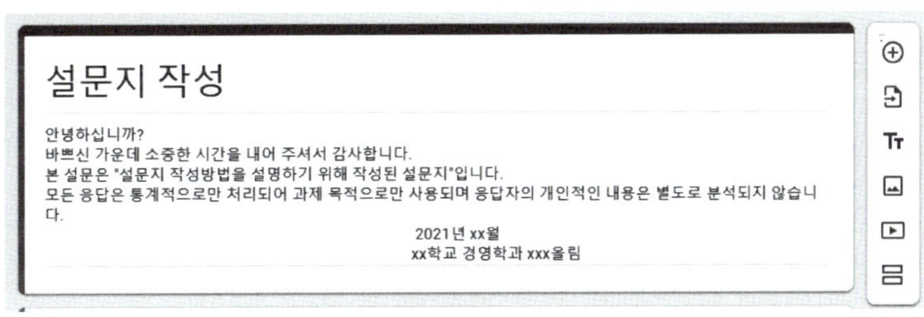

• 다음으로 [◉ 객관식 질문] 메뉴를 선택하여 자신이 원하는 메뉴를 클릭한다.

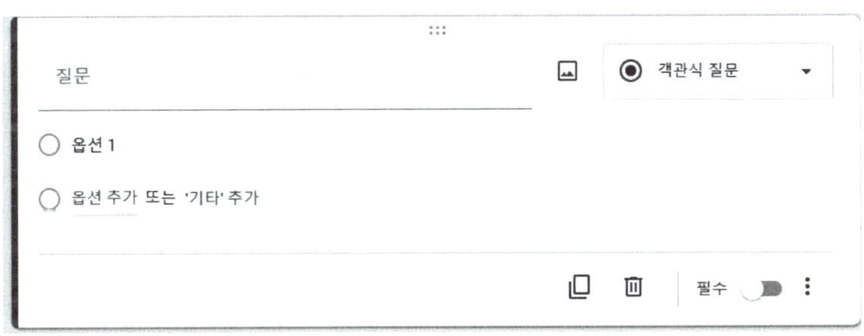

• 메뉴는 그림과 같이 다양한 메뉴를 사용할 수 있지만 여기서는 실증연구에서 가장 많이 사용되는 메뉴인 [객관식 질문], [선형 배율], [체크박스] 세 가지에 관해 설명하도록 한다.

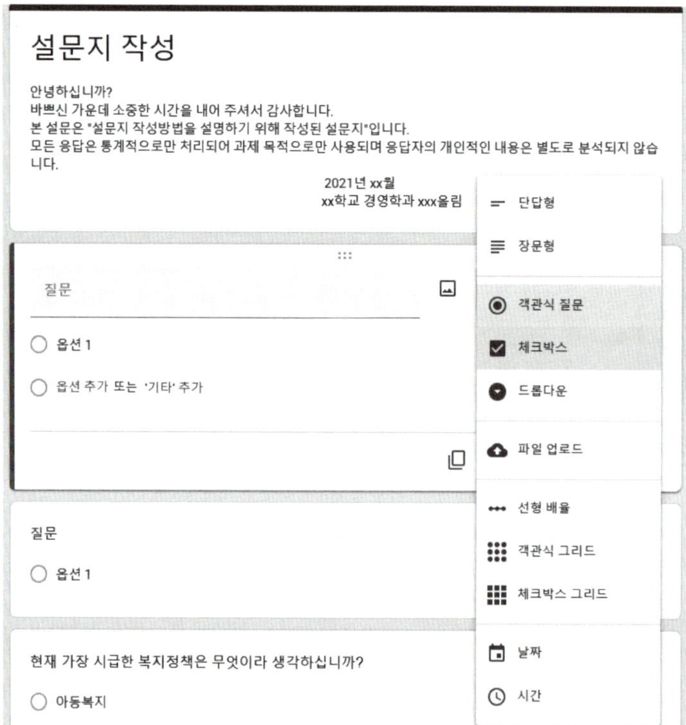

- 객관식 질문을 작성하기 위해서는 먼저 [질문]을 클릭하여 설문을 작성한다. 예로 "당신의 성별은?"을 입력한다. [옵션 1]에 답변을 작성한다. 예로 "남성"을 입력한다. [옵션 추가]에 마우스를 클릭하여 다음 추가 답변을 입력한다. 예로 "여성"을 입력한다. 추가 답변이 존재한다면 [옵션 추가]를 클릭하여 계속 설문을 입력한다. 만약 추가 옵션의 마지막을 "기타"로 작성하고 싶다면 ['기타' 추가]를 클릭한다. [옵션 추가] 후 "기타"를 직접 입력해도 상관없다.

• 한 설문지를 완성한 후 다음 설문지를 작성하려면 오른쪽 위의 [⊕]를 클릭한다.

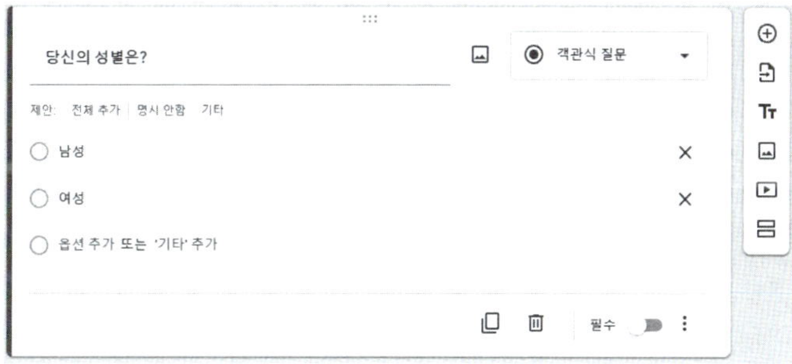

• 다문항 명목 척도의 예는 다음과 같다.

• 등간척도 역시 명목척도 및 서열척도와 같은 방법으로 입력할 수 있다. 하지만 객관식 질문의 경우 응답한 내용이 숫자로 코딩되지 않고 문자로 코딩되기 때문에 엑셀에서 변경이 필요하다. 엑셀 변경 방법은 아래의 내용을 참조한다.

- 등간척도에서 [객관식 질문]은 질문자가 결과를 새롭게 코딩해야하는 문제가 있지만 메뉴에서 [선형 배율]을 선택한다면 응답자가 새로 코딩하지 않아도 되는 장점이 있다. 먼저 객관식 질문이었던 메뉴를 눌러 선형 배율로 변경해 준다. 선형 배율의 기본은 5점 척도로(1~5점) 되어 있지만, 최소 0점 ~ 최대 10점 척도까지 변경이 가능하다. 마지막으로 가장 낮은 점수의 응답 답안과 가장 높은 점수의 응답 답안을 [라벨(선택사항)]을 클릭하여 입력해 준다. 예로 1점 "전혀 그렇지 않다"와 5점 "매우 그렇다"가 된다.

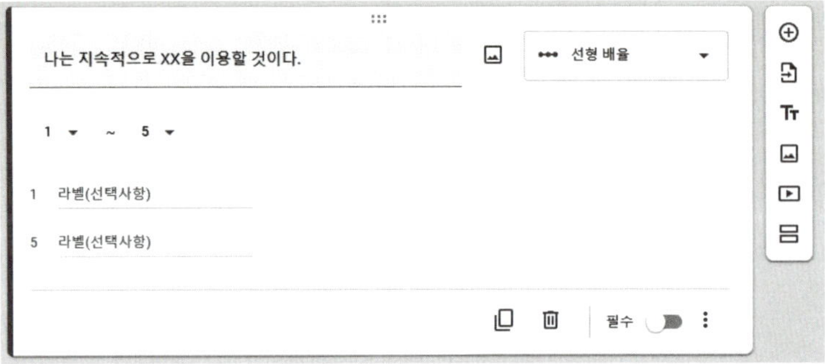

- 결과값은 다음과 같다. [선형 배율]은 응답자의 답변이 숫자로 입력되어 연구자가 설문 이후 코딩할 필요가 없는 장점이 있지만 응답자의 기준에서 가운데 있는 점수의 정확한 의미를 판단하기 어렵다는 단점을 가진다.

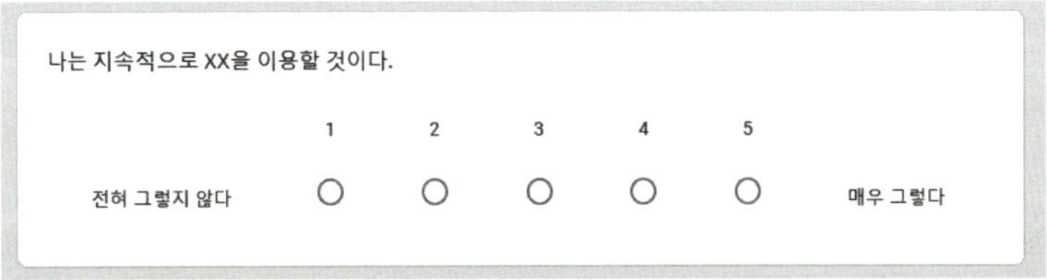

- 마지막으로 복수의 응답을 필요로하는 설문일 때 [객관식 질문] 메뉴에서 [☑ 체크박스]로 변경해 준 다음 객관식 질문과 같이 [질문]에 설문내용을 입력하고 [옵션 1]에 답변내용을 적어준다. [⁝] → [응답 확인] 메뉴를 통해 추가적인 옵션을 선택할 수 있다. 옵션은 [최소 선택 개수], [최대 선택 개수], [정확한 선택 개수] 3가지이다.

• 이상 완성된 설문은 다음과 같다. 만약 같은 종류의 설문을 연속해서 만든다면, 예를 들어 등간척도와 같이 질문의 내용만 바뀌고 선택항목의 내용변동이 없다면 [⧉] 메뉴를 클릭한 후 아래 복사된 문항에서 질문의 내용만 수정하면 된다.

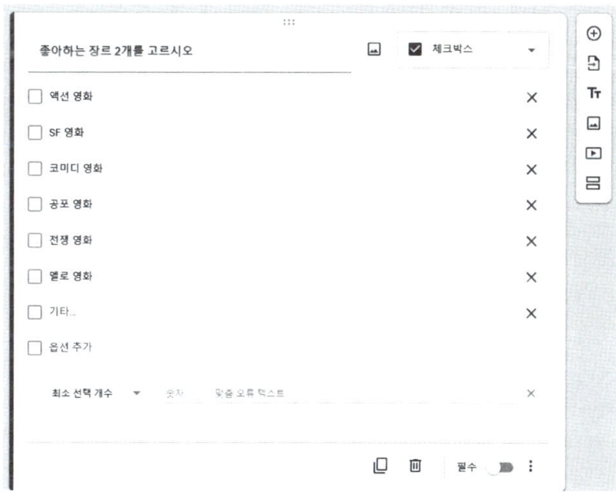

• 설문이 모두 완료되었다면 다음의 메뉴에서 [응답]을 클릭한다. 응답 뒤 13은 13개의 설문 응답이 완료되었음을 의미한다.

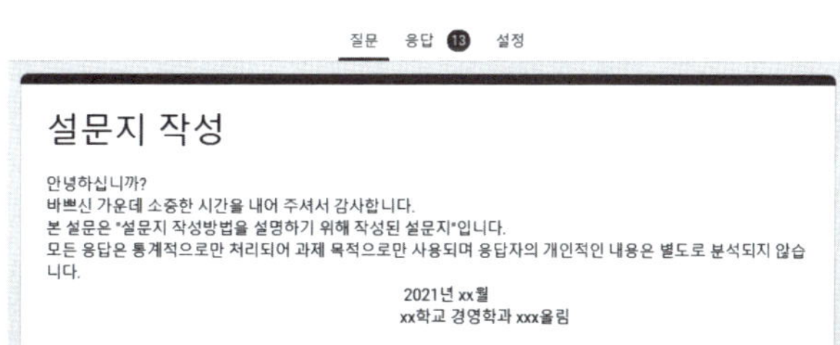

• 설문 결과를 엑셀파일로 변경하기 위해 [⊞]메뉴를 클릭한다.

• 엑셀의 B, C, D, E열의 경우 [객관식 설문]으로 작성되었으며 F열은 [선형 배열]로 작성된 결과이다. [객관식 설문]의 응답은 분석을 위해 모두 숫자로 코딩을 해 주어야 한다.

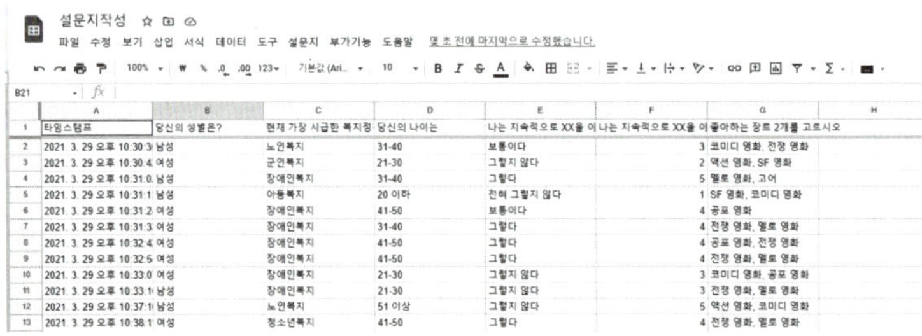

• 먼저 원본을 다운로드 하기 위해 메뉴의 [파일] → [다운로드] → [Microsoft Excel(.xlsx)]를 클릭하여 응답을 엑셀파일로 변경해 준다. 파일은 [내 PC]의 [다운로드] 폴더에 자동으로 저장된다.

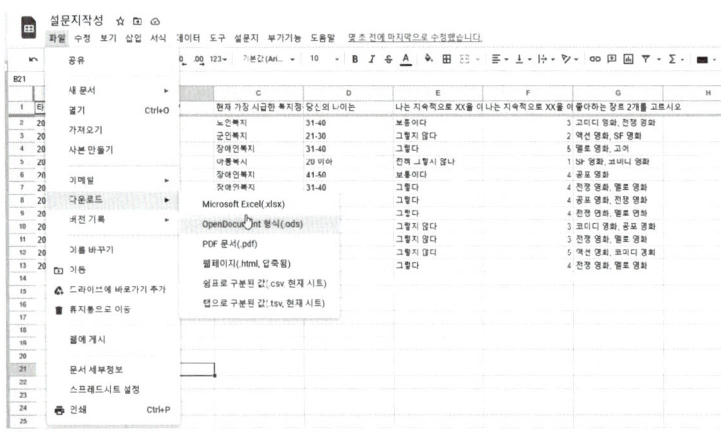

• 엑셀화면이 나왔다면 [메뉴 홈] → [찾기 및 선택] → [바꾸기]를 클릭한다. 또는 단축키 Ctrl + H를 통해 찾기 및 바꾸기 메뉴를 불러온다.

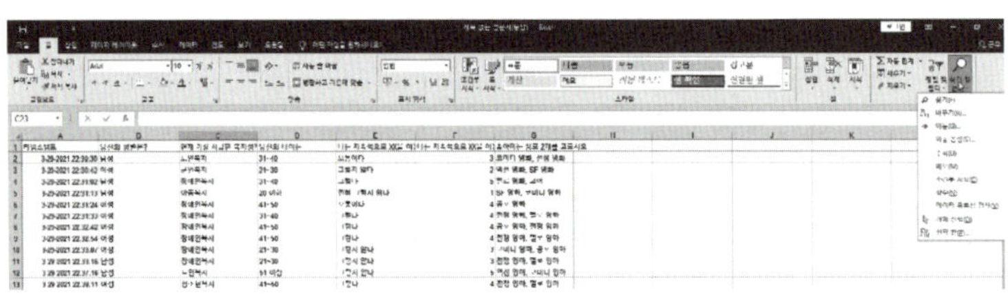

- 찾기 및 바꾸기 창에서 [찾을 내용] = "남성", [바꿀 내용] = "1"을 입력하고 [모두 바꾸기]를 클릭한다. 동일하게 Ctrl + H를 클릭하여 [찾을 내용] = "여성", [바꿀 내용] = "2"를 입력한 후 모두 바꾸기를 클릭한다. 이와 같은 방법으로 [객관식 설문]에 작성된 모든 결과를 숫자로 코딩한다. 코딩 변경시 엑셀에서 특수문자를 인식하지 못하는 문제가 발생할 수 있어 ~와 같은 문자보다는 -를 사용한다.

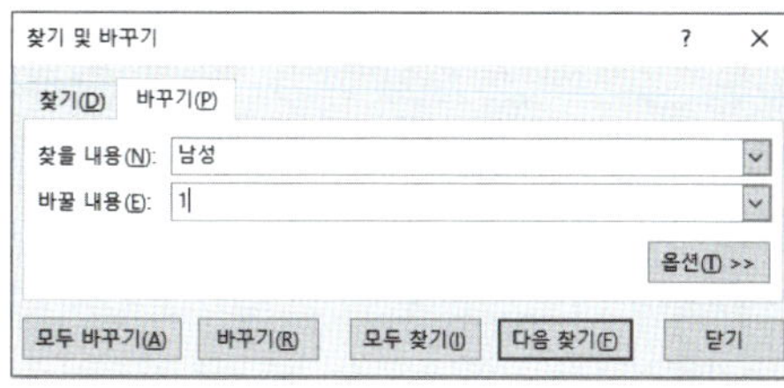

- E열의 등간 척도에서 [객관식 설문]은 코딩 변경시 신경써야 할 부분이 있다. 만약 "그렇다"를 먼저 변경하게 된다면 "매우 그렇다"의 그렇다도 함께 변경이 되기 때문에 순서는 문자에 가장 많은 내용을 포함하고 있는 "매우 그렇다" = 5 와 "전혀 그렇지 않다" = 1를 먼저 변경한 다음 "그렇다" = 4, "보통이다" = 3, "그렇지 않다" = 2 순으로 변경하는 것을 추천한다. 코딩 변경 시 띄어쓰기를 인식하기 때문에 주의가 필요하다.

E
나는 지속적으로 XX을 이
보통이다
그렇지 않다
그렇다
전혀 그렇지 않다
보통이다
그렇다
그렇다
그렇다
그렇지 않다
그렇지 않다
그렇지 않다
그렇다

연습문제

〈객관식 문제〉

1. 다음 중 가설의 평가기준(조건)으로 적합하지 않은 것은?
   ① 가설은 경험적으로 검증을 할 수 있어야 한다.
   ② 동일 연구분야의 다른 가설이나 이론과 연관이 없어야 한다.
   ③ 가설은 논리적으로 간결하여야 한다.
   ④ 가설은 검정할 가치가 있어야한다.

2. 다음 중 가설의 형태로 가장 적합한 것은?
   ① 한국 사회는 양극화되고 있다.
   ② 대학생들은 독서를 많이 해야 한다.
   ③ 경제성장은 사회혼란을 심화시킬 수 있다.
   ④ 소득수준이 높아질수록 생활에 대한 만족도는 높아진다.

3. 특정한 구성개념이나 잠재변수의 값을 측정하기 위해 측정할 내용이나 측정방법을 구체적으로 정확하게 표현하고 의미를 부여하는 것은?
   ① 구성적 정의　　② 개념화
   ③ 측정　　④ 조작적 정의

4. 조사하려고 하는 문제에 대한 잠정적 해답 또는 경험적으로 실증되지 않은 명제는?
   ① 패러다임　② 가설　③ 법　④ 이론

5. 가설설정 시 유의해야 할 사항과 가장 거리가 먼 것은?
   ① 가설의 조작적 정의는 추상적인 성질을 띤다.
   ② 가설은 항상 실증적으로 검정 가능해야 한다.
   ③ 가설은 가치 중립적인 성질을 띠어야 한다.
   ④ 가설은 구체적인 성질의 것이어야 하며, 그 뜻이 명쾌하여야 한다.

6. 개념적 정의와 조작적 정의에 관한 설명으로 틀린 것은?
   ① 조작적 정의는 인위적이기 때문에 가능한 한 피해야 한다.
   ② 개념적 정의는 추상적 수준의 정의이다.
   ③ 조작적 정의는 측정을 위해서 불가피하다.
   ④ 개념적 정의와 조작적 정의가 반드시 일치하는 것은 아니다.

7. 조작화의 결과로서 "유튜브 시청"을 측정하기 위해서 사용된 "하루 평균 유튜브 시청시간"은 다음 중 무엇을 나타내는 것인가?
   ① 개념적 정의　　② 측정변수
   ③ 구성 개념　　④ 개념

8. 측정변수에 대한 설명으로 올바르게 설명한 것은?
   ① 측정변수는 조작적 정의에 따라 관찰이나 측정이 가능한 변수를 의미한다.
   ② 측정변수는 잠재변수, 이론변수라 쓰이기도 한다.
   ③ 측정변수는 다문항으로 이루어진 것을 의미한다.
   ④ 측정변수는 같은 개념에서 나온 것이라면 모든 연구에서 동일하게 사용된다.

9. 개념의 조작화 과정에 관한 설명으로 옳은 것은?
   ① 조작적 정의는 개념에 대한 사전적 정의이다.
   ② 조작화 과정의 최종 산물은 수량화(수치화)이다.
   ③ 변수를 조작적으로 정의하는 방법은 한정되어있다.
   ④ 조작적 정의, 개념적 정의, 측정의 순서로 이루어진다.

10. 개념적 정의의 특성으로 틀린 것은?
   ① 정의하려는 대상이 무엇이든 그것만의 특유한 요소나 성질을 적시해야한다.
   ② 순환적인 정의가 이루어져야한다.
   ③ 연구에 사용될 개념으로 변경해야 한다.
   ④ 뜻이 분명해서 누구나 알아들을 수 있는 의미를 공유하는 용어를 써야한다.

11. 조작적 정의의 예와 가장 거리가 먼 것은?
① Youtube시청 : 하루평균 Youtube시청 시간
② 서비스만족도 : 서비스를 만족하는 정도
③ 아르바이트 : 본래 직업이외에 부업으로 하는 일
④ 소득 : 월(　　)만원

12. 다음 중 양측검정은?
① ABC 대학에서 근무하는 교직원들의 근무연수는 25년이다.
② ABC 전자에서 생산하는 배터리의 수명은 20년 이하이다.
③ ABC 편의점 고객들 중 서비스에 만족하는 비율은 70% 이상이다.
④ ABC 영화관에서 하루에 상영하는 영화편수는 5편 이상이다.

13. 야구선수 등번호를 표현하는 측정 수준은?
① 비율척도　② 등간척도　③ 서열척도　④ 명목척도

14. 학년을 나타내는 수치는 어느 척도인가?
① 명목척도　② 서열척도　③ 비율척도　④ 등간척도

15. 측정수준과 그 예가 서로 맞지 않는 것은?
① 등간척도 : 온도　② 비율척도 : 지능지수
③ 명목척도 : 주민등록번호　④ 서열척도 : 학급 석차

16. 대학교 학생을 중심으로 평균 Youtube 시청시간을 조사할 때 그 척도에 대한 설명으로 맞는 것은?
① 수학적 계산이 불가능하다.
② 덧셈과 뺄셈만이 가능하다.
③ 곱셈과 나눗셈만이 가능하다.
④ 덧셈, 뺄셈, 곱셈, 나눗셈 모두 가능하다.

17. 다음 중 등간척도로 측정이 이루어져야하는 것은?

① 각 나라의 평균 기온　② 각 나라의 일인당 평균 소득

③ 각 나라의 일인당 교육 년 수　④ 각 나라의 국방 예산

18. 다음 중 비율척도에 대한 설명으로 옳은 것은?

① 화씨온도

② 5점 만점의 고객만족도

③ 자격증 등급

④ 자격증 응시자 수

19. 다음의 척도에서 자료가 가지고 있는 정보의 양이 많은 순서대로 나열된 것은?

① 서열척도 > 명목척도 > 비율척도 > 등간척도

② 명목척도 > 서열척도 > 등간척도 > 비율척도

③ 등간척도 > 비율척도 > 서열척도 > 명목척도

④ 비율척도 > 등간척도 > 서열척도 > 명목척도

20. 등간척도의 특징을 모두 짝지은 것은?

A. 결과를 순서대로 구분할 수 있다 B. 절대 영점을 지니고 있다. C. 어떤 응답자의 특징이 다른 응답자의 특징보다 몇 배가 높은지 알 수 있다.

① A　② A, B　③ B, C　④ A, B, C

21. 쌍대비교척도에 대한 설명으로 잘못된 것은?

① 응답자가 서열순위척도보다 응답하기 편하다.

② 두 개의 보기를 한 쌍으로 하여 선호하는 것을 고르는 것이다.

③ 보기의 숫자가 많을수록 비교해야할 쌍이 많아진다.

④ 측정하고자하는 보기의 속성들은 연속성을 가지고 있어야한다.

22. 다음의 내용에서 설명하고 있는 척도는?

> · 단일의 측정문항으로 변수를 측정할 수 있지만 여러 개의 측정문항으로 하나의 변수를 측정할 수 있다.
> · 여러 개의 측정문항으로 하나의 변수를 측정할 경우 내적 일관성이 높아야 한다.
> · 모든 문항의 응답점수를 합산하여 측정하고자 하는 개념을 대표하는 가정에 근거한다.

① 리커트 척도 ② 의미분별척도 ③ 스타텔 척도 ④ 커트만 척도

23. 다음 중 폐쇄형 응답식 설문조사에서 응답을 얻기 위해 사용하는 방식이 아닌 것은?
① 찬반형 ② 선택형 ③ 서열형 ④ 논술형

24. 폐쇄형 질문의 특징은?
① 자료처리를 위한 코딩이 쉬워진다.
② 예기치 않은 응답을 발견할 수 있다.
③ 자세하고 풍부한 응답내용을 얻을 수 있다.
④ 소규모 조사에서 유용하다.

25. 다음 중 개방형 질문의 장점이 아닌 것은?
① 응답 가능한 모든 응답의 범주를 모색할 때 적합하다.
② 응답자가 어떻게 응답하는가를 탐색적으로 살펴보고자 할 때 적합하다.
③ 개인의 사생활이나 소득수준과 같이 밝히기를 꺼려하는 민감한 주제에 보다 적합하다.
④ 몇 개의 범주로 압축시킬 수 없을 정도로 쟁점이 복잡할 때 적합하다

26. 다음 중 설문지의 서문(지시문)에 들어가야 할 내용이 아닌 것은?
① 연구목적 ② 연구자 신분 ③ 응답자 특성 ④ 조사기간

27. 다음 중 설문지작성 원칙으로 잘못 설명한 것은?
① 폐쇄형 문항을 구성할 때 응답자 모두가 답변가능하도록 설문지를 작성해야한다.
② 개방형과 서술형은 답변에 시간이 오래걸리므로 무조건 폐쇄형을 사용하는 것이 유리하다.

③ 한 가지 문항에서 2가지의 질문이 나오는 것을 피해야한다.
④ 모든 사람이 동일한 의미를 전달 받을 수 있도록 쉬운 단어를 사용해야 한다.

28. 다음 설문항목의 문제점으로 가장 적합한 것은?

환경오염에 대한 1차적 책임은 개인, 기업, 정부 중 어디에 있다고 생각하십니까? ① 개인　　② 기업　　③ 정부

① 의미가 명확하게 구분되는 단어를 사용하지 않았다.
② 조사자 임의로 응답자들에 대한 가정을 하고 있다.
③ 대답 가능한 응답을 모두 제시해주지 않았다.
④ 응답항목 간의 내용이 중복되어있다.

29. 다음 조사 설문의 응답 항목이 가지고 있는 문제점은?

본인이 하루에 Youtube를 보는 횟수는? ① 5회 미만 ② 5~10회 ③ 10회~20회 ④ 20~30회 ⑤ 31회 이상

① 상호배타성
② 이중문항
③ 완전포괄성
④ 유도문항

30. 설문지를 작성하는데 요구되는 일반적인 원칙과 가장 거리가 먼 것은?
① 간결성　　② 상호배타성　　③ 명료성　　④ 개방형 문항

31. 설문지 질문문항의 배열에 관한 설명으로 틀린 것은?
① 응답하기 쉬운 문항일수록 설문지의 앞에 배치하는 것이 좋다.
② 응답자의 인적사항에 대한 설문은 가능한 나중에 한다.
③ 중요한 문항은 앞에 배열한다.
④ 흥미를 유발하는 문항을 뒤에 배치한다.

32. 설문지 개별항목을 완성할 때 주의사항으로 옳은 것은?
   ① 다양한 정보의 획득을 위해 한 질문에 2가지 이상의 요소가 포함되는 것이 바람직하다.
   ② 질문용어는 응답자 모두가 이해할 수 있도록 해야 한다.
   ③ 사회적 · 윤리적 연구에서는 긍정·부정적 의미의 문항은 응답자가 직접 기술하는 문항으로 구성해야 타당도가 높아진다.
   ④ 질문지의 용이한 작성을 위해 일정한 방향으로 유도하는 문항을 가지는 것이 필요하다.

33. 다음 중 설문지의 개별문항으로 가장 적합한 것은?
   ① 당신은 제품의 기능과 가격에 만족하십니까?
   ② 당신은 올해 건강 검진을 받은 적이 있습니까?
   ③ 당신은 근로자를 보호하는 최저시급에 찬성합니까?
   ④ 당신은 운동을 몇 번이나 합니까?

34. 설문지 작성과정 중 사전조사를 실시하는 이유와 가장 거리가 먼 것은?
   ① 연구하려는 문제의 핵심적인 요소가 무엇인지 확인한다.
   ② 거짓으로 답할 문항은 없는지 확인한다.
   ③ 문항이 너무 많지 않은지 확인한다.
   ④ 자의적으로 해석될 문항은 없는지 확인한다.

35. 여러 문항으로 이루어진 척도의 일관성을 보여주기 위해 제시된 개념은?
   ① 신뢰도 ② 타당도 ③ 분산도 ④ 중심도

36. 다음 중 틀린 것은?
   ① 명목척도는 문항들이 중복되지 않아야 하며 집한 전체를 포함해야 한다.
   ② 등간척도는 덧셈과 뺄셈이 가능하다.
   ③ 졸업생을 대상으로 취업률을 조사하였을 때 사용하는 척도는 비율척도이다.
   ④ 야구선수의 등번호는 서열척도에 해당한다.

37. 다음 중 척도의 종류가 다른 것은?

① 성별은?(남=1, 여=2)

② 구독신문은?(A신문=1, B신문=2, C신문=3)

③ 운동복은?(A사=1, B사=2, C사=3)

④ 차크기?(소형=1, 중형=2, 대형=3)

〈주관식 문제〉

1. 다음을 각각 정의하라.

(1) 통계학 (2) 변수 (3) 자료 (4) 척도

2. 네 가지 척도를 정의하고 각 예를 제시하라.

3. 다음 각 질문에 대해 자료의 척도를 구분하라.

(1) 당신의 정치적 성향은? (1=보수 2=중도 3=진보)

(2) 재학생의 수는?

(3) 당신이 구독하는 신문은? (1=A신문 2=B신문 3=C신문)

(4) 당신의 학부 평점은?

(5) 다른 고객에게 추천할 것인가? (1=전혀 아님 2=아님 3=보통 4=추천 5=적극 추천)

(6) 당신의 성별은? (0=남 1=여성)

(7) 학년은? (1=1학년 2=2학년 3=3학년 4=4학년)

(8) 일주일 동안 얼마나 자주 운동을 하는가? (1=자주 2=가끔 3=하지 않음)

표본설계 및 자료수집

03

Chapter

제1절 ▌모집단과 표본

1. 모수와 통계량

모집단은 알아보고자 하는 관심의 대상이 되는 전체 집단을 의미하고, 표본은 모집단에서 특정 방법(sampling method)을 통해 추출(sampling)된 집단을 의미한다.

> 모집단(population)은 연구의 대상이 되는 전체를, 표본(sample)은 모집단에서 조사 대상으로 채택한 일부를 말한다.

[그림 3-1]은 모집단과 표본의 관계를 보여주고 있다.

그림 3-1 모집단과 표본

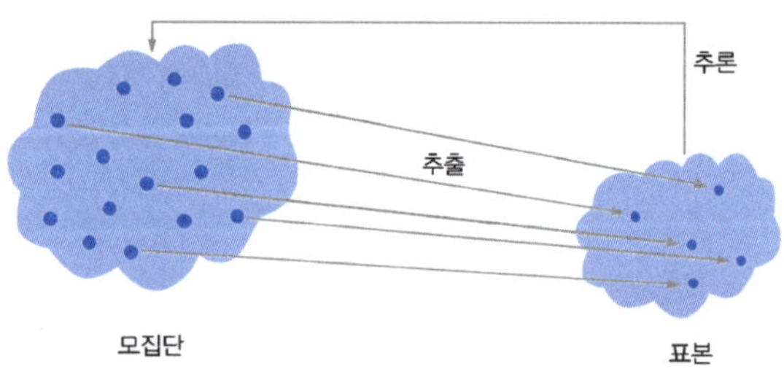

예를 들어, 전국 대학생의 전공 만족도를 알기 위해서는 전국의 대학생이 모집단이 되고 조사 대상으로 선택한 일부를 표본이라 한다. 직장인의 직무만족에 관해 조사한다면 직장인 전부를 모집단이라 하고 조사하기 위해 선택한 직장인을 표본이라 한다. 모집단에 속한 모든 직장인을 조사하는 데는 큰 비용과 시간이 소요되므로 이들 직장인의 일부를 대상으로 표본조사를 하여 이를 통해 모집단의 특성을 알아볼 수 있다.

[그림 3-2]와 같이 통계적 조사의 특성을 수치로 표시할 때 조사대상이 모집단이냐 표본이냐에 따라 모수와 통계량으로 구분한다. 일반적으로 모수는 그리스문자(μ, σ^2, σ)로, 통계량은 영어문자(X, S^2, S)로 표시한다.

그림 3-2 모수와 통계량

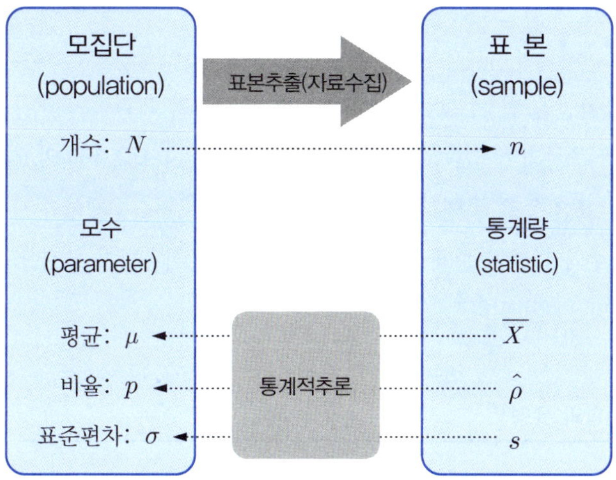

> 모수(parameter)는 모집단의 특성을 수치로 나타낸 것이고, 통계량(statistic)은 표본의 특성을 수치로 나타낸 것이다.

예로 대한민국 여성의 평균 키를 알고 싶어 무작위로 1,000명의 여성을 뽑아서 그들의 키를 조사하였다. 이 경우 모집단은 대한민국 여성이며 표본은 무작위로 뽑은 1,000명의 여자이다. 모집단의 특성인 모수는 대한민국 여성의 평균 키이고 표본을 통해 구한 평균 키는 통계량이자 모수를 추정하는 추정량이다. 또한 우리나라 택배회사 직장인들의 평균임금을 알아보기 위하여 택배회사에 근무하는 모든 직장인을 조사하여 계산한 평균임금은 모수가 되고 몇천 명을 표본으로 뽑아 평균임금을 계산하면 이는 통계량이 된다. 이 통계량을 기준으로 우리나라 택배회사들의 평균임금을 추론할 수 있다.

2. 기술통계학과 추론통계학

통계학의 분석 도구를 사용하면 불확실한 환경에서 올바른 의사결정을 할 수 있게 해주므로 통계학을 다음과 같이 정의할 수 있다.

통계학(statistics)이란 자료를 수집/정리/분석/추론함으로써 불확실한 환경에서 합리적인 의사결정을 하도록 하는 과학적 방법에 관한 학문이다.

통계학은 과학적인 방법을 이용하여 불확실한 환경에서 객관적인 의사결정을 촉진시키는 분석도구들로 구성되어 있다고 할 수 있다. 통계학은 [그림 3-3]과 같이 자료(data)의 정리, 요약, 해석, 표현 등을 통해 자료의 특성을 규명하는 기술통계학과 모집단에서 추출된 표본으로부터 모수와 관련된 통계량을 계산하고 이 값을 이용하여 모집단의 특성을 알아내는 추론통계학으로 대별된다.

그림 3-3 통계학의 유형

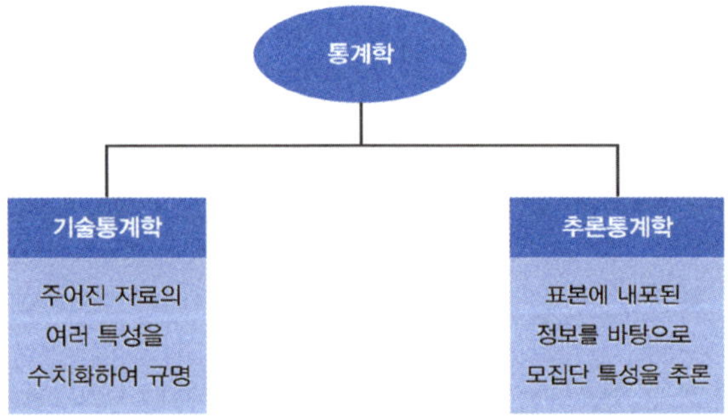

기술통계학(descriptive statistics)이란 주어진 자료를 정리하고 요약하여 의사결정에 필요한 정보로 변환하는 방법을 제시하는 통계적 방법이다.

기술통계학은 측정이나 실험에서 수집한 자료의 정리, 요약, 해석 등을 통해 자료의 특성을 규명하는 통계적 방법이다. 주로 수집된 자료의 평균이나 분산 등의 통계량이나 도표를 통해 자료의 특징을 파악한다. 예로는 통계학시험에서 성적과 백분위, 1인당 국민소득, 인구수, 야구에서 타율, 출루율, 장타율 등이 있다.

추론통계학(inferential statistics)은 표본에서 얻은 정보를 이용하여 모집단의 특성을 추론하는 데 필요한 방법을 다루는 통계적 방법이다.

우리나라 전체 남성의 평균 신장을 알고 싶다면 모집단은 우리나라의 모든 남성이 되어 전수조사가 힘들기 때문에 [그림 3-4]처럼 모집단의 일부인 표본을 선발해 조사하고 이를 통해 모집단의 특성, 즉 우리나라 전체 남성의 평균 신장을 추론하는데 도움을 주는 학문이 추론통계학이다.

그림 3-4 모집단과 표본의 관계

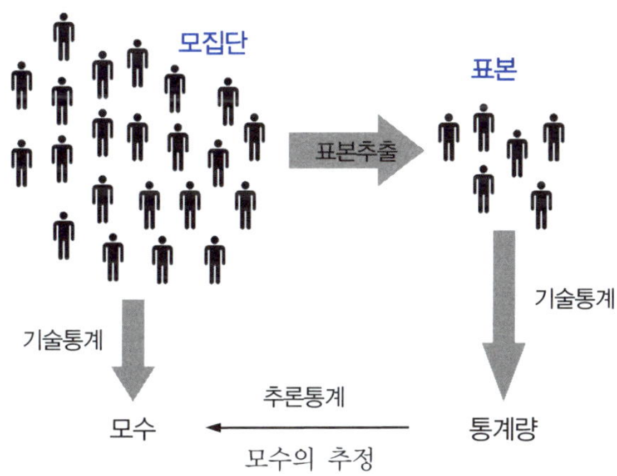

이처럼 모집단의 특성을 알아내는 방법은 다음과 같다.
첫째, 모집단 전체를 조사하는 방법
둘째, 모집단으로부터 추출한 표본을 조사하여 추론하는 방법

> 전수조사(census, complete enumeration survey)는 관심의 대상이 되는 모집단 내의 모든 원소를 조사하는 방법이다.

전수조사의 예로는 인구주택총조사가 있다. 인력과 예산이 많이 소요되고 현실적으로 모집단 내 모든 원소를 조사하는 것이 불가능한 경우가 많아 대부분 조사는 표본조사로 이루어진다. 전수조사는 비록 결과가 정확하더라도 요구되는 비용이나 시간이 크게 소요되는 반면 표본조사를 하면 훨씬 적은 비용과 노력으로 전수조사 못지않은 정확성을 확보할 수 있어 표본조사가 정당화되는 경우가 많다.

표본조사를 통해 얻은 대학생들의 전공 만족도를 가지고 전체 대학생의 전공 만족도를

추정하는 것을 추론통계학이라 한다. 그러나 표본조사는 모집단에서 어떤 표본을 추출하는가에 따라 모집단에 대한 결론이 다를 수 있다. 따라서 어떤 표본이 통계학적으로 모집단의 특성을 추론하는 데 유용한 표본인가를 이해해야만 올바른 통계적 추론을 할 수 있다.

예를 들어, 어느 모임의 성별 구성비를 알아보기 위해 [그림 3-5]처럼 4명을 무작위로 추출하였다고 가정하자.

그림 3-5 모집단과 표본의 특성

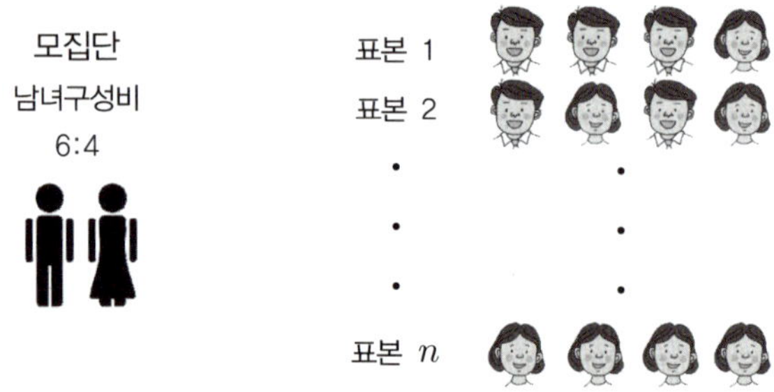

[그림 3-5]에서 첫 번째 표본의 남자 비율 $\hat{p_1}$은 75%이고, 두 번째 표본의 남자 비율 $\hat{p_2}$는 50%이고, 마지막 표본 n의 남자 비율 $\hat{p_n}$은 0%이다. 물론 일반적으로 모집단의 모수는 모르지만 여기서는 모집단의 남자 비율(p=60%)을 알고 있다고 가정한다. $\hat{p_2}$가 $\hat{p_1}$과 $\hat{p_n}$보다 p에 가까운 통계량을 나타내고 있으나, 세 표본의 통계량 모두 모집단의 모수와는 일치하지 않는다. 더구나 실제에서는 p값을 몰라 어느 표본의 통계량이 모집단의 모수에 더 가까운지 알 수조차 없다.

이처럼 표본마다 표본의 통계량이 달라진다. 이는 모집단에서 추출한 표본자료를 가지고 모집단을 추론하면 추론할 때마다 추정치가 달라진다는 의미이다. 그 이유는 모집단의 모수는 하나의 값을 가지는 상수인데 반해 표본의 통계량은 표본이 어떻게 추출되는가에 따라 다른 값을 가지는 확률변수이기 때문이다. 이는 모집단에서 어떤 표본을 추출하는가에 따라 모집단에 대한 추론이 달라진다는 의미이다.

이러한 이유로 여론조사에서는 "95% 신뢰수준에서 표본오차 ±3%포인트"라는 표현을 사용한다. 예를 들어, "대통령 국정지지율이 40%"라는 여론조사는 국민 중 대통령을 지지하는 비율이 정확하게 40%라는 의미가 아니다. 1,000명의 표본을 조사하여 얻은 결과가 40%

라면, "95% 신뢰수준에서 표본오차 ±3%포인트"라는 문구를 사용한다. 이는 대통령 지지율이 40%±3%포인트, 즉 37~43% 범위 안에 들 확률이 95%이고 그 범위를 벗어날 확률이 5%라는 의미이다. 이는 같은 조사를 100번 하면 표본마다 통계량이 달라 100개의 신뢰구간을 구축할 수 있다. 이렇게 구축된 100개의 신뢰구간 중에 95개는 대통령의 참 지지율을 포함하고 있다는 뜻이다. 이처럼 표본 통계량으로 추론한 결과가 모집단 모수와 일치하지 않는 이유는 표본오차에 기인한다.

3. 분석단위

분석단위(unit of analysis)란 모집단의 의미를 추론하기위해 수집하는 표본의 단위를 의미한다.

분석단위는 자료수집에서 표본의 크기를 결정하는 데 사용되는 기본 단위로 표본자료의 분석을 어느 수준에서 분석하느냐와 밀접한 관련이 있다. 분석단위에는 개인, 집단, 조직, 사회적 상징물, 지역사회 등이 있다.

- 개인 : 가장 일반적인 분석단위로 개개인의 특성을 수집하여 집단과 사회와의 상호작용을 기술할 때 사용된다.
- 집단 : 사회집단을 연구할 때 사용되는 단위로 가족, 학과, 팀 등이 여기에 해당된다.
- 조직 : 기업, 학교, 학회, 군대 등과 같은 공식적인 사회조직을 의미한다.
- 사회적 상징물 : 인간을 대상으로 한 분석이 아닌 사회적 상징물 역시 분석단위로 사용된다. 음악, 서적, 결혼, 직업활동 등이 사회적 상징물에 해당한다.
- 지역사회 : 지방정부 및 국가를 분석단위로 하는 경우가 지역사회에 해당한다.

분석단위가 중요한 이유는 설명하고자 하는 분석 단위와 실제 조사가 일치하지 않는 경우가 발생하기 때문이다. 이러한 분석단위에 대한 오류를 정리하면 다음과 같다.

- 생태학적 오류(ecological fallacy) : 분석단위를 집단에 두고 얻어진 결과를 개인에 적용함으로 발생하는 오류로, 자동차를 좋아하는 집단이 있는데 그 집단의 구성원이 새로 나온 전기자동차도 좋아할 것이다라고 분석한다면 이는 생태학적 오류이다.

- 개인주의적 오류(individualistic fallacy) : 분석단위를 개인에 두고 얻어진 결과를 집단에 동일하게 적용함으로써 발생하는 오류로, 몇몇 먹방 유튜버가 돈을 잘 번다는 연구 결과를 가지고 모든 먹방 유튜버가 돈을 잘 벌 것이다라는 결론을 내린다면 이는 개인주의적 오류에 해당한다.
- 환원주의적 오류(reductionism fallacy) : 넓은 범위의 사회현상을 이해하는 데 필요한 개념을 지나치게 한정시킴으로 발생하는 오류로, 한국문화에 대한 연구에서 사회학자는 사회학 변수만을 경제학자는 경제학 변수만을 고려하는 경우가 환원주의적 오류에 해당한다.

4. 표본오차

> 표본오차(sample error)는 참값과 추정값의 차이를 말한다.

표본오차는 [그림 3-6]과 같이 표본추출과정에서 발생하는 표본추출오차와 표본추출과는 관계없이 발생하는 비표본추출오차로 구분된다.

그림 3-6 표본오차

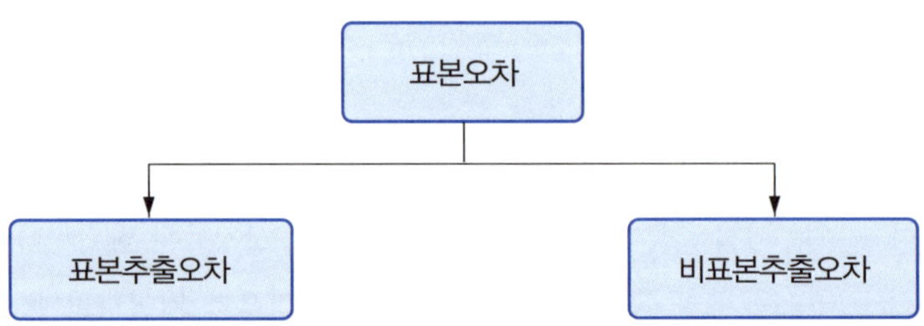

1) 표본추출오차

> 표본추출오차(sampling error)는 모집단의 일부인 표본에서 얻은 자료를 통해 모집단 전체의 특성을 추론함으로써 생기는 오차를 말한다.

무작위 표본에서 얻은 통계량으로 모집단 모수를 추정할 때 표본 통계량과 모집단 모수와의 차이를 표본추출오차 또는 이론적 오차라고 한다. 이는 전체 중 일부만을 선정함에 따라 생기는 불가피한 오차로 전수조사를 하지 않으면 반드시 발생한다. 따라서 표본추출오차는 모집단을 대표할 수 있는 전형적인 표본을 선택하지 못함으로써 발생하는 오차이다.

표본추출오차는 편의(bias)와 우연(chance)에 의해 발생한다. 편의에 의한 오차는 표본추출방법을 엄격히 함으로써 줄일 수 있고 우연에 의한 오차는 표본의 크기를 증가시킴으로써 감소시킬 수 있다. [그림 3-5]에서 표본으로 1,000명을 선택하면 4명을 선택했을 때보다 실제에 더 가까운 비율을 얻을 수 있을 것이다. 이처럼 표본의 크기가 커지면 표본추출오차는 작아진다.

2) 비표본추출오차

비표본추출오차(non sampling error)는 표본추출오차를 제외한 조사과정에서 발생하는 오차를 말한다.

비표본추출오차는 표본추출과는 상관없이 표본자료들을 측정하고 기록하는 과정에서 발생되는 오차로 실무적 오차라고도 한다. 예를 들어, 불량률을 조사하기 위해 몇 개의 공장을 선택한다면, 선택된 공장마다 측정도구가 다를 수 있고 조사자의 정확도에 대한 인식에 차이가 있을 수 있다. 또한 자료를 틀리게 입력한다거나 이보다 훨씬 발견이 어려운 고의적인 실수가 있을 수 있다. 이처럼 조사자 또는 응답자가 실수하거나 무성의할 때 발생하는 오차가 바로 비표본추출오차이다. 비표본추출오차는 조사과정에서 충분히 주의한다면 줄일 수 있으므로 이 오차의 최소화를 위해 노력해야 한다.

5. 전수조사와 표본조사

모집단의 특성과 표본의 특성이 일치하지 않지만 모집단의 특성을 추론하는 데 표본의 특성을 사용하는 이유는 다음과 같다.

첫째, 표본조사는 믿을 수 있는 정보를 전수조사보다 훨씬 더 적은 비용으로 제공할 수 있다.

둘째, 표본조사는 상대적으로 적은 자료들이 수집되고 처리되므로 전수조사보다 적시에 필요한 정보를 제공할 수 있다.

셋째, 사생활과 같은 민감한 내용이면 전수조사보다 표본에 대해 심층조사를 하여 더 좋은 정보를 얻을 수 있다.

넷째, 특정 제품이나 품목에 대하여 파괴시험(destructive testing)을 하는 경우 표본이 사용된다. 예를 들어, 배터리의 수명시험을 하는 경우 전수조사를 한다면 소비자들에게 판매할 배터리가 남지 않을 것이다.

다섯째, 경상도에 등록된 경유 자동차의 수를 조사한다면 모집단 구성원소는 한정되므로 유한모집단이 된다. 그러나 유한모집단 역시 경우에 따라 모집단 전체를 조사하는 것이 불가능한 경우도 있다. 예를 들어, 경상도에 거주하는 외국인 노동자의 평균 나이를 조사한다면 조사대상은 유한하지만 모든 외국인 노동자의 위치를 파악하는 것이 불가능하므로 표본을 이용하여야 한다.

여섯째, 신생아의 평균 체중 혹은 음료수의 평균 용량과 같이 어떤 조건에서 생산이 무한하게 이어지는 무한모집단의 경우에는 모집단 특성에 관한 정보를 표본을 통해서만 얻어질 수 있다.

6. 표본추출과정

표본추출과정은 [그림 3-7]과 같이 모집단 확정 → 표본프레임 결정 → 표본추출방법 결정 → 표본크기 결정 → 표본추출의 순으로 진행한다.

첫 번째 단계는 모집단 확정이다. 연구자가 조사대상의 모집단에 대해 구체적으로 명시하여야 한다.

두 번째 단계는 표본프레임 결정이다. 표본추출단위(sampling unit)의 목록을 표본프레임(sampling frame)이라 한다. 예로 학생명부, 전화번호부, 선거인명부, 학회나 단체의 회원명부, 특정 제품구매 고객명단, 특정 신용카드 회원명단, 특정 사이트 회원명단, 주민등록명부 등이 있다. 표본프레임이 갖추어야 할 요소로는 1) 표본프레임이 조사대상의 모두를 포함하여야 하는 포괄성, 2) 표본프레임의 구성원이 표본으로 추출될 확률이 같아야 하는 확률추출, 3) 연구자가 조사하길 원하는 대상들만으로 표본프레임이 구성되어야 하는 효율성이다.

세 번째 단계는 표본추출방법 결정이다. 확률이론에 기반을 둔 확률표본추출과 연구자의 주관적 판단에 따라 추출하는 비확률표본추출방법 중에서 선택한다.

네 번째 단계는 표본크기 결정이다. 비확률표본추출의 표본크기는 사용가능한 예산과 시간에 따라 조사자가 판단하여 결정하므로 특별한 결정 방법이 존재하지 않는다. 반면 확률표본추출의 표본크기를 결정하는 일반적인 원칙은 1) 추정치에 대해 높은 신뢰수준을 원할수록, 2) 추정치에 대해 작은 허용오차를 원할수록, 3) 연구에 포함된 변수의 분산이 클수록, 4) 연구에 포함된 변수의 수가 많을수록 표본의 크기는 커져야 한다. 이처럼 표본의 크기가 커지면 표본추출오차는 작아질 수 있으나 비용과 시간이 많이 든다는 단점이 있다.

마지막 단계는 표본추출이다.

그림 3-7 표본추출과정

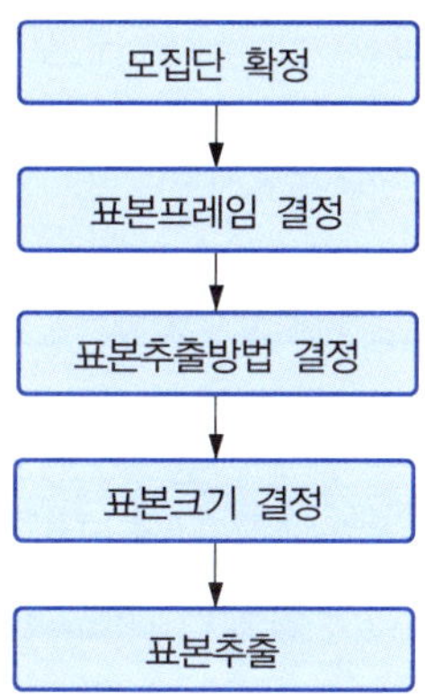

제2절 ▌표본추출방법

표본추출은 [그림 3-8]과 같이 모집단의 원소가 표본으로 추출되는 방식에 따라 비확률표본추출과 확률표본추출로 구분되어 진다.

그림 3-8 표본추출의 종류

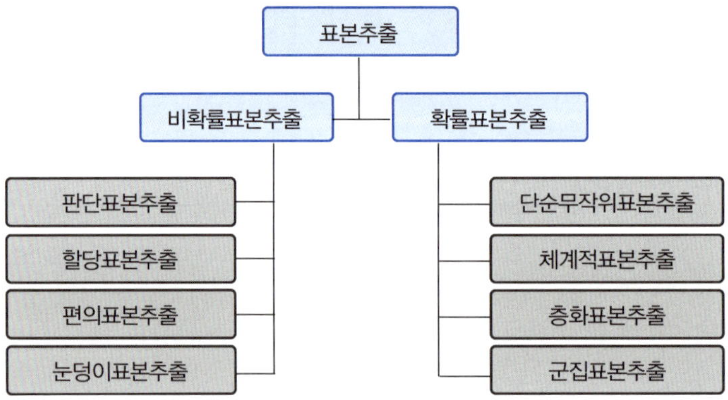

> 비확률표본추출(non-probability sampling)은 모집단의 구성원소를 뽑을 때 무작위방법이 아닌 조사자의 판단이나 편의에 의해 표본을 추출한다.

비확률표본추출에 의해 얻어진 표본을 비확률표본이라 한다. 비확률표본추출에는 판단표본추출, 할당표본추출, 편의표본추출, 눈덩이표본추출이 있다. 이 방법들은 표본의 대표성은 낮으나 비용과 시간이 적게 드는 장점이 있다.

> 확률표본추출(probability sampling)은 모집단의 구성원소가 표본으로 선정될 확률이 동일하도록 한 후 무작위로 표본을 추출한다.

확률표본추출로 얻어진 표본을 확률표본이라 한다. 확률표본추출에는 단순무작위표본추출, 체계적표본추출, 층화표본추출, 군집표본추출이 있다. 이 방법들은 무작위 표본추출로 인해 표본의 대표성은 높으나 시행이 어렵다는 단점이 있다. 두 방법의 장단점은 [표 3-1]과 같다.

표 3-1 표본추출방법에 따른 장단점

비확률표본추출	확률표본추출
• 통계적 추론에 한계가 있다.	• 통계적 추론이 가능하다.
• 시행이 간단하고 편리하다.	• 시행이 복잡하고 어렵다.
• 모집단이 동질적일 때 효과적이자.	• 모집단이 비동질적일 때 효과적이다.
• 노력과 비용이 적게 소요된다.	• 노력과 비용이 많이 소요된다.
• 표본프레임이 필요 없다.	• 표본프레임이 필요하다.

1. 비확률표본추출

비확률표본추출에는 판단표본추출, 할당표본추출, 편의표본추출, 눈덩이표본추출이 있다.

1) 판단표본추출

> 판단표본추출(judgemental sampling)은 연구자가 모집단에 대해 사전 지식이 있는 경우 이러한 지식을 이용하여 연구목적에 적합하다고 판단되는 원소들을 표본으로 추출하는 방법이다.

표본에 포함될 원소들의 선택이나 추출된 표본이 모집단을 대표할 수 있는가의 판단을 전문가 자신이 하는 표본추출방법이다. 이러한 판단표본추출은 특히 모집단의 특성을 개략적으로 살펴보거나 혹은 편리와 비용 측면에서 효율을 가져야 할 때 많이 사용된다. 예로 저소득층의 의식을 조사하고자 할 때 저소득층의 표본프레임 작성은 거의 불가능하다. 따라서 연구자가 저소득층 밀집 지역을 표본프레임으로 규정하고 그들 중 일부를 표본추출하여 조사할 수 있다. 하지만 전문가의 판단이 틀리거나 추출된 표본의 대표성이 문제가 되면 판단표본추출에 의해 추출된 표본은 통계적인 추론을 하는 데 사용하기 어렵게 된다.

2) 할당표본추출

할당표본추출(quota sampling)은 모집단의 인구통계적 특성(나이, 성별, 거주지, 소득수준 등)의 비율에 따라 모집단의 원소들을 할당하여 추출하는 방법이다.

일반적으로 널리 사용되는 할당표본추출은 미리 정해진 분류기준에 의해 전체 집단을 여러 소집단으로 구분하고 각 소집단에서 필요한 대상을 추출하는 방법이다. 추출된 표본은 인구통계학적 특성(연령, 성별, 소득 등)이 적절히 반영되도록 모집단의 특성별 구성비에 비례하여 표본을 추출한다. 이 방법은 적은 비용으로 빠르고 쉽게 모집단의 각 계층을 골고루 추출함으로써 모집단의 대표성이 비교적 높다는 장점으로 널리 사용된다. 하지만 모집단 분류 시 첫째, 모집단 특성에 대한 사전 지식이 있어야 하고 둘째, 조사자의 편견 개입 가능성이 높고 셋째, 무작위성이 보장되지 않아 선택편의가 발생할 수 있어 결과의 일반화에 문제가 있다는 단점이 있다.

선택편의(selection bias)란 조사대상으로 선정된 표본의 대표성이 결여되어 생기는 편의, 즉 측정값과 참값의 차이를 말한다.

3) 편의표본추출

편의표본추출(convenience sampling)은 연구자가 접촉하기 편리한 장소와 시간에 표본을 추출하는 방법이다.

대도시 길거리에서 50명에게 대통령 후보 A에 대해 어떻게 생각하느냐고 묻는 것이 편의표본추출의 예이다. 이 경우 어떤 사람은 다른 사람에 비해 눈에 띄어 선택될 가능성이 높지만 어떤 사람은 외출하지 않은 관계로 선택의 기회가 주어지지 않을 수도 있다. 따라서 다른 비확률표본추출과 마찬가지로 선택편의가 발생할 가능성이 높다. 하지만 모집단 구성원들이 동질적(homogeneous)이라 어떤 구성원을 조사하여도 유사한 결과가 예상된다면 이 방법이 유용할 수 있다.

4) 눈덩이표본추출

눈덩이표본추출(snow-ball sampling)은 처음에는 연구자가 적절하다고 판단하는 조사대상자들을 선정하고 다음에는 그들에게 또 다른 조사대상자들을 추천받아 조사하는 방법이다.

[그림 3-9]와 같이 처음에는 연구자의 판단에 따라 조사대상자가 선정되므로 판단표본추출방법의 일종이다. 희귀질병이나 이혼경험과 같은 주로 심층적이고 민감한 주제를 다루거나 노숙자, 성소수자, 불법체류자와 같이 조사대상자를 찾기가 힘든 집단을 상대로 하는 설문조사에 적합하다. 눈덩이표본추출은 설문조사에 이미 참가하고 있는 사람들에게 그들이 알고 있는 설문조사자들을 추천해 달라고 요청한다. 이 경우 관심 모집단은 상대적으로 동질적일 것이라고 가정하여 표본의 대표성에 대해 그다지 우려하지 않는다. 연구자가 모집단 구성원 중 극소수 이외에는 누가 표본으로 적절한지를 판단할 수 없는 경우에 사용되므로 눈덩이표본추출 역시 선택편의의 가능성이 있다.

그림 3-9 눈덩이표본추출

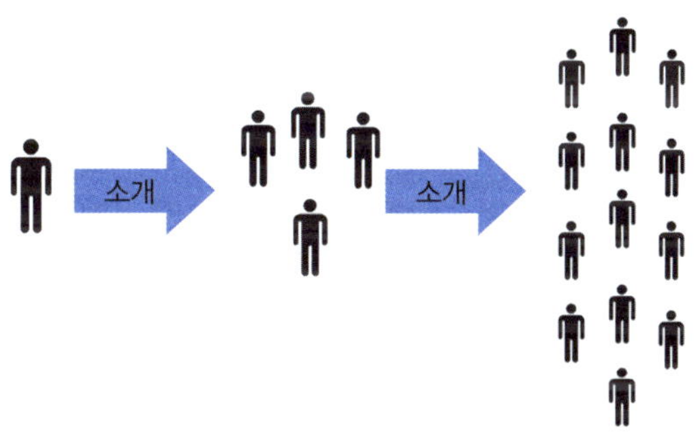

2. 확률표본추출

확률표본추출은 모집단의 모든 구성원소가 표본으로 선택될 가능성이 같게 하는 표본추출방법이다. 예를 들어, 주사위를 던질 때 1에서 6까지 각각의 수치가 나올 확률이 같듯이 모집단의 모든 구성원소가 표본으로 선정될 확률이 같아야 한다는 의미이다. 비확률표본추출에 비해 확률표본추출은 첫째, 모집단에 대해 통계적 추론이 가능하고 둘째, 표본에 속할 원소를 결정할 때 주관적인 판단이 개입됨으로써 생길 수 있는 표본추출오차를 피할 수 있게 해준다. 이러한 확률표본추출에는 단순무작위표본추출, 체계적표본추출, 층화표본추출 그리고 군집표본추출 등이 있다.

1) 단순무작위표본추출

단순무작위표본추출(simple random sampling)은 모집단에 있는 모든 원소가 표본에 포함될 가능성을 같게 하여 표본을 추출하는 방법이다.

단순무작위표본추출은 각 원소가 독립적으로 추출되어야 한다. 이는 특정 원소의 추출이 다른 원소의 추출에 영향을 받지 않아야 한다는 의미이다. 단순무작위표본추출은 다음과 같이 수행한다.

① 조사대상 전체에 일련번호를 부여한다.
② 난수표 또는 컴퓨터를 이용하여 필요한 만큼 난수(random number)를 생성한다.
③ 생성된 난수에 해당하는 번호를 가진 원소를 표본으로 선정한다.

단순무작위표본추출에 사용되는 난수는 다음과 같은 엑셀함수를 이용할 수 있다.

RANDBETWEEN 함수
용도 : 지정한 두 수 사이의 정수 난수를 생성
=RANDBETWEEN(bottom, top)
• bottom : 필수요소로 반환할 수 있는 가장 작은 정수
• top : 필수요소로 반환할 수 있는 가장 큰 정수

예를 들어, [그림 3-10]과 같이 일련번호가 매겨진 20명의 고객 중에서 5명을 무작위로 추출하여 상품을 준다고 하자. 엑셀함수를 이용하여 5명을 무작위로 추출하는 과정은 다음과 같이 “=RANDBETWEEN(1,20)”을 5개의 셀에 입력한다. 새로운 표본을 얻으려면 F9을 누른다.

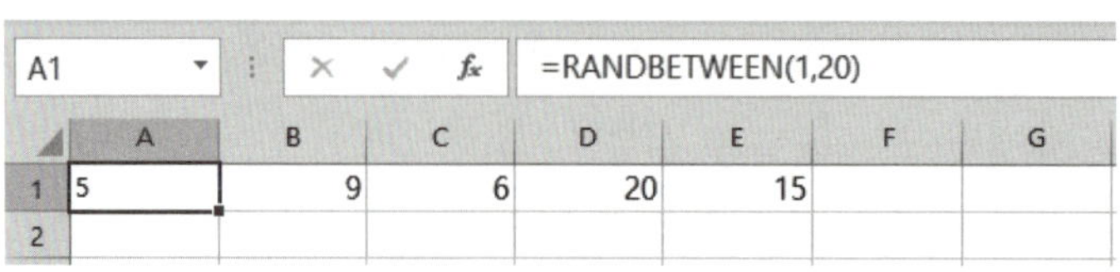

[그림 3-10]과 같이 대상이 되는 5명의 고객번호는 5, 6, 9, 15, 20이다.

그림 3-10 단순무작위표본추출의 예

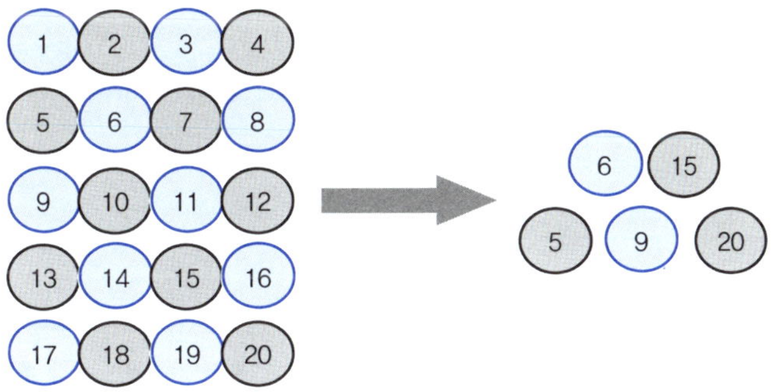

단순무작위표본추출의 장단점은 [표 3-2]와 같다.

표 3-2 단순무작위표본추출의 장단점

장점	단점
• 모집단에 대한 사전 지식이 필요 없다. • 추출기회가 동등하고 독립적이기 때문에 표본의 대표성이 높다. • 조사결과의 일반화가 용이하다.	• 모집단에 대한 지식을 충분히 활용할 수 없다. • 모든 구성원소는 추출 이전에 번호가 있어야 하므로 비용이 많이 든다. • 구성원소들이 지리적으로 넓게 분산되어 있으면 비용이 더 많이 들 수 있다.

2) 체계적표본추출

> 체계적표본추출(systematic random sampling)은 처음 K개 원소 중에서 무작위로 하나의 원소를 추출하고 그 이후 매 K 번째 간격마다 하나의 원소를 추출하는 방법이다.

체계적표본추출 방법은 다음과 같다.

① 모집단의 조사대상에 일련번호를 부여한다.

② 모집단의 수를 표본의 수로 나눈 값을 K라 한다($K = N/n$).

③ 먼저 1부터 K까지 중 하나를 무작위로 뽑고 그다음부터는 K씩 더해가면서 번호를 뽑는다.

[그림 3-11]은 100개의 원소를 서열화하여 10개의 집단으로 나누고, 첫 집단에서 무작위로 2번을 뽑았다면 2번을 출발점으로 매 2번째 번호를 선택하여 10명의 고객을 선발한다. 결과적으로 2, 12, 22, 32, 42, 52, 62, 72, 82, 92번째 고객이 표본으로 추출된다.

그림 3-11 체계적표본추출의 예

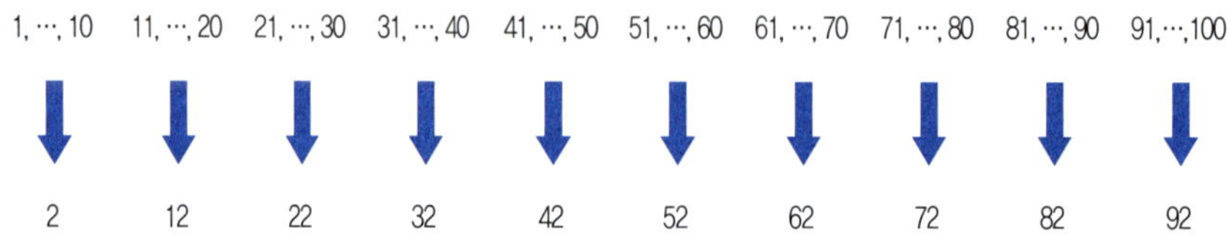

또 다른 예로 XYZ백화점이 고객만족도를 조사하기 위해 백화점 고객명부에 있는 10,000명 중 200명을 체계적표본추출로 선택하는 과정은 다음과 같다.

① 10,000명 중 200명을 선택하려면 매 50명당(N/n=10,000/200) 한 명씩 추출하면 된다.
② 1부터 50 사이에 있는 하나의 수를 무작위로 출발점으로 정한다. 출발점으로 20이 결정되었다면 첫 번째 원소는 고객 20번이 된다.
③ 20번을 출발점으로 매 50번마다 번호를 선택하여 200명의 고객을 선발한다. 결과는 20, 70(20+50), 120(70+50), 170(120+50), …, 9970(20+199×50)번째 고객을 추출하면 된다.

소비자 의견을 조사하기 위하여 전화조사를 시행한다면 먼저 조사자들에게 전화번호부의 첫 페이지에서 조사대상자의 이름을 무작위로 찾는 방법을 교육한 다음, 매 5페이지마다 처음 이름과 같은 위치에 있는 사람의 전화번호를 선택하여 조사하는 방법이 체계적표본추출방법의 또 다른 예이다.

체계적표본추출의 장단점은 [표 3-3]과 같다.

표 3-3 체계적표본추출의 장단점

장점	단점
• 모집단을 대표하는 표본을 뽑을 수 있다. • 매번 난수를 찾는 번거로움이 없어 표본추출이 간편하다.	• 순서를 구성할 때 주관이 개입될 수 있다. • 일련번호에 주기성이 존재하면 조사가 왜곡된다.

3) 층화표본추출

> **층화표본추출(stratified sampling)은 모집단을 어떤 기준에 따라 소집단으로 나누고, 각 소집단별로 표본을 무작위로 추출하는 방법이다.**

층화표본추출은 모집단의 특성에 따라 층화된 각 층마다 표본을 무작위로 추출하는 방법이다. 따라서 층화표본추출은 [그림 3-12]처럼 층내는 특성이 균일하지만 층간에는 특성의 차이가 커야 한다.

그림 3-12 층화표본추출의 특징

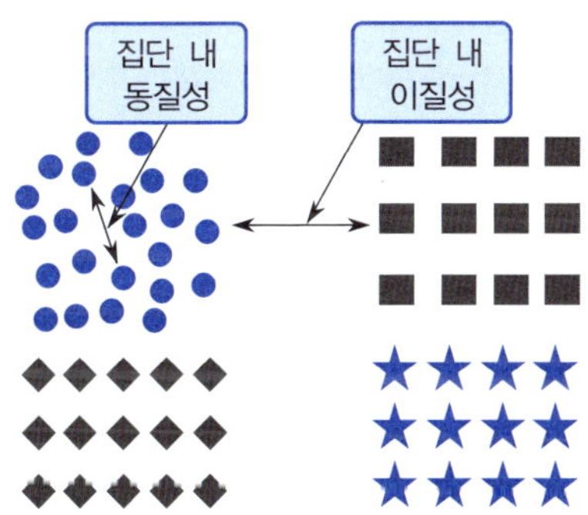

층화표본추출은 다음과 같은 순으로 진행한다.

① 모집단을 K개의 층으로 층화한다. 이때 층내는 특성이 동질적이고 층간에는 특성이 이질적이어야 한다.

② 각 층에서 표본크기를 결정한다.

③ 표본추출방법에 따라 표본을 추출한다.

예를 들어, 특정 단체 회원들의 의식구조를 소득수준과 성별에 따라 어떤 차이가 있는지를 알아보기 위해 무작위로 100명의 회원을 뽑는다면 [그림 3-13]처럼 다음과 같이 추출한다.

① 의식구조의 차이가 층간에는 심하지만 층내에는 균일하다면 소득수준과 성별로 층을 구분한다.

② 먼저 소득수준별로 층을 만들고 각 층에서 성별에 비례하여 할당표본추출을 할 수 있다.

그림 3-13 2단계 층화표본추출의 예

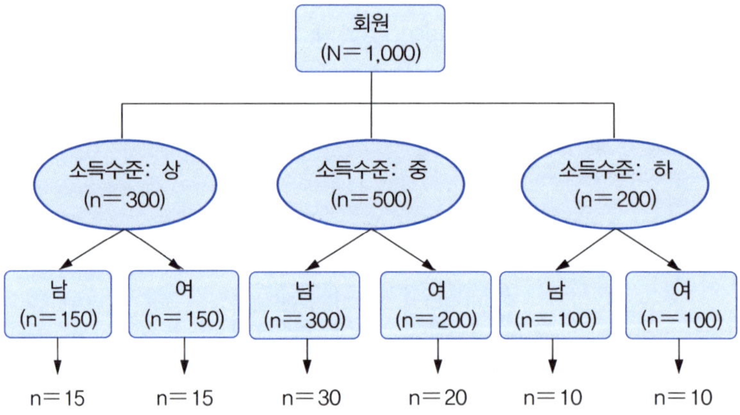

층화표본추출의 장단점은 [표 3-4]와 같다.

표 3-4 층화표본추출의 장단점

장점	단점
• 각 층의 특성에 대한 추론과 비교가 가능하다. • 조사대상이 동질적이면 표본의 크기가 크지 않아도 대표성이 보장된다.	• 층화 작업에 비용과 노력이 소요된다. • 각 층에 대한 정확한 지식이 요구된다.

4) 군집표본추출

군집표본추출(cluster sampling)은 모집단을 소집단(군집)으로 나눈 다음 일정 수의 소집단을 무작위로 추출하여 추출된 소집단 내의 구성원들을 조사하는 방법이다.

군집표본추출은 층화표본추출의 반대되는 개념으로 [그림 3-14]처럼 군집 내에서는 특성이 이질적이고 군집 간에는 특성이 동질적이어야 한다. 예를 들어, 대리점별(군집)로 큰 차이가 없다면 어느 한 대리점을 선택하여 그곳 고객들을 대상으로 무작위 표본을 추출할 수 있다.

그림 3-14 군집표본추출의 특징

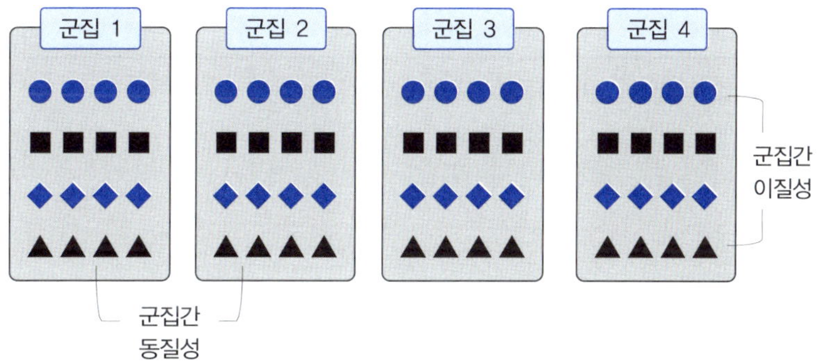

따라서 먼저 모집단에서 몇 개의 군집을 추출하고 추출된 군집 내의 일부 또는 전체를 조사하는 방법이다. 군집표본추출은 다음과 같은 순으로 진행한다.

① 모집단을 K개의 군집으로 구분한다. 이때 군집 내에는 특성이 이질적이고 군집 간에는 특성이 동질적이어야 한다.
② 무작위표본추출에 의해 군집을 임의로 선정한다.
③ 선정된 군집에서 적합한 표본추출방법으로 표본을 추출한다.

예를 들어, 특정 지역에 소재한 대학생들의 연간 교과서 구입비를 조사한다면 모집단은 특정 지역에 소재한 모든 대학생이 된다. 이 경우 공대, 의대, 문과대, 음대, 미대, 경영대 등 각 계열별로는 대학교에 상관없이 교과서 구입비용이 다르다고 보고 대학교를 하나의 군집으로 삼는다. 즉 대학교 내의 각 계열별로는 이질적이지만 이러한 현상은 각 대학마다 비슷할 것으로 생각하여 먼저 몇 개의 대학교를 군집으로 삼는다. 다음으로 이들 대학교에서 계열별로 몇 명씩의 대학생을 무작위로 추출하여 표본으로 삼을 수 있다. 군집표본추출의 장단점은 [표 3-5]와 같다.

표 3-5 군집표본추출의 장단점

장점	단점
• 모집단의 분포가 널리 퍼져있는 전국 단위의 대규모 조사에 이용된다. • 모집단의 목록이 없어도 가능하다. • 각 군집의 속성으로 모집단의 특성을 추론할 수 있다.	• 다른 확률표본추출에 비해 표본오차가 더 커질 수 있다. • 군집 작업에 비용과 노력이 소요된다. • 군집 내 특성에 대한 정확한 지식이 요구된다.

제3절 ▌자료수집의 유형

과학적 연구에서 가설검정을 하기 위해서는 반드시 자료를 수집하여야 한다. 가설검정에 적합한 자료를 수집하는 방법에는 연구자가 직접 수집하는 1차 자료와 다른 사람이나 기관에서 만들어 놓아 공개적으로 이용할 수 있는 2차 자료로 대별된다. 1차 자료는 자료의 특성에 따라 질적 자료와 양적 자료로 구분하고 2차 자료는 내부자료와 외부자료로 구분한다. 질적 자료는 심층면접조사, 참여관찰조사, 델파이조사로 양적 자료는 설문조사, 관찰조사, 면접조사로 수집한다. 이들 자료수집의 유형은 [그림 3-15]와 같다.

1. 1차 자료

1차 자료(primary data)란 현재 수행 중인 연구목적을 달성하기 위하여 연구자가 직접 수집하여 만든 자료이다.

그림 3-15 자료수집의 유형

1차 자료는 연구자가 직접 수집하기 때문에 연구목적에 적합한 자료이고 필요한 시기에 적절히 이용할 수 있다. 하지만 1차 자료수집에는 비용과 시간이 많이 소요되므로 1차 자료를 수집하기 전에 연구목적에 적합한 2차 자료의 존재 및 사용 가능 여부를 확인하여, 가능한 한 2차 자료를 이용하고 부족한 자료는 1차 자료를 통해 얻는 것이 바람직하다. 그러나 2차 자료가 연구문제의 해결에 적합하지 못한 경우에는 연구자가 직접 1차 자료를 수집하기 위한 계획을 수립하고 실행해야 한다. 1차 자료의 수집에는 비용과 시간이 많이 소요되므로 연구자는 사전 준비를 철저히 하여야 한다.

2. 2차 자료

> 2차 자료(secondary data)는 다른 사람이나 기관이 만들어 공개한 자료이다.

현재 수행 중인 연구목적을 위하여 연구자가 직접 수집하여 만든 1차 자료를 제외한 모든 자료, 즉 연구에 도움을 줄 수 있는 기존의 모든 자료를 말한다. 2차 자료는 다른 연구자, 기업, 정부기관, 연구기관, 신문사 등에서 만들어 공개한 자료로 매우 다양하다.

1) 2차 자료의 필요성

2차 자료는 현존하는 자료로 수집에 따른 시간이나 비용이 적게 들어 경제적이고 연구자가 개인적으로 구하기 어려운 자료를 쉽게 얻을 수 있다는 장점이 있다. 특히 공공기관에서 정기적으로 발간하는 시계열자료 또는 정기간행물의 경우에는 지속적인 자료수집이 가능하여 비교연구에 큰 도움을 얻을 수 있다. 하지만 2차 자료는 다른 조사목적을 위해 생성된 자료이므로 연구자의 주제에 적합하지 않거나 자료 작성자의 이해관계가 반영되어 왜곡된 자료일 수도 있다.

2) 2차 자료의 유형

2차 자료는 다음과 같이 내부자료와 외부자료로 구분한다.

(1) 내부자료

일상 업무와 관련된 보고 자료, 이전에 조사된 자료, 데이터베이스에 저장되어 있는 자료 등이 조직 내부에 보유하고 있는 2차 자료이다. 예를 들어, 매출액, 종업원현황, 영업이익, 원가와 관련된 자료는 연구자가 종사하는 조직 내부의 자료이다. 내부자료는 비용을 거의 들이지 않고 언제든지 쉽게 얻을 수 있으며 외부자료보다 신뢰도가 높다는 장점이 있다. 따라서 자료수집을 위해서는 내부자료를 먼저 확인하는 것이 바람직하다.

(2) 외부자료

외부자료는 기업 외부에 있는 개인이나 조직의 연구목적을 위해 생성한 자료이다. 외부자료는 크게 공공기관 또는 개인이나 조직에서 발행한 연구보고서 및 정기간행물로 대별된다. 공공기관자료는 인터넷이나 도서관에서 무료 또는 저렴한 가격으로 구할 수 있고 개인이 직접 만들기 힘든 유용한 자료가 많다는 장점이 있다. 사적인 연구보고서와 정기간행물도 비교적 저렴하게 획득할 수는 있으나 그 수가 많아 원하는 자료를 찾기가 어렵다는 문제점이 있다.

제4절 ▌자료수집방법

1. 배포조사

배포조사(internet survey)는 조사자가 조직이나 가정에 설문지를 전달하고 응답자가 직접 기입하게 한 후 나중에 설문지를 회수하는 방법이다.

가정 또는 회사에 설문지를 배포하고 응답자가 직접 기입하게 한 다음 나중에 설문지를 회수하는 방법이다. 배포조사의 장단점은 [표 3-6]과 같다.

표 3-6 배포조사의 장단점

장점	단점
• 회수율이 비교적 높다. • 시간과 비용이 절약된다. • 응답자에게 생각할 시간적 여유를 제공한다.	• 응답 환경의 통제가 힘들다. • 문맹자에게는 적용이 곤란하다. • 회수 못하면 추가 비용과 시간이 소요된다.

2. 우편조사

우편조사(mail survey)란 응답자에게 설문지를 우편으로 우송하여 직접 설문지에 응답하도록 한 후에 동봉한 반송용 봉투로 반송하게 하는 방법이다.

조사 대상자에게 우편을 통해 설문지를 발송하여 질문에 응답하도록 한 후 회수하는 방법으로 과거 통신이 발달하기 전에 널리 사용된 방법이다. 우편을 활용한 배포조사의 일종으로 응답에 대한 강제성이 없어 설문지의 회수율이 매우 낮다. 따라서 볼펜, 전화카드, 도서상품권 등으로 응답에 대한 보상을 하거나, 응답자의 전화번호가 있을 시 응답과 반송을 부탁하거나, 응답이 없으면 설문지를 재송부하는 방법으로 회수율을 높이기 위해 노력해야 한다. 우편조사의 장단점은 [표 3-7]과 같다.

표 3-7 우편조사의 장단점

장점	단점
• 비용이 적게 든다. • 지리적으로 광범위하게 분포되어 있는 응답자들의 조사에 유리하다. • 익명성이 보장된다. • 충분한 응답 시간을 제공한다. • 조사원의 개입에 의한 영향을 최소화할 수 있다. • 조사 시간이나 길이 등에 크게 제약을 받지 않는다.	• 정확한 주소록의 확보가 필수적이다. • 본인 응답 여부나 응답의 성실성을 확인할 수 없다. • 강제성이 없어서 설문지의 회수율이 낮다. • 응답 내용이 모호할 때 부연 설명을 할 수 없다. • 문맹자에게는 사용할 수 없다. • 캐묻기가 곤란하다. • 설문지 회수 시점까지 시간이 오래 걸린다.

3. 인터넷조사

> 인터넷조사(internet survey)란 물리적 공간이 아닌 인터넷을 통한 사이버 공간에서 이루어지는 방법이다.

최근 들어 많이 사용하는 방법인 인터넷조사는 우편조사의 특수한 형태로 인터넷을 통해 설문에 응답하는 방식이다. 인터넷조사의 장단점은 [표 3-8]과 같다.

표 3-8 인터넷조사의 장단점

장점	단점
• 시간이나 공간상의 제약이 없어 24시간 조사가 가능하다. • 조사와 분석이 매우 신속하다. • 다른 방법에 비해 조사비용이 적게 든다. • 설문응답이 편리하다. • 표본 수가 많아도 추가비용이 들지 않는다. • 쌍방향 대화가 가능하다. • 동영상을 포함한 보조자료를 제시할 수 있다.	• 조사를 위한 부대비용이 다른 조사에 비해 많이 발생한다. • 응답자에 대한 의존성이 다른 조사에 비해 높다. • 동일인이 복수로 응답할 가능성이 있다. • 응답자의 통제가 어렵다. • 인터넷 예절에 주의가 필요하다. • 조사가 인터넷 사용 가능자에 제한되어 표본의 대표성이 문제된다.

4. 전화조사

전화조사(phone interview)는 훈련된 조사원이 유무선 전화를 사용해 응답자에게 질문을 하고 응답을 얻어내는 방법이다.

조사원이 직접 전화를 걸어 전화를 받는 사람에게 설문조사를 하는 방식으로 전화를 사용해 응답자와 만난다는 뜻에서 전화면접조사라고도 부른다. 보통의 전화 통화처럼 조사원이 전화를 걸어 정해진 질문순서에 따라 차례로 질문을 하고 응답자는 질문에 따른 응답을 하는 방법으로 진행이 된다. 가장 기본적인 여론조사의 방법인 전화조사의 장단점은 [표 3-9]와 같다.

표 3-9 전화조사의 장단점

장점	단점
• 보편적이고 일반적인 인식에 대한 조사가 가능하다. • 조사원에 대한 감독이 가능하여 면접자로 인한 비표본오차를 줄일 수 있다. • 면접조사에 비해 응답자에게 접근하기가 쉽다. • 전화번호부를 이용한 무작위 표본추출이 쉽다. • 무관심층에게도 조사가 가능하다.	• 전화가 없는 가구는 표본에서 제외되어 표본의 대표성이 문제된다. • 조사원의 발음, 사투리 등의 요인을 통제하기 어렵다. • 질문의 길이와 내용에 제한을 받는다. • 시청각 또는 청각적인 보조물을 활용할 수 없다. • 애매한 응답에 대한 분류가 쉽지 않다. • 조사원이 직접 물어보기 때문에 응답자가 자신의 속마음을 숨길 수 있다.

5. 자동응답전화조사

자동응답전화조사(automatic response system)는 자동응답시스템을 이용하여 응답자에게 미리 녹음된 질문이 주어지고 응답자가 전화기의 버튼을 누름과 동시에 자료가 입력되고 분석되는 방법이다.

조사원을 통해 자료를 수집하는 방법이 아니라 컴퓨터가 자동으로 전화를 걸어 미리 녹음된 음성을 활용하여 응답자로부터 설문을 받는 자동응답조사시스템이다. 전화면접조사가 조사원의 질문에 대해 응답자가 직접 말로 응답하는 방식이지만, ARS조사는 자동응답시스템에 입력된 음성에 대해 응답자가 전화 버튼을 눌러서 답변을 입력하는 방식이다. ARS 전화조사는 응답자에게 무작위로 전화를 걸어 응답을 받아내는 방법과 응답자가 스스로 전화를 걸어 응답하도록 하는 방법이 있다. 자동응답전화조사의 장단점은 [표 3-10]과 같다.

표 3-10 자동응답전화조사의 장단점

장점	단점
• 조사의 비용이나 시간이 상대적으로 적게 소요된다. • 전화조사보다 훨씬 짧은 시간에 많은 응답을 받아낼 수 있다. • 조사자로 인한 비표본오차를 줄일 수 있다. • 버튼을 눌러 답변을 입력하므로 비밀이 보장되어 응답자가 정확하게 답을 할 수 있다. • 조사원 조사와는 달리 문항, 발음 등의 요소를 모든 응답자에게 같게 통제할 수 있다.	• 응답자의 거짓 응답을 검정할 방법이 없어 비표본오차가 발생할 수 있다. • 응답자가 원하는 응답이 보기에 없으면 대답할 수 없다. • 복잡한 문항에 대한 조사가 불가능하다. • 질문의 길이와 내용에 제약을 받는다. • 전화면접조사에 비해 중도탈락비율이 높다. • 전화를 끊어버리면 아무런 응답도 얻을 수 없다. • 기계에 익숙하지 않은 응답자는 응답이 어렵다.

6. 면접조사

면접조사(face-to-face survey)란 면접자가 표본으로 선정된 응답자를 대상으로 직접 대면하여 조사하는 방법이다.

면접조사는 조사의 가장 기본적이고 근본적인 방법이다. 면접조사는 조사원과 응답자 간에 이루어지는 언어적 표현뿐만 아니라 어투, 표정, 감정, 태도와 같은 비언어적 행동을 관찰하여 연구에 필요한 자료를 얻을 수 있지만, 면접조사를 수행하기 위해서는 조사원에 대한 훈련과 감독이 중요하고 또한 조사원의 주관이 개입될 수 있다는 문제점이 있다. 면접조사의 장딘점은 [표 3-11]과 같다.

표 3-11 면접조사의 장단점

장점	단점
• 다양한 조사를 긴 시간에 걸쳐 상세히 조사할 수 있다. • 조사자가 면접상황을 적절히 통제할 수 있다. • 직접 만나 조사하므로 응답률이 높다. • 문맹자나 환자 또는 노인을 상대로 자료수집이 가능하다. • 불분명한 답변이나 적절한 답변을 위해 캐묻기가 가능하다. • 응답자의 답변뿐만 아니라 어투, 표정, 감정, 태도에 의해서도 자료수집이 가능하다. • 시각이나 청각적인 보조물을 사용할 수 있다. • 특정 집단이나 직업군, 지역 등에 대한 세밀한 접근이 용이하다.	• 조사원이 응답자와 직접 대면해야 하므로 조사비용과 조사시간이 많이 소요된다. • 응답자가 면접에 부담감을 가질 수 있다. • 다른 조사에 비해 익명성을 유지하기가 어렵다. • 집단면접의 경우 옆 사람들의 영향을 받을 수 있다. • 충분히 숙달되지 않은 조사원에게서 발생하는 오차가 크다. • 조사원의 의도에 따라 결과의 편향이 크게 발생할 가능성이 높다. • 사생활 침해 등의 이유가 발생하기 쉽다. • 심층 조사를 요구하기 어렵다.

7. 관찰조사

관찰조사(observation survey)는 조사원이 조사대상자의 태도나 의견을 관찰하고 분석하여 자료를 수집하는 방법이다.

관찰조사는 대상자에게 응답을 받는 것이 아니라, 조사원이 직접 혹은 장치를 이용해 조사대상자의 행동이나 모습을 관찰하여 자료를 수집하는 방법이다. 조사대상자의 응답에 의존하지 않고 조사원이 자료를 수집한다는 점에서 다른 조사 방법들과 차이가 있다. 관찰조사의 장단점은 [표 3-12]와 같다.

표 3-12 관찰조사의 장단점

장점	단점
• 조사대상자의 심리상태에 의해 영향을 받지 않아 조사결과의 신뢰가 높다. • 질문이나 설문지로는 불가능한 욕구나 무의식적인 행동 등의 정보를 얻을 수 있다.	• 관찰자의 주관이 개입되어 관찰내용이 실제 의미가 전혀 다르게 해석될 수 있다. • 조사대상자가 관찰 사실을 알면 부자연스러운 행동을 할 수 있다.

• 조사 대상자의 환경적 제한에 구애받지 않기 때문에 관찰대상에 한계가 없다. • 언어능력 또는 사고능력이 부족한 조사대상자로부터 자료를 얻을 때 용이하다. • 비언어적 행동에 관한 자료수집이 용이하다. • 종단적 분석이 쉽다. • 조사의 현장성 및 즉시성이 높다.	• 특정 행동이나 현상이 일어나기까지 기다려야 하므로 비용이나 시간 낭비가 크다. • 눈에 보이는 현상 외에 조사 대상자의 심리변화나 현상들을 정확히 파악하기 어렵다. • 외생변수의 통제가 어렵다. • 계량화가 곤란하다. • 표본의 크기가 작다. • 익명성의 보장이 어렵다.

8. 집단조사

집단조사(group survey)는 조사원이 조사대상자를 집단적으로 모와 설문지를 배부한 다음 조사대상자가 응답을 직접 기입(자기기입식)한 후 회수하는 방법이다.

특정한 목적을 위해 정기적으로 모이는 집단이나 조사를 위해 특정한 장소에 모일 수 있는 사람들에 대해 사용하는 방식으로 군입대를 한 신병에게 실시하는 인성검사, 적성검사 등이 집단조사에 해당된다.

조사대상자가 모이면 연구의 취지를 설명하여 협조를 구하고 응답방법에 대한 설명을 한 후 조사를 진행한다. 조사대상자는 질문지 작성 중 궁금증에 대해 조사자에게 질문하도록 한다. 하지만 저학년 학생이나 노령인구를 대상으로 조사가 진행될 때는 충분한 보충설명이 필요해 면접방식을 혼합하는 경우도 있다. 집단조사의 장단점은 [표 3-13]과 같다.

표 3-13 집단조사의 장단점

장점	단점
• 비용과 시간을 절약할 수 있다.	• 집단으로 조사되므로 주변의 영향을 받을 수 있다.
• 조사조건을 표준화하여 응답조건이 동등해진다.	• 응답자의 통제가 어려울 수 있다.
• 조사대상자는 조사자와 대화할 기회가 있어 오해를 줄일 수 있다.	• 집단조사를 승인한 당국에 의해 조사결과가 이용될 것이라 인식될 수 있다.
• 응답률이 높다.	• 일반적으로 집단조사를 승인한 조직체나 단체에 유리한 응답가능성이 높다.

9. 조사방법의 선택 기준

조사방법은 앞서 설명한 바와 같이 배포, 우편, 인터넷, 전화, 자동응답, 면접, 관찰 조사 등 다양한 방법이 있다. 그러나 각 방법 모두 장단점이 존재하기에 정확한 조사대상을 파악해야 함과 동시에 조사방법을 결정하는 데 다음의 [표 3-14]와 같은 기준을 고려해야 한다.

표 3-14 조사방법의 선택 기준

- 복잡한 질문을 다룰 수 있는 정도
- 수집할 수 있는 자료의 양
- 결과자료의 정확성
- 표본통제의 정도
- 시간적 요구
- 응답률
- 비용

이러한 선정기준에 의해 어떤 조사유형이 더 적합한지 결정하여 조사방법을 선택한다. 또한 상황에 따라서는 두 가지 방식을 적절히 조합한다면 보다 개선된 정보를 얻을 수 있다.

제5절 자료와 변수

> 자료(data)란 변수를 관찰하여 기록한 값을 말하고, 변수(variable)란 관측할 때마다 다른 값을 가지는 자료의 속성이다.

자료와 변수는 [그림 3-16]과 같이 구분한다.

그림 3-16 자료와 변수의 유형

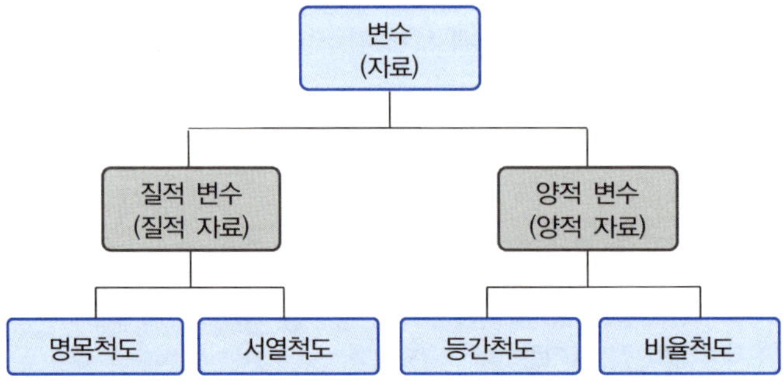

자료의 형태는 속성에 의해 구분될 수 있는데, 크게 질적 변수를 관찰하여 기록한 질적 자료와 양적 변수를 관찰하여 기록한 양적 자료로 구분할 수 있다. 일반적으로 질적 자료에는 명목척도와 서열척도가 양적 자료에는 등간척도와 비율척도가 해당된다.

1. 질적 변수와 질적 자료

질적 변수(qualitative variable)는 범주로 표시되는 변수로 정성적 변수 또는 범주 변수라고도 부른다.

질적 변수를 관찰하여 기록한 값들을 질적 자료라 한다. 질적 자료는 다음과 같이 명목척도와 서열척도로 얻은 값들이다.

결혼상태(기혼, 미혼)
체질(소음인, 태음인, 소양인, 태양인)
학년(1학년, 2학년, 3학년, 4학년)
사회계층(상류층, 중류층, 하류층)

질적 자료는 숫자 대신 단어로 설명되는데, 통계분석을 위해 각 범주에 숫자를 부여하는 것을 코딩(coding)이라 한다. 예를 들어, 사회계층이라는 질적 변수는 다음과 같이 다양한 방식으로 코딩하여 분류할 수 있다.

1 = 상류층, 2 = 중류층, 3 = 하류층
1 = 중류층, 2 = 하류층, 3 = 상류층
…
…

범주변수를 관찰하여 기록한 값들을 범주자료라 한다. 범주를 코딩하여 숫자를 부여하였다고 그 자료가 양적 자료로 사용될 수 없다. 주민등록번호, 전화번호, 아파트호수 등과 같이 위의 사회계층에 부여한 숫자는 의미 있는 숫자가 아니고 기호에 불과하다.

범주변수는 몇 개의 범주를 갖는가에 따라 이항변수(dichotomous variable)와 다항변수(polytomous)로 구분한다. 예를 들어, 성공 · 실패, 합격 · 불합격, 남 · 녀와 같이 단지 두 개의 범주를 갖는 변수를 이항변수라 하고, 학교(초등, 중등, 고등 등), 종교(기독교, 천주교, 불교, 이슬람교 등)와 같이 세 개 이상의 범주를 갖는 변수를 다항변수라 한다.

2. 양적 변수와 양적 자료

양적 변수(quantitative variable)는 양의 크기를 수치로 표시하므로 정량적 변수라고도 한다.

양적 변수를 관찰하여 기록한 값들을 양적 자료라 한다. 양적 자료는 다음과 같이 등간척도와 비율척도로 얻은 값들이다.

축구를 좋아하는 정도(X=5)
서비스에 만족하는 정도(X=4)
자녀 수(X=2)
불량품 수(X=12)
키(X=178cm)
무게(X=600g)

이러한 양적 변수는 다시 이산변수와 연속변수로 구분한다.

이산변수(discrete variable)란 셀 수 있는 값(countable values)을 취하는 것을 말한다.

종업원 수, 제품 수, 자동차 수 등과 같은 이산변수를 관찰하여 기록한 자료를 이산자료 또는 계수치라 한다. 이산변수와 이산자료의 예는 다음과 같다.

판매한 시계 수(X=52)
파산한 기업 수(X=12)
만족한 고객 수(X=94)

연속변수(continuous variable)란 측정에 의해 주어진 구간 안에 있는 어떤 값(measurable values)도 가질 수 있는 변수이다.

예를 들어, [그림 3-17]과 같이 몸무게 70kg은 69.5kg 이상과 70.5kg 미만 구간 안에 있는 값 중 하나를 취한 값이다.

그림 3-17 연속자료의 정의

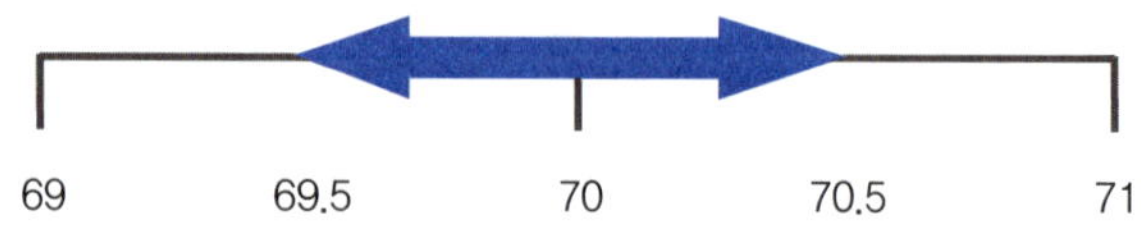

시간, 키, 무게와 같이 연속변수를 관찰하여 기록한 자료를 연속자료 또는 계량치라 한다. 연속변수와 연속자료의 예는 다음과 같다.

도착까지 걸리는 시간(X=23.4분)
생수용기의 무게(X=232.35g)
스마트폰의 길이(X=16.234cm)

3. 척도수준과 통계분석방법

척도수준은 측정하고자 하는 자료의 속성에 따라 결정되는 것이 아니라 측정하는 방식에 따라 결정되기 때문에 같은 변수에 대해서도 어떻게 측정하였는가에 따라 적용되는 통계분석방법이 달라진다. 즉 양적 분석을 하기 위해서는 소득수준은 월급으로 측정하여 비율척도가 되어야 한다. 하지만 질적 분석을 하기 위해서는 소득수준은 계층(상, 중, 하)으로 측정하여 서열척도가 되어야 한다.

이처럼 통계분석에 적합한 자료를 구하려면 척도수준에 대한 올바른 이해가 필요하다. 명목척도와 서열척도로 측정된 변수는 비모수통계(nonparametric statistics)를 적용하고, 등간척도와 비율척도로 측정된 변수는 상관관계분석, 회귀분석, 분산분석과 같은 모수통계(parametric statistics)를 적용한다. 모수통계에서는 이산변수와 연속변수를 특별히 구분하지 않고 둘 다 연속변수로 취급하는 것이 보통이다.

연습문제

〈객관식 문제〉

1. 1차 자료를 수집할 때 고려해야 할 사항이 아닌 것은?

① 표본추출방법 ② 자료수집방법 ③ 원자료 출처 ④ 자료수집대상

2. 개인의 사생활보호 문제로 인해 면접조사가 어려울 때 실시할 수 있는 조사방법은?

① 전화조사 ② 우편조사 ③ 관찰조사 ④ ARS조사

3. 인터넷 설문조사의 특징에 관한 설명으로 틀린 것은?

① 조사분석이 신속하다. ② 표본에 증가에 따른 추가비용이 없다.
③ 응답자의 통제가 쉽다. ④ 설문응답이 편리하다.

4. 면접조사를 시행하는데 있어 유의해야할 사항으로 틀린 것은?

① 면접자는 응답자가 편안하게 느끼도록 친근감을 주어야 한다.
② 면접자는 응답자가 편향된 응답을 하도록 노력한다.
③ 원칙적으로 조사표에 나타난 질문을 빠짐없이 한다.
④ 면접자는 면접조사표에 익숙해서 편안한 자세로 면접할 수 있어야 한다.

5. 관찰조사의 특징에 관한 설명으로 틀린 것은?

① 관찰조사는 종단적 분석이 용의하다.
② 관찰조사는 현장에서 즉각적인 변화가 어렵다.
③ 관찰조사는 계량화하기 어렵다.
④ 관찰조사는 언어능력이 부족한 응답자에 대한 자료를 얻을 수 있다.

6. 우편조사와 비교한 면접조사의 장점이 아닌 것은?

① 질문의 유연성
② 추가정보수집
③ 질문순서의 유연성
④ 지리적 융통성

7. 2차 자료에 해당하는 것은?

① 패널조사 ② 설문조사
③ 정기간행물 ④ 델파이조사

8. 우편조사, 전화조사, 면접조사에 관한 비교설명으로 틀린 것은?

① 우편조사와 전화조사는 자기기입식 조사이다.
② 전화조사와 면접조사는 추가질문이 쉽다.
③ 우편조사는 응답율이 가장 낮다.
④ 면접조사는 노인을 대상을 실시하면 가장 적절하다.

9. 집단조사의 특징과 거리가 먼 것은?

① 집단조사는 집단에 속한 조직을 연구하는 데에만 사용할 수 있다.
② 집단으로 조사되므로 주변 사람이 응답자에 영향을 미칠 수 있다.
③ 일반적으로 집단조사를 승인한 단체에 유리한 응답을 할 가능성이 높다.
④ 집단에 속한 조직으로부터 적절한 협조가 있다면 비용과 시간이 절약된다.

10. 확률표본추출과 비확률표본추출에 관한 설명으로 틀린 것은?

① 확률표본추출은 비확률표본추출에 비해 통계적 추론을 통한 일반화가 쉽다.
② 확률표본추출은 비확률표본추출에 비해 표본선정에 비용과 시간이 많이 든다.
③ 비교적 정확한 표본 프레임의 입수가 가능하다면 확률표본추출보다는 비확률표본추출방법이 바람직하다.
④ 비확률표본추출은 선택편의에 대한 오류가 발생할 수 있다.

11. 다음 중 전수조사와 가장 관계가 깊은 것은?

① 사전조사 ② 인구주택총조사 ③ 집단조사 ④ 사후조사

12. A 병원에 대한 분석에서 다음 중 표본프레임이 모집단보다 큰 경우는?

① 환자기록부를 이용하여 표본을 만드는 경우
② 직원의 인사기록부를 활용하여 표본을 모집하는 경우
③ 환자의 명부를 이용하여 표본을 모집하는 경우
④ 무선 전화걸기 방법으로 표본을 모집하는 경우

13. 다음 중 확률표본추출에 해당하는 것은?
① 단순무작위표본추출 ② 편의표본추출
③ 할당표본추출 ④ 눈덩이표본추출

14. 다음 중 단순무작위 표본추출의 문제점과 가장 거리가 먼 것은?
① 조사자가 가지고 있는 모집단의 지식을 충분히 활용하기 어렵다.
② 조사과정에서 조사자의 편의가 개재될 여지가 충분히 있다.
③ 무작위 번호를 매기기 위해 시간과 비용을 소비해야한다.
④ 시간과 비용이 많이 드는 편이다.

15. 다음 괄호 (ㄱ), (ㄴ)에 들어갈 가장 알맞은 말은?

군집표본추출에서 표집된 표본들은 가능한 군집 간에는 ((ㄱ))이고, 군집 내에 포함된 표본요소 간에는 ((ㄴ))이어야 한다.

① 동질적, 동질적 ② 동질적, 이질적
③ 이질적, 동질적 ④ 이질적, 이질적

16. 다음 사례의 표본추출방법은?

외국인 불법체류 근로자의 취업실태를 조사하려는 경우, 모집단을 찾을 수 없어 일상적인 표집절차로는 조사수행이 어려웠다. 그래서 첫 단계에서는 종교단체를 통해 소수의 응답자를 찾아 면접하고, 다음 단계에는 첫 응답자의 소개로 면접 조사하였으며, 계속 다음 단계의 면접자를 소개받는 방식으로 표본 수를 충족 시켰다.

① 할당표본추출 ② 유의표본추출
③ 판단표본추출 ④ 눈덩이 표본추출

17. 대구지역의 전화번호부를 이용하여 최초의 51번째 사례를 임의로 결정한 후 계속 151, 251, 351 번째 순서로 뽑는 표집방법은?
① 층화표본추출 ② 군집표본추출
③ 체계적표본추출 ④ 단순무작위표본추출

18. 군집표본추출방법에 관한 설명으로 틀린 것은?
① 일차적인 표집단위를 개인이 아닌 군집으로 구한다.
② 군집 내에서는 가급적이면 동질적인 요소로 구성되는게 바람직하다.
③ 모집단의 목록이 없어도 사용가능하다.
④ 군집의 속성을 통해 모집단의 특성을 추론할 수 있다.

19. 표본추출과정을 바르게 나열한 것은?

㉠ 표본프레임 결정	㉡ 표본추출방법 결정
㉢ 표본추출	㉣ 모집단 확정
㉤ 표본크기 결정	

① ㉠ → ㉣ → ㉡ → ㉢ → ㉤　　② ㉠ → ㉣ → ㉡ → ㉤ → ㉢
③ ㉣ → ㉠ → ㉡ → ㉤ → ㉢　　④ ㉣ → ㉠ → ㉡ → ㉢ → ㉤

20. 표본조사의 필요성에 관한 설명으로 틀린 것은?
① 모집단의 수가 적을 때 모집단 보다 정확한 결과를 얻을 수 있다.
② 일반적으로 모집단보다 비용이 적게 든다.
③ 무한모집단일 때에는 표본을 통해서만 모집단의 특성을 알 수 있다.
④ 파괴검사의 경우 모집단을 사용할 수 없어 표본을 사용한다.

21. 자동차를 연료(휘발유, 경유, LPG, 전기), 엔진(소형, 중형, 대형), 종류(승용, 승합, 화물)로 구분하여 할당표본추출을 할 경우 할당표는 총 몇 개의 범주로 구분되는가?
① 3　② 10　③ 24　④ 36

22. 표본을 추출하기 위해 모집단이 모두 포함된 목록을 무엇이라 하는가?
① 요소　② 표본프레임　③ 분석단위　④ 표본추출분포

23. 총 학생 수가 2,000명인 학교에서 500명을 표본으로 사용할 때 표집율은?
① 25%　② 40%　③ 80%　④ 100%

24. 편의표본추출에 관한 설명과 가장 거리가 먼 것은?
① 모집단에 대한 정보가 없는 경우에 사용한다.
② 표본의 크기를 확대한다면 모집단 대표성에 대한 문제를 해결할 수 있다.
③ 편의표본으로 수집된 자료라 하더라도 유용한 정보를 제공할 수 있다.
④ 편의에 의해 얻은 자료는 일반화에 관심을 가지기보다 편의성에 관심을 가진다.

25. 질적변수와 양적변수에 관한 설명으로 틀린 것은?
① 성별, 직업, 학력 등을 나타내는 변수는 양적변수이다.
② 질적 변수를 양적변수로 변환하는 것은 불가능하다.
③ 양적변수는 정량적 변수 또는 양적자료라고도 한다.
④ 양적 변수는 거리나 키와 같은 연속변수와 제품의 불량품 수와 같은 이산변수를 가진다.

26. 연속변수와 이산변수에 관한 설명으로 틀린 것은?
① 연속변수는 측정된 값에 대한 속성의 크기나 양에 따라 분류하는 것이다.
② 연속변수는 0과 1사이에 무한개의 값을 가질 수 있다.
③ 이산변수는 정수 값만으로 구성된다.
④ 등간척도·비율척도는 이산변수와 관련 있다.

27. 다음 중 분석단위와 관련된 오류와 가장 거리가 먼 것은?
① 동어반복의 오류　　② 생태학적 오류
③ 개인주의적 오류　　④ 환원주의적 오류

28. "ABC마트의 고객 재방문에 영향을 미치는 요인: T지점을 중심으로"라는 제목의 논문에서 분석단위는?
① T지점　　② T지점 직원
③ T지점을 방문한 고객　　④ ABC마트

〈주관식 문제〉

1. 다음을 각각 구분하여 설명하라.
   (1) 모집단과 표본
   (2) 모수와 통계량
   (3) 기술통계학과 추론통계학
   (4) 질적 변수와 양적 변수
   (5) 이산 변수와 연속 변수

2. 우리나라 대학생들이 이번 학기에 교과서 구입에 지불한 평균금액을 조사하고자 한다.
   (1) 이 연구의 모집단과 모수는?
   (2) 이 연구의 표본과 통계량은?

3. 다음 각 변수의 형태(질적 변수, 이산 변수, 연속변수)를 구분하라.
   (1) ABC 대학교 학생의 국적
   (2) ABC 대학교 학생의 통학시간
   (3) ABC 대학교 학생의 수강과목 수
   (4) ABC 대학교 학생의 몸무게
   (5) ABC 대학교 학생의 키
   (6) ABC 대학교 학생의 성별
   (7) ABC 대학교에 재학 중인 남학생 수
   (8) ABC 대학교에 재학 중인 학생 수

기술통계분석

04

Chapter

제1절 ▌기술통계학

1. 기술통계학의 개념

기술통계학(descriptive statistics)은 측정에서 수집한 자료의 정리, 요약, 해석 등을 통해 자료의 특성을 규명하는 통계적 분야이다.

기술통계학은 주로 수집된 자료의 평균이나 분산 등을 통계량이나 도표를 통해 자료의 특징을 파악한다. 자료는 원자료와 도수분포표, 히스토그램 등과 같이 원자료를 가공한 자료로 구분한다.

원자료(raw data)란 수집된 순서대로 제시된 자료를 말한다.

[표 4-1]은 ABC 대학교의 통계학 수강생 50명의 시험점수를 기록한 자료이다.

표 4-1 시험점수

68	23	78	88	88	18	8	23	73	85
58	73	38	59	13	88	52	63	58	10
59	48	69	62	18	58	58	28	58	5
60	63	33	13	36	54	58	46	53	10
36	53	93	93	68	78	73	32	48	5

반면 [표 4-2]와 [그림 4-1]은 원자료를 적절한 계급구간으로 나누어 각 계급구간에 해당하는 빈도를 기입하여 정리한 도수분포표와 히스토그램이다.

도수분포표(frequency distribution table)란 자료의 분포를 몇 개의 구간으로 나누고, 나누어진 각 구간에 속하는 자료가 몇 개인지 정리한 표이다.

표 4-2 시험점수의 도수분포표

시험점수	빈도수
20 미만	5
40 미만	8
60 미만	16
80 미만	11
100 미만	5

[그림 4-1]은 도수분포표를 그래프로 나타낸 히스토그램이다. 보통 히스토그램에서는 가로축이 계급, 세로축이 빈도를 뜻하는데, 때때로 반대로 그리기도 한다.

> 히스토그램(histogram)은 표로 되어 있는 도수분포를 그림으로 나타낸 것이다.

그림 4-1 시험점수의 히스토그램

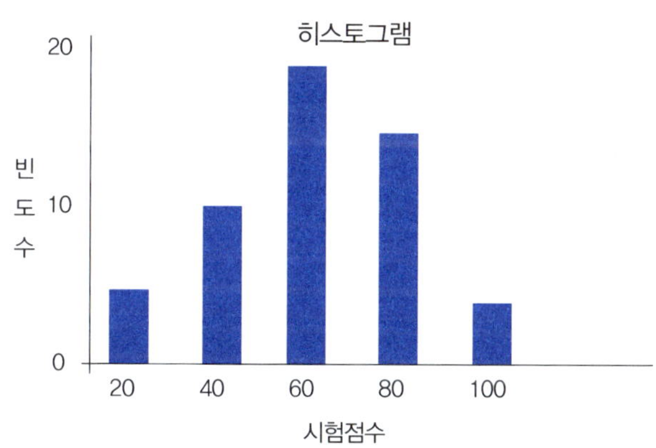

[표 4-2]의 도수분포표와 [그림 4-1]의 히스토그램은 [표 4-1]의 원자료보다는 자료집합의 특성을 알아보기 쉽지만 다음과 같은 질문에 답하기는 어렵다.

- 시험성적의 평균은?
- 가장 많은 학생이 받은 시험점수는?
- 크기 순서대로 나열했을 때 가운데 있는 시험점수는?
- 가장 높은 시험점수와 가장 낮은 점수의 차이는?

중학생인 A의 영어점수는 40점이고 고등학생인 B의 영어점수는 70점이라고 할 때 누가 더 우수한 성적을 받았는지를 살펴보자. B의 성적이 더 높아 A보다 우수하다고 판단할 수 있지만, 중학생 A가 속한 2학년 전체의 평균점수는 30점이고 범위가 42－12＝30인 반면, 고등학생 B가 속한 2학년 전체의 평균점수는 80점이고 범위는 98－68＝30이라는 정보가 추가로 제공되면 B보다 A가 더 우수하다는 것을 알 수 있다.

이처럼 원자료만으로 평가한다면 자료의 특성을 왜곡할 수 있다. 자료를 평가할 때 평균과 같은 중심치와 함께 자료가 중심에서 흩어진 정도를 나타내는 산포치 모두를 고려하여야 올바른 의사결정을 할 수 있다. 따라서 자료의 특성을 요약하는 방법으로는 [그림 4-2]와 같이 자료의 중심을 나타내는 중심치, 자료의 흩어진 정도를 나타내는 산포치, 그리고 자료의 모습을 나타내는 분포모양이 있다.

그림 4-2 자료의 요약

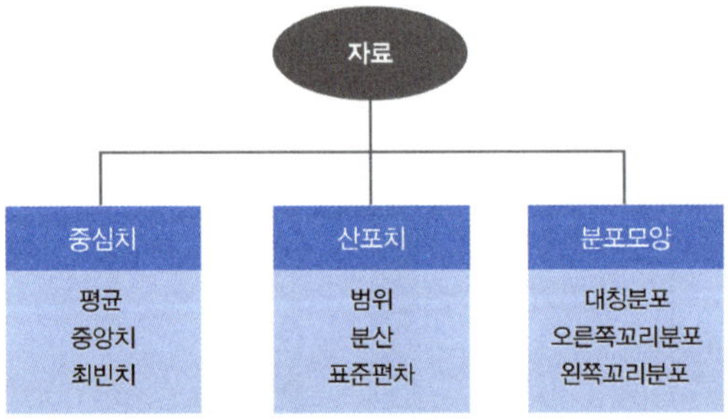

제2절 ▌중심치

자료가 수집되면 자료를 요약하기 위해 자료를 대표할 수 있는 중심치 또는 대표치의 파악이 우선되어야 한다.

> 중심치(central tendency)는 자료를 요약하여 정리한 대표치이다.

중심치의 가장 대표적인 것으로는 [그림 4-3]처럼 평균, 중앙치, 최빈치를 들 수 있다.

그림 4-3 중심치

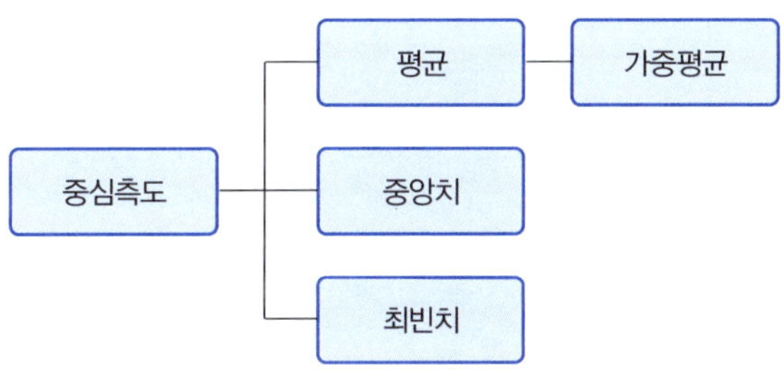

1. 평균

> 평균(mean)이란 주어진 수의 합을 수의 개수로 나눈 값으로 산술평균(arithmetic mean)을 가리킨다.

산술평균은 통계학뿐 아니라, 경제학, 역사학 등의 많은 분야에서 가장 빈번하게 사용된다. 일상생활에서 평균은 산술평균을 의미한다. 모집단과 표본의 평균은 [그림 4-4]의 공식을 사용한다.

그림 4-4 모집단과 표본의 평균

모집단	표본
$\mu=\frac{X_1+X_2+.....+X_n}{N}=\frac{\sum_{i=1}^{N}X_i}{N}$	$\overline{X}=\frac{X_1+X_2+.....+X_n}{n}=\frac{\sum_{i=1}^{n}X_i}{n}$

예제 4-1

다음은 홍길동 학생이 받은 6번의 통계학 시험점수를 기록한 자료이다. 평균은 얼마인가?

시험	1	2	3	4	5	6
점수	8	6	7	4	5	6

풀이

$$\overline{X}=\frac{\sum_{i=1}^{6}}{n}=\frac{8+6+7+4+5+6}{6}=\frac{36}{6}=6\text{점}$$

평균은 원시자료와 같은 단위를 취하고 연산이 가능하다는 장점이 있지만, 계산에 모든 자료를 이용하므로 극단치를 포함한 모든 값에 영향을 받는다는 특징을 지닌다.

- AVERAGE 함수

용도 : 자료집합 내에 있는 숫자들의 산술평균을 구하는 데 사용한다.

=AVERAGE(number1, number2, ...)

- number1 : 필수요소로 계산하려는 인수
- number2, ... : 선택요소로 계산하려는 인수로 255개까지 지정

예제 4-2

〈예제 1〉의 홍길동 학생의 시험성적의 평균을 엑셀함수를 이용하여 구하라.

시험	1	2	3	4	5	6
점수	8	6	7	4	5	6

풀이

=AVERAGE(B2:G2)=6

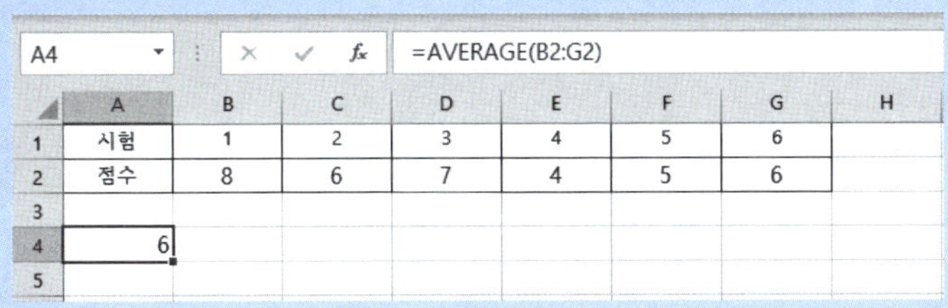

• 함수마법사

평균을 구하는 또 다른 방법은 다음과 같이 함수마법사를 이용하는 방법이 있다.

① 메뉴의 [수식] → [함수 삽입]을 클릭한다.

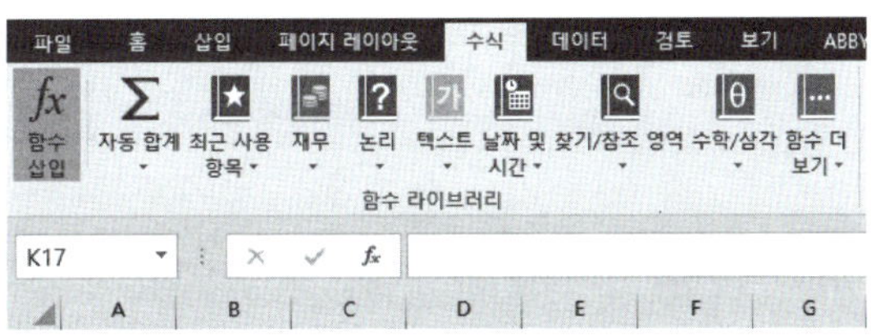

② 함수마법사 대화상자에서 [통계함수]를 선택한 후 [AVERAGE]를 찾아 클릭한 다음 [확인]을 누른다.

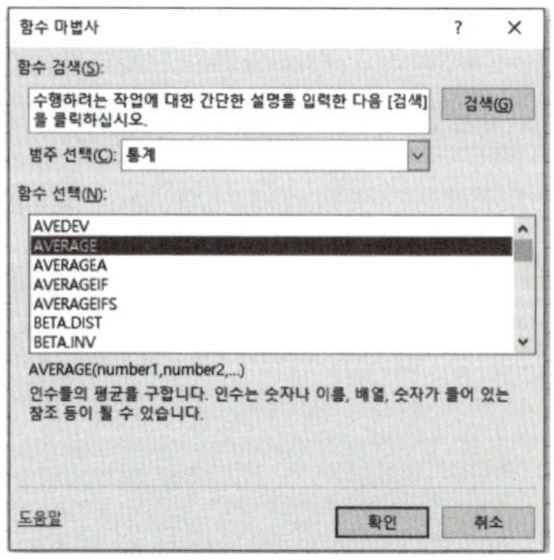

③ 함수마법사 대화상자에 [함수 인수]를 입력한다. 255개까지 지정 가능한 인수는 숫자이거나 숫자가 포함된 이름, 범위 또는 셀 참조가 될 수 있다.

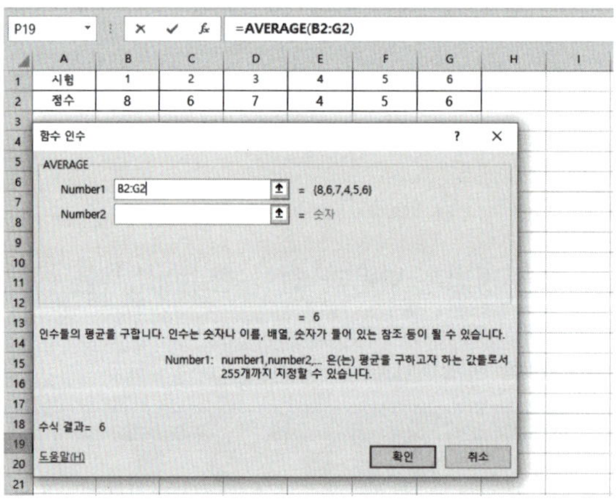

④ 인수를 입력하면 [수식결과=6]이라는 평균을 얻는다.

2. 중앙치

중앙치(median) 또는 중위수는 자료를 큰 순서(ascending order) 혹은 작은 순서(descending order)로 정열했을 때 중앙에 위치하는 값을 말한다.

따라서 중앙치는 [그림 4-5]와 같이 전체 자료 중 절반은 중앙치보다 같거나 작고 나머지 절반은 중앙치보다 크거나 같다.

그림 4-5 중앙치의 개념

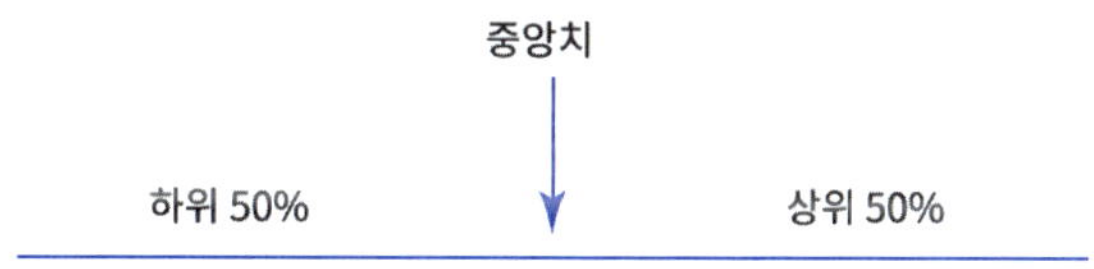

전체 자료를 큰 순서나 작은 순서대로 나열해 놓고 가운데 위치한 값을 택하면 중앙치가 된다. 크기순으로 정리된 n개의 자료집합에서 중앙치의 위치는 다음과 같다.

$$\text{중앙치의 위치} = \frac{n+1}{2}$$

위의 공식에서 n이 홀수이면 중앙치의 위치는 정수가 되어 문제가 없으나 n이 짝수이면 중앙치의 위치가 0.5로 끝나게 된다. 이 경우 소수부분을 제외한 정수에 위치한 값과 그보다 1이 큰 정수에 위치한 값의 평균을 중앙치로 한다. 예를 들어, n=9인 경우 중앙치의 위치는 다음과 같다.

$$\frac{n+1}{2} = \frac{9+1}{2} = 5$$

이때 중앙치는 크기순대로 나열했을 때 5번째에 위치한 값이 된다. 반면, 다음과 같이 n=8인 경우 중앙치의 위치는 다음과 같다.

$$\frac{n+1}{2} = \frac{8+1}{2} = 4.5$$

이때 4번째와 5번째에 있는 값의 평균이 중앙치가 된다.

중앙치=9

홀수 n　①　③　⑤　⑦　**⑨**　⑪　⑬　⑮　⑰

중앙치=(10+8)/2=9

짝수 n　⑯　⑭　⑫　**⑩**　**⑧**　⑥　④　②

예제 4-3

다음은 홍길동 학생이 받은 6번의 통계학 시험점수를 기록한 자료이다. 중앙치는 얼마인가?

시험	1	2	3	4	5	6
점수	8	6	7	4	5	6

풀이

중앙치의 위치는 다음과 같다.

$$\frac{n+1}{2}=\frac{6+1}{2}=3.5$$

시험점수를 크기 순서대로 나열하여 3번째와 4번째에 있는 값의 평균이 중앙치가 된다.

$$중앙치=\frac{6+6}{2}=6$$

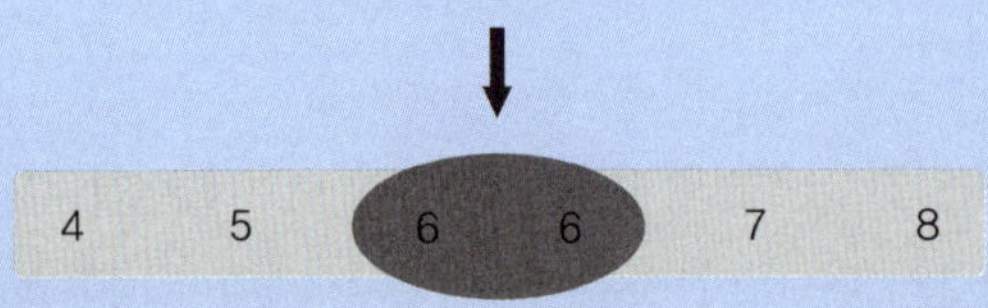

- MEDIAN 함수

용도 : 자료집합 내에 있는 숫자들의 중앙치를 구함

= MEDIAN(number1, [number2], ...)

- number1 : 필수요소로 계산하려는 인수
- number2, ... : 선택요소로 계산하려는 추가 인수로 255개까지 지정

예제 4-4

〈예제 1〉의 통계학 시험점수의 중앙치를 엑셀함수를 이용하여 구하라.

시험	1	2	3	4	5	6
점수	8	6	7	4	5	6

풀이

=MEDIAN(B2:G2)=6

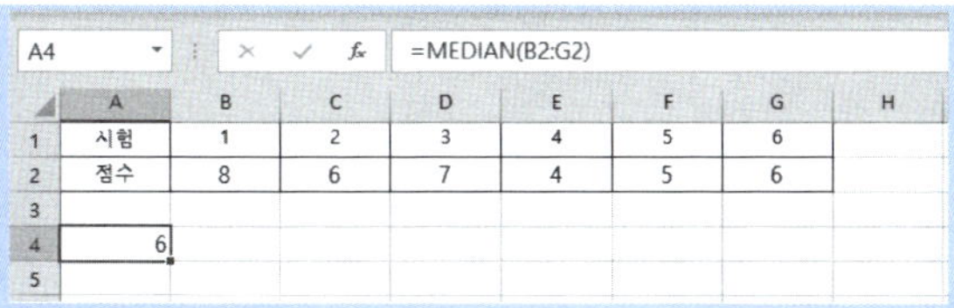

	A	B	C	D	E	F	G	H
1	시험	1	2	3	4	5	6	
2	점수	8	6	7	4	5	6	
3								
4	6							
5								

3. 최빈치

최빈치(mode)란 자료에서 가장 많이 나타나는 값을 이른다.

다음 자료와 같이 최빈치는 다양하게 나타난다.

자료집합	최빈치
4, 6, 6, 8, 9	6
4, 5, 6, 8, 9	
4, 6, 6, 8, 8	6, 8

첫 번째 자료집합에서 최빈치는 6이 된다. 그러나 두 번째 자료집합에서는 최빈치가 없고 세 번째 자료집합에서는 최빈치가 6과 8 두 개이다. 최빈치가 하나이면 단일최빈치(unimodal)라 하고 둘이면 이중최빈치(bimodal)라 한다. 이처럼 최빈치는 존재하지 않을 수도 있고 2개 이상일 수도 있다.

예제 4-5

다음은 홍길동 학생이 받은 6번의 통계학 시험점수를 기록한 자료이다. 평균은 얼마인가?

시험	1	2	3	4	5	6
점수	8	6	7	4	5	6

풀이

자료에서 두 번 나타나는 6이 최빈치이다.

- MODE 함수

용도 : 자료집합 내에서 가장 많이 나타나는 숫자를 구함

=MODE(number1, [number2], ...)

- number1 : 필수요소로 계산하려는 인수
- number2, ... : 선택요소로 계산하려는 추가 인수로 255개까지 지정

엑셀함수 =MODE는 최빈치가 없으면 '#N/A'이라는 결과를 제시하고 최빈치가 여러 개인 경우에는 첫 번째 찾은 최빈치를 제시한다.

예제 4-6

〈예제 1〉의 통계학 시험점수의 중앙치를 엑셀함수를 이용하여 구하라.

시험	1	2	3	4	5	6
점수	8	6	7	4	5	6

풀이

=MODE(B2:G2)=6

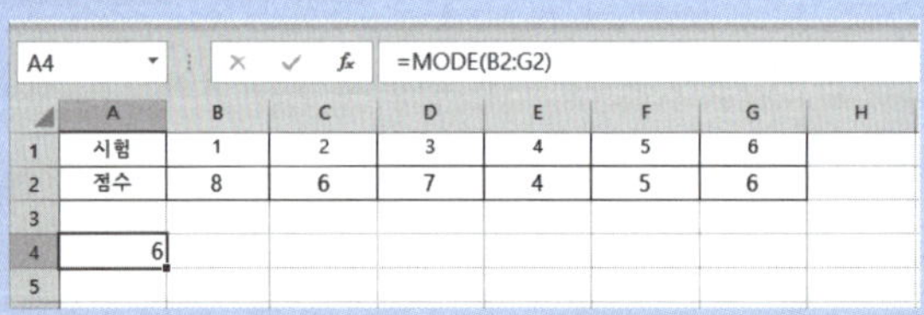
A4 =MODE(B2:G2)

	A	B	C	D	E	F	G	H
1	시험	1	2	3	4	5	6	
2	점수	8	6	7	4	5	6	
3								
4	6							
5								

4. 가중평균

산술평균은 각 자료에 같은 가중치를 부여하지만 때때로 자료의 중요도에 따라 각 자료에 서로 다른 가중치를 부과하는 경우에는 가중평균을 사용한다.

가중평균(weighted mean)은 각 관측치(X)에 해당하는 가중치(W)를 곱하여 모두 합한 다음 가중치의 합으로 나누어 구한다.

가중평균을 구하는 공식은 다음과 같다.

$$\overline{X}_{wt} = \frac{\sum_{i=1}^{k}(X_i \cdot W_i)}{\sum_{i=1}^{k} W_i}$$

예를 들어, 2, 4, 6, 1이라는 4개의 자료에 가중치를 0.2, 0.4, 0.3, 0.1을 각각 부여한다면 가중평균은 다음과 같이 3.9가 된다.

	1	2	3	4	합
X_i	2	4	6	1	13
W_i	0.2	0.4	0.3	0.1	1
$X_i \cdot W_i$	0.4	1.6	1.8	0.1	3.9

$$\overline{X}_{wt} = \frac{\sum_{i=1}^{k}(X_i \cdot W_i)}{\sum_{i=1}^{k} W_i} = \frac{3.9}{1} = 3.9$$

- SUMPRODUCT 함수

용도 : 주어진 배열에서 해당 요소를 모두 곱하고 그 곱의 합계를 구함

=SUMPRODUCT(array1, [array2], [array3], ...)

- array1 : 필수요소로 계산하려는 배열의 첫 번째 인수
- array2, array3, ... : 선택요소로 계산하려는 배열의 인수로 255개까지 지정

가중치의 합이 1이 아닌 경우에는 다음의 함수를 사용하여야 한다.

=SUMPRODUCT(array1, [array2], [array3], ...)/SUM(array1)

- array1 : 가중치가 포함된 배열

예제 4-7

〈예제 1〉의 통계학 시험점수의 중앙치를 엑셀함수를 이용하여 구하라.

시험	1	2	3	4	5	6
점수	8	6	7	4	5	6
가중치	0.1	0.2	0.1	0.3	0.2	0.1

풀이

=SUMPRODUCT(B2:G2, B3:G3)=5.5

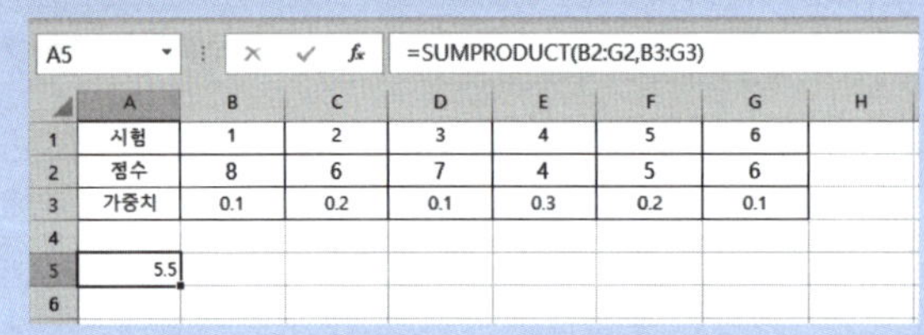
A5 =SUMPRODUCT(B2:G2,B3:G3)

	A	B	C	D	E	F	G	H
1	시험	1	2	3	4	5	6	
2	점수	8	6	7	4	5	6	
3	가중치	0.1	0.2	0.1	0.3	0.2	0.1	
4								
5	5.5							
6								

가중치의 합이 1이므로 SUM(B3:G3) 함수는 사용하지 않아도 된다. 가중치의 합이 1이 아니면 SUM 함수를 사용하여 다음과 같이 가중치의 합으로 나누어 주어야 한다.

=SUMPRODUCT(B2:G2, B3:G3)/SUM(B3:G3)=5.5

제3절 ▌자료의 분포

1. 분포의 형태

[그림 4-6]은 평균, 중앙치, 최빈치의 위치에 따라 분포형태가 달라짐을 보여주고 있다.

그림 4-6 분포의 형태

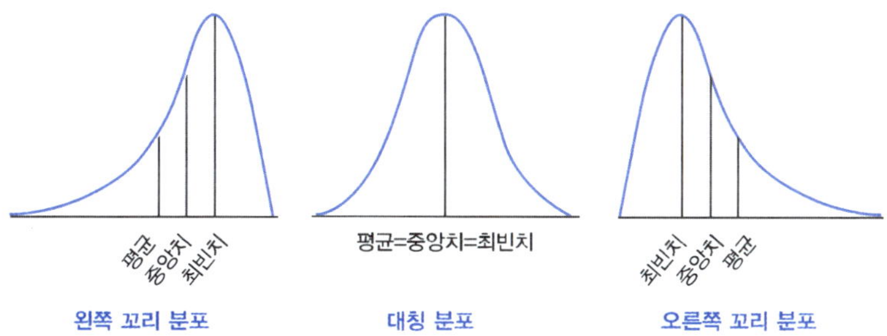

산술평균과 중앙치를 분포의 모양에 따라 비교해 보면 대칭분포에서는 평균과 중앙치가 일치하고, 왼쪽 꼬리 분포에서는 평균이 더 작은 값을 가지고, 오른쪽 꼬리 분포에서는 평균이 더 큰 값을 가진다. 왼쪽 꼬리 분포에서는 다른 값들에 비해 매우 작은 극단값들이 존재하며 그 값들로 인해 평균이 작아지게 되고, 오른쪽 꼬리 분포에서는 다른 값들에 비해 매우 큰 극단값들이 존재하며 그 값들로 인해 평균이 커지게 된다. 이처럼 분포의 비대칭성은 평균을 자료의 중심에서 멀어지게끔 하는 매우 크거나 작은 극단값들이 있어 발생한다. 인간수명의 분포가 왼쪽 꼬리 분포이고 연봉의 분포가 오른쪽 꼬리 분포의 대표적인 예라고 할 수 있다.

2. 왜도

> 왜도(skewness)는 자료의 평균에 대한 분포의 비대칭성을 나타낸 지표이다.

[그림 4-7]과 같이 왜도가 음수이면 왼쪽으로 치우치게 되고 양수이면 오른쪽으로 치우치게 되며 0이면 대칭 분포이다

그림 4-7 왜도에 따른 분포의 모양

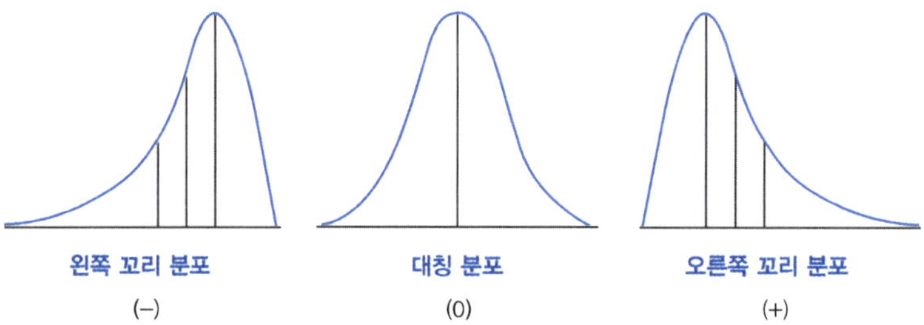

- SKEW 함수

용도 : 자료집합의 왜도를 구함

=SKEW(number1, [number2], ...)

- number1 : 필수요소로 계산하려는 인수
- number2, ... : 선택요소로 계산할 추가 인수로 255개까지 지정

예제 4-8

다음 자료의 왜도를 엑셀함수를 사용하여 구하라.

(1)	2	2	2	2	2	1	3
(2)	2	2	2	2	3	1	3
(3)	2	1	3	2	1	3	2

풀이

(1) =SKEW(A1:G1)=0

(2) =SKEW(A2:G2)=−0.1739

(3) =SKEW(A3:G3)=0

I1 =SKEW(A1:G1)

	A	B	C	D	E	F	G	H	I	J
1	2	2	2	2	2	1	3		0	
2	2	2	2	2	3	1	3		-0.1739	
3	2	1	3	2	1	3	2		0	
4										

3. 첨도

첨도(kurtosis)란 분포의 뾰족한 정도를 정규분포와 비교하여 나타낸 지표이다.

[그림 4-8]과 같이 첨도값이 0에 가까우면 정규분포에 근접한다. 반면 양의 첨도는 상대적으로 정규분포보다 중심부분이 더 뾰족하고 반대로 음의 첨도는 덜 뾰족하다.

그림 4-8 첨도에 따른 분포의 모양

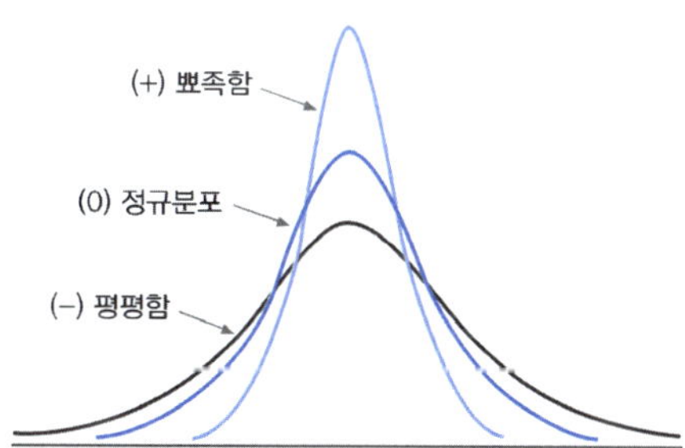

- KURT 함수

용도 : 자료집합의 첨도를 구함

=KURT(number1, [number2], ...)

- number1 : 필수요소로 계산하려는 인수
- number2, ... : 선택요소로 계산하려는 추가 인수로 255개까지 지정

예제 4-9

다음 자료의 첨도를 엑셀함수를 사용하여 구하라.

(1)	2	2	2	2	2	1	3
(2)	2	2	2	2	3	1	3
(3)	2	1	3	2	1	3	2

풀이

(1) =KURT(A1:G1)=3
(2) =KURT(A2:G2)=0.336
(3) =KURT(A3:G3)=−1.2

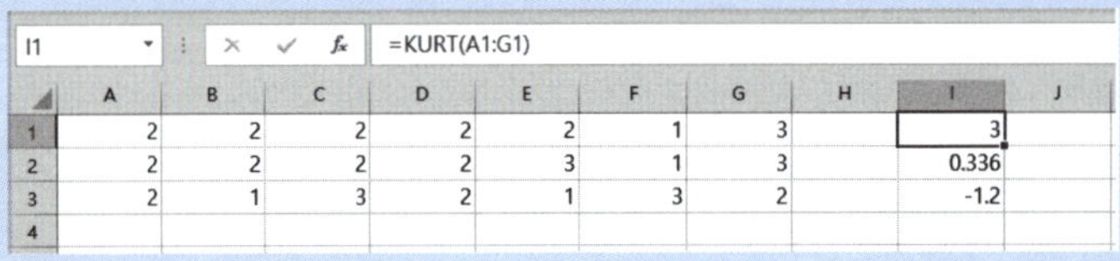
I1 =KURT(A1:G1)

	A	B	C	D	E	F	G	H	I	J
1	2	2	2	2	2	1	3		3	
2	2	2	2	2	3	1	3		0.336	
3	2	1	3	2	1	3	2		-1.2	
4										

제4절 ▌산포치

자료를 분석할 때 평균과 같은 중심치와 함께 자료들이 중심에서 흩어진 정도를 나타내는 산포치를 고려하여야 한다. 예를 들어, A지역, B지역, C지역에 거주하는 주민 40명을 대상으로 행복지수를 조사한 결과가 [표 4-3]과 같다고 가정하자.

표 4-3 지역별 행복지수분포표

행복지수		0	10	20	30	40	50	60	70	80	90	100	평균
빈도	A지역					10	20	10					50
	B지역				4	8	16	8	4				50
	C지역	2	2	2	4	6	8	6	4	2	2	2	50

각 지역의 평균은 50점으로 같지만 각 지역 주민들의 행복지수가 같다는 결론을 내릴 수는 없다. 왜냐하면, 각 지역의 행복지수분포는 [그림 4-9]와 같이 고르지 않기 때문이다. A지역 주민들의 행복지수는 평균 50점을 중심으로 모여 있지만, C지역 주민들의 행복지수는 평균 50점을 중심으로 넓게 퍼져있다. 반면 B지역은 A지역과 C지역의 중간 형태를 취하고 있다. 따라서 A지역 주민들의 행복지수의 편차가 제일 작고 C지역 주민들의 행복지수의 편차가 제일 크다고 할 수 있다.

그림 4-9 지역별 행복지수분포

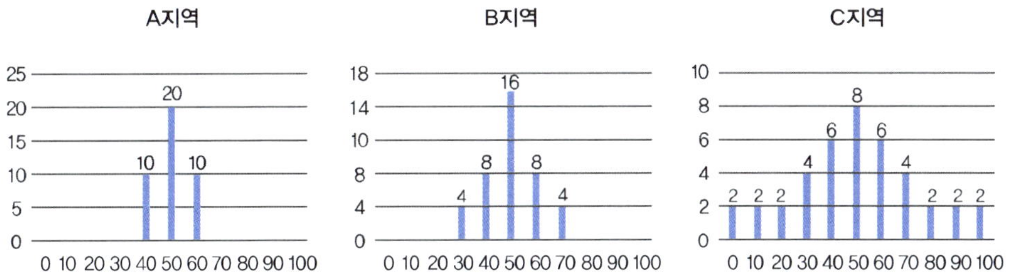

[그림 4-10]은 세 지역의 소득분포를 조사한 도표이다. A지역은 중심과 산포 모두 바람직한 수준이고, B지역은 중심은 일치하나 산포가 바람직하지 않고, C지역은 산포는 바람직하나 중심이 일치하지 않아 문제가 있다. 이처럼 자료를 특성을 알아보기 위해서는 자료의 중심뿐만 아니라 산포도 함께 고려하여야 올바른 결정을 내릴 수 있다. 따라서 자료를 분석할 때 평균과 같은 중심치와 함께 자료들이 중심에서 흩어진 정도를 나타내는 산포치를 고려하여야 한다.

자료들이 중심으로부터 흩어져 있는 정도를 산포치라 한다. 산포치의 대표적인 것들로는 [그림 4-11]처럼 범위, 분산, 표준편차, 변동계수가 있다.

그림 4-10 세 지역의 소득분포

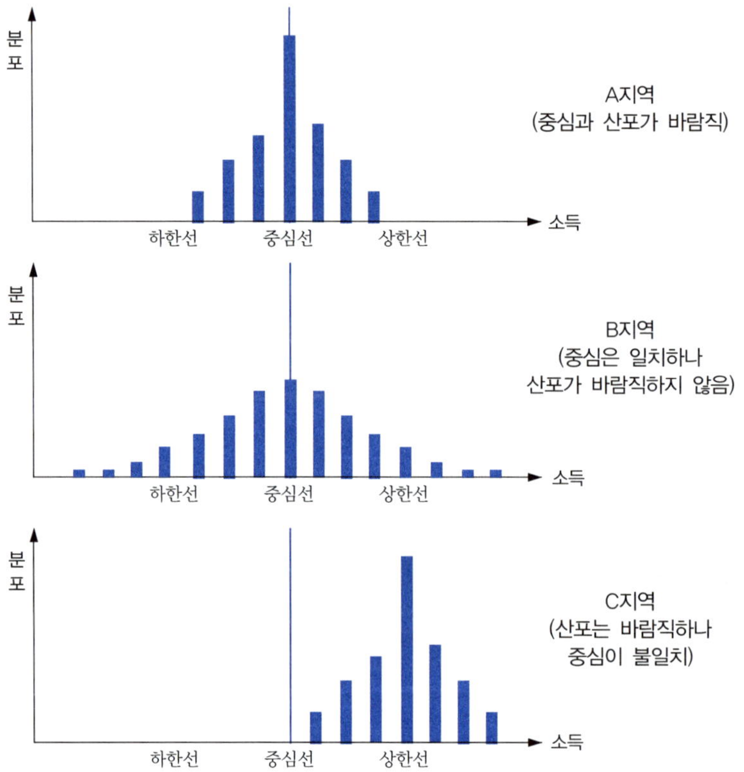

그림 4-11 산포치

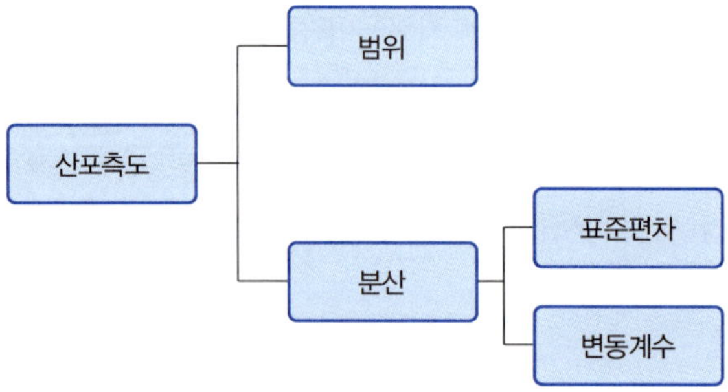

1. 범 위

범위(range)는 자료집합 내에서 최대값과 최소값의 차이를 말한다.

따라서 범위는 최대값 − 최소값으로 계산된다.

예제 4-10

다음은 홍길동 학생이 받은 6번의 통계학 시험점수를 기록한 자료이다. 범위는 얼마인가?

시험	1	2	3	4	5	6
점수	8	6	7	4	5	6

풀이

범위 : 8 − 4 = 4

범위는 계산하기가 쉬워 많이 사용지만 자료집합의 양극단에 있는 두 값만을 고려하고 이 극단값에 민감하다는 단점이 있다. 따라서 자료에 극히 크거나 작은 값이 있다면 범위는 올바른 산포를 측정할 수 없게 된다.

- MAX−MIN 함수

용도 : 최대값과 최소값의 차이인 범위를 구함

=MAX(number1, [number2], ...) − MIN((number1, [number2], ...)

- number1 : 필수요소로 계산하려는 인수
- number2, ... : 선택요소로 계산하려는 추가 인수로 255개까지 지정

예제 4-11

〈예제 1〉의 통계학 시험점수의 범위를 엑셀함수를 이용하여 구하라.

시험	1	2	3	4	5	6
점수	8	6	7	4	5	6

풀이

=MAX(B2:G2) − MIN(B2:G2)=4

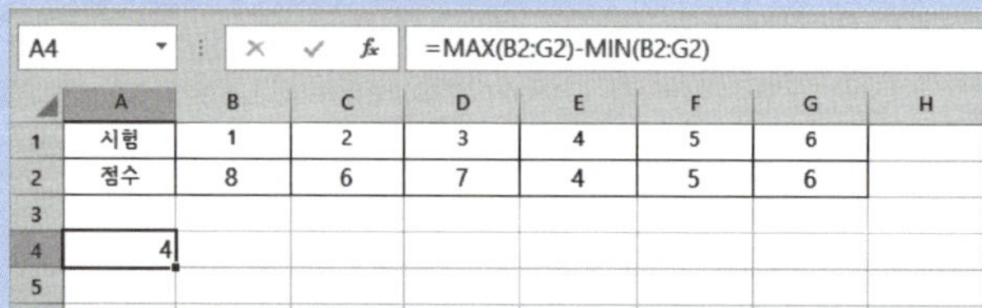

A4 | =MAX(B2:G2)-MIN(B2:G2)

	A	B	C	D	E	F	G	H
1	시험	1	2	3	4	5	6	
2	점수	8	6	7	4	5	6	
3								
4	4							
5								

2. 분산과 표준편차

산포치에서 가장 널리 사용되는 분산과 표준편차는 자료가 평균을 중심으로 흩어져 있는 정도를 보여준다.

> 분산(variance)은 관측치와 평균의 편차를 제곱하여 모두 합한 후 평균한 것이고, 표준편차(standard deviation)는 분산의 제곱근을 의미한다.

분산이나 표준편차는 모집단이나 표본 모두에 대하여 계산할 수 있다. 모집단에 대한 분산은 σ^2로 표준편차는 σ로 표시하고 반면 표본에 대한 분산은 S^2으로 표준편차는 S로 표시한다. 모집단과 표본의 분산과 표준편차를 계산하는 공식은 [표 4-4]와 같다.

표 4-4 모집단과 표본의 분산 및 표준편차

모집단	표본
$\sigma^2 = \frac{\sum(X-\mu)^2}{N}$	$S^2 = \frac{\sum(X-\overline{X})^2}{n-1}$
$\sigma = \sqrt{\frac{\sum(X-\mu)^2}{N}}$	$S = \sqrt{\frac{\sum(X-\overline{X})^2}{n-1}}$
여기서 μ=모집단의 평균, N=모집단 내 자료의 수	여기서 $\overline{X}$= 표본의 평균, n=표본 내 자료의 수

위의 식을 보면 분모가 모집단은 N이고 표본은 $n-1$이라는 차이점을 제외하면 모집단과 표본의 분산 및 표준편차를 계산하는 공식은 같다.

예제 4-12

다음은 홍길동 학생이 받은 6번의 통계학 시험점수를 기록한 자료이다. 모집단의 분산과 표준편차는 얼마인가?

시험	1	2	3	4	5	6
점수	8	6	7	4	5	6

풀이

모집단의 분산과 표준편차를 구하는 과정은 다음과 같다.

시험	점수	편차$(X-\mu)$	편차제곱$(X-\mu)^2$
1	8	$8-6=+2$	$(+2)^2=4$
2	6	$6-6=0$	$(0)^2=0$
3	7	$7-6=+1$	$(+1)^2=1$
4	4	$4-6=-2$	$(-2)^2=4$
5	5	$5-6=-1$	$(+1)^2=1$
6	6	$6-6=\ 0$	$(0)^2=0$
합계	$36(\mu=6)$	0	10

먼저 평균(μ)을 다음과 같이 구한다.

$$\mu=\frac{\sum X}{N}=\frac{36}{6}=6$$

모집단에 대한 분산과 표준편차는 다음과 같이 푼다.

$$\sigma^2=\frac{\sum(X-\mu)^2}{N}=\frac{10}{6}=1.667$$

$$\sigma=\sqrt{\frac{\sum(X-\mu)^2}{N}}=\sqrt{\frac{10}{6}}=1.291\text{점}$$

예제 4-13

다음은 홍길동 학생이 받은 6번의 통계학 시험점수를 기록한 자료이다. 표본의 분산과 표준편차는 얼마인가?

시험	1	2	3	4	5	6
점수	8	6	7	4	5	6

풀이

표본의 분산과 표준편차를 구하는 과정은 다음과 같다.

시험	점수	편차$(X-\overline{X})$	편차제곱$(X-\overline{X})^2$
1	8	$8-6=+2$	$(+2)^2=4$
2	6	$6-6=0$	$(0)^2=0$
3	7	$7-6=+1$	$(+1)^2=1$
4	4	$4-6=-2$	$(-2)^2=4$
5	5	$5-6=-1$	$(+1)^2=1$
6	6	$6-6=0$	$(0)^2=0$
합계	$36(\overline{X}=6)$	0	10

먼저 평균$(\overline{X})$을 다음과 같이 구한다.

$$\overline{X}=\frac{\sum X}{n}=\frac{36}{6}=6$$

표본에 대한 분산과 표준편차는 다음과 같이 푼다.

$$S^2=\frac{\sum(X-\overline{X})^2}{n-1}=\frac{10}{6-1}=2.0$$

$$S=\sqrt{\frac{\sum(X-\overline{X})^2}{n-1}}=\sqrt{\frac{10}{6-1}}=\sqrt{2.0}=1.414\text{점}$$

표준편차의 단위는 자료의 단위와 같아 표준편차는 자료가 평균으로부터 얼마나 퍼졌는가를 나타내므로 표준편차가 작을수록 자료가 평균 근처에 많이 모여져 있다. 반대로 표준편차가 클수록 자료가 평균에서 널리 퍼져 있다. [그림 4-12]에서 A는 B와 C보다 표준편차가 작아 자료들이 평균 근처에 많이 모여 있고 평균과 많이 떨어져 있는 자료들은 적다고 할 수 있다.

예를 들어 3, 4, 5, 6, 7인 자료와 1, 3, 5, 7, 9인 자료를 비교하면 표본평균은 모두 5이지만 표본의 표준편차는 1.581와 3.162로 차이를 보인다. 따라서 두 번째 자료집합보다 첫 번째 자료집합은 평균 근처에 있는 값이 많고 평균과 멀리 떨어져 있는 값이 적기 때문에 표준편차가 작다고 할 수 있다.

그림 4-12 표준편차의 비교

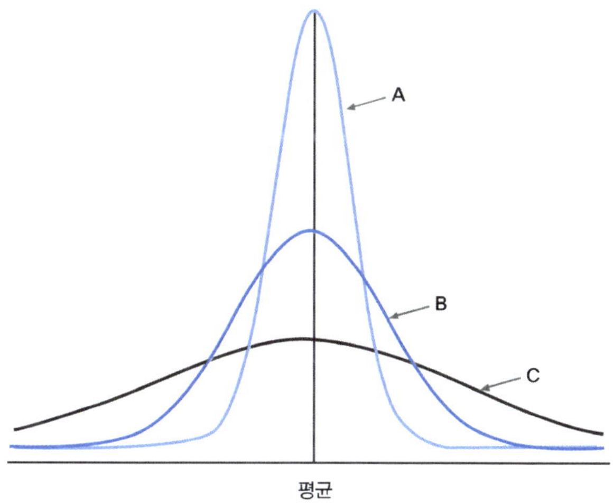

• VAR.P와 STDEV.P 함수

용도 : 모집단의 분산과 표준편차를 구함

=VAR.P(number1, [number2], ...)

=STDEV.P(number1, [number2], ...)

- number1 : 필수요소로 계산하려는 인수
- number2, ... : 선택요소로 계산하려는 추가 인수로 255개까지 지정

• VAR와 STDEV 함수 또는 VAR.S와 STDEV.S

용도 : 표본의 분산과 표준편차를 구함

=VAR(number1, [number2], ...)

=STDEV(number1, [number2], ...)

- number1 : 필수요소로 계산하려는 인수
- number2, ... : 선택요소로 계산하려는 추가 인수로 255개까지 지정

예제 4-14

〈예제 1〉의 통계학 시험점수의 분산과 표준편차를 표본에 대하여 엑셀함수를 이용하여 구하라.

시험	1	2	3	4	5	6
점수	8	6	7	4	5	6

풀이

표본분산

=VAR(B2:G2)=2

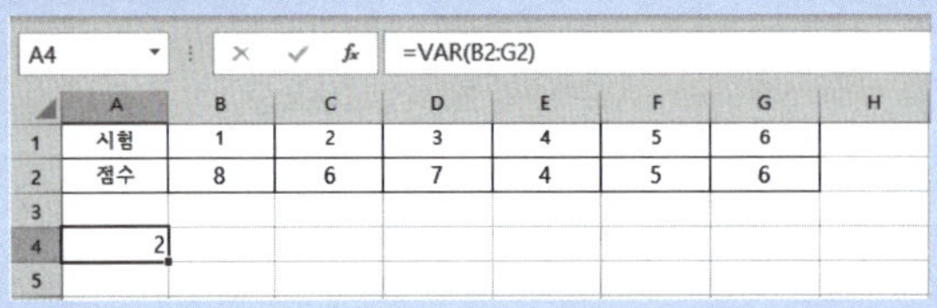
A4 =VAR(B2:G2)

	A	B	C	D	E	F	G	H
1	시험	1	2	3	4	5	6	
2	점수	8	6	7	4	5	6	
3								
4	2							
5								

표본표준편차

=STDEV(B2:G2)=1.4142

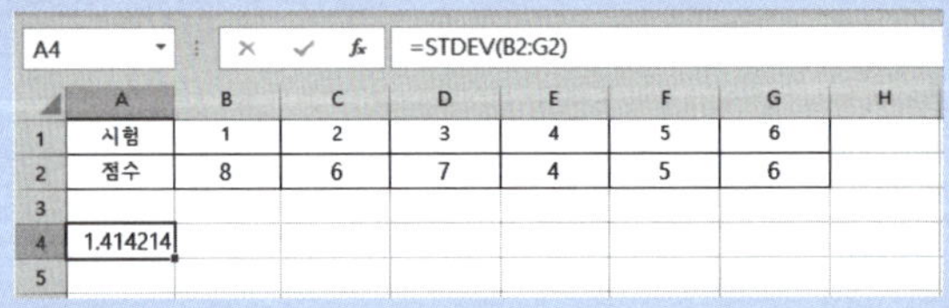
A4 =STDEV(B2:G2)

	A	B	C	D	E	F	G	H
1	시험	1	2	3	4	5	6	
2	점수	8	6	7	4	5	6	
3								
4	1.414214							
5								

3. 변동계수

변동계수(coefficient of variation, CV)는 표준편차를 산술평균으로 나눈 것으로 측정단위가 서로 다른 자료를 비교하고자 할 때 사용되므로 상대 표준 편차(relative standard deviation)라고도 한다.

자료집합내의 산포를 비교하기 위해 사용되는 변동계수는 다음과 같이 표준편차를 평균에 대한 비율로 나타낸다.

$$CV = \frac{S}{\overline{X}}$$

변동계수의 값이 클수록 상대적인 차이가 크다는 것을 의미한다. 자료집합 간에 산포의 상대적인 크기를 비교할 때는 범위나 분산과 같은 산포치를 계산하는 것만으로는 충분하지 않아 상대적인 산포치를 나타내는 변동계수를 사용하여 비교해야 한다. 예로 측정단위가 서로 다르거나 규모가 서로 다른 집단을 비교할 때 변동계수를 사용한다. 예를 들어, 다음과 같이 몸무게를 A집단은 킬로그램으로 B집단은 파운드로 측정한 두 개의 자료집합이 있다고 하자.

	A(kg)	B(파운드)
1	60	132.277
2	65	143.300
3	70	154.324
4	75	165.347
5	80	176.370
표준편차	7.9057	17.4294
평균	70.0000	154.3236
CV	0.112938	0.112938

이 때 A집단의 표본평균은 70kg이고 표본표준편차는 7.9057kg이다. 반면 B집단의 표본평균은 154.3236파운드이고 표본표준편차는 17.4294파운드이다. 이때 절대치 개념인 표준편차만 고려하면 B집단의 몸무게 변동이 A집단보다 크다고 할 수 있다. 그러나 측정단위는 다르지만 실제 몸무게의 변동은 서로 같다. 이 경우 표준편차가 아닌 변동계수를 사용하여 비교하면 다음과 같다.

$$CV_1 = (\frac{7.9057}{70}) = 0.1129$$

$$CV_2 = (\frac{17.4294}{154.3236}) = 0.1129$$

두 집단의 변동계수가 같아 몸무게의 변동은 두 집단이 서로 같다고 할 수 있다. 따라서 측정단위가 다르거나 규모가 서로 다른 집단을 비교할 때는 변동계수를 사용하여야 한다.

예를 들어, A의 한달 평균 매출이 10억 원이고 매출의 표준편차는 1억 원인 반면에 B의 한달 평균 매출이 1천만 원이고 표준편차는 400만 원이라 가정하자. 표준편차가 크면 값이 일정하지 않고 변동이 크다는 의미이다. 이러한 표준편차는 절대적인 값이라, 표준편차만 보면 A가 B보다 매출 변동이 심하다고 할 수 있다. 하지만 매출이 100배가 차이가 나고 그에 따라 기준이 되는 평균값이 다른데 표준편차 기준으로 매출의 변동폭을 판단하는 것은 합리적이지 못하다. 그래서 표준편차를 보완하기 위한 개념이 변동계수이다. 변동계수는 구해진 표준편차를 평균값으로 나누어 평균의 영향을 없애주는 개념이다.

A 변동계수 : 1억 원 / 10억 원 = 0.1

B 변동계수 : 4백만 원 / 1천만 원 = 0.4

B의 매출 변동이 더 심하다는 결론을 내릴 수가 있다. 즉 변동계수는 상대적인 차이를 상쇄시키고 같은 기준으로 값을 비교할 수 있게 해준다.

예제 4-15

다음 표본의 평균과 표준편차 및 변동계수를 구하고 각 의미를 설명하라.

A	2	3	4	5	6
B	99995	99996	99997	99998	99999

풀이

	표준편차	평균	CV
A	1.5811	4.0000	0.395275
B	1.5811	99997.0000	0.000016

각 집단의 평균은 다르나 표준편차는 같다. 표준편차는 평균을 중심으로 흩어진 정도를 나타내므로 평균의 함수가 아니다. 평균으로부터 흩어진 정도는 표본 B보다 A가 더 크다고 할 수 있다. 따라서 규모가 서로 다른 집단을 비교할 때는 변동계수를 사용하여야 한다.

제5절 ▌기술통계분석

1. 데이터 분석도구 설치

엑셀에서 통계 데이터 분석을 실행하는 데 필요한 [데이터 분석] 도구를 설치하기 위해 다음을 수행한다.

① 먼저 엑셀의 왼쪽 상단에 있는 [파일]을 클릭한다.

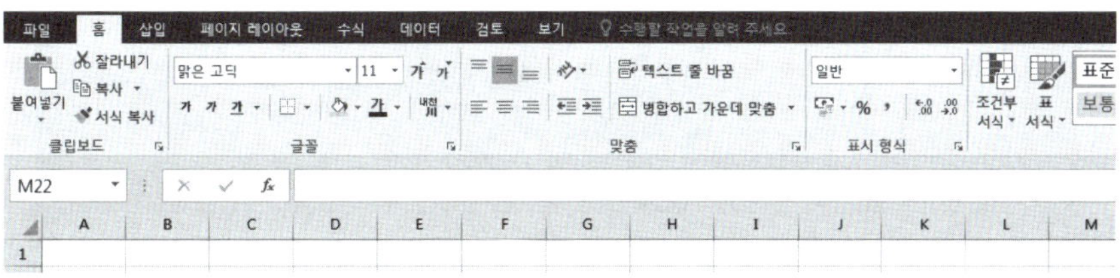

② [옵션]을 선택한다.

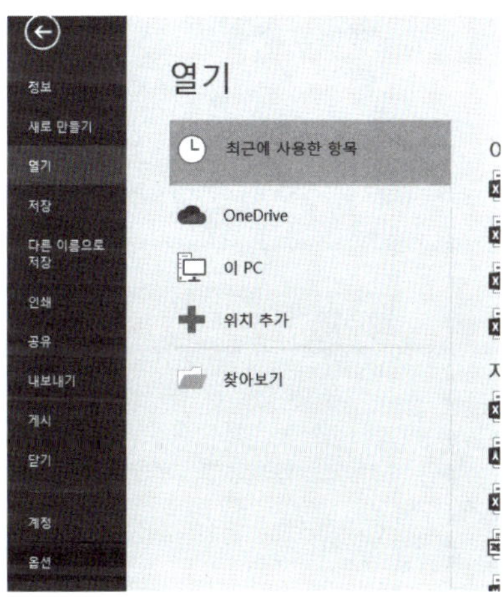

③ [옵션] 창에서 [추가 기능]과 [이동]을 클릭한다.

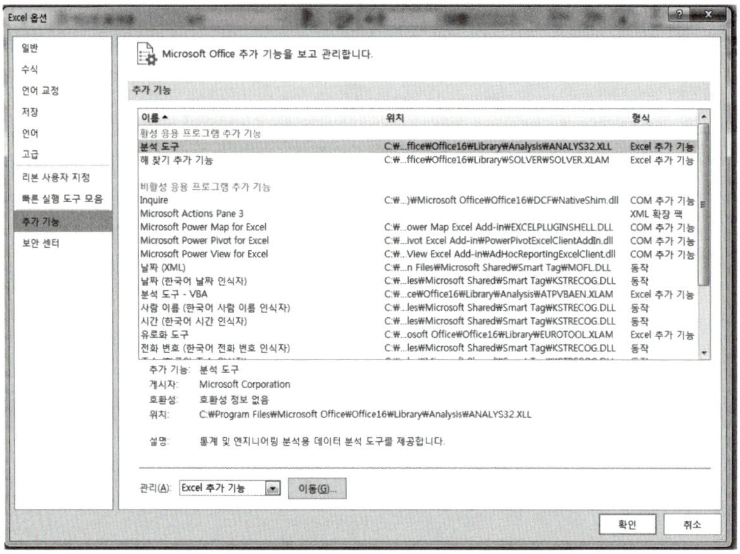

④ [추가 기능] 창에서 [분석도구]를 체크하고 [확인]을 클릭 한다.

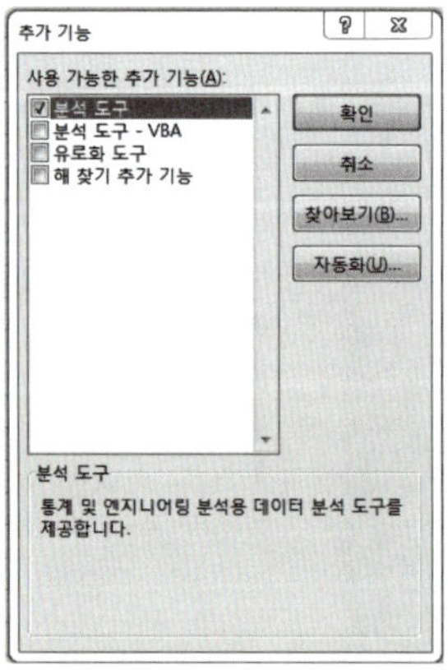

2. 기술통계분석

엑셀의 기술통계분석 역시 자료에 대한 중심치와 산포치에 관한 정보를 한꺼번에 보여준다.

(1) 입력

엑셀의 기술통계분석을 사용하는 방법을 [표 4-1]의 자료를 가지고 설명하면 다음과 같다.

① 다음과 같이 [표 4-1]의 시험성적을 입력한다.

② [데이터] → [데이터 분석]을 클릭하면 [통계 데이터 분석] 창이 나타난다. 여기에서 [기술통계법]을 선택한 후 [확인]을 누른다.

③ [기술통계법] 대화창이 나타나면 [입력 범위]에 A1:A51을 드래그하여 선택하고 [데이터 방향]에는 [열]을 선택한다. [첫째 행 이름표 사용]을 체크하고 [출력 범위]로 C1을 지정한다. 마지막으로 [요약 통계량]을 체크한 후 [확인]을 누르면 결과물이 나타난다.

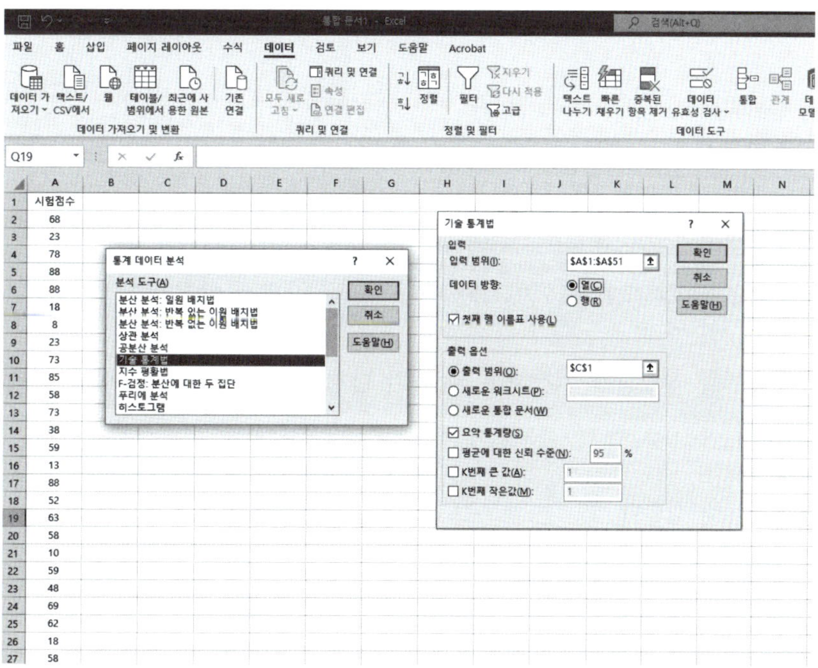

(2) 결과

엑셀의 기술통계분석을 수행한 결과물은 다음과 같다.

시험점수	
평균	50.64
표준 오차	3.58452
중앙값	58
최빈값	58
표준 편차	25.34638
분산	642.4392
첨도	−0.87717
왜도	−0.26434
범위	88
최소값	5
최대값	93
합	2532
관측수	50

결과물은 지금까지 살펴본 중심측도와 산포측도에 관한 정보를 보여 주고 있다.

3. 도수분포표

도수분포표(frequency distribution table)는 수집된 자료를 적절한 계급구간으로 나누어 각 계급구간에 해당되는 도수(빈도)를 기입하여 정리한 표를 말한다.

도수분포표를 작성하기 위해서는 몇 가지 단계를 거쳐야 하는데, 이를 요약해 보면 다음과 같다.

첫째, 계급을 정한다.

- 최대값과 최소값을 찾는다.
- 범위를 구한다.
- 바람직한 계급수를 정한다.
- 범위를 계급수로 나눈 후 올림하여 계급폭을 결정한다.

- 맨 아래 계급의 하한값을 결정한다.
- 모든 계급의 하한을 구한다.
- 모든 계급의 상한을 구한다.
- 모든 계급의 경계를 구한다.

둘째, 각 계급에 속하는 관측치의 수를 기록하여 도수분포표를 작성한다.

[표 4-5]는 ABC 대학교의 통계학 수강생 50명의 시험점수를 기록한 자료이다.

표 4-5 시험점수

68	23	78	88	88	18	8	23	73	85
58	73	38	59	13	88	52	63	58	10
59	48	69	62	18	58	58	28	58	5
60	63	33	13	36	54	58	46	53	10
36	53	93	93	68	78	73	32	48	5

① 다음과 같이 ABC 대학교의 통계학 수강생 50명의 시험점수를 기록한 자료를 입력하고, L1:L5에 계급구간을 설정해 준다.

	A	B	C	D	E	F	G	H	I	J	K	L	M
1	68	23	78	88	88	18	8	23	73	85		20	
2	58	73	38	59	13	88	52	63	58	10		40	
3	59	48	69	62	18	58	58	28	58	5		60	
4	60	63	33	13	36	54	58	46	53	10		80	
5	36	53	93	93	68	78	73	32	48	5		100	
6													

② [데이터] ➡ [데이터 분석]을 클릭하면 다음과 같은 [통계 데이터 분석] 장이 나타난다. 여기서 [히스토그램]을 선택한 후 [확인]을 누른다.

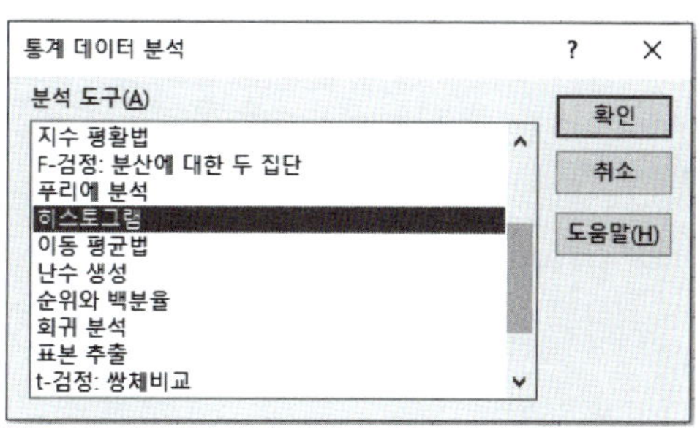

③ [히스토그램] 대화상자가 나타나면 [입력 범위]에 A1:J5을 [계급구간]에는 L1:L5을 드래그하여 선택한다. [출력 범위]로 N1을 지정한 다음 [차트출력]을 체크한 후 [확인]을 누르면 결과물이 나타난다.

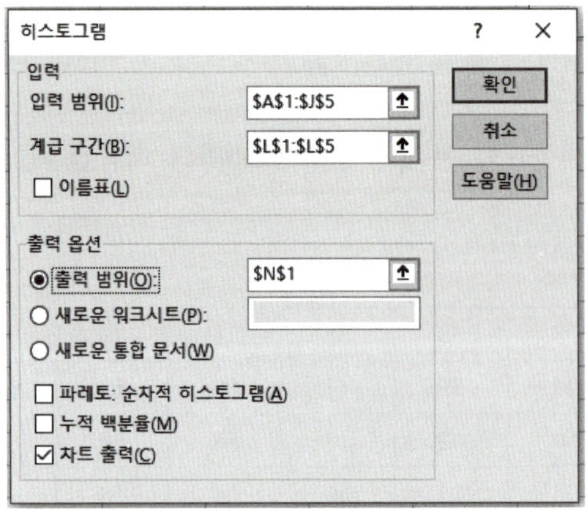

④ 결과물은 다음과 같다.

계급	빈도수
20	9
40	8
60	16
80	11
100	6
기타	0

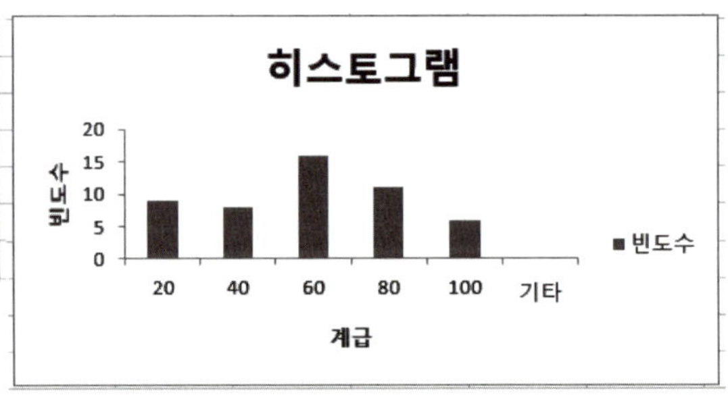

제6절 ▌ 측도의 비교

중심치의 대표적인 것들로는 평균, 중앙치, 최빈치, 가중평균 등이 있고, 산포치의 대표적인 것들로 범위, 분산, 표준편차, 변동계수 등이 있다. 이러한 중심치와 산포치를 비교하면 [표 4-6]과 같다.

표 4-6 측도의 비교

중심치		
통계량	**공식**	**엑셀함수**
평균	$\overline{X}=\dfrac{\sum_{i=1}^{n} X_i}{n}$	AVERAGE
중앙치	–	MEDIAN
최빈치	–	MODE.SNGL
가중 평균	$\overline{X}_{wt}=\dfrac{\sum_{i=1}^{k}(X_i \cdot W_i)}{\sum_{i=1}^{k} W_i}$	SUMPRODUCT/SUM
산포치		
통계량	**공식**	**엑셀함수**
범위	$R=X_{\max}-X_{\min}$	MAX－MIN
모집단분산	$\sigma^2=\dfrac{\sum(X-\mu)^2}{N}$	VAR.P
모집단 표준편차	$\sigma=\sqrt{\dfrac{\sum(X-\mu)^2}{N}}$	STDEV.P
표본분산	$S^2=\dfrac{\sum(X-\overline{X})^2}{n-1}$	VAR.S
표본 표준편차	$S=\sqrt{\dfrac{\sum(X-\overline{X})^2}{n-1}}$	STDEV.S
변동계수	$CV=\dfrac{S}{\overline{X}}$	

연습문제

〈객관식 문제〉

1. 다음 중 맞는 것은?
   ① 분산의 단위는 관측치의 측정단위와 같다.
   ② 모집단이 대칭일 경우 중앙치를 사용하는 것이 좋다.
   ③ 왼쪽꼬리분포인 경우에는 평균이 제일 크고 최빈치가 제일 작다.
   ④ 표본에 따라 중심치가 달라질 수 있다.

2. 다음 중 맞는 것은?
   ① 최빈치는 여러개 존재하지 못한다.
   ② 분산을 제곱한 것을 표준편차라 한다.
   ③ 어떤 자료는 평균이 없을 수도 있다.
   ④ 자료가 한쪽으로 치우쳐 있을 때는 평균보다 중앙치를 사용하는 것이 좋을 수 있다.

3. 다음 중 틀린 것은?
   ① 표본평균은 각 자료의 합을 $n-1$로 나누어 주는 것이다.
   ② 자료의 모든 값이 최빈치가 될 수도 있다.
   ③ 오른쪽 꼬리 분포인 경우에는 평균이 제일 크고 최빈치가 제일 작다.
   ④ ABC대학교 학과별 독서량 자료를 도표로 작성한다면 이는 기술통계학이다.

4. 다음 중 맞는 것은?
   ① 중앙치는 극도로 큰 값이나 작은 값의 영향을 평균이나 최빈치보다 많이 받는다.
   ② 중앙치는 음수가 될 수 없다.
   ③ 자료에 없는 값은 중앙치가 될 수 없다.
   ④ 분산을 계산할 때에 각 편차를 제곱하는 이유는 음수를 양수로 바꾸기 위해서이다.

5. 왜도가 0이고 첨도가 첨도가 −1이라면 분포의 모양은?

① 대칭분포 ② 오른쪽 꼬리분포

③ 왼쪽꼬리분포 ④ 정답이 없음

6. 다음 중 틀린 것은?

① 모수는 상수, 통계량은 변수의 성질을 가진다.

② 가중평균은 각 자료의 중요성이 같지 않을 때 사용한다.

③ 어떤 자료집합도 평균을 구할 수 있다.

④ 최빈치는 반드시 존재한다.

7. 다음 중 틀린 것은?

① 중앙치는 자료에 없는 값이 나올 가능성이 있다.

② 표준편차가 작을수록 자료가 평균 근처에 많이 모여져 있다.

③ 오른쪽 꼬리 분포인 경우에는 최빈치가 제일 크고 평균이 제일 작다.

④ 최빈치는 분포도의 가장 높은 점에서 찾을 수 있다.

8. 다음 중 산포치를 나타내는 측도인 것은?

① 최빈치 ② 평균

③ 범위 ④ 중앙치

9. 다음은 고객 6명의 만족도를 기록한 것이다. 다음 중 틀린 것은?

고객	1	2	3	4	5	6
만족도	5	2	1	4	5	4

① 최빈치는 여러 개가 나와도 상관없다.

② 최빈치는 가장 많이 나온 4와 5의 평균인 4.5를 선택한다.

③ 평균은 만족도의 합인 21을 6으로 나누어 주면 된다.

④ 범위는 가장 큰 값과 가장 작은 값의 차이인 4가 된다.

10. 다음 중 틀린 것은?
   ① 자료에 포함된 극도로 크거나 작은 값은 중앙치에 큰 영향을 미친다.
   ② 자료에 포함된 극도로 크거나 작은 값은 평균에 큰 영향을 미친다.
   ③ 자료에 포함된 극도로 크거나 작은 값은 범위에 큰 영향을 미친다.
   ④ 자료 중 가장 큰 값과 가장 작은 값의 차이를 범위라 한다.

〈주관식 문제〉

1. A대학 졸업생들이 직장에서 받는 초봉을 비교하기 위하여 1,000명의 A대학 졸업생들의 초봉에 대한 자료가 수집되었다.
   (1) 이 연구의모집단은?
   (2) 이 연구의 표본은?

2. 수학여행을 떠나는 학생 430명의 몸무게 평균은 57kg이고 표준편차는 2kg이었다. 만일 각 학생에 2kg 짜리 선물을 주고 몸무게를 측정한다면 평균과 표준편차는 어떻게 변할까?

3. 다음 표본자료에 대한 범위, 평균, 중앙치, 최빈치, 범위, 분산, 그리고 표준편차를 구하라.

5	9	7	6	9	8	3	8

4. A와 B 두 회사에서 5개씩 무작위로 추출한 제품무게의 결과를 비교하라.

A회사	4	3	6	6	9
B회사	2	4	4	7	8

   (1) 각 회사의 최빈치, 중앙치, 범위, 평균, 표준편차를 각각 구하라.
   (2) A와 B회사의 무게는 어떤 차이가 있는가?

5. 다음은 규모가 다른 공장들의 60일 동안의 생산량을 조사하여 계산한 평균과 표준편차이다. 다음의 자료를 가지고 규모가 클수록 평균이 크기 때문에 평균 생산량도 크고, 분산이 크기 때문에 평균을 중심으로 한 일별 생산량의 변동폭도 크다고 주장한다. 이 주장이 맞는가?

규모	평균	표준편차
대형	50,000	10
중형	300	6
소형	20	4

6. 다음은 두 반의 학생 키를 조사한 자료이다. 두 반 간의 키의 변동폭은 어떠한 차이를 보이는가?

	1	2	3	4	5	6
A반(cm)	162	163	169	166	165	164
B반(m)	1.64	1.63	1.65	1.62	1.69	1.66

7. 다음은 어느 표본자료를 분석한 결과이다.

평균	중앙값	최빈값	분산	최소값	최대값	관측수
9	9	9	2.0	10	20	10

(1) 표본자료의 합계는?

(2) 표준편차는?

(3) 변동계수는?

(4) 범위는?

8. 카페의 입지를 A와 B 중에서 결정하려고 한다. 입지결정에 필요한 주요 입지요인과 가중치 그리고 각 입지요인에 대한 각 후보지의 입지점수가 다음 표와 같다. 어느 입지를 선택하는 것이 바람직한지를 가중평균을 이용해 결정하라.

주요 입지요인	가중치	후보지 A	후보지 B
인력	0.1	9	7
경쟁자	0.2	8	8
고객의 접근성	0.5	7	8
주차	0.2	8	7

9. 다음은 두 회사의 제품에 관한 자료이다. 두 회사의 총 무게를 구하라.

회사	제품수	평균무게
A	60	40
B	30	80

10. 다음은 두 반의 시험성적에 관한 자료 중의 일부이다.

	N	평균	분산	최소값	최대값
A반	10	50	16	30	70
B반	20	50	4	50	60

(1) 각 반의 시험성적의 합계는?

(2) 각 반의 범위는?

(3) 변동계수를 사용하여 어느 반 학생들의 실력의 편차가 큰가를 비교하라.

11. 다음은 50명의 통계학 점수이다.

52	21	60	69	85	64	47	35	57	58
65	42	69	72	42	55	54	28	82	62
57	33	46	75	75	86	56	45	56	59
65	55	60	49	41	52	57	82	58	61
74	70	61	51	75	75	74	95	88	64

(1) 평균, 중앙치, 최빈치, 왜도를 구하고 자료가 대칭인지 기울어졌는지를 평가하라.

(2) 계급구간을 10으로 하여 엑셀을 사용하여 도수분포표를 작성하라.

※ 다음의 표를 바탕으로 13~15번에 답하시오

1Column1	
평균	?
표준 오차	0.7
중앙값	3
최빈값	3
표준 편차	?
분산	4
첨도	1.2
왜도	0
범위	?
최소값	1
최대값	5
합	15
관측수	5

12. 평균은?

13. 표준편차는?

14. 범위는?

확률과 확률분포

- 제1절 확률
- 제2절 확률변수와 확률분포

05

Chapter

제1절 ▌확률

1. 확률의 개념

확률이론이 미래의 사건과 연관된 불확실성을 측정하고 분석하는 방법을 제공하기 때문에 불확실한 상황에서 의사결정을 할 때 확률이론은 추론통계에서 필요한 핵심 요소이다. 따라서 확률은 불확실성을 가장 효과적으로 분석하는 방법 중 하나이다.

> 확률(probability)이란 어떤 특정 사건이 발생할 가능성에 대한 믿음의 정도를 표시한 숫자를 이른다.

특정 사건이 전혀 발생하지 않을 경우를 0으로 확실히 발생하는 경우를 1로 표시한다. 다음과 같은 불확실성을 확률로 표시할 수 있다면 합리적인 의사결정이 가능할 것이다.

- 불량률이 2년 연속 1% 미만일 가능성이 얼마나 될까?
- 투자한 주식의 내년 수익률이 6% 이상이 될 가능성은 얼마나 될까?
- 아파트 가격이 내년에 오를 가능성이 얼마나 될까?

확률에 대한 이해를 돕기 위하여 다음의 용어를 살펴보기로 한다.

> 실험(experiment)이란 같은 조건 아래에서 여러 번 반복할 수 있으나 그 결과는 우연에 의해서 좌우되는 미리 알 수 없는 관찰이나 측정을 말한다.

이론이나 현상을 관찰하고 측정하는 것을 실험이라 하는데 과학에서 실험은 주사위나 동전을 던지는 경우처럼 결과를 예측할 수 없어야 한다. 예를 들어, 불량품의 수를 세어 보거나, 주사위를 던져 눈금을 관측하거나, 소비자들이 선호하는 모델을 기록하거나, 순이익의 변동을 측정하는 것 등이 실험의 예라 할 수 있다. 이처럼 실험은 결과를 사전에 예측할 수 없어야 한다. 실험에서 나타나는 가장 작은 결과를 단일사건이라 한다.

> 단일사건(a simple event)은 실험의 가장 기본적인 결과 즉, 더 작게 쪼개질 수 없는 실험의 결과를 말한다.

예를 들어, 동전을 던져 위에 나타나는 면을 관찰하는 실험에서 앞면 또는 뒷면이 단일사건이 된다. 주사위를 던져 위에 나타나는 눈금을 관찰하는 실험에서 눈금이 한 개인가, 두 개인가, 세 개인가 … 등이 단일사건이 된다. 그러나 주사위를 던져 눈금의 수가 홀수인가 짝수인가는 단일사건이 아니다. 왜냐하면, 홀수는 한 개, 세 개, 다섯 개의 작은 단일사건으로 나누어지기 때문이다. 실험의 결과를 모두 나타내는 표본공간은 다음과 같이 정의된다.

표본공간(sample space)은 특정 실험에서 발생하는 모든 가능한 결과의 집합을 일컫는다.

예를 들어, 동전 두 개를 던져 어느 면이 위를 향하는가를 관찰하는 실험의 경우에는 표본공간에 네 가지 단일사건들이 존재한다.

$$S=\{(H,H),\ (H,T),\ (T,H),\ (T,T)\}$$

마찬가지로 주사위를 던지는 실험의 경우 여섯 가지의 단일사건들이 다음과 같은 표본공간을 구성한다.

$$S=\{(1),(2),(3),(4),(5),(6)\}$$

한 개의 동전을 던져서 앞면이 나오면 다시 동전을 던지고, 뒷면이 나오면 한 개의 주사위를 던지는 실험에서 표본공간은 다음과 같다.

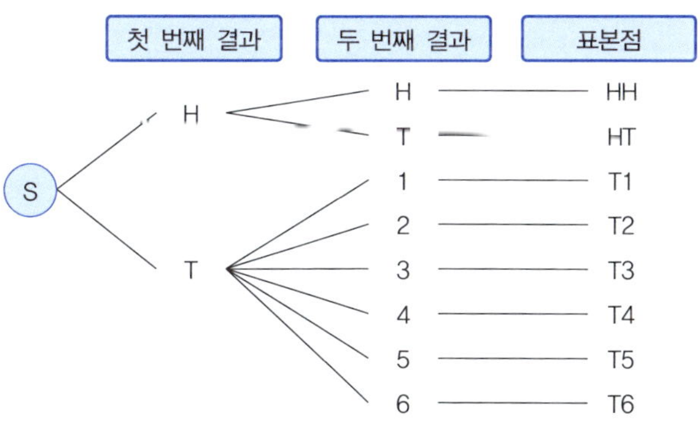

표본공간: S={(HH), (HT), (T1), (T2), (T3), (T4), (T5), (T6)}

사건(event)은 표본공간 S의 부분집합(subset)으로 한 개 또는 그 이상의 단일사건들의 모임이다.

주사위를 던지는 실험에서 사건의 예는 다음과 같은 것들이 있다.

- 위를 향하는 눈금 수가 홀수일 사건
- 위를 향하는 눈금 수가 세 개보다 작을 사건
- 위를 향하는 눈금 수가 두 개일 사건

위를 향하는 눈금 수가 여섯 개일 사건은 더 작은 단일사건으로 나누어질 수 없으므로 사건이면서 동시에 단일사건이다.

예제 5-1

동전을 두 번 던져 나타나는 면을 관찰하는 실험에서 단일사건과 표본공간을 제시하라.

풀이

단일사건: (H_1H_2), (H_1T_2), (T_1H_2), (T_1T_2)

표본공간: $\{(H_1H_2), (H_1T_2), (T_1H_2), (T_1T_2)\}$

표본공간 $S=\{(A_1), (A_2), \cdots\cdots, (A_n)\}$가 주어졌을 때 확률은 다음의 두 조건을 만족해야 한다.

(1) $0 \le P(A_i) \le 1$

(2) $\sum_{i=1}^{n} P(A_i) = 1$

첫 번째 식은 모든 개별 단일사건들의 확률은 0보다 크거나 같고 1보다는 작거나 같아야 한다는 의미이고, 두 번째 식은 표본공간에 있는 모든 단일사건의 확률의 합은 반드시 1이어야 한다는 의미이다.

2. 확률의 계산

확률은 [그림 5-1]과 같이 고전적 정의, 경험적 정의, 그리고 주관적 정의 등 세 가지 방법으로 계산한다.

그림 5-1 확률계산의 방법

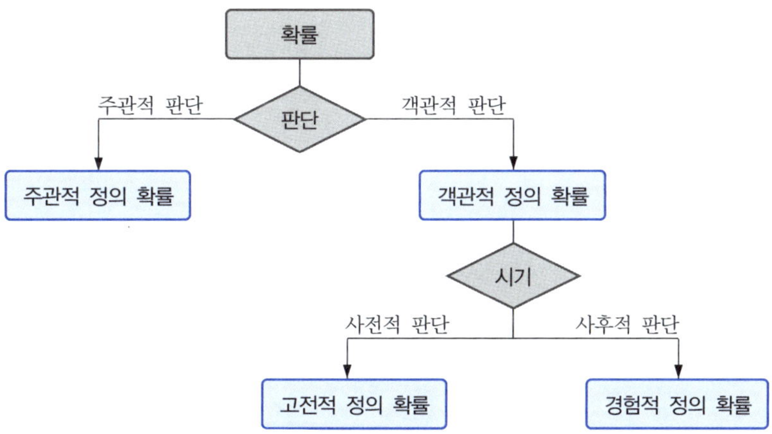

이들 중 앞의 두 가지는 객관적 확률이라 하고 마지막 한 가지는 그대로 주관적 확률이라 한다.

1) 고전적 정의 확률

고전적 정의 확률(classical definition of probability)은 어떤 실험이나 관찰의 결과로 나타나는 모든 단일사건이 발생할 가능성이 같다는 가정에 근거하여 계산한 확률을 말한다.

이 확률은 특정 사건이 발생하기 전에 수학적 근거에 의해서 계산된다. 그러므로 고전적 확률은 이론상으로만 맞는 확률이므로 이론적 확률 혹은 수학적 확률이라 한다. 어떤 사건 A가 일어날 가능성을 사건 A의 확률이라 하고 이를 $P(A)$로 표시하며 다음 공식에 의해서 계산된다.

$$P(A) = \frac{\text{사건 } A\text{에 해당하는 원소 수}}{\text{표본공간 } S\text{의 원소 수}}$$

고전적 정의 확률로 구하는 예는 다음과 같다.

- 천명의 회원을 보유한 단체의 행운권 추첨에서 1등에 뽑힐 확률
- 52장의 카드에서 한 장을 뽑을 때 숫자 K가 나올 확률
- 동전을 두 번 던질 때, 뒷면이 두 번 나올 확률
- 주사위를 던져 홀수의 눈이 나올 확률

예제 5-2

동전을 두 번 던져 앞면이 한번 나올 사건을 A라고 하면, 사건 A가 발생할 확률은 얼마인가?

풀이

동전을 두 번 던지는 실험의 표본공간은 다음과 같다.

$S=\{(H_1H_2), (H_1T_2), (T_1H_2), (T_1T_2)\}$

사건 A의 집합은 $\{(H, T), (T, H)\}$이므로 구하고자 하는 확률은 다음과 같다.

$P(A)=\frac{2}{4}=\frac{1}{2}$

2) 경험적 정의 확률

경험적 정의 확률(empirical probability)은 오랜 기간에 걸쳐 같은 상황이나 조건하에서 어떤 사건이 일어나는 상대적 비율로 확률을 해석하는 것을 말한다.

과거의 빈도, 경험 또는 반복적 실험에 근거한 확률로 과거에 발생했던 것이 미래에도 반복될 것이라는 가정하에 계산한 확률로 상대빈도 확률이라고도 한다. 조사한 자료 혹은 실험의 수가 많을수록 경험적 확률은 그 신뢰성이 높아진다. 전체 실험횟수를 n이라 하고 특정 사건 A의 발생횟수를 x라 하면 경험적 정의에 의한 확률$P(A)$은 다음과 같이 계산된다.

$$P(A)=\frac{x}{n}=\frac{\text{사건 } A\text{의 발생횟수}}{\text{전체실험횟수}}$$

확률을 경험적 정의로 구할 수 있는 예는 다음과 같다.

- 어떤 타자가 다음 타석에서 안타를 칠 확률
- 가게에 방문한 단골 고객이 물건을 구매할 확률
- 어떤 공장에서 생산되는 제품이 불량품일 확률
- 어떤 사격선수가 이번 사격에서 과녁에 맞출 확률

예제 5-3

최근 방문한 1,000명의 고객 중 20명이 ABC 물품을 구입하였다. 다음에 방문할 고객이 ABC 물품을 구매할 확률은 얼마나 될까?

풀이

구매할 경우를 A라고 하면 구하고자 확률은 다음과 같다.

$$P(A) = \frac{\text{구매한 20명의 고객}}{\text{총 1,000명의 고객}} = \frac{20}{1,000} = 0.02$$

3) 주관적 정의 확률

주관적 정의 확률(subjective probability)은 어떤 사건의 발생에 대한 개인의 믿음 정도(degree of belief)를 말한다.

주관적 확률이란 의사결정자가 자신의 지식이나 경험으로 어떤 사건이 일어날 가능성에 주관적으로 부여한 값을 의미한다. 예를 들어, 달 착륙이 성공할 확률이 10%로 예상하거나, 경제 전문가가 2년 이내 경제 위기가 발생할 확률이 20%라고 예측하거나, 이번 인수합병이 성공할 가능성이 95%라고 예상을 하는 것은 주관적 정의에 의한 확률이라 할 수 있다. 항시 변하는 경영환경에서는 의사결정들이 비반복적인 경우가 많은데, 이런 경우는 주관적 정의에 근거하여 확률을 계산한다. 하지만 주관적 확률은 어디까지나 특정인의 판단에 의한 것이므로 반드시 옳다고 할 수는 없다. 확률을 주관적 정의로 구할 수 있는 예는 다음과 같다.

- 우리 회사의 제품이 고객만족도에서 1위를 할 확률
- 내년도 우리나라의 경제성장률이 3% 이상일 확률
- 올해 우리 팀이 우승할 확률

위에 언급한 세 가지 접근방법 모두 확률을 전체 결과에 대한 성공적인 결과의 비율을 나타내므로 다음과 같이 일반화할 수 있다.

$$P(A) = \frac{A\text{라는 성공적인 결과 수}}{\text{전체 결과 수}}$$

위의 공식에서 '성공적인 결과'란 전체 중에서 관심 있는 특정 결과를 의미한다. 예를 들면, 불량품일 확률을 계산한다면 불량품이 성공적인 결과이고 합격품일 확률을 계산한다면 합격품이 성공적인 결과이다. 또는 동전의 앞면이 나오는 확률을 계산한다면 동전의 앞면이 성공적인 결과이고 반대의 경우는 뒷면이 성공적인 결과이다.

예제 5-4

동전을 두 번 던지는 실험에서 ① 정확히 앞면이 두 번 위로 향하는 사건 A ② 적어도 앞면이 한 번 이상 위로 향하는 사건 B의 확률을 구하라.

풀이

① $P(A) = P(T_1H_2) + P(H_1T_2) = \dfrac{(H_1H_2)}{(H_1H_2), (H_1T_2), (T_1H_2), (T_1T_2)} = \dfrac{1}{4}$

② $P(B) = P(T_1H_2) + P(H_1T_2) + P(H_1H_2) = \dfrac{(H_1H_2), (H_1T_2), (T_1H_2)}{(H_1H_2), (H_1T_2), (T_1H_2), (T_1T_2)} = \dfrac{3}{4}$

제2절 ▌확률변수와 확률분포

1. 확률변수

확률변수는 표본공간 내의 각 단일사건에 수치를 부여하는 법칙으로 다음과 같이 정의된다.

> 확률변수(random variable)는 일정한 확률을 갖고 일어나는 사건에 수치를 부여하는 법칙이다.

일반적으로 확률변수는 X, Y, Z 등의 대문자로 표시하고, 이 확률변수들이 취하는 값은 x, y, z 등의 소문자로 표시한다. 확률변수 X는 여러 값을 취할 가능성이 있다는 의미에서는 변수지만 어떤 값을 얼마의 가능성으로 가지는가는 정해진 확률에 의해 결정되므로 확률변수라 한다. 이는 확률변수는 상수가 아닌 변수임을 의미한다. 상수는 pi = 3.141592…처럼 정해져 있는 수이지만, 변수는 이름 그대로 변할 수 있는 수이다. 같은 의미로 확률변수는 변수이므로 변할 수 있는 수가 확률적으로 변한다는 것이다. 예를 들어, 상담을 받은 12명의 고객 중 상담에 불만인 고객의 수를 확률변수 X라 하면 X가 취할 수 있는 가능한 값은 0, 1, 2, 3, …, 12이다.

예로 X를 동전을 한번 던졌을 때 앞이 나오는 횟수라고 하면 X의 값은 확률적으로 정해지므로 확률변수이다. 동전을 한번 던졌을 때 나올 수 있는 결과는 앞 또는 뒤로 확률변수 X는 1 또는 0이 된다. 즉, 동전을 던져 앞이 나오면 앞이 나온 횟수는 1이므로 확률변수 X=1이고, 뒷면이 나오면 앞이 나온 횟수는 0이므로 확률변수 X=0이 된다. 여기서 확률변수 X가 1일 확률, 즉, X=1일 확률 $P(X=1)$은 1/2이다. 이를 정리하면 [표 5-1]과 같다.

표 5-1 동전 한 번 던지기 실험

실험	실험의 결과	확률변수 X	$P(X)$
동전을 던짐	앞	1	1/2
	뒤	0	1/2

또 다른 예로 동전을 2회 던져 앞면의 수를 확률변수 X라 하면 이 경우의 표본공간은 다음과 같다.

$S=\{$(앞, 앞), (앞, 뒤), (뒤, 앞), (뒤, 뒤)$\}$

확률변수 X가 취할 수 있는 값은 [그림 5-2]와 같이 확률변수 X의 정의에 따라 표본공간 내의 각각의 단일사건에 하나의 값을 부여한다.

그림 5-2 확률변수 X와 그의 값

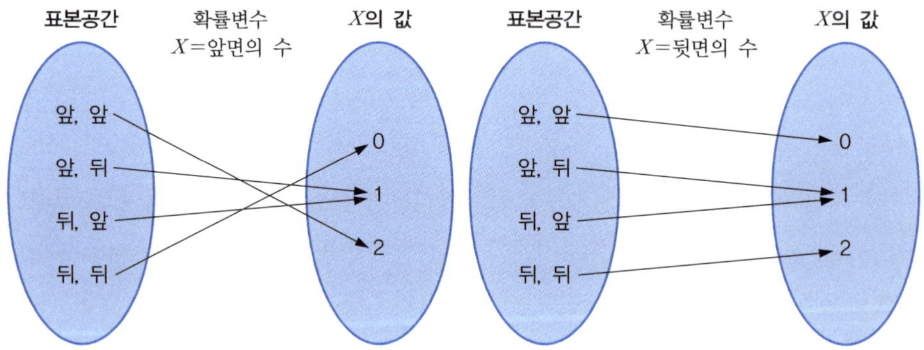

2. 확률분포

확률변수는 특정 실험과 관련된 각 단일사상에 값을 부여하므로 특정 확률변수가 취할 수 있는 값들과 그 값들에 대응하는 확률을 확률분포라 하고 다음과 같이 정의한다.

> 확률분포(probability distribution)는 특정 확률변수 X가 취할 수 있는 모든 값과 그 값에 대응하는 확률이다.

동전을 2회 던져 확률변수 X에 의해 X가 취할 수 있는 모든 값과 그 값에 대응하는 확률을 나타내는 확률분포는 [그림 5-3]과 같다.

그림 5-3 확률분포의 예

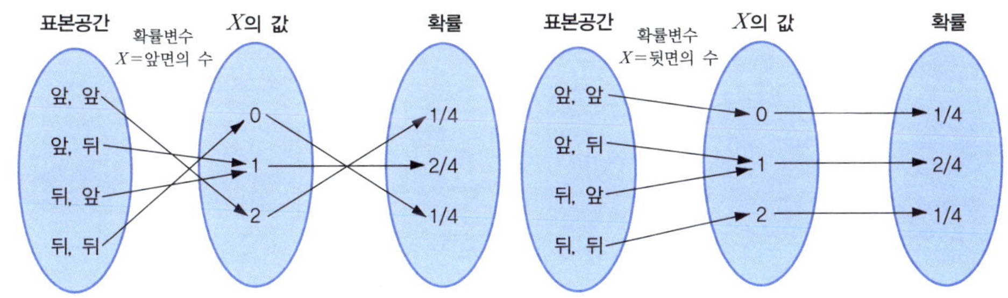

주사위를 1회 던져 눈금의 수를 확률변수 X라 할 때 X가 취할 수 있는 모든 값과 그 값에 대응하는 확률을 나타내는 확률분포는 [표 5-2]와 같다.

표 5-2 확률변수 X의 확률분포표

x	$P(X=x)$
1	1/6
2	1/6
3	1/6
4	1/6
5	1/6
6	1/6

예제 5-5

동전을 3회 던져 뒷면의 수를 확률변수 X라 할 때 확률분포를 구하라.

풀이

동전을 3회 던질 때의 표본공간, 뒷면의 수를 나타내는 확률변수 X, 그리고 X가 취할 수 있는 값과 그에 대응하는 확률은 다음과 같다.

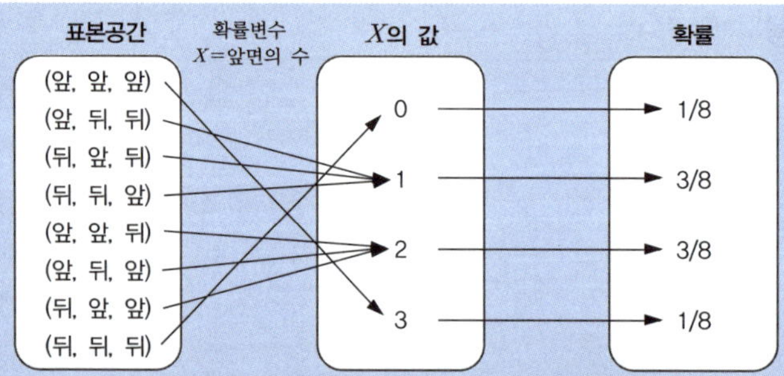

X가 취할 수 있는 모든 값과 그 값에 대응하는 확률을 나타낸 확률분포표는 다음과 같다.

x	$P(X=x)$
0	1/8
1	3/8
2	3/8
3	1/8

예제 5-6

4명의 남자와 3명의 여자가 소속되어 있는 어느 모임에서 비복원추출로 2명을 연속적으로 추출한다. 확률변수 X를 남자의 수라 할 때 X의 확률분포를 구하라.

풀이

표본공간과 X가 취할 수 있는 값은 다음과 같다.

표본공간	(남자, 남자)	(남자, 여자)	(여자, 남자)	(여자, 여자)
X	2	1	1	0

$P(X=2)=P(\text{남자, 남자})=(\frac{4}{7})(\frac{3}{6})=\frac{12}{42}$

$P(X=1)=P((\text{남자, 여자}), (\text{여자, 남자}))=(\frac{4}{7})(\frac{3}{6})+(\frac{3}{7})(\frac{4}{6})=\frac{24}{42}$

$P(X=0)=P(\text{여자, 여자})=(\frac{3}{7})(\frac{2}{6})=\frac{6}{42}$

따라서 X가 취할 수 있는 모든 값과 그 값에 대응하는 확률을 나타낸 확률분포표는 다음과 같다.

x	$P(X=x)$
0	12/42
1	24/42
2	6/42

3. 확률변수와 확률분포의 종류

1) 확률변수의 종류

확률변수들이 취할 수 있는 값들이 셀 수 있는가 아니면 측정에 의한 값인가에 따라 다음의 두 가지 확률변수로 구분한다.

이산확률변수(discrete random variable)는 확률변수들이 취할 수 있는 값이 셀 수 있는(countable) 값을 가지고, 연속확률변수(continuous random variable)는 측정에 의해(measurable values) 특정 구간 내에 있는 어떠한 값도 가질 수 있다.

다음은 이산확률변수의 예로 횟수, 대수, 사람 수 등과 같이 셀 수 있는 값을 이산확률변수 값으로 취하고 있다.

- 동전 앞면의 개수
- 작년에 파산한 기업의 수
- 상담에 만족하지 않는 고객 수
- 정육면체 주사위를 던져 나오는 눈의 수
- 하루 동안 수리받은 자동차 수
- 이번 달 판매한 자동차의 대수
- 어느 공장에서 생산된 배터리 중에서 불량품의 수
- 요금소에 대기하고 있는 차량의 수

반면 다음은 연속확률변수의 예로, 무게, 길이 등과 같이 측정치를 연속확률변수 값으로 취하고 있다.

- 신생아의 몸무게
- 고객이 상담을 위해 대기하는 시간
- 여름에 내린 강우량
- 음료수에 들어 있는 음료의 양
- 지구에서 달까지의 거리
- 암발생 후 생존기간
- 어느 공장에서 생산된 배터리의 수명

2) 확률분포의 종류

확률분포에 대한 확률계산은 [그림 5-4]와 같이 이산확률변수의 자료이냐 연속확률변수의 자료이냐에 따라 달라진다. 각 확률분포의 정의는 다음과 같다.

> 이산확률분포(discrete probability distribution)는 셈의 결과(count)에 의해 값을 가지는 이산확률변수의 확률분포를 말하며, 연속확률분포(continuous probability distribution)는 측정치(measurement)에 의해 값을 가지는 연속확률변수의 확률분포를 의미한다.

[그림 5-4]와 같이 이산확률변수의 확률분포를 이산확률분포라 하고 이산균등분포, 이항분포, 초기하분포, 포아송분포 등이 대표적인 예이다. 반면 연속확률변수의 확률분포를 연속확률분포라 하고 연속균등분포, 정규분포, t-분포, F-분포, χ^2-분포, 지수분포 등이 대표적인 예이다.

그림 5-4 확률분포의 종류

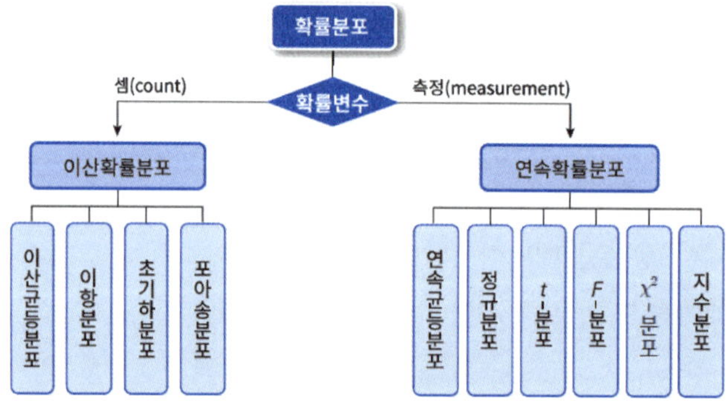

4. 확률분포함수

1) PDF와 CDF

본 절에서는 확률분포함수(PDF)와 누적확률분포함수(CDF)에 대해 살펴보기로 한다.

> 확률분포함수(probability distribution function, PDF)는 확률분포를 함수로 나타낸 것을 말한다.

일반적으로 확률분포함수는 이산확률변수의 경우에는 $P(X=x)=P(x)$로 표시하고 연속확률변수의 경우에는 $f(x)$로 표기한다. 이산확률변수의 PDF는 다음과 같은 성질을 갖는다.

(1) $0 \leq P(X) \leq 1$

(2) $\sum P(X=x)=1$

첫 번째 식은 X가 특정 값 x를 가질 확률은 0에서 1사이라는 뜻이고 두 번째 식은 X가 취할 수 있는 모든 값에 대한 확률의 합은 1이 되어야 한다는 의미이다. 반면 연속확률변수의 PDF는 다음과 같은 성질을 갖는다.

(1) $f(x) \geq 0$

(2) $\int_{-\infty}^{\infty} f(x)dx = 1$

이산확률변수 X가 어떤 구간 [a, b]에 속할 확률은 다음과 같다.

$$P(a \leq X \leq b) = \sum_{a \leq x \leq b} P(x)$$

반면 연속확률변수 X가 어떤 구간 [a, b]에 속할 확률은 다음과 같다.

$$P(a \leq X \leq b) = \int_a^b f(x)dx$$

> 누석분포함수(cumulative distribution function, CDF)는 확률변수 X가 주어진 x보다 작거나 같을 확률을 말한다.

이산확률변수 X가 주어진 x보다 작거나 같을 확률은 다음과 같이 정의한다.

$$F(x) = \sum_{x_i \leq x} P(x)$$

반면 연속확률변수 X가 주어진 x보다 작거나 같을 확률은 다음과 같이 정의한다.

$$F(x) = P(X \le x) = \int_{-\infty}^{x} f(y)dy$$

2) 기대치와 분산

기대치(expected value)와 분산(variance)은 확률변수의 성질을 나타내는 대표적인 것들이다.

> 확률변수의 기대치(expectation)는 사건이 일어나서 얻는 값과 그 사건이 일어날 확률을 곱한 것을 모든 사건에 대해 합한 값으로, 확률적 사건에 대한 평균의 의미를 갖는다.

확률변수의 X의 평균 혹은 기대치는 $\mu = E(X)$로 표시하고 다음과 같이 정의된다.

$$\mu = E(X) = \sum_x x P(x) \ : \text{이산형}$$

$$= \int_{-\infty}^{\infty} x f(x) dx : \text{연속형}$$

> 확률변수의 분산(variance)은 그 확률변수가 기대치로부터 얼마나 떨어진 곳에 분포하는지를 나타내는 수치이고, 표준편차(standard deviation)는 분산의 제곱근으로 정의된다.

확률변수 X의 분산을 σ^2 또는 $Var(X)$로 표시하면 다음과 같이 정의된다.

$$\sigma^2 = Var(X) = \sum_x (x-\mu)^2 P(x) = \sum_x x^2 P(x) - \mu^2 \ : \text{이산형}$$

$$= \int_{-\infty}^{\infty} (x-\mu)^2 f(x) dx : \text{연속형}$$

확률변수 X의 표준편차는 $\sigma^2 = Var(X)$의 제곱근인 $\sigma = \sqrt{Var(X)}$로 계산된다.

예제 5-7

두 개의 동전을 던져 뒷면의 수를 확률변수 X라 할 때, X의 기대치와 분산 및 표준편차를 계산하라.

풀이

x	PDF $P(X=x)$	CDF. $F(x)=P(X\le x)$
0	1/4	1/4
1	2/4	3/4
2	1/4	4/4

$$\mu=E(X)=\sum_x xP(x)$$

$$=0\times\frac{1}{4}+1\times\frac{2}{4}\times+2\times\frac{1}{4}=1$$

$$\sigma^2=Var(X)=\sum_x (x-\mu)^2p(x)$$

$$=(0-1)^2\times\frac{1}{4}+(1-1)^2\times\frac{2}{4}+(2-1)^2\times\frac{1}{4}=\frac{2}{4}$$

$$=(-1)^2\times\frac{1}{4}+(0)^2\times\frac{2}{4}+(1)^2\times\frac{1}{4}=\frac{2}{4}$$

$$\sigma=\sqrt{Var(X)}=\sqrt{0.5}=0.7071$$

예제 5-8

세 개의 동전을 던져 앞면의 수에다 500을 곱한 값을 확률변수 X라 할 때, X의 기대치와 분산 및 표준편차를 계산하라.

풀이

x	PDF $P(X=x)$	CDF. $F(x)=P(X\le x)$
0	1/8	1/8
500	3/8	4/8
1,000	3/8	7/8
1,500	1/8	1

$$\mu=E(X)=\sum_x xP(x)$$

$$=0\times\frac{1}{8}+500\times\frac{3}{8}\times+1,000\times\frac{3}{8}+1,500\times\frac{1}{8}=750$$

$$\sigma^2=Var(X)=\sum_x (x-\mu)^2p(x)$$

$$=(0-750)^2\times\frac{1}{8}+(500-750)^2\times\frac{3}{8}+(1,000-750)^2\times\frac{3}{8}+(1,500-750)^2\times\frac{1}{8}=7,500$$

$$=\{(0)^2\times\frac{1}{8}+(100)^2\times\frac{3}{8}+(200)^2\times\frac{3}{8}+(300)^2\times\frac{1}{8}\}-(150)^2=187,500$$

$$\sigma=\sqrt{Var(X)}=\sqrt{187,500}=433.0127$$

예제 5-9

어느 확률변수(X)의 평균이 20, 표준편차가 4이고, 다른 확률변수가 $Y=0.3X+8$일 경우, Y의 기대치과 분산을 구하면?

풀이

$$\mu=E(X)=20$$
$$\mu=E(Y)=E(0.3X+8)=0.3E(X)+E(8)=0.3(20)+8=14$$

$$\sigma^2=Var(X)=16$$
$$\sigma^2=Var(Y)=Var(0.3X+6)=0.3^2\,Var(X)+0=0.3^2(16)=1.44$$

예제 5-10

확률변수 X의 확률분포가 다음과 같다고 할 경우에 $Y=3X-6$의 기대치와 분산을 구하라.

X	0	2	4
$P(X)$	1/4	2/4	1/4

풀이

먼저 $E(X)$와 $Var(X)$를 다음과 같이 구한다.

$$\mu=E(X)=\sum_x xP(x)$$
$$=0\times\frac{1}{4}+2\times\frac{2}{4}\times+4\times\frac{1}{4}=2$$
$$\sigma^2=Var(X)=\sum_x(x-\mu)^2p(x)$$
$$=(0-2)^2\times\frac{1}{4}+(2-2)^2\times\frac{2}{4}+(4-2)^2\times\frac{1}{4}=2$$

$$\mu=E(Y)=E(3X-6)=E(3X)-E(6)=3E(X)-6=3(2)-6=0$$
$$\sigma^2=Var(Y)=\sigma^2(3X-6)=\sigma^2(3X)=9\sigma^2(X)=9(2)=18$$

3) 기대치와 분산의 법칙

확률변수의 기대치를 계산할 때 다음의 기대치 법칙(laws of expected value)을 이용하면 기대치 계산을 간편하게 해준다. X, Y를 임의의 두 확률변수라 하고 a, b를 상수라 하면 다음의 기대치 법칙이 성립한다.

(1) $E(a) = a$

(2) $E(aX) = aE(X)$

X를 임의의 확률변수라 하고 a, b를 상수라 하면 다음의 분산 법칙이 성립한다.

(1) $Var(a) = 0$

(2) $Var(aX) = a^2 Var(X)$

(3) $Var(aX \pm b) = a^2 Var(X)$

연습문제

〈객관식 문제〉

1. 다음 중 틀린 것은?
   ① 표본공간에 있는 단일사건들의 확률의 합은 0에서 1 사이에 있다.
   ② 어떤 실험에서 일어나는 가능한 모든 단일사건의 확률의 합은 1이다.
   ③ 연속확률변수는 측정치(measurement)에 의해 값을 가진다.
   ④ 단일사건의 확률은 사건의 확률보다 항상 크거나 같다.

2. 다음 중 틀린 것은?
   ① 상대빈도확률은 관찰치의 수가 증가할수록 정확해진다.
   ② 고전적 정의 확률은 단일사건들의 발생할 가능성은 모두 같다고 가정한다.
   ③ 하나의 사건이 다른 사건의 결과에 영향을 받지 않는다면 주관적인 정의 확률이다.
   ④ 주사위던지기 실험에서 각 면이 나올 확률은 같다.

3. 다음 중 틀린 것은?
   ① 표본공간을 구성하는 사건들의 확률의 합은 1이다.
   ② 상대빈도확률이 고전적 확률보다 정확하다.
   ③ 사건은 동시에 단일사건이 될 수 있다.
   ④ 이산확률변수는 셈의 결과(count)에 의해 값을 가진다.

4. 다음 중 이산확률변수의 예로 틀린 것은?
   ① 작년에 파산한 기업의 수
   ② 음료수에 들어 있는 음료의 양
   ③ 어느 공장에서 생산된 배터리 중에서 불량품의 수
   ④ 정육면체 주사위를 던져 나오는 눈의 수

5. 다음 중 연속확률변수의 예로 틀린 것은?
   ① 신생아의 몸무게
   ② 어느 공장에서 생산된 배터리의 수명
   ③ 지구에서 달까지의 거리
   ④ 요금소에 대기하고 있는 차량의 수

6. 다음 중 맞는 것은?
   ① 특정 확률을 가지고 발생하는 단일사건에 수치를 부여하는 것이 확률변수이다.
   ② 사건은 단일사건이 될 수 없다.
   ③ 단일사건의 확률은 사건의 확률보다 항상 크거나 같다.
   ④ 모든 사건들의 모임의 집합을 표본공간이라 한다.

7. 다음 중 틀린 것은?
   ① 사건은 한 개 이상의 단일사건들의 모임이다.
   ② 확률은 전체 결과에 대한 성공적인 결과의 비율이다.
   ③ 모든 개별 단일사건들의 확률은 0보다 크거나 같고 1보다는 작거나 같아야 한다.
   ④ 표본공간에 있는 모든 단일사건의 확률의 합은 반드시 1이어야 한다.

8. 다음 중 고전적 확률이 아닌 것은?
   ① 어떤 타자가 다음 타석에서 안타를 칠 확률
   ② 회원이 천 명인 단체의 행운권 추첨에서 1등에 당첨될 확률
   ③ 주머니에 흰공과 검은공이 각각 10개 있을 때 무작위로 뽑은 한 개가 흰공일 확률
   ④ 52장의 트럼프 카드에서 한 장을 뽑을 때 숫자 7이 나올 확률

9. 다음 중 주관적 확률이 아닌 것은?
   ① 동전 20개를 던져 앞면이 8번 나올 확률
   ② 이번 학기 통계학 수업의 성적을 잘 받을 확률
   ③ 특정 고객이 방문하여 물건을 구매할 확률
   ④ 한국선수가 국제대회에서 우승할 확률

10. 다음 중 틀린 것은?
   ① 주택복권의 등수별 당첨확률은 고전적 확률로 계산한다.
   ② 고전적 정의 확률은 모든 단일사건의 발생할 가능성은 같다고 가정한다.
   ③ 경험적 정의 확률은 관찰치 수가 증가할수록 정확해진다
   ④ 확률변수 X가 취하는 모든 수의 발생 확률의 합은 1이다.

〈주관식 문제〉

1. 동전을 3번 던져서 나오는 면을 관측하는 실험에서 단일사건과 표본공간을 제시하라.

2. 동전을 세 번 던지는 실험에서 다음 사건의 확률을 구하라.
   (1) 앞면이 정확히 한 번 위로 향하는 사건 A
   (2) 앞면이 적어도 한 번 이상 위로 향하는 사건 B

3. 주사위를 한 번 던지는 실험에서 다음의 사건이 있다고 가정하자.
   A: 1이나 5가 나올 사건, B: 5이상이 나올 사건, C: 홀수의 눈이 나올 사건
   (1) 표본공간을 정의하고 각 단일사건이 일어날 확률을 계산하라.
   (2) 각 사건의 확률을 계산하라.

4. 다음의 상황들은 확률을 부여하는 세 가지 방법 중 어느 것에 해당하는가를 답하라.
   (1) 보험회사가 통계를 활용하여 특정 보험의 성별에 따른 자동차 사고확률을 산출한다.
   (2) 사지선다형 30문항에서 임의로 답을 할 때 정답이 5개 이하 확률을 계산한다.
   (3) 해외시장에서 인수합병의 성공 가능성을 예측해 본다.
   (4) 자동차 배터리 제조회사가 품질보증을 결정할 때 배터리 수명시험결과를 활용한다.

5. 동전과 주사위를 던져 동전이 앞면이 나오고 주사위의 눈금이 2가 나올 확률을 구하라.

6. 3개의 흰공(W)과 3개의 검은공(B)이 들어 있는 주머니에서 비복원추출로 2개의 공을 연속적으로 추출한다. 확률변수 X를 흰공의 개수라 할 때 X의 확률분포, 기대치, 분산 및 표준편차를 구하라.

7. 한 개의 동전을 던져 앞면의 수에다 10을 곱한 상금액수를 확률변수 X라 할 때, X의 기대치와 분산 및 표준편차를 계산하라.

8. 두 개의 동전을 던져 앞면의 수에다 10을 곱한 상금액수를 확률변수 X라 할 때, X의 기대치와 분산 및 표준편차를 계산하라.

9. 세 개의 동전을 던져서 나오는 앞면의 수에서 뒷면의 수를 뺀 수를 확률변수 X라 할 때, X의 확률분포와 기대치와 분산 및 표준편차를 계산하라.

10. 확률변수 X의 확률분포가 다음과 같다고 할 경우에 $Y=3X-2$의 기대치와 분산을 구하라.

X	0	1	2
$P(X)$	0.2	0.5	0.3

이산확률분포

- 제1절 이산균등분포
- 제2절 베르누이분포
- 제3절 이항분포
- 제4절 포아송분포

06

Chapter

제1절 ▌이산균등분포

1. 이산균등분포의 특징

만일 확률변수가 $a, a+1, a+2, \ldots.., b$와 같이 n개의 값을 가지면 이산균등분포가 된다. 이때 k_i일 확률은 $1/n$이 된다.

> 이산균등분포(discrete uniform distribution)란 확률분포함수가 정의된 모든 곳에서 그 값이 일정한 분포를 말한다.

이산균등분포의 가장 대표적인 예는 모든 눈금이 나올 확률이 같은 주사위이다. 예를 들어 1, 2, 3, 4, 5, 6의 값을 갖는 주사위라면, 이를 던졌을 때 각 눈금이 나올 확률은 [그림 6-1]과 같이 1/6이다.

그림 6-1 주사위 던지기의 PDF와 CDF

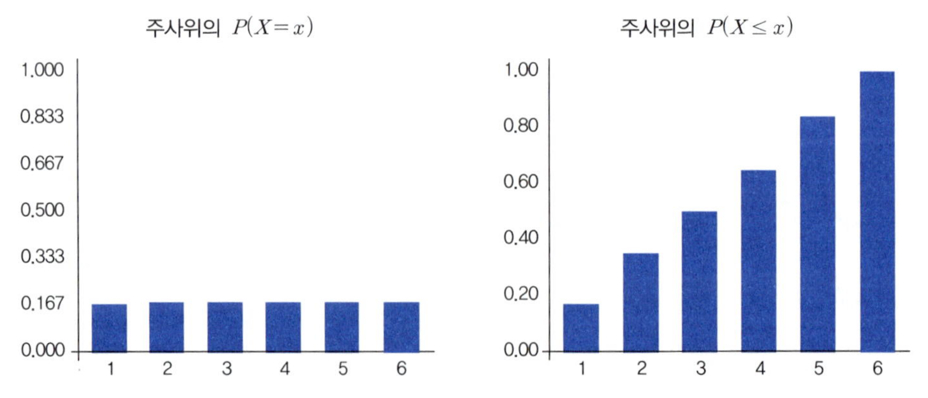

이산균등분포의 확률분포함수(PDF)와 누적분포함수(CDF)는 다음과 같다.

$$\text{PDF} : P(X=x) = \frac{1}{b-a+1}$$

$$\text{CDF} : P(X \leq x) = \frac{x-a+1}{b-a+1}$$

예제 6-1

주사위 던지기에서 각 눈금이 나올 확률을 확률분포함수와 누적분포함수를 사용하여 구하라.

풀이

PDF $P(X=x)$	CDF $P(X \le x)$
$P(X=1)=\frac{1}{6-1+1}=\frac{1}{6}$	$P(X \le 1)=\frac{1-1+1}{6-1+1}=\frac{1}{6}$
$P(X=2)=\frac{1}{6-1+1}=\frac{1}{6}$	$P(X \le 2)=\frac{2-1+1}{6-1+1}=\frac{2}{6}$
$P(X=3)=\frac{1}{6-1+1}=\frac{1}{6}$	$P(X \le 3)=\frac{3-1+1}{6-1+1}=\frac{3}{6}$
$P(X=4)=\frac{1}{6-1+1}=\frac{1}{6}$	$P(X \le 4)=\frac{4-1+1}{6-1+1}=\frac{4}{6}$
$P(X=5)=\frac{1}{6-1+1}=\frac{1}{6}$	$P(X \le 5)=\frac{5-1+1}{6-1+1}=\frac{5}{6}$
$P(X=6)=\frac{1}{6-1+1}=\frac{1}{6}$	$P(X \le 6)=\frac{6-1+1}{6-1+1}=\frac{6}{6}$

예제 6-2

통계학 수강생이 90명인 어느 반에서 무작위로 호출하여 발표자를 선정하고자 한다. 학생은 자기의 고유 번호를 가지고 있다면 각 번호가 추출될 확률을 확률분포함수와 누적분포함수를 사용하여 구하라.

풀이

$$P(X=x)=\frac{1}{90-1+1}=\frac{1}{90}$$

$$P(X \le x)=\frac{90-1+1}{90-1+1}=1$$

2. 이산균등분포의 기대치와 분산

이산균등분포의 기대치와 분산은 다음과 같다.

$$\mu = E(X) = \frac{a+b}{2}$$

$$\sigma^2 = Var(X) = \frac{n^2-1}{12}, \quad n = b-a+1$$

예제 6-3

주사위 던지기의 기대치와 분산 및 표준편차를 구하라.

풀이

$$\mu = E(X) = \frac{a+b}{2} = \frac{1+6}{2} = 3.5$$

$$\sigma^2 = Var(X) = \frac{n^2-1}{12} = \frac{6^2-1}{12} = 2.9167$$

$$\sigma = \sqrt{Var(X)} = \sqrt{\frac{n^2-1}{12}} = \sqrt{\frac{6^2-1}{12}} = 1.7083$$

예제 6-4

〈예제 6-2〉의 기대치와 분산 및 표준편차를 구하라.

풀이

$$\mu = E(X) = \frac{a+b}{2} = \frac{1+90}{2} = 45.5$$

$$\sigma^2 = Var(X) = \frac{(b-a+1)^2-1}{12} = \frac{(90-1+1)^2-1}{12} = 674.9167$$

$$\sigma = \sqrt{Var(X)} = \sqrt{\frac{(b-a+1)^2-1}{12}} = \sqrt{\frac{(90-1+1)^2-1}{12}} = 25.9792$$

제2절 ▌베르누이분포

1. 베르누이시행

베르누이시행(Bernoulli trials)이란 임의의 결과가 성공 또는 실패의 두 가지 중 하나인 실험을 말한다.

예를 들어, 다음과 같은 질문에 예 또는 아니오 중 오직 하나의 답을 할 수 있는 실험이다.

- 피 검사의 결과가 양성반응인가?
- 동전의 앞면이 위를 향하고 있는가?
- 새로 가입한 회원이 여자인가?
- 주사위 던지기 결과가 짝수인가?
- 그 학생은 공모전에 응시하였는가?
- 소비자가 그 물건을 구입하였는가?
- 소비자는 신용카드로 결제하였는가?
- 학생이 어느 특정 과목을 수강하였는가?

이처럼 한 번의 실험에 오직 두 가지의 결과만 가능한 시행을 베르누이시행이라 한다. 즉, 성공(S)과 실패(F)로 일컬어지는 상호배반인 두 개의 결과 중 하나를 얻는 시행이다. 이때 각 시행에서 성공확률($P(S)=p$)과 실패확률($P(F)=q=1-p$)은 항상 일정하고 그 시행들은 각각 독립임을 가정한다.

반드시 성공과 실패가 아니라도 가능한 결과가 두 가지면 된다. 그리고 이 두 가지의 결과는 같은 확률을 가지지 않아도 된다. 예를 들면, 동전 던지기에서 동전의 앞면은 성공 그리고 뒷면은 실패라고 정의할 수 있다. 공정한 동전이라면 각각의 결과는 0.5의 확률을 가지고 있다. 반면 주사위 던지기에서 눈금 1이 나오면 성공 그 외의 결과는 모두 실패라고 정의하는 것이 가능하다. 공정한 주사위라면 성공확률은 1/6이고 실패확률은 5/6이다.

2. 베르누이분포의 특징

베르누이 확률변수(Bernoulli random variable)는 베르누이 시행에서 어떤 확률변수 X의 시행 결과가 성공이면 1이고 실패면 0의 값을 갖는다고 할 때 이 확률변수 X를 말하고, 베르누이 확률분포(Bernoulli distribution)는 이것의 분포를 말한다.

베르누이 확률변수는 두 값 중 하나만 가질 수 있으므로 이산확률변수(discrete random variable)이다. 베르누이 확률변수의 표본값은 보통 1과 0으로 표현하지만 때로는 1과 -1로 나타내기도 한다. 베르누이분포는 다음의 조건을 만족하는 확률변수 X가 따르는 확률분포를 의미하며 이항분포의 특수한 사례이다.

$$P(X=0)=q,\ P(X=1)=p,\ 0 \le p \le 1,\ q=1-p$$

3. 베르누이분포의 기대치와 분산

베르누이분포의 기대치와 분산은 다음과 같다.

$$\mu = E(X) = \sum XP(X) = 0 \times P(X=0) + 1 \times P(X=1) = 0 + p = p$$

$$\begin{aligned}\sigma^2 = Var(X) &= \sum (X-\mu)^2 P(X) = (0-p)^2 P(X=0) + (1-p)^2 P(X=1) \\ &= p^2(1-p) + (1-p)^2 p = p(1-p)1 + (1-p) \\ &= p(1-p)\end{aligned}$$

예제 6-5

주사위를 던져 짝수가 나오면 $X=1$, 홀수가 나오면 $X=0$일 때 확률변수의 X의 기대치와 분산 및 표준편차를 구하라.

풀이

$$\mu = E(X) = p = \frac{1}{2}$$

$$\sigma^2 = Var(X) = p(1-p) = (\frac{1}{2})(\frac{1}{2}) = \frac{1}{4} = 0.25$$

$$\sigma = \sqrt{Var(X)} = \sqrt{p(1-p)} = \sqrt{1/4} = 0.5$$

제3절 ▌이항분포

1. 이항분포의 특징

어떤 시행에서 사건 E가 일어나는 확률이 p인 베르누이시행을 n번 반복할 때 E가 일어나는 횟수를 X라 하면 X는 이항확률변수이고 X의 확률분포를 이항분포라 한다.

> 이항분포(binomial distribution)는 n번의 독립시행을 하고 각 시행마다 특정 사건이 일어날 확률, 즉 성공할 확률이 p로 일정할 때의 확률분포이다.

이항분포의 특징은 다음과 같다.

- 특정 실험은 똑같은 n개의 시행으로 구성된다.
- 각 시행에는 오직 성공(S)과 실패(F)로 나타내는 2개의 가능한 결과만 존재한다.
- 성공(S)에 대한 확률(p)은 각 시행마다 같다.
- $p+q=1$ 즉, 성공(S)에 대한 확률(p)과 실패(F)에 대한 확률($1-p$ 혹은 q)의 합은 1이다.
- 각 시행은 서로 독립이다.

동전을 6번 던져 앞이 2번 나올 확률은 다음과 같은 이유로 이항분포의 특징을 만족한다.

첫째, 동전을 던지는 6번의 똑같은 실험으로 구성되어 있다.
둘째, 각 시행에는 성공(앞)과 실패(뒤)의 두 가지 결과만 있다.
셋째, 각 시행마다 성공할 확률은 1/2이다.
넷째, 성공확률이 1/2이고 실패확률도 1/2이므로 $p+q=1$이 된다.
다섯째, 앞 시행의 결과는 다음 시행에 영향을 주지 않으므로 각 시행은 서로 독립이다.

예제 6-6

주머니에 7개의 흰공과 3개의 검은공이 들어 있다. 뽑은 공을 주머니에 다시 넣는 복원추출 방법으로 4개의 공을 추출할 때 4개 중 검은공이 하나일 확률을 계산하시오.

풀이

공 하나를 추출할 때 흰공과 검은공을 뽑을 확률은 다음과 같다.

P(검은공)=0.3
P(흰공)=0.7

4개를 추출할 때, 첫 번째가 검은공이고 두 번째, 세 번째, 네 번째는 흰공을 뽑을 확률은 곱셈정리에 의하여 다음과 같다.

(0.3)(0.7)(0.7)(0.7)=0.1029

하나의 검은공과 세 개의 흰공을 뽑을 경우의 수는 검은공이 나타나는 순서에 따라 다음과 같이 네 가지 경우가 있다.

<발생할 수 있는 경우>				<확률>
검은공	흰공	흰공	흰공	$(0.3)(0.7)(0.7)(0.7)=(0.3)^1(0.7)^3=0.1029$
흰공	검은공	흰공	흰공	$(0.7)(0.3)(0.7)(0.7)=(0.3)^1(0.7)^3=0.1029$
흰공	흰공	검은공	흰공	$(0.7)(0.7)(0.3)(0.7)=(0.3)^1(0.7)^3=0.1029$
흰공	흰공	흰공	검은공	$(0.7)(0.7)(0.7)(0.3)=(0.3)^1(0.7)^3=0.1029$
				합계=0.4116

4개의 공을 추출할 때 4개 중 검은공이 하나일 확률은 다음과 같이 정리된다.

(경우의 수)× $pqqq$=(경우의 수)× p^1q^3

따라서 구하고자 하는 확률은 다음과 같다.

$(4)(0.3)(0.7)(0.7)(0.7)=(4)(0.3)^1(0.7)^3=(4)(0.1029)=0.4116$

2. 이항분포의 확률분포함수

어떤 시행에서 특정 사건이 일어날 확률을 p로 특정 사건이 일어나지 않을 확률을 $q=(1-p)$라 한다. 이 시행을 독립적으로 n회 되풀이하여 그중에서 x회만 특정 사건이 일어날 확률은 다음의 이항분포의 확률분포함수에 의해 계산된다.

시행횟수 성공횟수 실패횟수

$$p(x)=\binom{n}{x}p^x(1-p)^{n-x}$$

성공확률 실패확률

예를 들어, 주사위를 한 번 던져서 5의 눈금이 나올 확률을 1/6이라 하면, 10회 되풀이하여 던졌을 때 5의 눈금이 5회만 나올 확률은 다음과 같다.

$$P(X=5, 10, \frac{1}{6}) = \frac{10!}{5!(10-5)!}(\frac{1}{6})^5(\frac{5}{6})^{10-5} = 0.0130$$

위의 식에서 앞부분의 분수는 서로 다른 n개의 원소에서 순서를 고려하지 않고 X개를 뽑는 조합(combination)이고 이 조합의 수는 ${}_nC_x = \frac{n!}{x!(n-x)!}$로 나타낸다. 그러므로 위의 공식은 다음과 같이 변형될 수 있다.

성공확률 실패확률

$$p(x) = {}_nC_x\, p^x(1-p)^{n-x}$$

시행횟수 성공횟수

예제 6-7

통계학 수강생 1,000명 중 외국인이 200명인 어느 반에서 무작위로 호출하여 발표자를 선정하고자 한다. 학생은 자기의 고유 번호를 가지고 있다면 10명의 학생을 추출할 때 다음의 확률을 구하라.

(1) 외국인이 2명일 확률

(2) 외국인이 3명 이하일 확률

(3) 외국인이 3명 이상일 확률

(4) 외국인이 6명 이상일 확률

풀이

(1) 외국인이 2명일 확률

$$P(X=2,10,0.2) = \frac{10!}{2!(10-2)!}(0.2)^2(0.8)^{10-2} = 0.3020$$

(2) 3명 이하일 확률

$$P(X \le 3) = P(X=0) + P(X=1) + P(X=2) + P(X=3)$$
$$= 0.1074 + 0.2684 + 0.3020 + 0.2013 = 0.8791$$

(3) 3명 이상일 확률

$P(X \geq 3) = 1 - (P(X \leq 2) = 1 - (P(X = 0) + P(X = 1) + P(X = 2)) = 1 - 0.6778 = 0.3222$

(4) 6명 이상일 확률

$P(X \geq 6) = 1 - P(X \leq 5) = 1 - 0.9936 = 0.0064$

3. 이항분포표

이항분포표는 다양한 성공확률(p)에 대하여 시행횟수(n)와 성공횟수(x)에 따라 확률을 미리 계산해 놓은 표로 [표 6-1]에 그 일부가 주어져 있고 자세한 이항분포표는 부록에 제시되어 있다. 이항분포표를 사용하기 위해서는 먼저 시행횟수(n)를 표의 왼쪽 끝의 열에서 찾는다. 다음으로 왼쪽에서 두 번째에 있는 x 열에서 성공횟수(x)를 찾아 수평으로 그은 선과 표의 상단에 있는 성공확률(p)을 찾아 수직으로 내린 선이 교차하는 지점에 있는 값을 해당 문제의 확률로 사용한다.

표 6-1 이항분포의 예

		p									
n	x	0.05	0.10	0.15	0.20	0.25	0.30	0.35	0.40	0.45	0.50
8	0	.6634	.4305	.2725	.1678	.1001	.0576	.0319	.0168	.0084	.0039
	1	.2793	.3826	.3847	.3355	.2670	.1977	.1373	.0896	.0548	.0312
	2	.0515	.1488	.2376	.2936	.3115	.2965	.2587	.2090	.1569	.1094
	3	.0054	.0331	.0839	.1468	.2076	.2541	.2786	.2787	.2568	.2188
	4	.0004	.0046	.0815	.0459	.0865	.1361	.1875	.2322	.2627	.2734
	5	.0000	.0004	.0026	.0092	.0231	.0467	.0808	.1239	.1719	.2188
	6	.0000	.0000	.0002	.0011	.0038	.0100	.0217	.0413	.0703	.1094
	7	.0000	.0000	.0000	.0001	.0004	.0012	.0033	.0079	.0164	.0312
	8	.0000	.0000	.0000	.0000	.0000	.0001	.0002	.0007	.0017	.0039
9	0	.6302	.3874	.2316	.1342	.0751	.0404	.0207	.0101	.0046	.0020
	1	.2985	.3874	.3679	.3020	.2253	.1556	.1004	.0605	.0339	.0176
	2	.0629	.1722	.2597	.3020	.3003	.2668	.2716	.2508	.2119	.1641
	3	.0077	.0446	.1069	.1762	.2336	.2668	.2716	.2508	.2119	.1641
	4	.0006	.0074	.0283	.0664	.1168	.1715	.2194	.0508	.2600	.2461
	5	.0000	.0008	.0050	.0165	.0389	.0735	.1181	.1672	.2128	.2461
	6	.0000	.0001	.0006	.0028	.0087	.0210	.0424	.0743	.1160	.1641
	7	.0000	.0000	.0000	.0003	.0012	.0039	.0098	.0212	.0407	.0713
	8	.0000	.0000	.0000	.0000	.0001	.0004	.0013	.0035	.0083	.0716
	9	.0000	.0000	.0000	.0000	.0000	.0000	.0001	.0003	.0008	.0020

예를 들어, 시행횟수(n)=9, 성공횟수(x)=6, 성공확률(p)=0.3이면 [표 6-1]의 이항분포표에서 우선 왼쪽 끝의 시행횟수(n) 열에서 9를 성공횟수(x) 열에서 6을 찾아 수평으로 그어준 선이 성공확률(p)이 0.3인 열에서 수직으로 내린 선과 만나는 점에 있는 0.0210가 확률이다.

예제 6-8

다음 경우의 확률을 이항분포표를 이용하여 계산하라.

(1) $n=6$, $x=2$, $p=0.4$

(2) $n=10$, $x=6$, $p=0.5$

(3) $n=15$, $x=8$, $p=0.3$

풀이

(1) 0.3110

(2) 0.2051

(3) 0.0348

4. 이항분포의 엑셀함수

- BINOM.DIST 함수

용도 : 이항분포의 확률을 계산하는데 사용된다.

=BINOM.DIST(number_s,trials,probability_s,cumulative)

- number_s : 필수요소로 시행에서의 성공 횟수
- trials : 필수요소로 독립적인 시행 횟수
- probability_s : 필수요소로 각 시행에서 성공할 확률
- cumulative : 필수요소로 1이면 누적분포함수가 0이면 확률분포함수가 반환

예제 6-9

BINOM.DIST 함수를 사용하여 불량률이 0.1인 공정에서 100개의 제품을 추출할 때 다음의 확률을 구하라.

(1) 불량품이 2개일 확률

(2) 불량품이 2개 이하일 확률

(3) 불량품이 2개 이상일 확률

풀이

(1) 불량품이 2개일 확률

=BINOM.DIST(2, 100, 0.1, 0)=0.0016

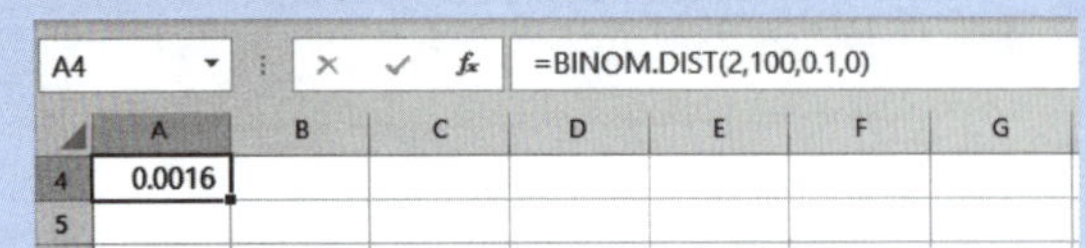

(2) 2개 이하일 확률

=BINOM.DIST(2, 100, 0.1, 1)=0.0019

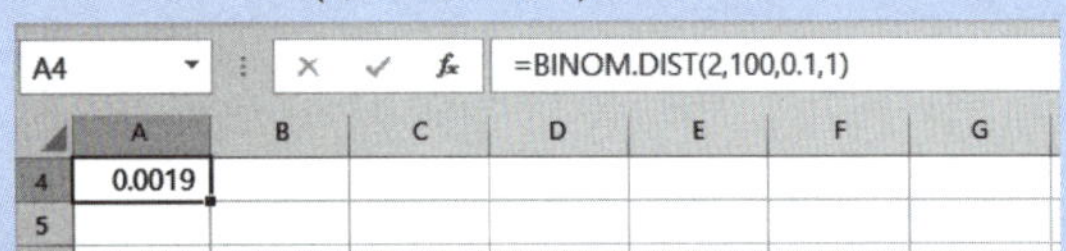

(3) 2개 이상일 확률

=1−BINOM.DIST(1, 100, 0.1, 1)=0.9997

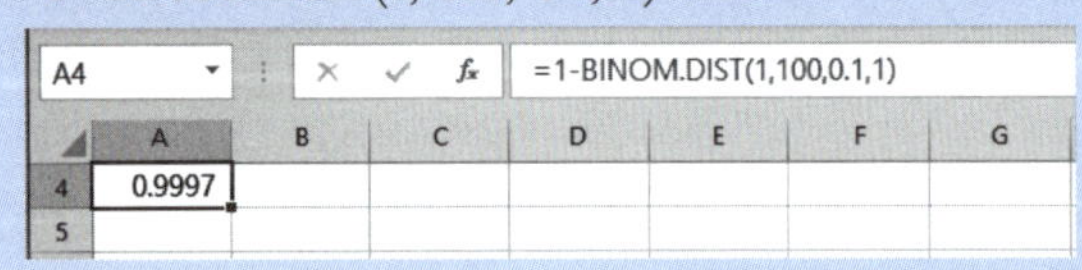

예제 6-10

9개의 양품과 1개의 불량품이 들어 있는 박스에서 복원추출방법으로 4개의 제품을 추출할 때, 4개 중 불량품이 0, 1, 2, 3, 4개일 확률과 누적확률을 이항분포식과 엑셀함수를 이용하여 계산하라.

풀이

공식	엑셀 함수: PDF $P(X=x)$	엑셀함수: CDF $P(X \leq x)$
$P(X=0)=\frac{4!}{0!(4-0)!}(0.10)^0(1-0.10)^{4-0}$	=BINOM.DIST(0,4,0.1,0) =0.6561	=BINOM.DIST(0,4,0.1,1) =0.6561
$P(X=1)=\frac{4!}{1!(4-1)!}(0.10)^1(1-0.10)^{4-1}$	=BINOM.DIST(1,4,0.1,0) =0.2916	=BINOM.DIST(1,4,0.1,1) =0.9477

$P(X=2)=\frac{4!}{2!(4-2)!}(0.10)^2(1-0.10)^{4-2}$	=BINOM.DIST(2,4,0.1,0) =0.0486	=BINOM.DIST(2,4,0.1,1) =0.9963
$P(X=3)=\frac{4!}{3!(4-3)!}(0.10)^3(1-0.10)^{4-3}$	=BINOM.DIST(3,4,0.1,0) =0.0036	=BINOM.DIST(3,4,0.1,1) =0.9999
$P(X=4)=\frac{4!}{4!(4-4)!}(0.10)^4(1-0.10)^{4-4}$	=BINOM.DIST(4,4,0.1,0) =0.0001	=BINOM.DIST(4,4,0.1,1) =1

5. 이항분포의 모양

시행횟수(n)가 4인 경우에 각기 다른 성공확률(p)과 성공횟수(x)에 대하여 작성한 이항분포의 도표가 [그림 6-2]로 도표에서 알 수 있듯이 이항분포는 다음과 같은 특징이 있다.

(1) $p=0.5$인 경우에는 기대치에 대하여 대칭분포가 된다.

(2) $p>0.5$인 경우에는 왼쪽꼬리분포가 된다.

(3) $p<0.5$인 경우에는 오른쪽꼬리분포가 된다.

그림 6-2 $n=4$인 이항분포도표

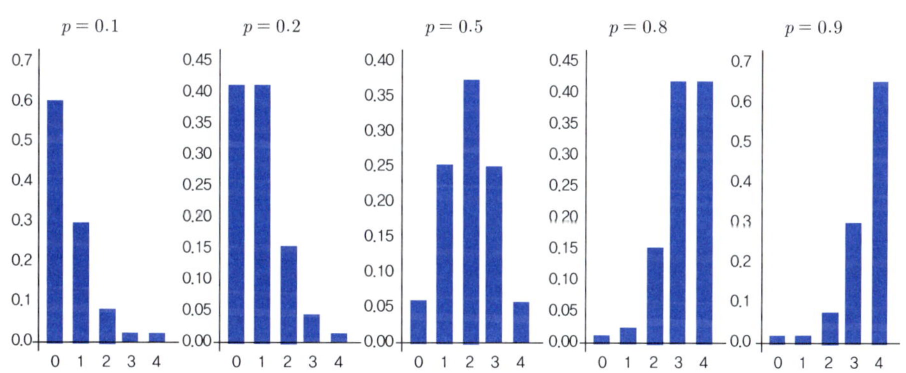

이러한 이항분포의 모양은 [그림 6-3]과 같이 p와 n에 따라 다음과 같은 특징이 있다.

(1) $p = 0.5$인 경우에는 기대치에 대하여 대칭분포가 된다.

(2) $np \geq 5$이고 $nq \geq 5$인 경우에는 정규분포에 근사된다.

(3) $p \leq 0.05$이고 $n \geq 20$인 경우에는 포아송분포에 근사된다.

그림 6-3 $p = 0.4$일 때 n에 따른 이항분포

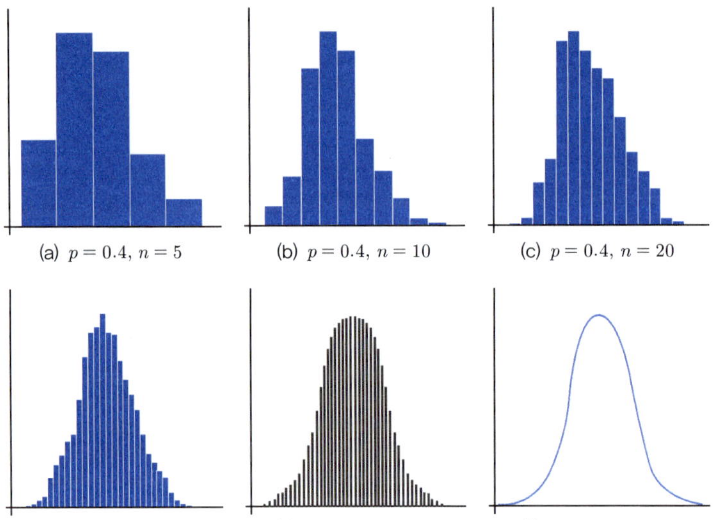

(a) $p = 0.4,\ n = 5$ (b) $p = 0.4,\ n = 10$ (c) $p = 0.4,\ n = 20$

(d) $p = 0.4,\ n = 40$ (e) $p = 0.4,\ n = 600$ (f) $p = 0.4,\ n = \infty$

6. 이항분포의 기대치와 분산

이항분포의 기대치와 분산 및 표준편차는 앞 절에서 다룬 이산확률분포의 기대치와 분산을 구하는 다음의 식으로 계산할 수 있다.

$$E(X) = \sum_x xP(x)$$

$$Var(X) = \sum_x (x-\mu)^2 P(x) = \sum_x x^2 P(x) - \mu^2$$

하지만 다음의 식을 사용하면 성공비율에 대한 기대치와 분산을 쉽게 계산할 수 있다.

$$E(p) = p$$

$$\sigma^2 = Var(p) = \frac{pq}{n}$$

성공횟수에 대한 기대치와 분산은 다음과 같다.

$$E(X) = np$$

$$\sigma^2 = Var(X) = npq$$

예제 6-11

2%의 불량률을 보이는 기계를 사용하여 100개의 제품을 생산하였다. 다음의 질문에 대한 답을 구하라.

(1) 성공비율에 대한 이항분포의 기대치와 분산 및 표준편차를 구하라.

(2) 성공횟수에 대한 이항분포의 기대치와 분산 및 표준편차를 구하라.

풀이

(1) 성공비율에 대한 기대치와 분산

$$\mu = E(X) = p = 0.02$$

$$\sigma^2 = Var(X) = \frac{pq}{n} = \frac{0.02 \times 0.98}{100} = 0.000196$$

$$\sigma = \sqrt{Var(x)} = \sqrt{\frac{pq}{n}} = \sqrt{\frac{0.02 \times 0.98}{100}} = \sqrt{0.000196} = 0.014$$

(2) 성공횟수에 대한 기대치와 분산

$$\mu = E(X) = np = 100 \times 0.02 = 2$$

$$\sigma^2 = Var(X) = npq = 100 \times 0.02 \times 0.98 = 1.96$$

$$\sigma = \sqrt{Var(x)} = \sqrt{npq} = \sqrt{100 \times 0.02 \times 0.98} = \sqrt{1.96} = 1.4$$

제3절 ▌포아송분포

1. 포아송분포의 특징

포아송분포는 프랑스의 물리학자이며 수학자였던 포아송(Simeon Denis Poisson, 1781~1840)의 업적을 기려 이름이 지어졌다. 포아송분포는 특정 시간 동안 특정 사상이 발생했던 평균에 근거하여 특정 사상의 발생횟수에 대한 확률을 나타내 주는 분포이다.

포아송분포(Poisson distribution)는 단위 시간 또는 공간 안에 어떤 사건이 몇 번 발생할 것인지를 표현하는 이산확률분포이다.

다음과 같은 확률적인 문제를 알아내기 위해 포아송분포가 사용된다.

- 어떤 특정 공장에서 매월 발생하는 산업재해의 수
- 어떤 시간 동안 요금소를 통과하는 차량의 수
- 어떤 특정 제품의 일정 단위 면적 내에 나타나는 불량의 수
- 어떤 특정 보험회사에 접수되는 일일 보험금 청구건수
- 1미터 가죽에 있는 흠집의 수
- 어떤 페이지에 발생하는 오타의 수
- 일정 주어진 시간 동안에 도착한 고객의 수
- 어떤 특정 사무실에 하루 동안 걸려 오는 전화 수
- 어떤 특정 지역에서 발생하는 교통사고 건수
- 하루동안 발생하는 출생자 수

이러한 포아송분포는 다음과 같은 전제조건을 지니고 있다.

첫째, 주어진 단위 구간(예: 1일)은 더 작은 단위 구간(예: 1시간)으로 나눌 수 있고 특정 구간에서의 사건 발생확률은 그 구간의 크기에 비례한다.

둘째, 이러한 작은 단위 구간에서 특정 사상이 두 번 이상 발생할 확률은 아주 작아 무시할 수 있고 어떤 사건이 발생할 확률은 전체 단위 기간에서 항상 일정해야 한다.

셋째, 어떤 단위 구간의 사건의 발생은 다른 단위 구간의 발생과는 독립적이다.

예를 들어, 10시에서 11시 사이에 발생하는 자동차 사고 건수가 포아송분포가 되기 위해서는 첫째, 만약 이 시간대에 평균 12번의 사고가 발생한다면 30분 동안에는 평균 6번의 사고, 10분 동안에는 평균 2번의 사고가 발생한다고 가정할 수 있고, 둘째, 이 시간대를 1초라는 아주 작은 단위 구간으로 나눌 수 있고 이 1초 동안에 사고가 2번 이상 발생할 확률은 거의 없고, 셋째, 이 시간대의 사고 발생 횟수는 다른 시간대에 발생하는 사고 발생 횟수와는 아무런 상관이 없어야 한다.

2. 확률분포함수

특정 사상이 특정 시간 동안이나 면적, 무게, 거리, 부피와 같은 특정 범위 내에서 발생하는 횟수를 세는 것으로 구성되는 포아송분포를 정의해 주는 매개변수(parameter)는 그리스 문자 λ(람다)로 표시되는 분포의 평균이다. 평균이 λ인 포아송분포에 의해 분포된 확률변수 X에 대하여 특정 사상이 발생할 확률은 다음과 같은 공식에 의하여 구해질 수 있다.

$$P(X=x,\lambda)=\frac{\lambda^{x}e^{-\lambda}}{x!}$$

여기서 X = 일정 단위당 사건 발생횟수를 값으로 하는 확률변수

x = 임의로 선정된 단위 구간에서 발생한 사건의 수

λ = 일정 단위당 평균 발생횟수

e = 자연 로그의 밑수로 2.71828

포아송분포는 파라미터가 하나(λ)인 분포이다. λ는 단위 시간당 평균 발생빈도이다. λ만 알면 단위 시간당 특정 발생횟수가 가진 확률값을 구할 수 있다.

예제 6-12

특정 요금소를 1시간에 평균 12대의 차량이 통과한다. 1시간에 통과하는 차량의 수를 x라 할 때 다음의 확률을 구하라.

(1) 1시간에 정확히 4대의 차량이 찾아올 확률
(2) 1시간에 4대 이하의 차량이 찾아올 확률
(3) 1시간에 4대 이상의 차량이 찾아올 확률

풀이

(1) $P(X=4 \mid \lambda=12)=\dfrac{\lambda^{x}e^{-\lambda}}{x!}=\dfrac{(12)^{4}e^{-12}}{4!}=0.0053$

(2) $P(X\leq 4)=P(X=0)+P(X=1)+P(X=2)+P(X=3)+P(X=4)$
$= 0.0000 + 0.0001 + 0.0004 + 0.0018 + 0.0053 = 0.0076$

(3) $P(X\geq 4)=1-P(X\leq 3)=1-0.0023=0.9977$

3. 포아송분포표

포아송분포표는 [표 6-2]와 같이 상단에는 평균(λ)의 값이 주어져 있고 좌측 열에는 특정 발생횟수(x)가 기록되어 있다. 따라서 평균값과 특정 발생횟수 값을 알면 그에 대응하는 확률을 찾을 수 있다. 예를 들어, λ값이 1.6이고, x값이 6이면 포아송분포표에서 λ값 1.6에서 수직으로 선을 긋고 x값 6에서 수평으로 그은 선이 만나는 지점의 값 0.0047이 주어진 경우의 확률이 된다.

표 6-2 포아송분포표의 예

	λ									
x	1.1	1.2	1.3	1.4	1.5	1.6	1.7	1.8	1.9	2.0
0	.3329	.03012	.2725	.2466	.2231	.2019	.1827	.1653	.1496	.1353
1	.3552	.3614	.3543	.3452	.3347	.3230	.3106	.2975	.2842	.2707
2	.2014	.2169	.2303	.2417	.2510	.2584	.2640	.2678	.2700	.2707
3	.0738	.0867	.0998	.1125	.1255	.1378	.1496	.1607	.1710	.1804
4	.0203	.0260	.0324	.0395	.0471	.0551	.0636	.0723	.0812	.0902
5	.0045	.0062	.0084	.0111	.0141	.0176	.0216	.0260	.0309	.0361
6	.0008	.0012	.0018	.0026	.0035	.0047	.0061	.0078	.0098	.0120
7	.0001	.0002	.0003	.0005	.0008	.0011	.0015	.0020	.0027	.0034
8	.0000	.0000	.0001	.0001	.0001	.0002	.0003	.0005	.0006	.0009
9	.0000	.0000	.0000	.0000	.0000	.0000	.0001	.0001	.0001	.0002

예제 6-13

다음 경우의 확률을 포아송분포표를 이용하여 계산하라.

(1) $\lambda=2.1,\ x=6$

(2) $\lambda=4.5,\ x=10$

(3) $\lambda=20,\ x=12$

풀이

(1) 0.0416

(2) 0.0104

(3) 0.0176

4. 포아송분포의 엑셀함수

포아송분포와 관련된 주요 엑셀함수는 POISSON.DIST 함수이다. 이 함수는 포아송분포의 확률을 계산하는데 사용된다.

=POISSON.DIST(x,mean,cumulative)

- x : 필수요소로 사건의 수
- mean : 필수요소로 기댓값
- cumulative : 필수요소로 1이면 누적분포함수가 0이면 확률분포함수가 반환

예제 6-14

어떤 보험회사 사무실에 화요일 4시에서 5시 사이에 평균 8명의 고객이 찾아온다. 1시간에 찾아오는 고객의 수를 X라 할 때 나음의 확률을 구하라.

(1) 1시간에 정확히 2명의 고객이 찾아올 확률

(2) 1시간에 2명 이하의 고객이 찾아올 확률

(3) 1시간에 2명 이상의 고객이 찾아올 확률

풀이

(1) =POISSON.DIST(2, 8, 0)=0.0107

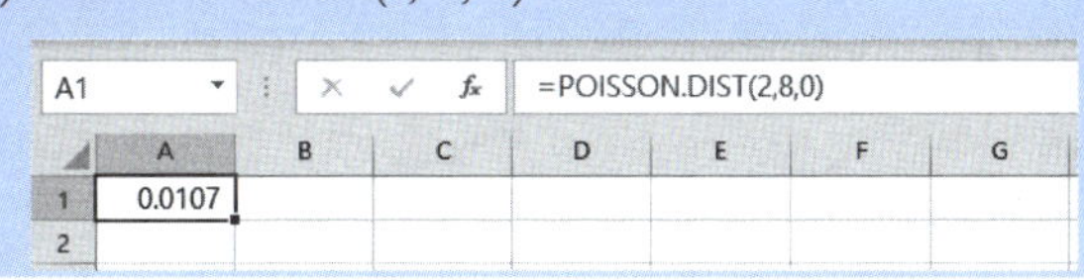

(2) =POISSON.DIST(2, 8, 1)=0.0138

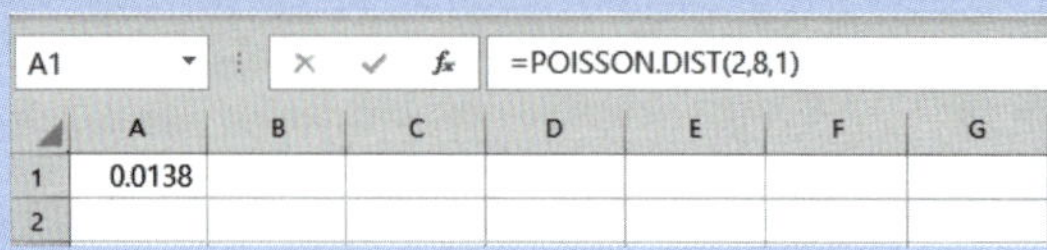

(3) =1-POISSON.DIST(1, 8, 1)=0.9970

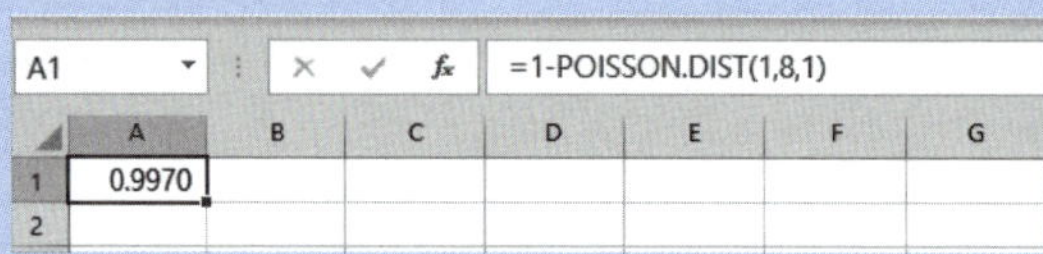

5. 포아송분포의 모양

포아송분포의 확률은 평균인 λ에 의해 결정된다. 이항분포와는 달리 X는 상한선이 없다. 즉 주어진 시간동안 발생하는 사건의 횟수는 제한이 없다. 하지만 포이송분포의 확률은 X값이 증가함에 따라 확률이 0에 가까워지므로 실제 X범위는 제한적이다. 각 열의 확률을 아래로 더하면 확률의 합은 항상 1.0이 된다. 이러한 포아송분포의 모양은 [그림 6-4]와 같은 특징이 있다.

그림 6-4 다양한 λ값에 대한 포아송 분포의 도표

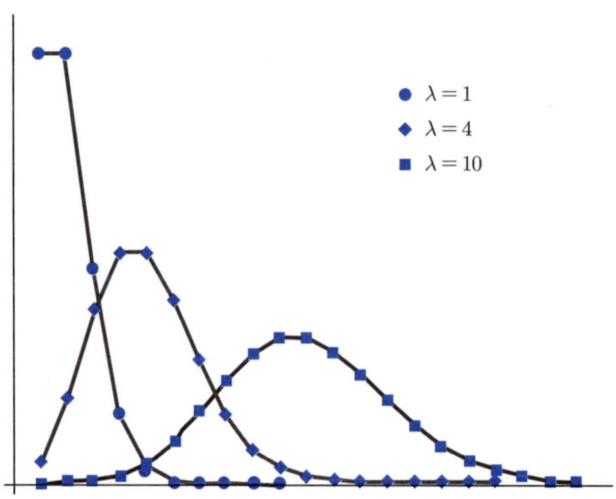

(1) $\lambda \geq 10$이면 정규분포에 근사된다.

(2) λ가 작을 때는 오른쪽꼬리분포를 하나 λ가 커짐에 따라 대칭에 가까워진다.

6. 포아송분포의 기대치와 분산

포아송분포의 기대치는 λ이고, 포아송분포의 분산은 λ, 표준편차는 $\sqrt{\lambda}$이다. 기댓값과 분산 모두 λ인데, 이는 포아송분포의 아주 큰 특징 중 하나이다. 확률변수 X가 포아송분포를 따를 때 X의 기대치와 분산은 다음과 같다.

$$E(X) = \lambda$$
$$Var(X) = \lambda$$

예제 6-15

특정 요일 11–12시에 오는 소방서의 전화횟수는 평균적으로 12이다. $\lambda = 12$일 때 PDF, 평균, 표준편차를 구하라.

풀이

$$PDF : P(X = x \mid \lambda = 12) = \frac{\lambda^x e^{-\lambda}}{x!} = \frac{(12)^x e^{-12}}{x!}$$

평균 : $\lambda = 12$

분산 : $\lambda = 12$

표준편차 : $\sigma = \sqrt{\lambda} = \sqrt{12} = 3.4641$

7. 이항분포의 포아송근사

성공비율이 작고($p \leq 0.05$), 표본의 크기가 큰 경우($n \geq 20$)에 포아송분포가 이항분포에 대하여 훌륭한 근사치를 제공해 준다. 이러한 근사치 값은 n이 커지고 p가 작아질수록 더욱 근접한다. 이러한 경우 포아송분포의 평균과 분산은 다음과 같이 어림되어질 수 있다.

$$E(X) = np$$

$$Var(X) = npq$$

예제 6-16

ABC 주차장에 있는 차량 중 1%가 정비 불량이라 한다. 1,000대의 차량을 무작위 추출하였을 때 정비 불량 차량의 수를 확률변수 X라 했을 때 X가 5, 10, 20, 30일 확률을 이항분포와 포아송분포를 이용하여 계산하라.

풀이

=BINOM.DIST 함수와 =POISSON.DIST 함수를 이용하여 계산한 결과는 다음과 같다.

	$(n=1{,}000,\ p=0.01)$		$(\lambda=np=1)$	
5	=BINOM.DIST(5, 1000, 0.01, 0)	0.0375	=POISSON.DIST(5, 10, 0)	0.0378
10	=BINOM.DIST(10, 1000, 0.01, 0)	0.1257	=POISSON.DIST(10, 10, 0)	0.1251
20	=BINOM.DIST(20, 1000, 0.01, 0)	0.0018	=POISSON.DIST(20, 10, 0)	0.0019
30	=BINOM.DIST(30, 1000, 0.01, 0)	0.0000	=POISSON.DIST(30, 10, 0)	0.0000

연습문제

〈객관식 문제〉

1. 다음 중 틀린 것은?

   ① 이항분포에서 p값이 결정되면 실패확률은 $1-p$로 계산된다.

   ② 이항분포의 평균은 np이다.

   ③ 포아송분포는 단위시간이나 단위공간에서 사건이 발생할 확률은 다르다고 가정한다.

   ④ 이산확률변수 X는 $\sum P(X=x)=1$이라는 특징이 있다.

2. 다음 중 틀린 것은?

   ① 이항분포의 표준편차는 a) 성공확률 b) 실패확률 c) 실험횟수 모두에 영향을 받는다.

   ② n이 커지고 p가 작을수록 포아송분포가 이항분포에 대한 좋은 근사치를 제공해 준다.

   ③ 이항분포의 모양은 p가 커지면 대칭이 된다.

   ④ 이항분포에서 n이 고정되었다고 가정했을 때 $p<0.5$이면 오른쪽으로 비대칭이다.

3. 다음 중 맞는 것은?

   ① 포아송분포는 λ가 작을 때는 왼쪽꼬리분포를 하나 λ가 커지면 대칭에 가까워진다.

   ② N이 매우 크고 n이 매우 작을 경우 이항분포를 포아송분포가 근사할 수 있다.

   ③ 측정치(measures)의 값을 가지는 확률분포를 이산확률분포라 한다.

   ④ 이산변수는 정수값 만으로 구성된다.

4. 앞면과 뒷면이 나올 확률이 동일한 동전을 10번 독립적으로 던질 때 앞면이 나오는 횟수를 X라고 하면 X의 기댓값과 분산은?

   ① $E(X)=2.5,\ Var(X)=5$

   ② $E(X)=5,\ Var(X)=\sqrt{5}$

   ③ $E(X)=5,\ Var(X)=\sqrt{2.5}$

   ④ $E(X)=5,\ Var(X)=2.5$

5. 길동은 형광펜 5자루와 볼펜 6자루를 가지고 있으며, 우현이의 볼펜 5자루와 형광펜 6자루가 가지고 있다. 임의로 한 명을 선택하여 펜을 한 자루 꺼낼 때 그 펜이 형광펜일 확률은?

① 1/5 ② 1/4
③ 1/3 ④ 1/2

6. ABC 보험사는 하루 평균 2건의 보험이 접수된다. 이 보험사의 접수되는 보험 수의 확률분포는?

① 이항분포 ② 포아송분포
③ 기하분포 ④ 초기하분포

7. n개의 베르누이시행(Bernoulli's trial)에서 성공의 개수를 X라 하면 X의 분포는?

① 이항분포 ② 음이항분포
③ 초기하분포 ④ 기하분포

8. 성공의 확률이 p인 베르누이 시행을 n회 반복하여 시행했을 때, 이항분포에 대한 설명으로 틀린 것은?

① n회 베르누이 시행 중 성공의 횟수는 이항분포를 따른다.
② 평균은 p이고, 분산은 pq, $(q=1-p)$이다.
③ 베르누이 시행을 n번 반복 시행한다면, 연속확률분포를 가진다.
④ n번의 베르누이 시행에서 성공의 확률 p는 모두 같다.

9. 이항분포의 특징에 대한 설명으로 틀린 것은?

① 분포가 이산적이다.
② 평균치는 np이고, 표준편차는 $npq(q=1-p)$이다.
③ $np \le 5$ 인 경우 항상 정규분포에 근사시킬 수 있다.
④ 이항분포의 각 시행은 서로 독립이다.

10. 5개의 동전을 동시에 던졌을 때, 정확히 한 개만 앞면이 나올 확률은?

① $\frac{1}{5}\times\frac{4}{5}$ ② $\left(\frac{1}{2}\right)^1\times\left(\frac{1}{2}\right)^4$
③ $\frac{1}{5}\times\frac{4}{4}$ ④ $\left(\frac{1}{5}\right)^1\times\left(\frac{1}{5}\right)^4$

〈주관식 문제〉

1. 동전 던지기에서 앞면이 나올 확률을 확률분포함수와 누적분포함수를 사용하여 구하라.

2. 어느 모임에 0부터 9까지 숫자가 적힌 회원카드가 있다. 이 경우의 확률분포함수, 누적분포함수, 평균 및 표준편차를 구하라.

3. 주사위를 세 번 던져 짝수를 관측하는 시행이 베르누이시행의 조건에 부합하는지를 설명하라.

4. 동전을 던져 앞면이 나오면 $X=1$ 뒷면이 나오면 $X=0$일 때 확률변수의 X의 기대치와 분산을 구하라.

5. 주사위를 던져 3의 눈금이 나오면 $X=1$ 아니면 $X=0$일 때 확률변수의 X의 기대치와 분산을 구하라.

6. 다음의 확률을 이항분포의 확률분포함수, 이항분포표 또는 엑셀함수를 사용하여 계산하라.
   (1) $P(X=3 \mid n=15, p=0.3)$
   (2) $P(X=4 \mid n=9, p=0.2)$
   (3) $P(X \geq 2 \mid n=9, p=0.3)$
   (4) $P(X \leq 2 \mid n=9, p=0.3)$

7. 어느 선수가 게임에 나가면 우승할 확률은 0.3이다. 6번 출전한다고 가정하고 다음에 답하라.
   (1) 우승을 3번 할 확률
   (2) 우승을 3번 이하를 할 확률
   (3) 우승을 3번 이상을 할 확률
   (4) 성공비율에 대한 평균과 분산 및 표준편차
   (5) 성공횟수에 대한 평균과 분산 및 표준편차

8. 다음 경우의 확률을 이항분포의 확률분포함수, 이항분포표, 엑셀함수를 이용하여 계산하라.
   (1) $n=5,\ x=3,\ p=0.2$
   (2) $n=10,\ x=4,\ p=0.5$
   (3) $n=20,\ x=8,\ p=0.4$

9. 전체 교통사고 중 과속으로 교통사고가 발생할 확률은 0.1이라고 한다. 하루 동안 20건의 교통사고가 발생하였다면 다음에 답하라.
   (1) 하루 20건의 교통사고 중 2건이 과속으로 발생한 교통사고인 확률
   (2) 하루 20건의 교통사고 중 2건 이하가 과속으로 발생한 교통사고인 확률
   (3) 하루 20건의 교통사고 중 2건 이상이 과속으로 발생한 교통사고인 확률
   (4) 성공비율에 대한 평균과 분산 및 표준편차
   (5) 성공횟수에 대한 평균과 분산 및 표준편차

10. ABC 도자기에서 생산하는 제품은 90%가 양호한 상태이다. 다음의 확률을 구하라.
    (1) 20개의 무작위 표본 중 3개가 불량
    (2) 20개의 무작위 표본 중 3개 이하가 불량

11. 어느 생산공정에서 생산되는 제품의 약 10%가 불량품이라고 한다. 이 생산공정에서 생산된 제품 중에서 4개를 임의로 추출했을 때 불량품의 개수를 확률변수 X로 하는 확률분포표를 작성하고 평균과 표준편차를 구하라.

12. 4개 중 1개를 택하는 선다형 문제가 15문항이 있는 시험에서 임의로 답을 하는 경우, 정답의 개수를 확률변수 X로 했을 때 다음에 답하라.
    (1) 정답이 하나도 없을 확률을 구하라.
    (2) 정답이 3개일 확률을 구하라.
    (3) 기대치와 분산을 구하라.

13. 빨강구슬 6개와 파랑구슬 4개가 있는 상자로부터 복원추출 방법을 통해 무작위로 3개를 사용하였다. 이때 빨강구슬을 2개 사용하였을 확률을 구하고 성공비율과 성공횟수에 대한 기대치와 분산을 구하라.

14. 빨강구슬 6,000개와 파랑구슬 4,000개가 있는 상자에서 복원추출 방법을 통해 무작위로 8개를 사용하였다. 이때 빨강구슬을 2개 사용하였을 확률을 구하고 성공비율과 성공횟수에 대한 기대치와 분산을 구하라.

15. 어떤 사무실에 1시간에 평균 12명의 고객이 찾아온다. 1시간에 찾아오는 고객을 x라 할 때 다음을 구하라.

(1) 1시간에 정확히 5명의 고객이 찾아 올 확률

(2) 1시간에 5명 이하의 고객이 찾아올 확률

(3) 평균과 표준편차

16. ABC 전자제품회사에서 생산되는 제품 가운데 1%는 불량품이 있다고 한다. 이 회사에서 생산한 500개의 제품 가운데 2개의 불량품이 있을 확률을 이항분포와 포아송분포 근사치를 이용하여 구하라.

연속확률분포

07
Chapter

제1절 ▌정규분포

1. 정규분포의 특징

정규분포는 가우스(Carl Gauss, 1777~1855)의 업적을 기려 가우스분포(Gaussian distribution)로 부르기도 한다.

> 정규분포(normal distribution)는 평균과 표준편차에 의해 모양이 결정되며 $N(\mu, \sigma)$로 표기하고 특히 평균이 0이고 표준편차가 1인 정규분포를 표준정규분포(standard normal distribution)라고 한다.

정규분포는 자연현상과 사회현상에서 일어나는 수많은 일을 설명하는 핵심 개념이며, 통계학에서 사용하는 각종 확률분포 중에서도 가장 중요하게 다루는 분포이다. 정규분포의 특성을 요약하면 다음과 같다.

- 정규분포는 평균을 중심으로 좌우대칭인 종모양이다.
- 정규분포의 모양과 위치는 평균과 표준편차에 의해 결정된다.
- 정규곡선과 X축 사이의 면적은 1이다.
- 확률변수 X가 취할 수 있는 값의 범위는 $-\infty < X < +\infty$이다.
- 특정 X값이 발생할 확률은 0이다.
- 특정 구간의 확률은 정규곡선 아래 해당 구간의 면적이다.

정규분포의 모양은 평균과 표준편차에 의해 결정되므로 [그림 7-1]에서 (a)는 평균은 같으나 표준편차가 다른 경우이고 (b)는 표준편차는 같으나 평균이 다른 경우이다.

그림 7-1 μ와 σ에 따른 정규분포

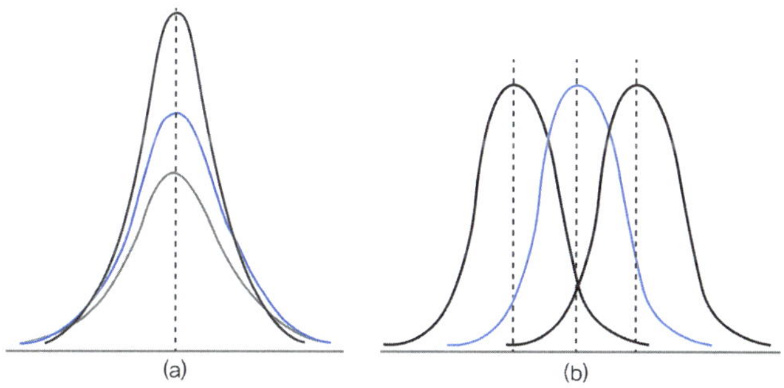

2. 정규분포의 표준화

정규분포의 모양은 μ와 σ에 의해 수많은 모양이 존재한다. 확률변수 X가 정규분포를 이룰 때, 분포의 평균과 표준편차에 따라 그 모양과 위치가 달라져 매번 그 면적에 해당하는 확률을 계산하는 것은 어렵다. 그러므로 많은 정규분포에 모두 적용할 수 있는 표준정규분포로 분포의 형태를 통일하면 확률값을 쉽게 구할 수 있다.

> 표준정규분포(standard normal distribution)는 다양한 종(Bell) 모양의 정규분포를, $\mu=0$, $\sigma=1$로 규격화시킨 것이다.

[그림 7-2]와 같이 정규분포상의 모든 X값을 $Z=\frac{X-\mu}{\sigma}$로 변환시키면 그 Z값들은 $\mu=0$, $\sigma=1$인 표준정규분포를 이룬다. Z값은 정규분포의 평균(μ)과 특정 값(X)의 차이를 표준편차(σ)로 나누어 준 것이므로 다음과 같은 성질을 가진다.

> Z는 X의 값이 정규분포의 평균(μ)으로부터 떨어진 거리를 표준편차(σ)의 배수로 나타낸 것이다.

표준정규분포와 정규분포는 모두 평균을 중심으로 좌우대칭인 종 모양을 하고 전체 면적이 1이라는 점이 똑같다. 예를 들어 [그림 7-3]에서 첫 번째 정규분포는 $\mu=50$, $\sigma=5$이므로 $X=45$와 $X=55$에 해당하는 Z값은 다음과 같다.

그림 7-2 정규분포의 표준화

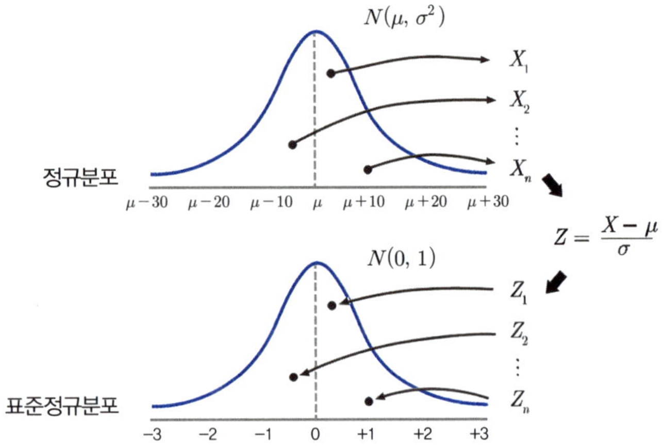

$$Z_1 = \frac{X-\mu}{\sigma} = \frac{45-50}{5} = -1, \quad Z_2 = \frac{X-\mu}{\sigma} = \frac{55-50}{5} = 1$$

[그림 7-3]에서 두 번째 정규분포는 $\mu = 50$, $\sigma = 10$이므로 $X = 40$과 $X = 60$에 해당하는 Z값은 다음과 같다.

$$Z_1 = \frac{X-\mu}{\sigma} = \frac{40-50}{10} = -1, \quad Z_2 = \frac{X-\mu}{\sigma} = \frac{60-50}{10} = 1$$

[그림 7-3]에서 세 번째 정규분포는 $\mu = 50$, $\sigma = 15$이므로 $X = 35$과 $X = 65$에 해당하는 Z값은 다음과 같다.

$$Z_1 = \frac{X-\mu}{\sigma} = \frac{35-50}{15} = -1, \quad Z_2 = \frac{X-\mu}{\sigma} = \frac{65-50}{15} = 1$$

따라서 [그림 7-3]에 있는 네 개 분포의 빗금 친 면적은 모두 같다. 한편 [그림 7-4]에 있는 정규분포상의 모든 X값을 $Z = \frac{X-\mu}{\sigma}$로 변환시키면 그 Z값들은 -2와 2가 되어 네 개 분포의 빗금 친 면적은 모두 같다.

그림 7-3 정규분포를 $Z=\pm 1$로 표준화

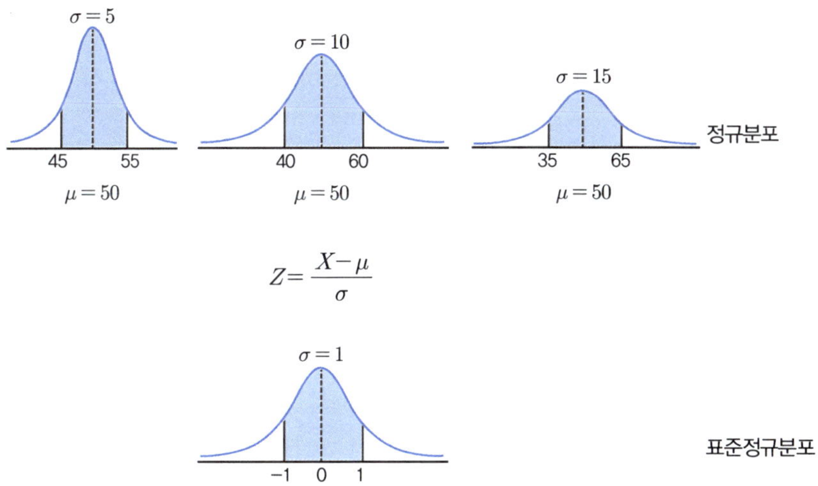

그림 7-4 정규분포를 $Z=\pm 2$로 표준화

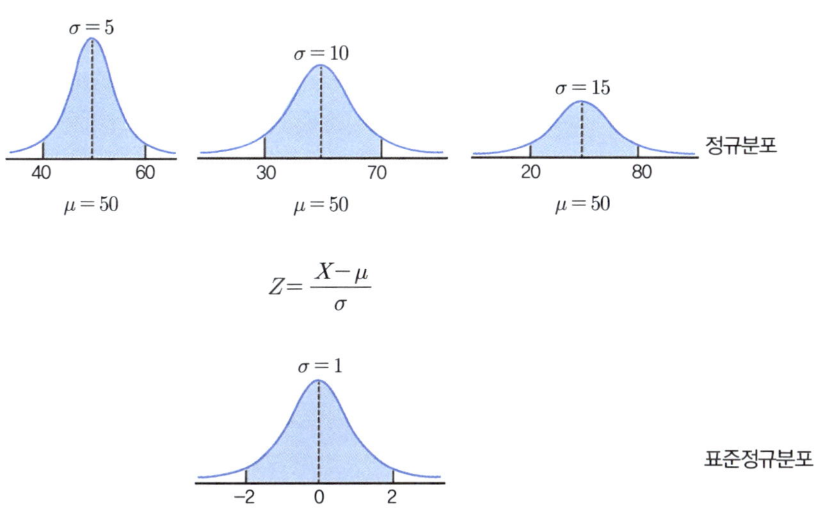

[그림 7-5]에 있는 정규분포상의 모든 X값을 $Z=\dfrac{X-\mu}{\sigma}$로 변환시키면 그 Z값들은 -3과 3이 되어 네 개 분포의 빗금 친 면적은 모두 같다.

그림 7-5 정규분포를 $Z=\pm 3$ 로 표준화

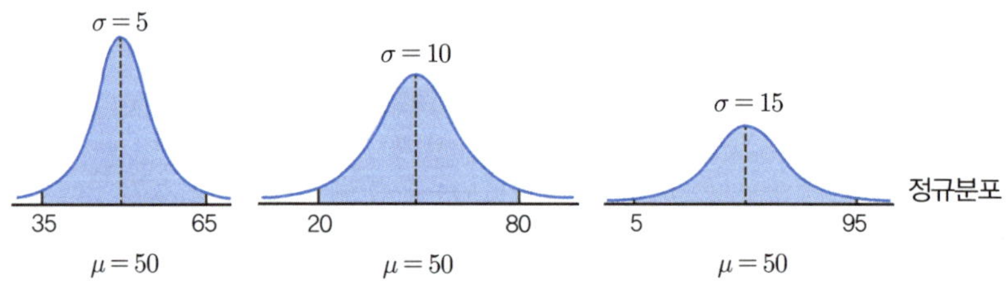

$$Z=\frac{X-\mu}{\sigma}$$

[그림 7-6]은 정규분포와 표준정규분포의 면적을 비교하여 보여주고 있다.

그림 7-6 정규분포와 표준정규분포의 면적

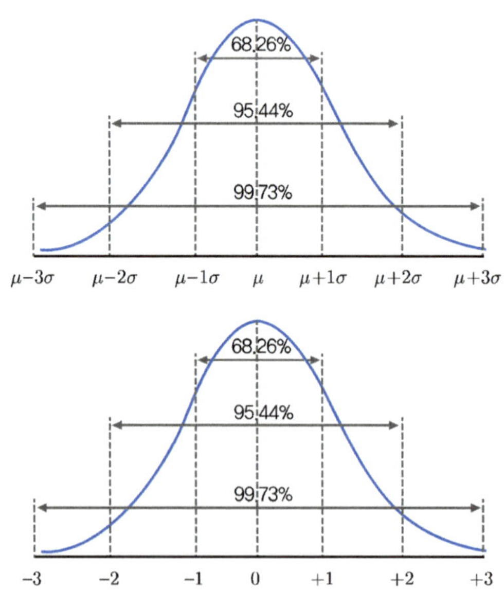

3. 표준정규분포표

정규분포의 면적은 부록에 첨부된 표준정규분포표를 이용하면 쉽게 계산할 수 있다. [그림 7-7] 또는 부록의 표준정규분포표의 왼쪽 끝에는 Z값이 소수점 첫째 자리까지 주어져 있고 표의 상단에는 소수점 둘째 자릿값이 주어져 있다. 그러므로 Z값의 소수점 첫째 자릿값과 둘째 자릿값이 교차하는 지점의 값이 구하고자 하는 구간의 면적인 확률이 된다.

예를 들어, [그림 7-7]에서 $Z=1.68$의 면적은 표의 왼쪽 열에서 1.6를 찾아 수평으로 선을 긋고 표의 상단에서 0.08를 찾아 수직으로 선을 그어 교차하는 지점의 값인 0.4535가 $Z=0$에서 $Z=1.68$의 면적, 즉 확률이 된다.

그림 7-7 표준정규분포의 예

Z	.00	.01	.02	.03	.04	.05	.06	.07	.08	.09
0.0	.0000	.0040	.0080	.0120	.0160	.0199	.0239	.0279	.0319	.0359
0.1	.0398	.0438	.0478	.0517	.0557	.0596	.0636	.0675	.0714	.0753
0.2	.0793	.0832	.0871	.0910	.0948	.0987	.1026	.1064	.1103	.1141
0.3	.1179	.1217	.1255	.1293	.1331	.1368	.1406	.1443	.1480	.1517
0.4	.1554	.1591	.1628	.1664	.1700	.1736	.1772	.1808	.1844	.1879
0.5	.1915	.1950	.1985	.2019	.2054	.2088	.2123	.2157	.2190	.2224
0.6	.2257	.2291	.2324	.2357	.2389	.2422	.2454	.2486	.2517	.2549
0.7	.2580	.2611	.2642	.2673	.2704	.2734	.2764	.2794	.2823	.2852
0.8	.2881	.2910	.2939	.2967	.2995	.3023	.3051	.3078	.3106	.3133
0.9	.3159	.3186	.3212	.3238	.3264	.3289	.3315	.3340	.3365	.3389
1.0	.3413	.3438	.3461	.3485	.3508	.3531	.3554	.3577	.3599	.3621
1.1	.3643	.3665	.3686	.3708	.3729	.3749	.3770	.3790	.3810	.3830
1.2	.3849	.3869	.3888	.3907	.3925	.3944	.3962	.3980	.3997	.4015
1.3	.4032	.4049	.4066	.4082	.4099	.4115	.4131	.4147	.4162	.4177
1.4	.4192	.4207	.4222	.4236	.4251	.4265	.4279	.4292	.4306	.4319
1.5	.4332	.4345	.4357	.4370	.4382	.4394	.4406	.4418	.4429	.4441
1.6	.4452	.4463	.4474	.4484	.4495	.4505	.4515	.4525	.4535	.4545
1.7	.4554	.4564	.4573	.4582	.4591	.4599	.4608	.4616	.4625	.4633
1.8	.4641	.4649	.4656	.4664	.4671	.4678	.4686	.4693	.4699	.4706
1.9	.4713	.4719	.4726	.4732	.4738	.4744	.4750	.4756	.4761	.4767
2.0	.4772	.4778	.4783	.4788	.4793	.4798	.4803	.4808	.4812	.4817

정규분포는 평균을 중심으로 좌우대칭이므로 Z값이 음수(−)일지라도 부호를 무시하고 표준정규분포표에서 값을 찾는다. 예를 들어, $Z=-1.68$의 면적 또한 표의 왼쪽 열에서 1.6를 찾아 수평으로 선을 긋고 표의 상단에서 0.08를 찾아 수직으로 선을 그어 교차하는 지점의 값인 0.4535가 해당 확률이 된다.

예제 7-1

정규분포에서 평균(μ)이 50이고 표준편차(σ)가 4일 때 다음의 확률을 표준정규분포표를 이용하여 구하라.

(1) 60 이상 일 확률　　(2) 46과 54 사이 확률

(3) 44 이하 일 확률　　(4) 48 이하이고 54 이상 일 확률

풀이

(1)

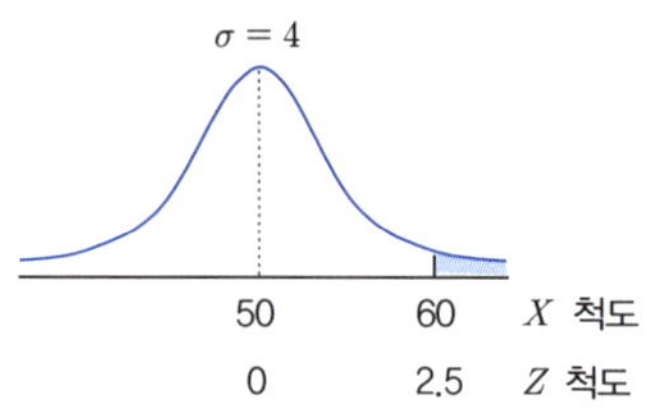

$$Z=\frac{60-50}{4}=2.5$$

$$0.5-0.4938=0.0062$$

(2)

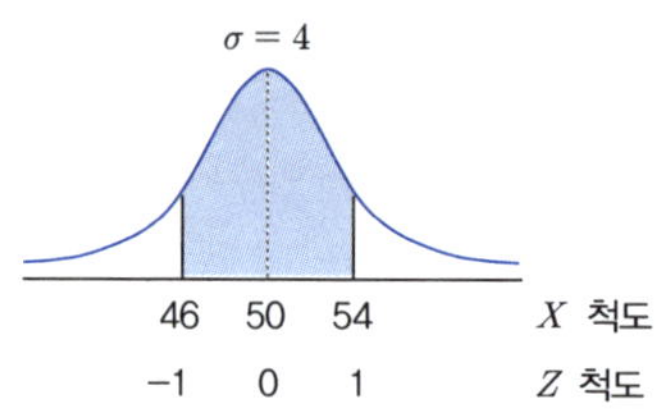

$$Z_1=\frac{46-50}{4}=-1 \quad Z_2=\frac{54-50}{4}=1$$

$$0.3413+0.3413=0.6826$$

(3)

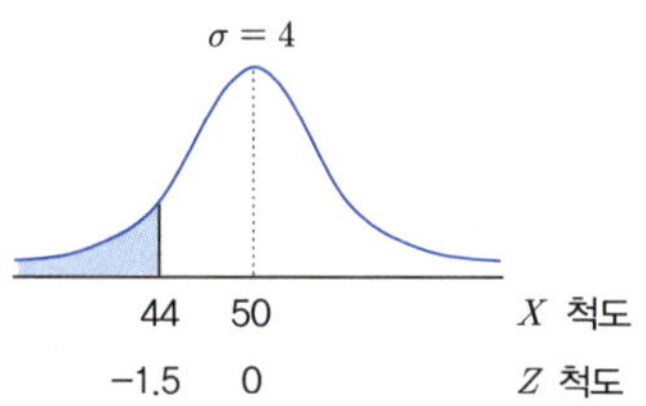

$$Z=\frac{44-50}{4}=-1.5$$

$$0.5-0.4332=0.0668$$

(4)

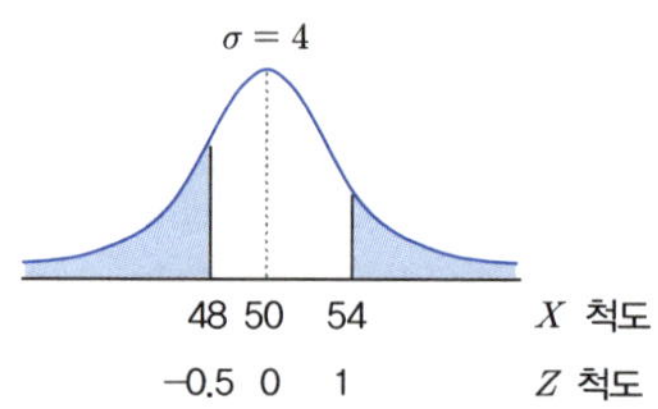

$$Z_1=\frac{48-50}{4}=-0.5 \quad Z_2=\frac{54-50}{4}=1$$

$$(0.5-0.1915)+(0.5-0.3413)$$
$$=0.3085+0.1587=0.4672$$

(1) 0.0062　　(2) 0.6826

(3) 0.0668　　(4) 0.4672

예제 7-2

평균(μ)이 50이고 표준편차(σ)가 4인 정규분포에서 다음의 확률을 표준정규분포표를 이용하여 구하라.

(1) 오른쪽 면적 0.3에 해당하는 X의 값 (2) 상위 10%에 해당하는 최소값

(3) 하위 20%에 해당하는 최대값 (4) 상위 1%에서 하위 2%의 사이 값

풀이

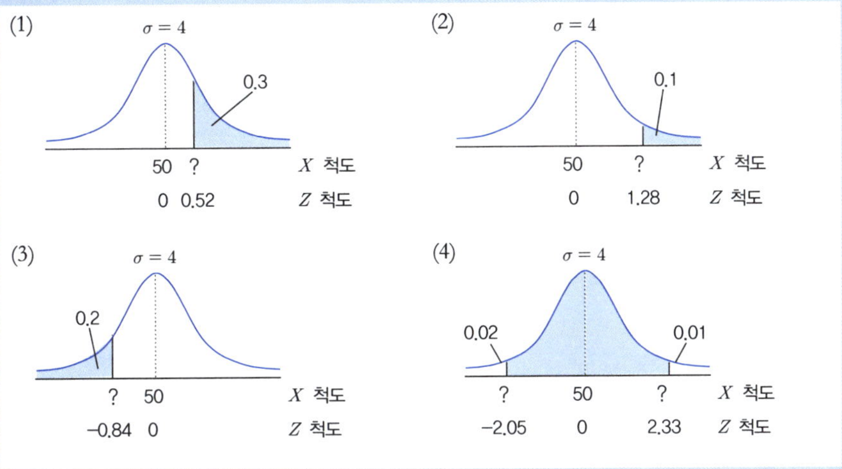

(1) $Z=\dfrac{X-\mu}{\sigma}=0.52=\dfrac{X-50}{4}$, $X-50=4(0.52)$ $\therefore X=52.08$

(2) $Z=\dfrac{X-\mu}{\sigma}=1.28=\dfrac{X-50}{4}$, $X-50=4(1.28)$ $\therefore X=55.12$

(3) $Z=\dfrac{X-\mu}{\sigma}=-0.84=\dfrac{X-50}{4}$, $X-50=-4(0.84)$ $\therefore X=46.64$

(4) $Z=\dfrac{X-\mu}{\sigma}=-2.05=\dfrac{X-50}{4}$, $X-50=-4(2.05)$ $\therefore X=41.8$

$Z=\dfrac{X-\mu}{\sigma}=2.33=\dfrac{X-50}{4}$, $X-50=4(2.33)$ $\therefore X=59.32$

$41.8 \backsim 59.32$

예제 7-3

표준정규분포에서 다음 Z에 해당하는 면적을 구하라.

(1) $Z=-2$의 오른쪽 면적 (2) $Z=-2$와 $Z=+3$ 사이의 면적

(3) $Z=2$의 왼쪽 면적 (4) $Z=2$의 오른쪽 면적

풀이

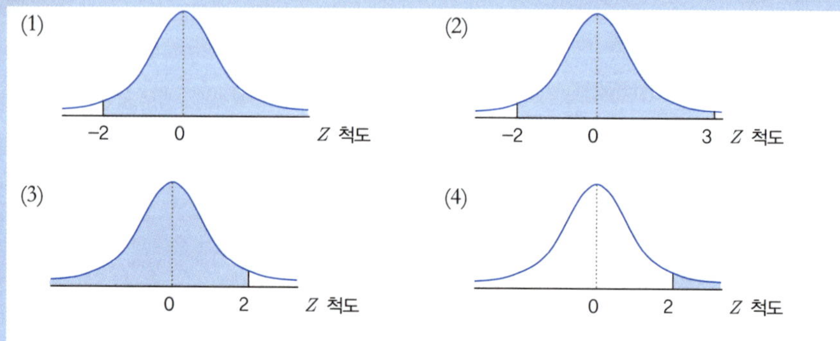

(1) 0.5 + 0.4772 = 0.9772

(2) 0.4772 + 0.4987 = 0.9759

(3) 0.5 + 0.4772 = 0.9772

(4) 0.5 − 0.4772 = 0.0228

예제 7-4

표준정규분포에서 다음 면적에 해당하는 Z값을 구하라.

(1) 오른쪽 면적이 0.1　　(2) 오른쪽 면적이 0.95

(3) 왼쪽 면적이 0.2　　(4) 왼쪽 면적이 0.95

풀이

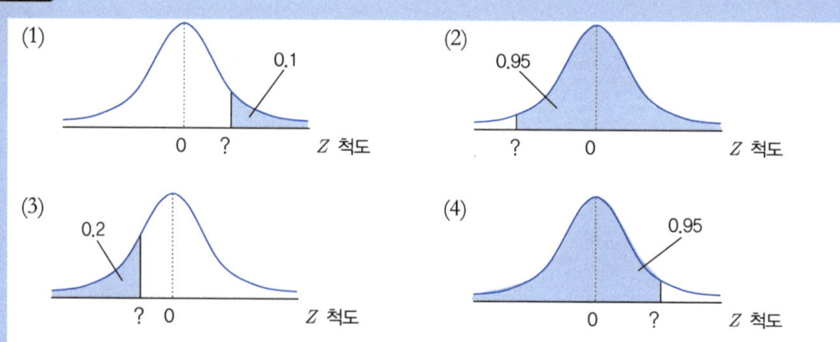

(1) 1.28　　(2) −1.645

(3) −0.084　　(4) 1.645

4. 정규분포의 엑셀함수

정규분포와 관련된 주요 엑셀함수는 [그림 7-8]과 같다.

그림 7-8 정규분포의 엑셀함수

NORM.DIST 함수

=NORM.DIST(x, mean, standard_dev, cumulative)

- x : 분포의 면적을 구하려는 값
- mean : 분포의 평균
- standard_dev : 분포의 표준 편차
- cumulative : 1이면 누적분포함수가
  0이면 확률분포함수가 반환

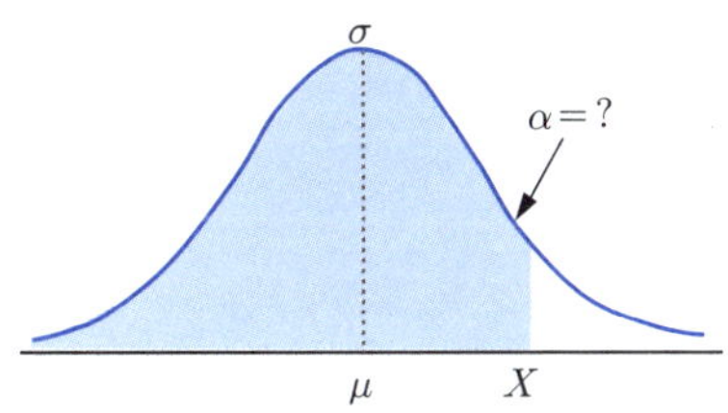

μ과 σ에 대응하는 *X*의 왼쪽 면적을 구함

NORM.S.DIST 함수

=NORM.S.DIST(z, cumulative)

- z : 분포의 면적을 구하려는 값
- cumulative : 1이면 누적분포함수가
  0이면 확률분포함수가 반환

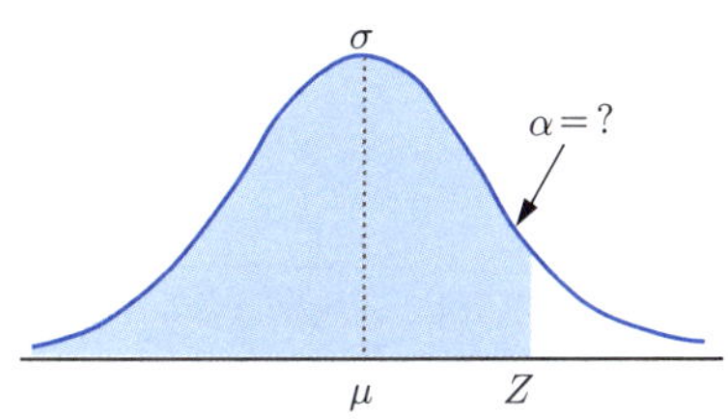

*Z*값에 대응하는 왼쪽 면적을 구함

NORM.INV 함수

=NORM.INV(probability, mean, standard_dev)

- probability : 분포의 확률 또는 면적
- mean : 분포의 평균
- standard_dev : 분포의 표준 편차

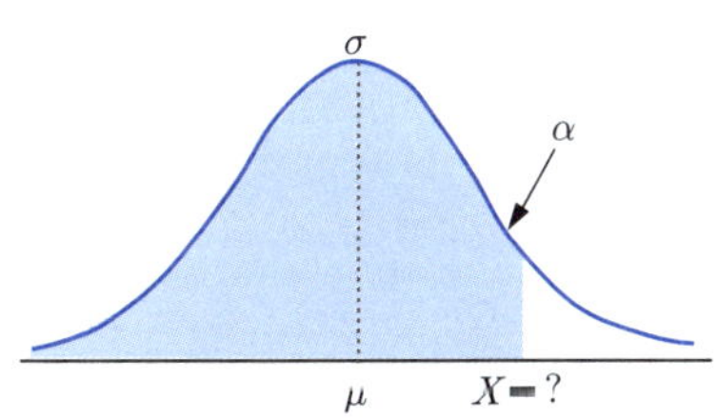

*X*의 왼쪽 면적에 대응하는 *X*값을 구함

NORM.S.INV 함수

=NORM.S.INV(probability)

- probability : 분포의 확률 또는 면적

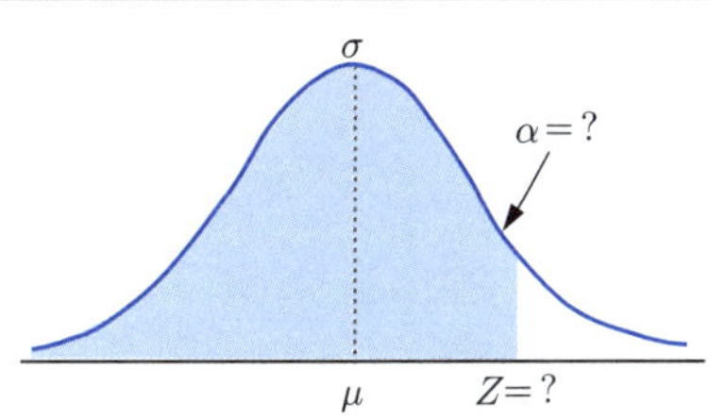

*Z*의 왼쪽 면적에 대응하는 *Z*값을 구함

예제 7-5

NORM.DIST 함수를 사용하여 평균(μ)=10이고 표준편차(σ)=2인 정규분포에서 다음의 확률을 구하라.

(1) 12 이하 (2) 10에서 12 사이

(3) 12 이상 (4) 6 이하 12 이상

풀이

(1) =NORM.DIST(12, 10, 2, 1)=0.8413

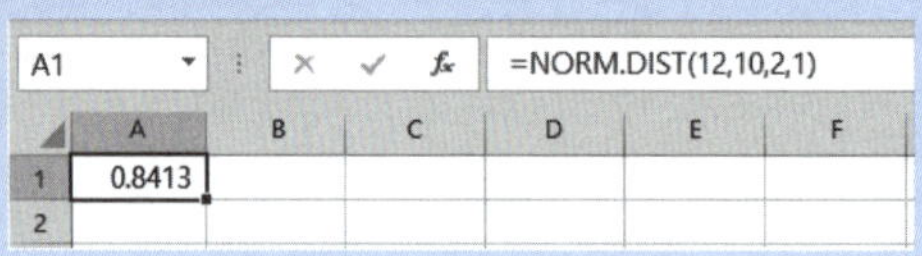

(2) =NORM.DIST(12, 10, 2, 1)-NORM.DIST(10, 10, 2, 1)=0.3413

또는 =NORM.DIST(12, 10, 2, 1)-0.5=0.3413

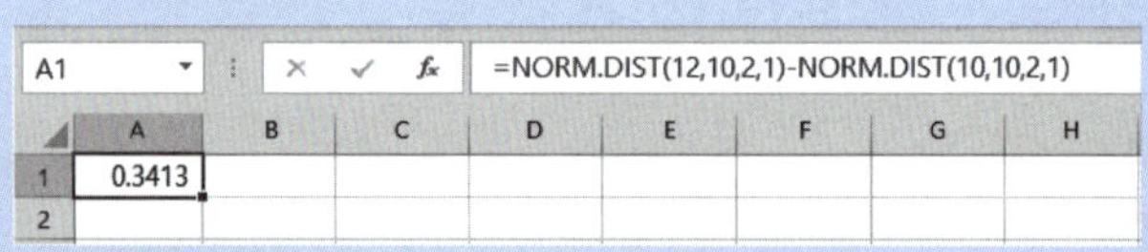

(3) =1-NORM.DIST(12, 10, 2, 1)=0.1587

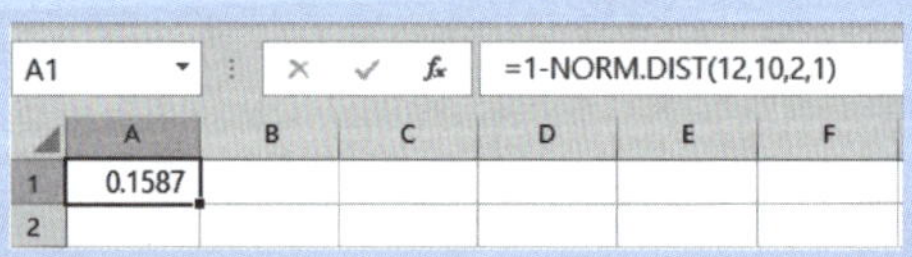

(4) =NORM.DIST(6, 10, 2, 1)+(1-NORM.DIST(12, 10, 2, 1))=0.1814

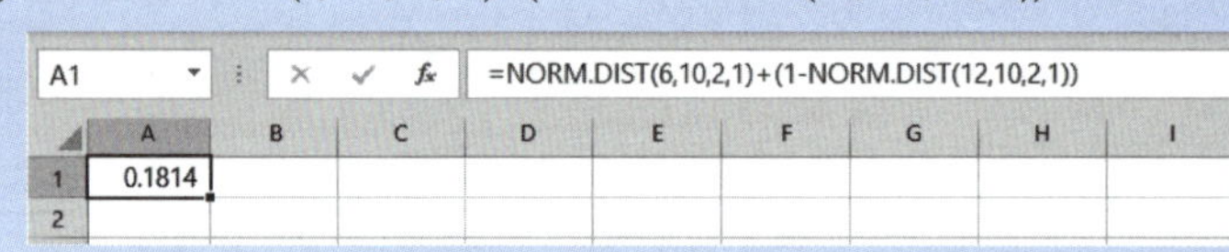

예제 7-6

NORM.S.DIST 함수를 사용하여 다음을 구하라.

(1) 표준정규분포에서 $P(Z< 1.96)$을 구하라.

(2) 표준정규분포에서 $P(Z< -1.96)$을 구하라.

(3) 표준정규분포에서 $P(-2 < Z< 2)$를 구하라.

(4) 표준정규분포에서 $P(Z< -2)$와 $P(Z> 2)$를 구하라

풀이

(1) =NORM.S.DIST(1.96,1)=0.9750

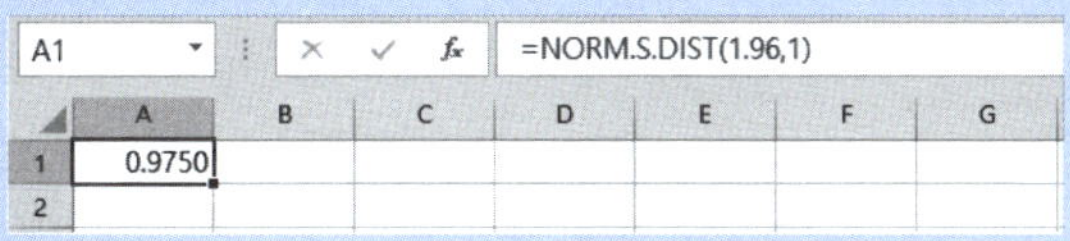

(2) =NORM.S.DIST(−1.96,1)=0.0250

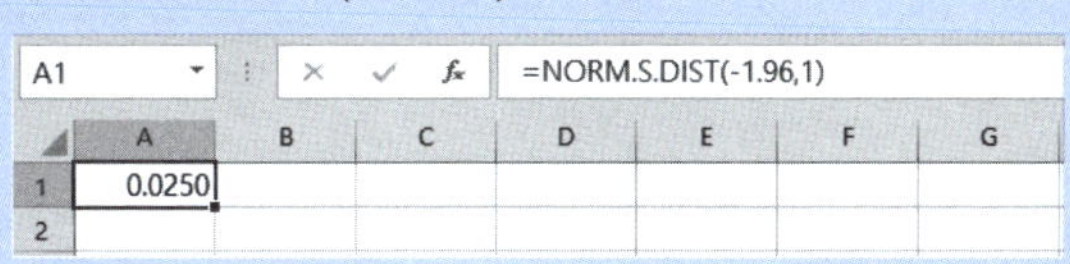

(3) =NORM.S.DIST(2,1)−NORM.S.DIST(−2,1)=0.9545

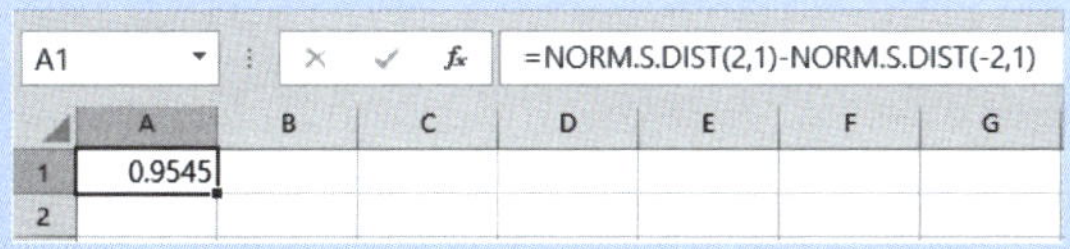

(4) =NORM.S.DIST(−2,1)=0.0228 또는 1−NORM.S.DIST(2,1)=0.0228

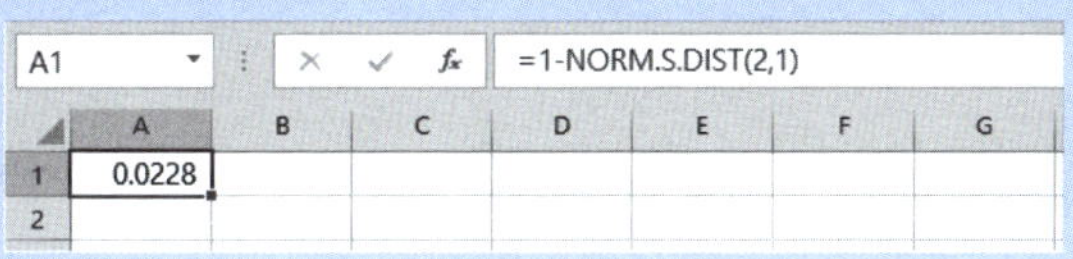

예제 7-7

NORM.INV 함수를 사용하여 $\mu=10$, $\sigma=2$인 정규분포에서 다음의 확률을 구하라.

(1) 왼쪽 면적이 0.975인 X의 값

(2) 상위 10%에 해당하는 최소값

(3) 하위 10%에 해당하는 최대값

(4) 상위 5%와 하위 5%에 해당하는 X의 값

풀이

(1) =NORM.INV(0.975, 10, 2)=13.9199

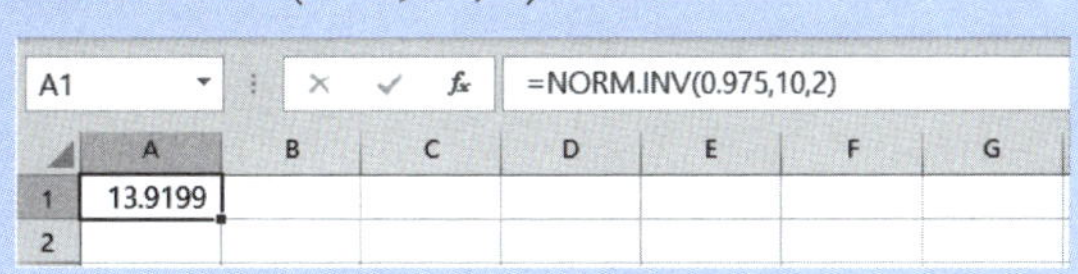

(2) =NORM.INV(0.9, 10, 2)=12.5613

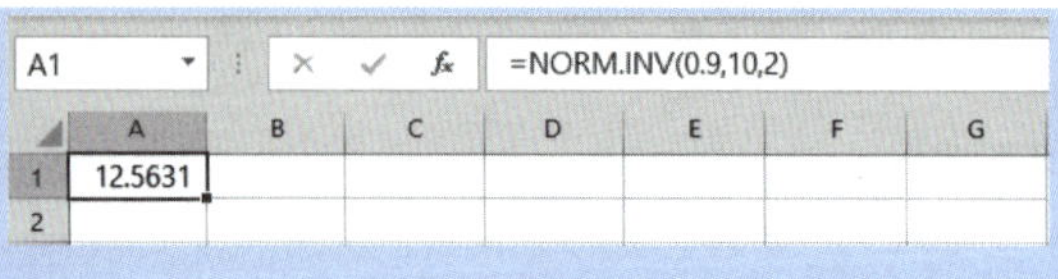

(3) =NORM.INV(0.1, 10, 2)=7.4369

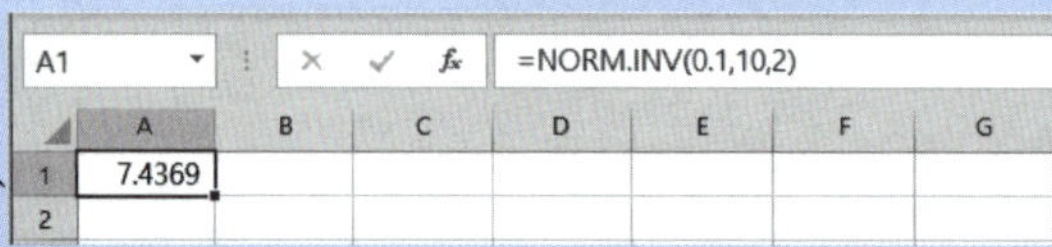

(4) =NORM.INV(0.05, 10, 2)=6.7103, =NORM.INV(0.95, 10, 2)=13.2897

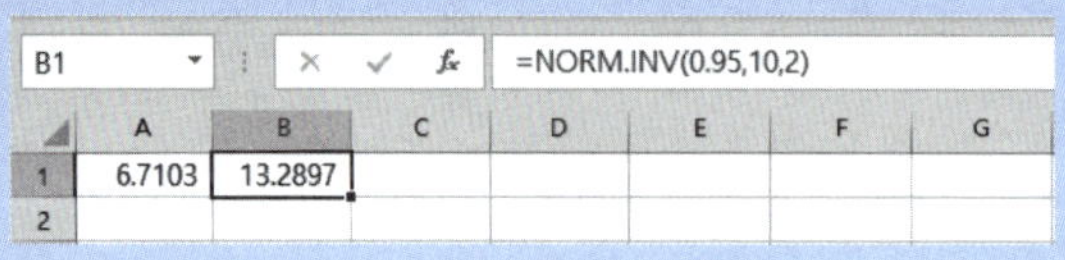

예제 7-8

NORM.S.INV 함수를 사용하여 다음을 구하라.

(1) 왼쪽 면적이 0.95인 Z값을 구하라.

(2) 오른쪽 면적이 0.05인 Z값을 구하라.

풀이

(1) =NORM.S.INV(0.95)=1.6449

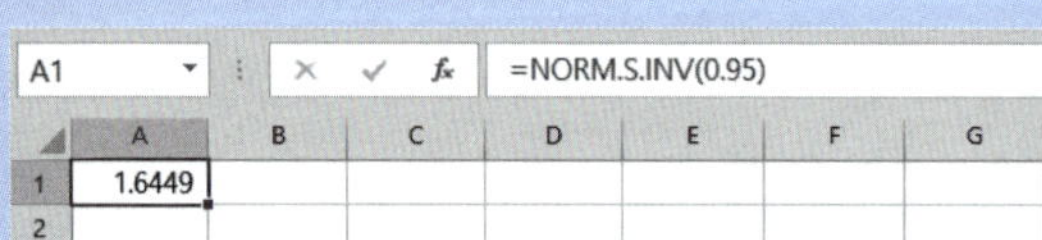

(2) =NORM.S.INV(1-0.05)=1.6449

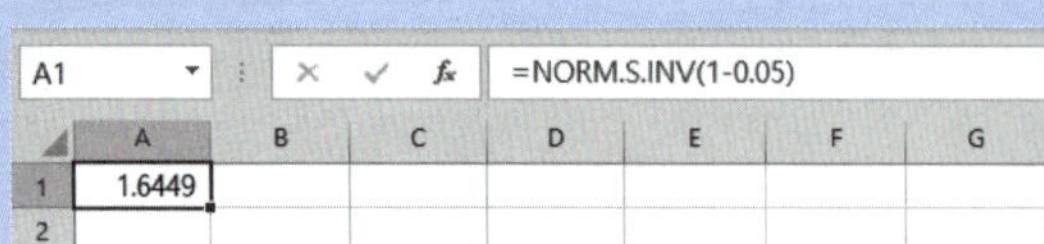

5. 정규분포의 계산 예제

다음의 몇 가지 예를 통하여 표준정규분포를 사용하여 정규분포곡선의 면적을 계산하는 방법들을 살펴보기로 한다.

예제 7-9

통계학 시험의 평균(μ)이 70점이고 표준편차(σ)가 4점일 때 무작위로 추출한 학생의 점수가 64점~78점 사이일 확률을 표준정규분포표와 엑셀함수를 사용하여 구하라.

풀이

(1) 표준정규분포표

먼저 다음과 같은 두 개의 Z값을 구한다.

$$Z_1 = \frac{X-\mu}{\sigma} = \frac{64-70}{4} = -1.5,\ Z_2 = \frac{X-\mu}{\sigma} = \frac{78-70}{4} = 2.0$$

Z값 2.0과 −1.5에 대한 확률은 각각 0.9772와 0.0668이다. 따라서 확률은 0.9772−0.0668=0.9104이 된다. 즉, 무작위로 추출한 학생의 점수가 64점~78점 사이일 확률은 0.9104로 전체 학생의 91.04%가 64점~78점 사이로 볼 수 있다.

(2) 엑셀함수

=NORM.S.DIST(2, 1)−NORM.S.DIST(−1.5, 1)=0.9104 또는

=NORM.DIST(78, 70, 4, 1)−NORM.DIST(64, 70, 4, 1)=0.9104

예제 7-10

통계학 시험의 평균(μ)이 70점이고 표준편차(σ)가 4점일 때 무작위로 추출한 학생의 점수가 65점 이하이거나 80점 이상일 확률을 표준정규분포표와 엑셀함수를 사용하여 구하라.

풀이

(1) 표준정규분포표

두 개의 Z값을 계산한다.

$$Z_1 = \frac{X-\mu}{\sigma} = \frac{65-70}{4} = -1.25,\ Z_2 = \frac{X-\mu}{\sigma} = \frac{80-70}{4} = 2.5$$

65점과 80점 사이의 면적을 구한다. 평균에서 80까지의 면적(Z_2=2.5)은 0.4938이므로 80점 이상의 면적은 0.5−0.4938=0.0062이다. 평균에서 65점까지의 면적(Z_1=−1.25)은 0.3944이므로 65점 이하의 점수는 0.5−0.3944=0.1056이다. 따라서 구하고자 면적은 0.0062+0.1056=0.1118이다. 즉 전체 중 11.18%가 65점 이하와 80점 이상이다.

(2) 엑셀함수

=1−NORM.S.DIST(2.5, 1) + NORM.S.DIST(−1.25, 1) =0.1119 또는

=1−NORM.DIST(80, 70, 4, 1) + NORM.DIST(65, 70, 4, 1) =0.1119

예제 7-11

통계학 시험의 평균(μ)이 70점이고 표준편차(σ)가 4점일 때 전체 95%에 해당하는 값의 대칭 범위를 표준정규분포표와 엑셀함수를 사용하여 구하라.

풀이

(1) 표준정규분포표

평균을 중심으로 양쪽으로 위치할 면적의 크기를 결정한다. 95%의 절반은 47.5%이므로 평균을 기준으로 양쪽으로 각각 0.4750씩 위치하므로 왼쪽은 0.025이고 오른쪽은 0.975이다. 표준정규분포표에서 0.025와 0.975에 가장 근사한 Z값을 찾으면 각각 −1.96과 +1.96이다. 구하고자 하는 값은 평균에서 양쪽으로 각각 표준편차의 1.96배만큼씩 떨어져 있으므로 다음과 같이 계산한다.

$$Z_1 = \frac{X-\mu}{\sigma} = \pm 1.96 = \frac{X-70}{4}$$

따라서 $X=\mu \pm Z(\sigma)$이므로 $X=70 \pm 1.96(4)$이 된다. 전체 학생 중 95%가 62.16~77.84 사이이다.

(2) 엑셀함수

=NORM.INV(0.025, 70, 4)=62.1601

=NORM.INV(0.975, 70, 4)=77.8399

예제 7-12

통계학 시험의 평균(μ)이 70점이고 표준편차(σ)가 4점일 때 하위 10%와 상위 15%에 해당하는 점수는 얼마 이하인가?

풀이

(1) 표준정규분포표

하위 10%는 평균을 기준으로 왼쪽에 49%가 위치함을 의미하므로 0.49에 가장 근사한 Z값은 −1.28이다. 따라서 $Z_1 = \frac{X-\mu}{\sigma} = -1.28 = \frac{X+70}{4}$이므로 $X=70-1.28(4)=64.88$이 된다. 한편 상위 15%는 평균을 기준으로 오른쪽에 35%가 위치함을 의미하므로 0.35에 가장 근사한 Z값은

1.04이다. 따라서 $Z_1 = \frac{X-\mu}{\sigma} = 1.04 = \frac{X+70}{4}$이므로 $X = 70 + 1.04(4) = 74.16$이 된다. 즉 64.88점이 하위 10%에 74.16점이 상위 15%에 해당하는 점수가 된다.

(2) 엑셀함수
=NORM.INV(0.1, 70, 4)=64.8738
=NORM.INV(0.85, 70, 4)=74.1457

제2절 ▌ t-분포

1. t-분포의 특징

평균 μ와 표준편차 σ를 갖는 정규분포인 모집단으로부터 크기가 n인 모든 표본을 추출하여 각 표본에 대한 $\overline{X}$를 계산하여 $Z = \frac{\overline{X}-\mu}{\sigma/\sqrt{n}}$로 변환하면 그 결과로 나오는 통계량은 표준정규분포를 따른다. 그러나 모집단의 표준편차 σ값을 모르면 σ의 근사치인 S값이 사용되어야 하므로 $\overline{X}$의 표본분포의 표준편차는 $\frac{\sigma}{\sqrt{n}}$ 대신 $\frac{S}{\sqrt{n}}$이 된다.

평균 μ와 표준편차 σ를 갖는 정규분포인 모집단으로부터 크기가 n인 모든 표본을 추출하여 각 표본에 대하여 $\overline{X}$와 S를 계산하여 $t = \frac{\overline{X}-\mu}{S/\sqrt{n}}$로 변환하면 그 결과로 나오는 통계량은 정규분포를 취하지 않고 t-분포를 따른다. 이를 도표로 나타내면 [그림 7-9]와 같다.

t-분포는 모집단 표준편차를 알 수 없을 때 표본 평균과 모집단 평균 사이 표준화된 거리를 보여준다.

그림 7-9 모집단과 t-분포와의 관계

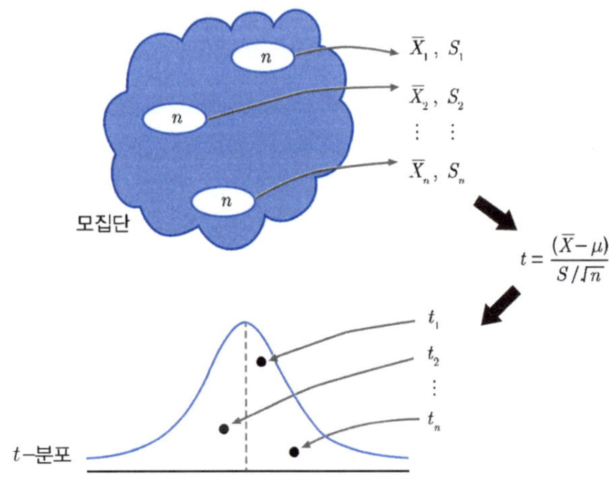

만약 모집단 표준편차를 안다면 표본평균을 표준화한 표준정규분포로 모집단 평균을 추측하면 정확하다. 하지만 모집단 평균을 모르는데 모집단 표준편차를 아는 경우는 드물고 모집단 표준편차를 알기 위해 모집단 전부를 조사하기란 현실적으로 어려워 대부분은 모집단의 표준편차는 모른다. 따라서 모집단 표준편차 대신 표본 표준편차의 값을 이용한 t-분포로 모평균을 추측한다.

t-분포는 $n-1$로 결정되는 자유도(degree of freedom, df)의 크기에 따라 모양이 결정되는 곡선들의 모임이다. [그림 7-10]은 표본의 크기 n이 t-분포의 모양에 주는 영향을 정규분포와 비교하여 보여준다. t-분포의 특징은 다음과 같다.

- t-분포의 평균은 0이고 평균에 대하여 대칭이다.
- t-분포는 정규분포보다는 중앙에서 낮고 꼬리부분에서는 넓게 퍼져 있다.
- t-분포는 표본에 따라 다른 분포가 존재하는 분포들의 모임이다.
- t-분포는 표본의 크기가 증가함에 따라 정규분포에 가까워진다.
- t-분포의 분산값은 1보다 크나 표본의 크기가 증가함에 따라 분산값은 1에 접근한다.
- t값은 $-\infty$ 부터 $+\infty$ 사이의 값을 취한다.

그림 7-10 자유도에 따른 t-분포

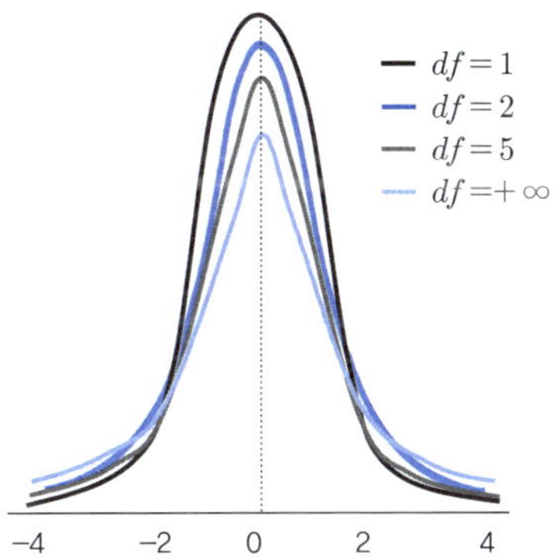

2. t-분포표

t-분포표는 df에 따른 t값을 나타내며 표준정규분포표와는 달리 t-분포표는 한쪽 끝부분 면적에 대한 t값들을 보여준다. 부록에 t-분포표가 수록되어 있으며 [그림 7-11]은 그 일부를 보여준다.

그림 7-11 t-분포표

df	0.1	0.05	0.025	0.01	0.005	0.001	0.0005
1	3.078	6.314	12.706	31.821	63.657	318.309	636.619
2	1.886	2.920	4.303	6.965	9.925	22.327	31.599
3	1.638	2.353	3.182	4.541	5.841	10.215	12.924
4	1.533	2.132	2.776	3.747	4.604	7.173	8.610
5	1.476	2.015	2.571	3.365	4.032	5.893	6.869
6	1.440	1.943	2.447	3.143	3.707	5.208	5.959
7	1.415	1.895	2.365	2.998	3.499	4.785	5.408
8	1.397	1.860	2.306	2.896	3.355	4.501	5.041
9	1.383	1.833	2.262	2.821	3.250	4.297	4.781
10	1.372	1.812	2.228	2.764	3.169	4.144	4.587

t-분포표의 사용법은 df 열에서 해당 자유도를 찾은 다음 분포의 오른쪽 꼬리부분 면적(α)에 해당되는 행을 만날 때까지 오른쪽으로 읽어 간다. 예를 들면, $n=10(df=9)$이고 오른쪽 꼬리부분 면적이 5%에 해당하는 t값은 df 열의 9에서 수평으로 선을 긋고 오른쪽 꼬리부분 면적이 0.05인 열에서 수직으로 선을 그어 마주치는 지점의 값인 1.833이 해당 t값이다. t-분포표의 제일 마지막 줄이 정규분포에서 사용되었던 Z 값과 같다. 이는 표본의 수가 커지면 t-분포표는 정규분포에 근접하기 때문이다.

3. t-분포의 엑셀함수

t-분포와 관련된 주요 엑셀함수는 [그림 7-12]와 같다.

그림 7-12 t-분포의 엑셀함수

T.DIST 함수

=T.DIST(x, deg_freedom, cumulative)
- x : 분포를 구하려는 숫자 값
- deg_freedom : 자유도를 나타내는 정수
- cumulative : 1이면 누적분포함수가
  0이면 확률분포함수가 반환

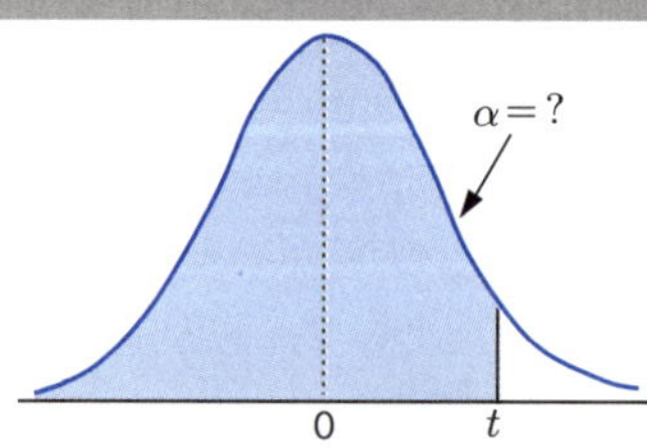

t 값과 자유도에 따른 왼쪽 면적을 구함

T.DIST.RT 함수

=T.DIST.RT(x, deg_freedom)
- x : 분포를 구하려는 숫자 값
- deg_freedom : 자유도를 나타내는 정수

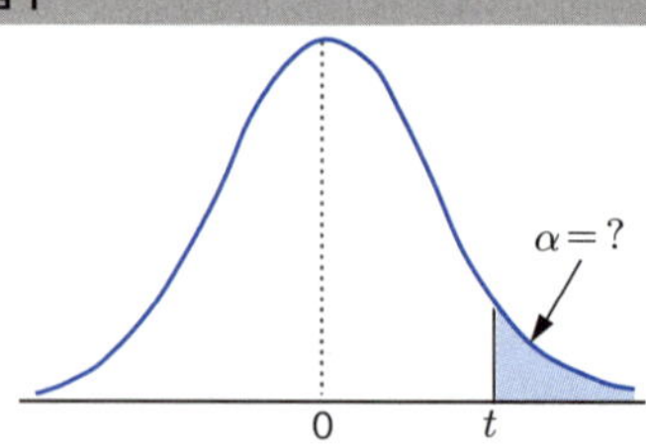

t 값과 자유도에 따른 오른쪽 면적을 구함

T.DIST.2T함수

=T.DIST.2T(x, deg_freedom)

- x : 분포를 구하려는 숫자 값
- deg_freedom : 자유도를 나타내는 정수

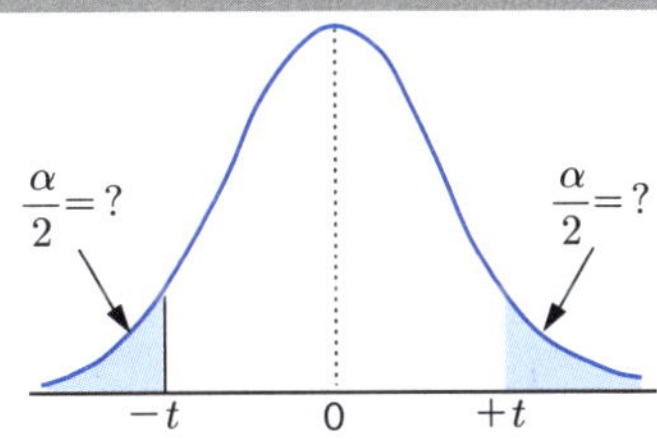

t 값과 자유도에 따른 양쪽 면적을 구함

T.INV함수

=T.INV(probability, deg_freedom)

- probability : t-분포와 관련된 확률
- deg_freedom : 자유도를 나타내는 정수

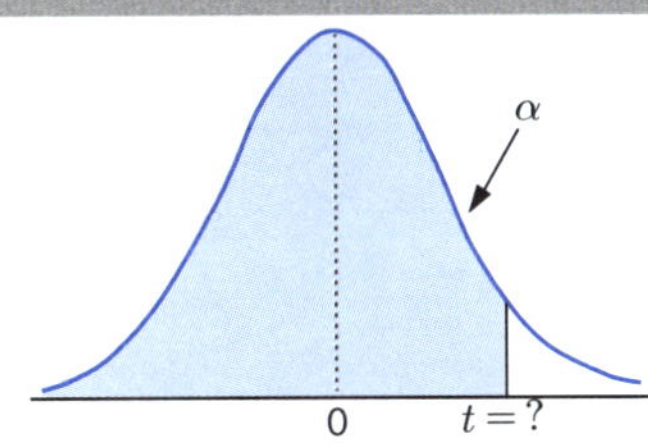

자유도와 왼쪽 면적에 따른 t 값을 구함

예제 7-13

T.DIST 함수를 사용하여 다음을 구하라.

(1) t값이 1.833이고 자유도가 9일 때의 t의 왼쪽 확률(면적)

(2) t값이 −2.0이고 자유도가 10일 때의 t의 왼쪽 확률(면적)

풀이

(1) =T.DIST(1.833, 9, 1)=0.9500

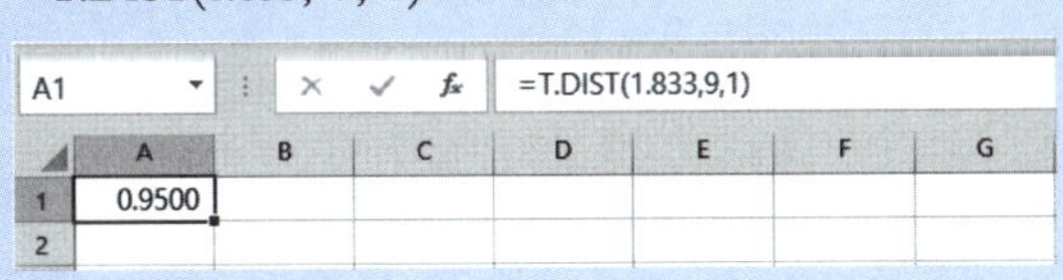

(2) =T.DIST(−2, 10, 1)=0.0367

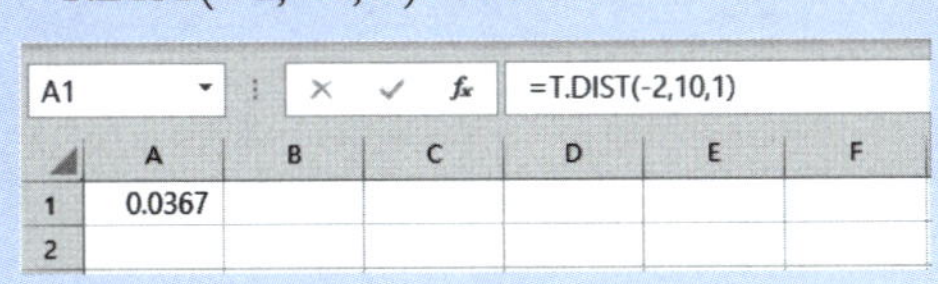

예제 7-14

T.DIST.RT 함수를 사용하여 다음을 구하라.

(1) t값이 1.833이고 자유도가 9일 때의 t의 오른쪽 확률(면적)

(2) t값이 −2.0이고 자유도가 10일 때의 t의 오른쪽 확률(면적)

풀이

(1) =T.DIST.RT(1.833, 9)=0.0500

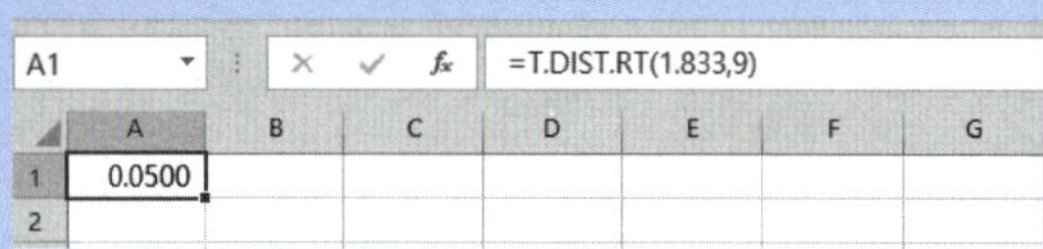

(2) =T.DIST.RT(−2, 10)=0.9633

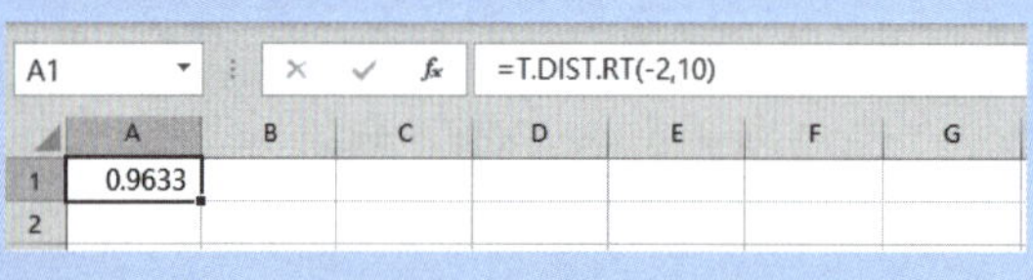

예제 7-15

T.DIST.2T 함수를 사용하여 다음을 구하라.

(1) t값이 1.833이고 자유도가 9일 때의 t의 양쪽 확률(면적)

(2) t값이 −2.0이고 자유도가 10일 때의 t의 양쪽 확률(면적)

풀이

(1) =T.DIST.2T(1.833, 9)=0.10

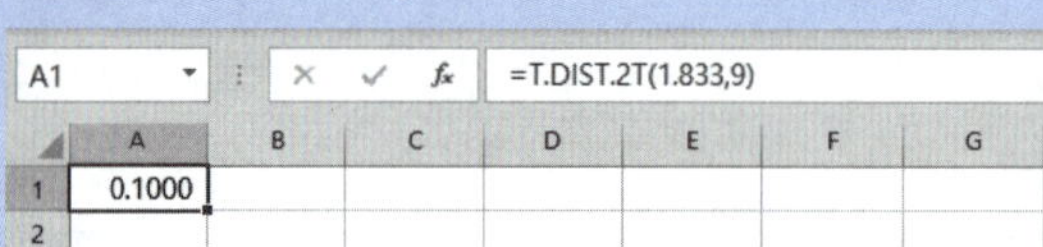

(2) =T.DIST.RT(−2, 10)=#NUM!(음수이면 오류 메시지)

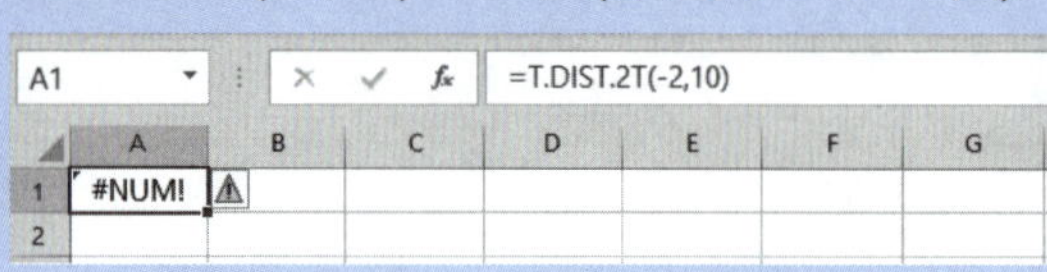

예제 7-16

T.INV 함수를 사용하여 다음을 구하라.

(1) 왼쪽면적이 0.95이고 자유도가 9일 때의 t 값

(2) 왼쪽면적이 0.9633이고 자유도가 10일 때의 t 값

풀이

(1) =T.INV(0.95, 9)=1.8331

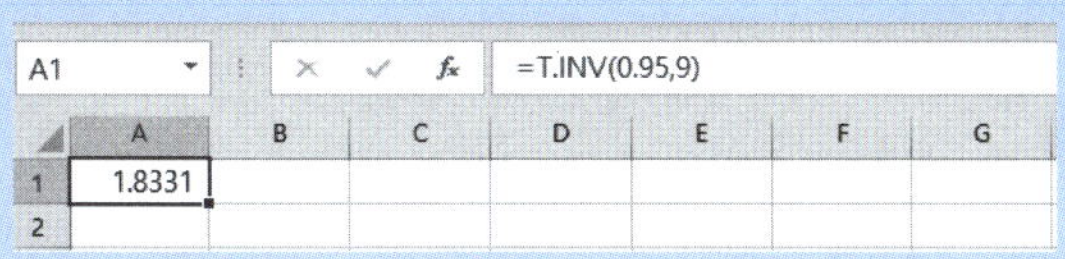

(2) =T.INV(0.9633, 10)=1.9999

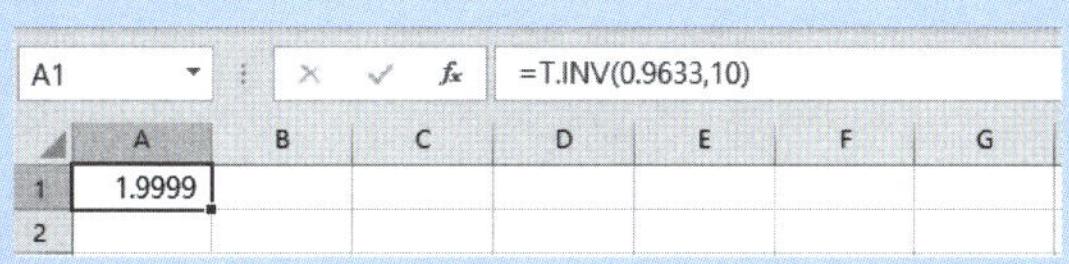

제3절 ▌ F-분포

1. F-분포의 특징

분산이 σ^2인 정규분포에서 표본의 크기가 n_1인 표본을 추출할 때 그 표본의 분산을 S_1^2이라 하고 분산이 σ^2인 정규분포에서 표본의 크기가 n_2인 표본을 추출할 때 그 표본의 분산을 S_2^2라 하자. 이러한 과정을 n_1과 n_2로 추출 가능한 모든 표본에 대해 분산 S_1^2과 S_2^2를 계산한 다음, 모든 가능한 쌍의 비율 S_1^2/S_2^2이 이루는 분포는 자유도가 n_1-1, n_2-1인 F-분포이다.

> F–분포(F–Distribution)는 정규분포를 이루는 모집단에서 독립적으로 추출한 표본들의 분산 비율이 나타내는 연속 확률분포이다.

F-분포는 두 개 이상의 표본집단의 분산을 비교하거나 모집단의 분산을 추정할 때 사용되는 것으로 F-분포는 다음과 같다.

$$F_{(n_1-1,\, n_2-1)} = \frac{S_1}{S_2}$$

여기서 $n_1 - 1$ = 분자의 df_1, $n_2 - 1$= 분모의 df_2

분산이 같은 모집단으로부터 추출된 표본분산의 비율 S_1^2/S_2^2는 1.0에 가까워야 하고, 만약 1.0에 가깝지 않다면 분산이 서로 다른 모집단에서 표본이 추출되었다고 할 수 있다. 분산 값은 양수이기 때문에 두 분산의 비율인 F값은 양수이다.

[그림 7-13]과 같이 F-분포는 최빈치가 하나이며, 오른쪽으로 치우쳐 있고, df_1과 df_2에 따라 다양한 모양의 F-분포가 존재한다. 그러나 df_1과 df_2의 값이 증가함에 따라 F-분포는 정규분포에 가까워진다.

그림 7-13 자유도에 따른 F–분포

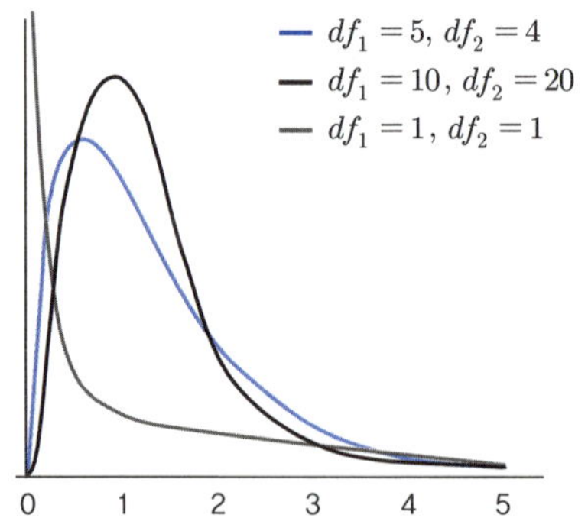

2. F-분포표

부록의 F-분포표는 실제로 두 모집단의 분산이 같을 때 분포의 오른쪽 면적인 α가 0.1, 0.05, 0.025, 0.01에 대한 값들을 보여준다. 여기서 df_1는 분자 자유도를 df_2는 분모 자유도를 나타낸다. [그림 7-14]는 α=0.1일 때의 일부 F값을 보여주고 있다.

F-분포표를 사용하는 방법을 예를 들어 살펴보기로 한다. 분자에는 $n=7$을 분모에는 $n=11$을 사용하고 $\alpha=0.1$일 때 귀무가설의 부정기준이 되는 F값을 찾아보기로 한다. 이때 분자에 사용된 df_1=6(n=7)이 되고 분모에 사용된 df_2=10(n=11)이 된다. 그러므로 부록의 F-분포표나 [그림 7-14]의 $\alpha=0.1$에서 가로 6(df_1)을 찾아 수직으로 내려가다가 좌측 끝에 있는 10(df_2)에서 오른쪽으로 선을 그어 만나는 지점의 값 2.46이 F값이 된다.

그림 7-14 F-분포표

$\alpha=0.1$

df_2 \ df_1	1	2	3	4	5	6	7	8	9	10
1	39.86	49.50	53.59	55.83	57.24	58.20	58.91	59.44	59.86	60.19
2	8.53	9.00	9.16	9.24	9.29	9.33	9.35	9.37	9.38	9.39
3	5.54	5.46	5.39	5.34	5.31	5.28	5.27	5.25	5.24	5.23
4	4.54	4.32	4.19	4.11	4.05	4.01	3.98	3.95	3.94	3.92
5	4.06	3.78	3.62	3.52	3.45	3.40	3.37	3.34	3.32	3.30
6	3.78	3.46	3.29	3.18	3.11	3.05	3.01	2.98	2.96	2.94
7	3.59	3.26	3.07	2.96	2.88	2.83	2.78	2.75	2.72	2.70
8	3.46	3.11	2.92	2.81	2.73	2.67	2.62	2.59	2.56	2.54
9	3.36	3.01	2.81	2.69	2.61	2.55	2.51	2.47	2.44	2.42
10	3.29	2.92	2.73	2.61	2.52	2.46	2.41	2.38	2.35	2.32
11	3.23	2.86	2.66	2.54	2.45	2.39	2.34	2.30	2.27	2.25
12	3.18	2.81	2.61	2.48	2.39	2.33	2.28	2.24	2.21	2.19
13	3.14	2.76	2.56	2.43	2.35	2.28	2.23	2.20	2.16	2.14
14	3.10	2.73	2.52	2.39	2.31	2.24	2.19	2.15	2.12	2.10
15	3.07	2.70	2.49	2.36	2.27	2.21	2.16	2.12	2.09	2.06

3. *F*-분포의 엑셀함수

F-분포와 관련된 주요 엑셀함수는 [그림 7-15]와 같다.

그림 7-15 F분포의 엑셀함수

F.DIST 함수

=F.DIST(x, deg_freedom1, deg_freedom2, cumulative)

- x : 함수를 계산할 값
- deg_freedom1 : 분자의 자유도
- deg_freedom2 : 분모의 자유도
- cumulative : 1이면 누적분포함수가
  0이면 확률분포함수가 반환

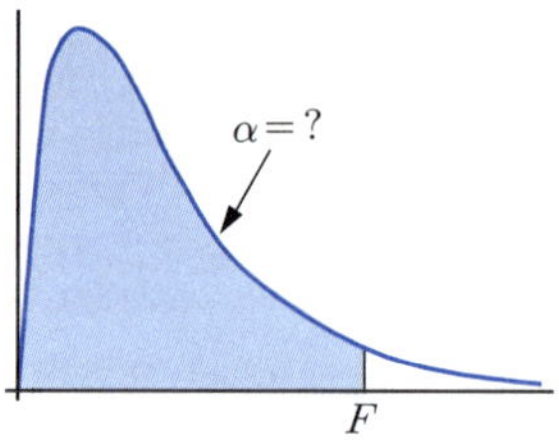

*F*값과 자유도에 따른 왼쪽 면적을 구함

F.DIST.RT 함수

=F.DIST.RT(x, deg_freedom1, deg_freedom2)

- x : 함수를 계산할 값
- deg_freedom1 : 분자의 자유도
- deg_freedom2 : 분모의 자유도

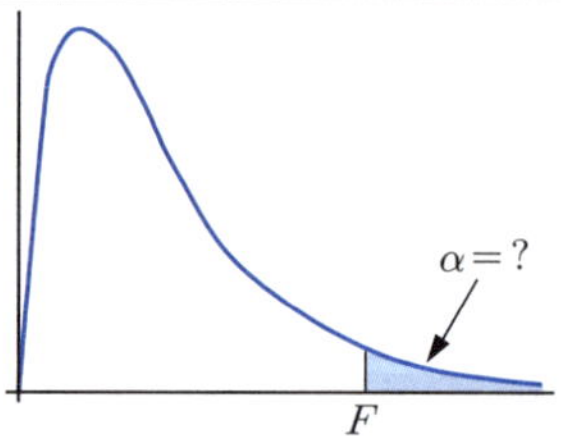

F 값과 자유도에 따른 오른쪽 면적을 구함

F.INV함수

= F.INV(probability, deg_freedom, deg_freedom2)

- probability : *F*-분포와 관련된 확률
- deg_freedom1 : 분자의 자유도
- deg_freedom2 : 분모의 자유도

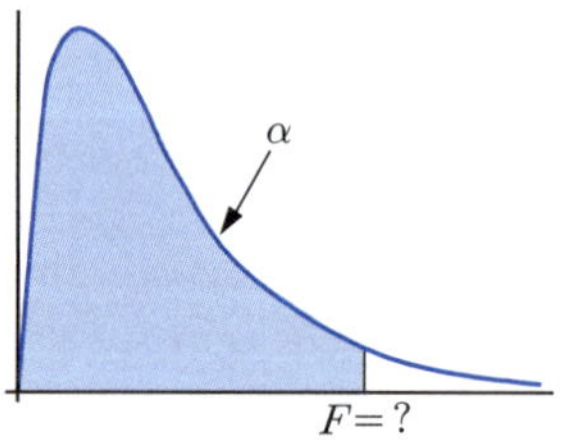

자유도와 왼쪽 면적에 따른 *F* 값을 구함

F.INV.RT함수

=F.INV.RT(probability, deg_freedom1, deg_freedom2)

- probability : *F*-분포와 관련된 확률
- deg_freedom1 : 분자의 자유도
- deg_freedom2 : 분모의 자유도

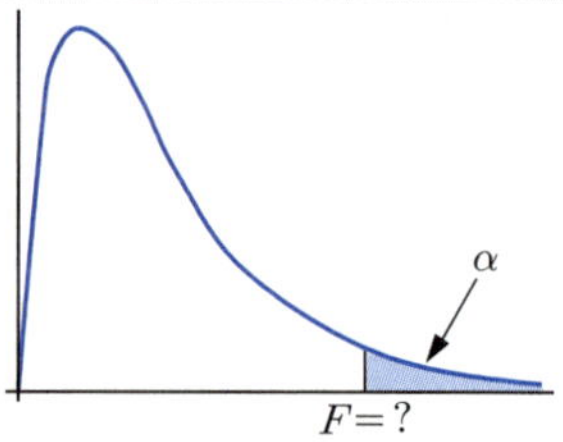

자유도와 오른쪽 면적에 따른 *F* 값을 구함

예제 7-17

F.DIST 함수를 사용하여 다음을 구하라.

(1) F값이 2.85이고 $df_1=10$, $df_2=15$일 때의 왼쪽 확률(면적)

(2) F값이 1.82이고 $df_1=5$, $df_2=6$일 때의 왼쪽 확률(면적)

풀이

(1) =F.DIST(2.85, 10, 15, 1)=0.9670

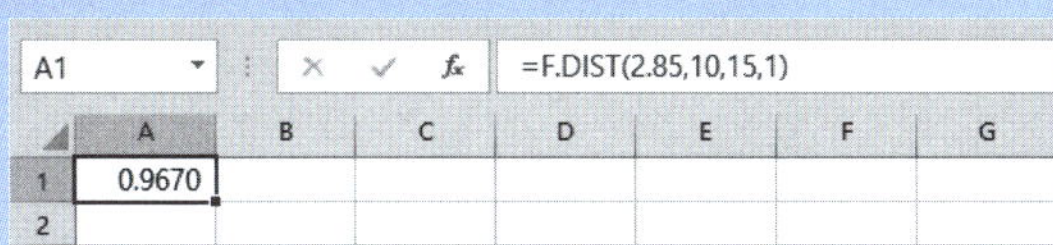

(2) =F.DIST(1.82, 5, 6, 1)=0.7568

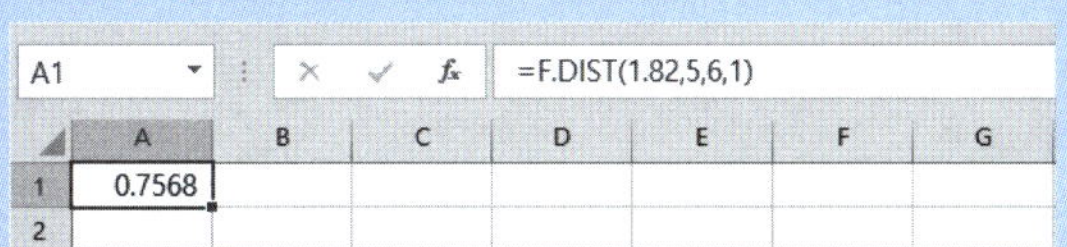

예제 7-18

F.DIST.RT 함수를 사용하여 다음을 구하라.

(1) F값이 2.85이고 $df_1=10$, $df_2=15$일 때의 오른쪽 확률(면적)

(2) F값이 1.82이고 $df_1=5$, $df_2=6$일 때의 오른쪽 확률(면적)

풀이

(1) =F.DIST.RT(2.85, 10, 15)=0.0330

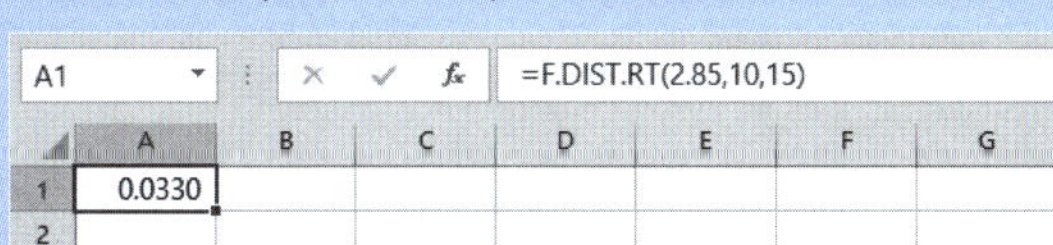

(2) =F.DIST.RT(1.82, 5, 6)=0.2432

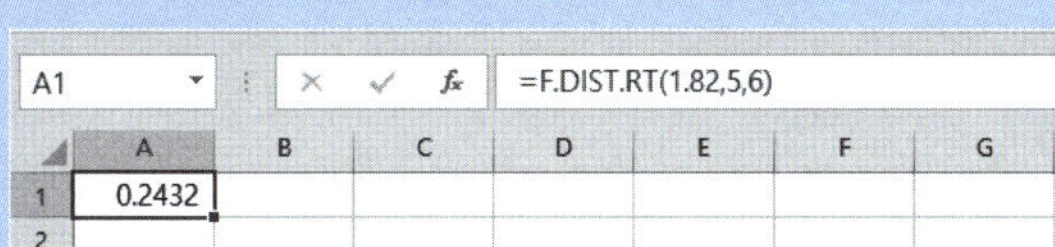

예제 7-19

F.INV 함수를 사용하여 다음을 구하라.

(1) 왼쪽 면적이 0.9670이고 df_1=10, df_2=15일 때의 F값

(2) 왼쪽 면적이 0.025이고 df_1=12, df_2=15일 때의 F값

풀이

(1) =F.INV(0.9670, 10, 15)=2.8490

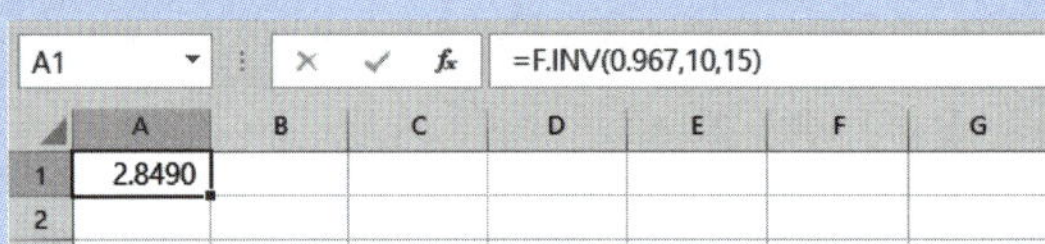

(2) =F.INV(0.025, 12, 15)=0.3147

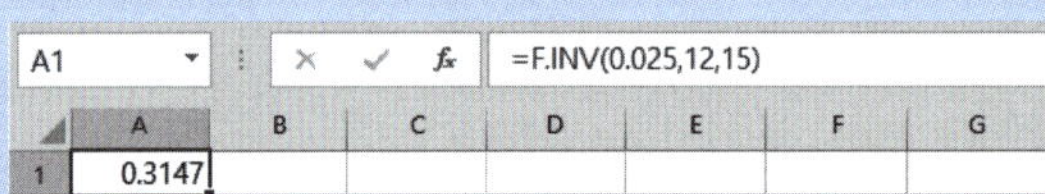

예제 7-20

F.INV.RT 함수를 사용하여 다음을 구하라.

(1) 오른쪽 면적이 0.0330이고 df_1=10, df_2=15의 F값

(2) 오른쪽 면적이 0.2432이고 df_1=5, df_2=6의 F값

풀이

(1) =F.INV.RT(0.0330, 10, 15)=2.8490

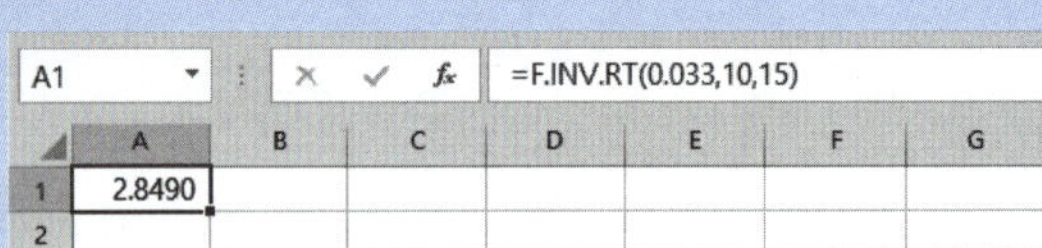

(2) =F.INV.RT(0.2432, 5, 6)=1.8201

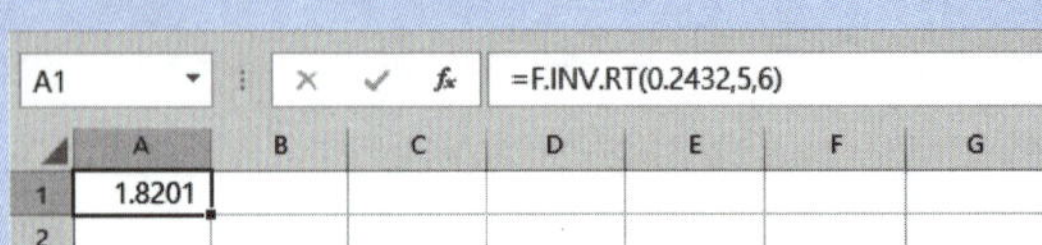

4. 모형의 비교

연속확률분포를 위한 엑셀함수를 비교하면 [표 7-1]과 같다.

표 7-1 연속확률분포모형의 엑셀함수

모형	엑셀함수	
정규	=NORM.DIST (x, mean, standard_dev, cumulative)	μ과 σ에 대응하는 X의 왼쪽 면적
	=NORM.S.DIST (z, cumulative)	Z값이 주어지면 왼쪽 면적
	=NORM.INV (probability, mean, standard_dev)	X의 왼쪽 면적이 주어지면 X값
	=NORM.S.INV (probability)	Z의 왼쪽 면적이 주어지면 Z값
t	=T.DIST (x, deg_freedom, cumulative)	t값과 자유도에 따른 왼쪽 면적
	=T.DIST.RT (x, deg_freedom)	t값과 자유도에 따른 오른쪽 면적
	=T.DIST.2T (x, deg_freedom)	t값과 자유도에 따른 양쪽 면적
	=T.INV (probability, deg_freedom)	자유도와 왼쪽 면적에 따른 t값
	=T.INV.2T (probability, deg_freedom)	자유도와 양쪽 면적에 따른 t값
F	=F.DIST (x, deg_freedom1, deg_freedom2, cumulative)	F값과 자유도에 따른 왼쪽 면적
	=F.DIST.RT (x, deg_freedom1, deg_freedom2)	F값과 자유도에 따른 오른쪽 면적
	=F.INV (probability, deg_freedom)	자유도와 왼쪽 면적에 따른 F값
	=F.INV.RT (probability, deg_freedom)	자유도와 오른쪽 면적에 따른 F값

연습문제

〈객관식 문제〉

1. 다음 중 맞는 것은?

① 정규분포에서는 평균이 항상 최빈치와 중앙치 사이에 있다.

② 평균과 중앙치가 같지 않은 분포는 정규분포가 될 수 없다.

③ 표준정규분포는 평균과 표준편차에 따라 수많은 모양이 존재한다.

④ 정규분포에서 어느 특정 X값에 대한 Z값은 X와 평균사이의 면적이다.

2. 다음 중 틀린 것은?

① 좌우대칭이면 정규분포이다

② t-분포와 F-분포는 자유도에 따라 다양한 분포들이 존재한다.

③ F-분포는 자유도가 2개이다.

④ t-분포의 평균은 0이다.

3. 다음 중 틀린 것은?

① 포아송분포는 이산확률분포이다.

② 정규분포로 이항분포나 포아송분포의 근사치를 구할 수 있다.

③ t-분포는 표본크기가 커지면 정규분포에 가까워진다.

④ t_c는 항상 양수의 값이다.

4. 다음 중 틀린 것은?

① 표준정규분포에서 중심으로부터 $Z=-1$과 $Z=1$의 면적은 같다.

② F값은 항상 양수이다.

③ t-분포는 정규분포보다 중앙이 높고 꼬리부분이 넓게 퍼진 모양을 가진다.

④ 모평균 검정에서 t-분포의 자유도는 $n-1$이다.

5. 통계학 수업을 응시한 학생 1000명의 평균은 60점이고 표준편차는 15점 일 때 통계학 성적은 정규분포를 따른다. 이때, 성적 90점 이상을 받은 학생은 약 몇 명인가?(단, Z=2=0.4772)

① 약 23명 ② 약 46명

③ 약 977명 ④ 약 954명

6. 다음 중 맞는 것은?

① t-분포는 n의 크기에 관계없이 같은 모양을 그린다.

② 정규분포는 어떤 특정 확률변수 X값이 발생할 확률을 계산하기 위해 사용된다.

③ 정규분포에서는 평균=최빈치=중앙치이다.

④ 정규분포는 표준편차를 중심으로 좌우대칭인 종모양을 그린다.

7. 다음 중 맞는 것은?

① 정규분포의 모양은 항상 일정하다.

② 표준정규분포는 평균과 표준편차에 따라 수많은 모양이 존재한다.

③ 평균과 중앙치가 같지 않은 분포는 정규분포가 될 수 없다.

④ 표준정규분포는 평균(μ)과 표준편차(σ)에 따라 모양이 변화한다.

8. 다음 중 맞는 것은?

① 정규분포에서 어느 특정 X값에 대한 Z값은 X와 평균사이의 면적이다.

② 좌우대칭이면 정규분포이다.

③ 정규분포의 모양은 항상 일정하다.

④ μ와 σ가 다르면 정규분포의 모양도 다르다.

9. 다음 중 틀린 것은?

① t-분포는 정규분포곡선보다 더 퍼져 있다.

② t-분포는 표준정규분포와 마찬가지로 평균이 0이다.

③ t-분포는 모집단 표준편차를 알 수 없거나 작은 표본 크기에 유용하다.

④ t-분포는 정규분포와 같다.

10. 다음 중 틀린 것은?
   ① NORM.DIST 함수는 Z값에 대응하는 X의 왼쪽 면적을 구할 때 사용한다.
   ② NORM.S.DIST 함수는 Z값에 대응하는 왼쪽 면적을 구할 때 사용한다.
   ③ NORM.INV 함수는 X의 왼쪽 면적에 대응하는 X값을 구할 때 사용한다.
   ④ NORM.S.INV 함수는 Z의 왼쪽 면적에 대응하는 Z을 구할 때 사용한다.

〈주관식 문제〉

1. 정규분포에서 평균(μ)이 10이고 표준편차(σ)가 1일 때 다음의 확률을 구하라.
   (1) 11 이하일 확률　　(2) 8에서 10사이의 확률
   (3) 7보다 클 확률　　(4) 9보다 작고 12보다 클 확률

2. $\mu=10$, $\sigma=1$인 정규분포에서 다음을 구하라.
   (1) 오른쪽 면적이 0.1에 해당하는 X의 값
   (2) 상위 15%에 해당하는 최소값
   (3) 하위 15%에 해당하는 최대값
   (4) 상위 10%에서 하위 10%의 사이 값

3. 표준정규분포에서 다음 Z에 해당하는 면적을 구하라.
   (1) Z=1.645의 오른쪽 면적　　(2) $Z=-1$과 $Z=+2$사이의 면적
   (3) $Z=-1.645$의 왼쪽 면적　　(4) Z=1과 2 사이의 면적

4. 표준정규분포에서 다음 면적에 해당하는 Z값을 구하라.
   (1) 왼쪽 면적이 0.97725　　(2) 오른쪽 면적이 0.15866
   (3) 오른쪽 면적이 0.9332　　(4) 왼쪽 면적이 0.15866

5. 평균(μ)이 20이고 표준편차(σ)가 2인 정규분포에 대하여 다음의 확률을 구하라.
   (1) $P(X \geq 20)$　　(2) $P(21 \leq X \leq 22)$
   (3) $P(X \leq 21)$　　(4) $P(17 \leq X \leq 19)$

6. ABC 수리센터의 고객 대기시간은 평균이 4분이며 표준편차는 0.4분인 정규분포 형태를 띠고 있다고 한다.

(1) 몇 % 고객이 대기시간이 1분 이내 일까?

(2) 매일 평균 100명의 고객이 이용한다면 대기시간이 5분을 초과하는 고객의 수는?

(3) 전체 고객 중 95%는 몇 분 이하를 기다리는가?

(4) 전체 고객 중 90%는 몇 분 이상을 기다려야 하는가?

7. ABC에서 생산하는 등산장비의 평균무게는 100g이고 표준편차는 20g인 정규분포 형태를 이루고 있다.

(1) 평균무게가 90g부터 110g 사이인 등산장비는 전체 중에서 몇 %인가?

(2) 평균무게가 110g 이상인 등산장비는 몇 %인가?

(3) 전체 등산장비 중 98%는 무게가 몇 g 이하인가?

(4) 전체 등산장비 중에서 95.44%에 해당하는 등산장비는 몇 g 이상 몇 g 이하인가?

8. 어느 회사에서 신입 직원들을 대상으로 직무평가시험을 치른 결과, 평균점수가 80점이고 표준편차가 8점이며 정규분포를 이룬다고 한다.

(1) 어느 직원을 무작위로 추출했을 때 성적이 70~90점 사이에 있을 확률은?

(2) 전체 직원 중 성적이 85~90점사이인 비율은 얼마인가?

(3) 전체 직원 중 상위 3%가 상장을 받는다면 상장 받는 최소점수는 얼마인가?

(4) 전체 직원 중 하위 10%는 연수를 받는다면 몇 점 이하의 직원들이 연수를 받아야 하는가?

9. t값과 df가 다음과 같을 때 해당 면적을 구하라.

(1) t값이 1.5이고 자유도가 15일 때의 왼쪽 면적

(2) t값이 2.33이고 자유도가 30일 때의 왼쪽 면적

(3) t값이 -1.5이고 자유도가 15일 때의 오른쪽 면적

(4) t값이 1.5이고 자유도가 15일 때의 양쪽 면적

(5) t값이 2.33이고 자유도가 30일 때의 양쪽 면적

10. 자유도와 면적에 따른 즉 t값을 구하라.
   (1) 왼쪽 면적이 0.95이고 자유도가 10일 때 t의 값
   (2) 오른쪽 면적이 0.05이고 자유도가 10일 때 t의 값
   (3) 양쪽 면적이 0.05이고 자유도가 10일 때 t의 값

11. F값과 자유도가 주어졌을 때 다음의 면적을 구하라.
   (1) F값이 4이고 df_1=15, df_2=20일 때의 왼쪽 면적
   (2) F값이 3이고 df_1=20, df_2=5일 때의 왼쪽 면적
   (3) F값이 4이고 df_1=15, df_2=20일 때의 오른쪽 면적
   (4) F값이 3이고 df_1=20, df_2=5일 때의 오른쪽 면적

12. 면적과 자유도가 주어졌을 때 다음의 F값을 구하라.
   (1) 왼쪽 면적이 0.95이고 df_1=15, df_2=12일 때의 F값
   (2) 왼쪽 면적이 0.05이고 df_1=12, df_2=15일 때의 F값
   (3) 오른쪽 면적이 0.05이고 df_1=15, df_2=12일 때의 F값
   (4) 오른쪽 면적이 0.95이고 df_1=12, df_2=15일 때의 F값

Chapter 08

표본분포

제1절 ▌표본분포

우리 고객들이 신제품을 선호하는 비율, 대량으로 생산되는 형광등의 수명, 우리나라 대통령의 국정지지율, 우리나라 소나무의 나이 등을 알아보기 위해 모집단의 구성원소를 전수조사(census) 한다는 것은 비록 결과가 매우 정확하더라도 비용이나 시간이 많이 소요된다. 따라서 적은 비용과 시간으로 전수조사 못지않은 정확성을 얻을 수 있는 표본조사를 통해 모집단 특성의 추론이 정당화되는 경우가 많다. 표본으로부터 계산된 평균($\overline{X}$)이나 비율($\hat{p}$)을 가지고 모집단의 평균(μ)이나 비율(p)을 추론하기 위해서는 표본분포에 대한 이해가 필수적이다.

> 표본분포(sampling distribution)란 특정 모집단으로부터 같은 크기로 모든 표본을 뽑아 각 표본들로부터 계산되는 표본통계량들의 분포를 말한다.

이러한 표본분포는 다음과 같은 단계로 구분할 수 있다.

1) N개의 모집단에서 n개로 뽑을 수 있는 모든 표본을 추출한다.
2) 각 표본에 대하여 관심 통계량(평균, 비율, 분산 등)을 계산한다.
3) 계산된 통계량에 대한 평균, 분산(표준편차) 및 분포모양을 살펴본다.

여기서 관심의 통계량에 따라 평균의 표본분포, 비율의 표본분포 등으로 구분한다. 본 장에서는 [그림 8-1]과 같은 평균과 비율의 표본분포에 대해서 살펴보기로 한다.

그림 8-1 표본분포의 예

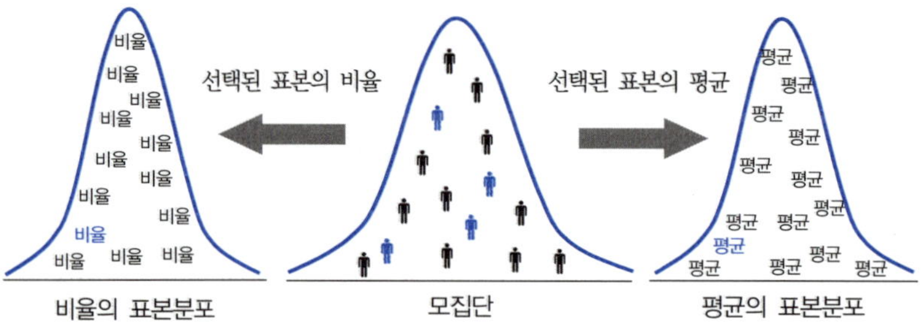

제2절 ▌평균의 표본분포

1. 평균의 표본분포의 개념

평균의 표본분포(sampling distribution of sample means)는 특정 모집단에서 같은 크기로 뽑을 수 있는 모든 표본을 뽑아 각 표본의 평균을 계산하였을 때 그 표본평균들의 확률분포이다.

[그림 8-2]는 평균의 표본분포의 특성을 보여 주고 있다.

그림 8-2 평균의 표본분포

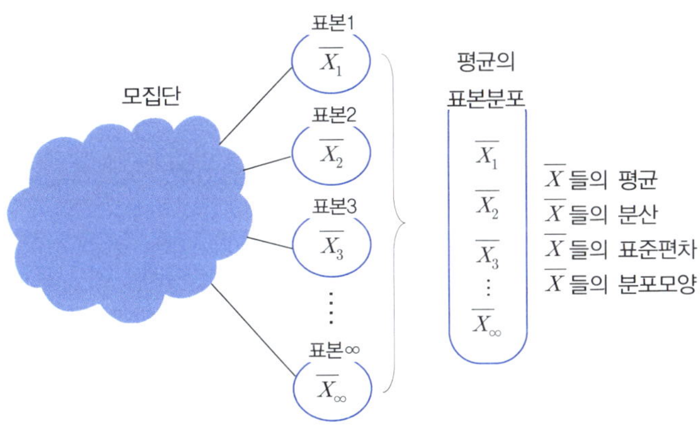

모집단의 구성원소를 무작위로 하나씩 추출하는 방법에는 복원추출과 비복원추출 두 가지가 있다.

복원추출(random sampling with replacement)은 추출된 원소를 모집단에 되돌려 놓고 다음 원소를 추출하는 방법이고, 비복원추출(random sampling without replacement)은 추출된 원소를 모집단으로 되돌려 놓지 않고 다음 원소를 추출하는 방법이다.

복원추출은 모집단의 크기를 항상 일정하게 만들어 모집단 내 N개의 원소 각각이

뽑힐 확률이 $\frac{1}{N}$로 항상 같고 한 원소가 여러 번 뽑힐 수도 있다. 반면 비복원추출은 추출할 때마다 모집단의 크기는 줄어들므로 n번째 추출은 이전 $n-1$번의 추출에서 뽑히지 않은 $N-(n-1)$개 원소들이 대상이라 한 원소가 두 번 뽑힐 수 없다.

유한모집단에서 복원추출을 하면 중복순열에 의해 N^n개의 표본추출방법이 존재하지만, 비복원추출을 하면 조합에 의해 ${}_NC_n = \frac{N!}{n!(N-n)!}$개의 표본추출방법이 존재한다.

예제 8-1

모집단에 A, B, C, D, E의 다섯 장의 카드가 있다. 복원추출과 비복원추출방법으로 2장을 차례로 뽑을 때 가능한 모든 경우를 제시하라.

A	B	C	D	E

풀이

복원추출인 경우에는 다음과 같이 $N^n = 5^2 = 25$가지의 경우가 존재한다.

	A	B	C	D	E
A	(A, A)	(A, B)	(A, C)	(A, D)	(A, E)
B	(B, A)	(B, B)	(B, C)	(B, D)	(B, E)
C	(C, A)	(C, B)	(C, C)	(C, D)	(C, E)
D	(D, A)	(D, B)	(D, C)	(D, D)	(D, E)
E	(E, A)	(E, B)	(E, C)	(E, D)	(E, E)

반면 비복원추출인 경우에는 ${}_NC_n = \frac{N!}{n!(N-n)!} = \frac{5!}{2!(5-2)!} = \frac{5 \cdot 4 \cdot 3 \cdot 2 \cdot 1}{(2 \cdot 1)(3 \cdot 2 \cdot 1)} = \frac{120}{12} = 10$가지 경우가 다음과 같이 존재한다.

	A	B	C	D	E
A		(A, B)	(A, C)	(A, D)	(A, E)
B			(B, C)	(B, D)	(B, E)
C				(C, D)	(C, E)
D					(D, E)
E					

유한모집단에서 복원추출을 하면 무한모집단에서와 같은 표본추출 효과를 얻을 뿐만 아니라 보다 많은 표본평균을 얻을 수 있어 표본평균의 특성을 명확히 파악할 수 있게 해준다.

2. 평균의 표본분포의 사례

평균의 표본분포의 특성을 설명하기 위해 4개의 숫자 1, 3, 5, 7로 구성된 모집단에서 $n=2$와 $n=3$인 경우에 표본평균들의 평균, 분산 그리고 분포모양을 살펴보고, n이 증가함에 따라 이들 표본평균들의 특성이 어떻게 변하는가를 알아보기로 한다.

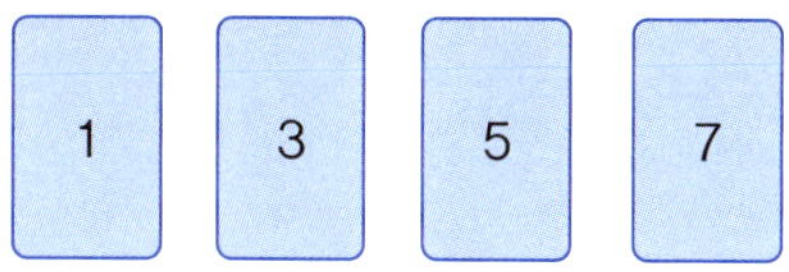

우선 모집단의 평균과 분산은 다음과 같다.

$$\mu = \frac{1+3+5+7}{4} = 4$$

$$\sigma^2 = \frac{(1-4)^2+(3-4)^2+(5-4)^2+(7-4)^2}{4} = \frac{20}{4} = 5$$

각 숫자를 뽑을 확률이 같으므로 모집단의 분포모양은 균등분포(uniform distribution)이다. 이상의 모집단 특성은 [그림 8-3]과 같이 표시할 수 있다.

그림 8-3 모집단의 특성

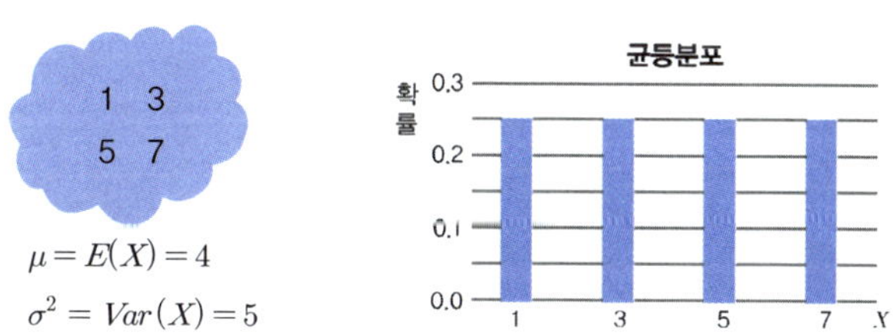

1) $n=2$인 경우

표본의 크기를 2로 했을 때 가능한 표본추출방법은 4^2=16가지이다. 예를 들어, 처음에 3을 뽑고 복원시킨 다음 두 번째도 3을 뽑는다면 표본은 (3, 3)이 되고 이 표본의 평균은

3이 된다. 뽑을 수 있는 모든 표본과 그에 해당하는 표본평균은 [그림 8-4]와 같다.

그림 8-4 $n=2$인 표본과 평균

가능한 표본

(1, 1)	(1, 3)	(1, 5)	(1, 7)
(3, 1)	(3, 3)	(3, 5)	(3, 7)
(5, 1)	(5, 3)	(5, 5)	(5, 7)
(7, 1)	(7, 3)	(7, 5)	(7, 7)

표본평균

1	2	3	4
2	3	4	5
3	4	5	6
4	5	6	7

표본평균들의 평균($\mu_{\overline{X}}$)과 분산($\sigma^2_{\overline{X}}$)을 구하면 다음과 같다.

$$\mu_{\overline{X}} = \overline{\overline{X}} = \sum(\overline{X}\cdot P(\overline{X})) = \frac{\sum \overline{X}}{N^n}$$

$$= 1\times\frac{1}{16}+2\times\frac{2}{16}+3\times\frac{3}{16}+4\times\frac{4}{16}+5\times\frac{3}{16}+6\times\frac{2}{16}+7\times\frac{1}{16}=4$$

$$= \frac{1+2+3+4+2+3+4+5+3+4+5+6+4+5+6+7}{16}=4$$

$$\sigma^2_{\overline{X}} = \sum(\overline{X}-\mu_{\overline{X}})^2\cdot P(\overline{X}) = \frac{\sum(\overline{X}-\overline{\overline{X}})^2}{N^n}$$

$$= (1-4)^2\times\frac{1}{16}+(2-4)^2\times\frac{2}{16}+.....+(6-4)^2\times\frac{2}{16}+(7-4)^2\times\frac{1}{16}=2.5$$

$$= \frac{(1-4)^2+(2-4)^2+(3-4)^2+.....+(5-4)^2+(6-4)^2+(7-4)^2}{16}=2.5$$

표본의 크기를 2로 했을 때 표본평균의 특성은 [그림 8-5]와 같다.

그림 8-5 $n=2$인 평균의 표본분포

표본분포

$\overline{X}$	$P(\overline{X})$
1	1/16
2	2/16
3	3/16
4	4/16
5	3/16
6	2/16
7	1/16

$\mu_{\overline{X}} = E(\overline{X}) = \mu = 4$

$\sigma^2_{\overline{X}} = \frac{\sigma^2}{n} = \frac{5}{2}$

표본분포 도표

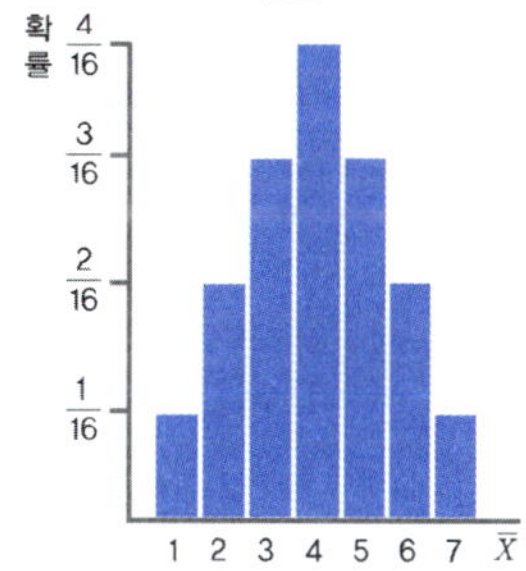

위에 식을 살펴보면 표본평균($\overline{X}$)들의 평균($\mu_{\overline{X}}$)은 모평균(μ)과 일치하고 표본평균들의 분산($\sigma^2_{\overline{X}}$)에 표본크기 n을 곱해 주면 모집단의 분산(σ^2)과 일치한다는 것을 알 수 있다. 이를 요약하면 다음과 같다.

$$\mu_{\overline{X}} = E(\overline{X}) = 4$$

$$\sigma^2 = \sigma^2_{\overline{X}} \cdot n \Rightarrow \sigma^2_{\overline{X}} = \frac{\sigma^2}{n} = \frac{5}{2} = 2.5$$

[그림 8-4]에서 얻어진 16개의 표본평균을 막대그림표로 작성하면 [그림 8-5]에서처럼 $n=2$인 평균의 표본분포는 모집단의 평균인 $E(\overline{X}) = \mu = 4$를 중심으로 대칭인 종모양을 한다. 이것은 평균의 표본분포에서 무작위로 표본평균을 하나 추출한다면 모집단의 평균과 일치하거나 혹은 비슷한 평균을 얻을 확률이 높다는 것을 의미한다.

2) $n=3$인 경우

표본의 크기를 3으로 하면 가능한 표본추출방법은 4^3=64이다. 가능한 표본은 {1, 1, 1} {1, 1, 3}…{7, 7, 5} {7, 7, 7}의 64가지 경우이다. [그림 8-6]은 $n=3$인 경우의 평균의 표본평균을 보여준다.

그림 8-6 $n=3$인 표본과 평균

가능한 표본	표본평균
(1, 1, 1)	1
(1, 1, 3)	$1\frac{2}{3}$
(1, 1, 5)	$2\frac{1}{3}$
(1, 1, 7)	3
(1, 3, 1)	$1\frac{2}{3}$
⋮	⋮
⋮	⋮
(7, 7, 7)	7

$n=2$인 경우와 같은 방법으로 표본평균들의 평균과 분산을 구하면 다음과 같다.

$$\mu_{\overline{X}} = E(\overline{X}) = \mu = 4$$

$$\sigma^2 = \sigma_{\overline{X}}^2 \cdot n \Rightarrow \sigma_{\overline{X}}^2 = \frac{\sigma^2}{n} = \frac{5}{3} = 1.667$$

[그림 8-7]은 $n=3$인 경우 평균의 표본분포의 특성을 보여준다.

그림 8-7 $n=3$인 평균의 표본분포

표본분포

$\overline{X}$	$P(\overline{X})$
1	1/64
$1\frac{2}{3}$	3/64
$2\frac{1}{3}$	6/64
3	10/64
$3\frac{2}{3}$	12/64
$4\frac{1}{3}$	12/64
5	10/64
$5\frac{2}{3}$	6/64
$6\frac{1}{3}$	3/64
7	1/64

$\mu_{\overline{X}} = E(\overline{X}) = \mu = 4$

$\sigma_{\overline{X}}^2 = \frac{\sigma^2}{n} = \frac{5}{3}$

표본분포 도표

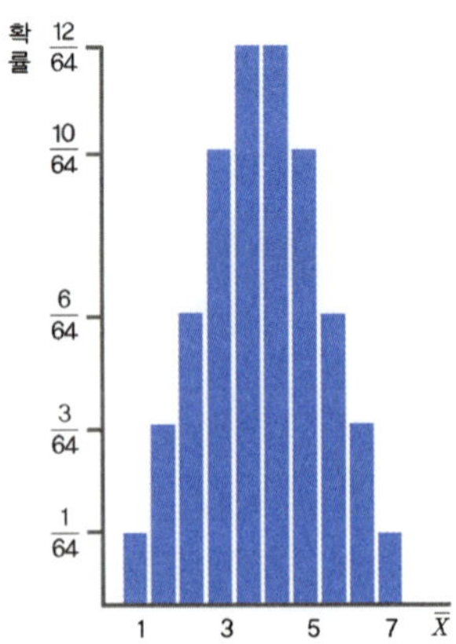

n이 2인 경우와 마찬가지로 표본평균($\overline{X}$)들의 평균($\mu_{\overline{X}}$)은 모집단의 평균(μ)과 일치하고, 표본평균들의 분산($\sigma^2_{\overline{X}}$)에다 표본 크기(n) 3을 곱해 주면 모집단의 분산(σ^2)과 일치함을 알 수 있다. 그리고 표본평균들의 분포는 모집단의 평균을 중심으로 대칭인 종모양을 하고 있다.

또한 표본평균들의 분산은 $n=2$일 때보다 작으므로 표본평균들이 모집단의 평균에 많이 분포되어 있다는 것을 알 수 있다. 이는 $n=2$보다 $n=3$일 때 모집단의 평균과 일치하거나 비슷한 평균을 얻을 확률이 더 높다는 것을 의미한다.

3. 평균의 표본분포의 특성

평균의 표본분포의 특성을 요약하면 [그림 8-8]과 같다.

그림 8-8 평균의 표본분포

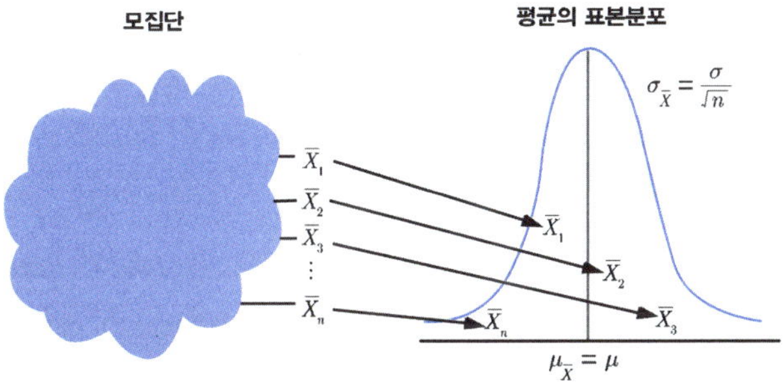

1) 평균과 표준편차

모집단과 평균의 표본분포의 평균과 분산 및 표준편차의 관계는 다음과 같다.

첫째, 평균($\overline{X}$)의 표본분포의 평균($\overline{\overline{X}}$)은 항상 모집단의 평균(μ)과 같다.

$$\mu_{\overline{X}} = \overline{\overline{X}} = \mu$$

둘째, 평균($\overline{X}$)의 표본분포의 분산($\sigma^2_{\overline{X}}$)은 모집단 분산(σ^2)을 표본의 수(n)로 나누어 준다.

$$\sigma_{\overline{X}}^2 = \frac{\sigma^2}{n}$$

셋째, 평균($\overline{X}$)의 표본분포의 표준편차, 즉 표준오차($\sigma_{\overline{X}}$)는 모집단의 표준편차(σ)를 표본 수의 제곱근($\sqrt{n}$)으로 나누어 준다.

$$\sigma_{\overline{X}} = \frac{\sigma}{\sqrt{n}}$$

2) 중심극한정리

평균이 μ이고 표준편차가 σ인 모집단에서 표본의 크기 n이 증가할수록 평균의 표본분포는 $\mu_{\overline{X}} = \mu$이고 $\sigma_{\overline{X}} = \frac{\sigma}{\sqrt{n}}$인 정규분포에 접근하게 되는데, 이를 평균에 대한 중심극한정리라 한다.

> 중심극한정리(central limit theorem)란 모집단 분포에 상관없이 n개의 평균의 표본분포는 n이 적당히 크다면 정규분포에 가까워진다는 정리이다.

모집단의 분포를 알지 못하더라도 중심극한정리 이용하면 [그림 8-9]와 같은 평균의 표본분포에 대한 유용한 정보를 얻을 수 있다.

- 모집단이 정규분포이면 평균의 표본분포는 표본의 크기에 상관없이 정규분포를 따른다.
- 모집단이 정규분포가 아니지만 표본의 크기가 $n \geq 30$이면 평균의 표본분포는 정규분포에 가까워진다.

3) 대수의 법칙

[그림 8-5]와 [그림 8-7]과 같이 $n = 2$보다 $n = 3$일 때, 즉 n이 커질수록 모평균(4)에 가까운 숫자를 뽑을 확률이 높아지고 극단적으로 큰 값(7)이나 작은 값(1) 뽑을 확률은 작아진다.

> 대수의 법칙(law of large numbers)은 표본이 커질수록 표준오차인 $\sigma_{\overline{X}} = \frac{\sigma}{\sqrt{n}}$은 작아지므로 모평균에 근접한 표본평균을 얻을 확률이 높아진다는 의미이다.

그림 8-9 **모집단과 표본평균의 분포**

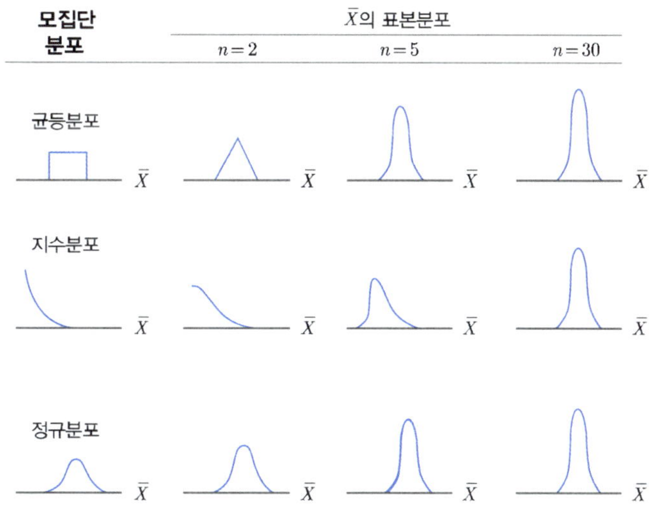

대수의 법칙은 [그림 8-10]과 같이 표본 크기의 영향을 보여 주는데, 표본 크기 n을 증가시킬수록 표본분포의 분산은 감소한다. $n \to N$(전수조사)이면 평균의 표본오차는 0이 되고 표본평균들과 모평균은 일치한다.

그림 8-10 **대수의 법칙**

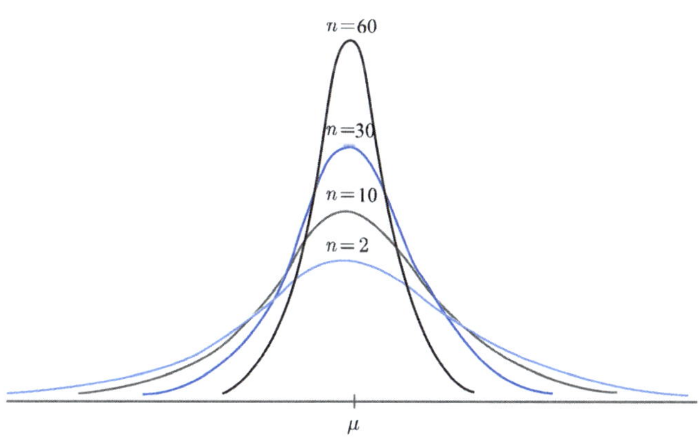

이상의 내용을 종합하면 n이 커질수록 중심극한정리에 의해 모집단의 분포에 상관없이 평균의 표본분포는 $\mu_{\overline{X}} = \mu$이고 $\sigma_{\overline{X}} = \frac{\sigma}{\sqrt{n}}$인 정규분포에 근접하고 대수의 법칙에 의해 모평균에 가까운 표본평균을 얻을 확률이 높아진다.

예제 8-2

어느 백화점의 신입 직원 직무능력 평가점수는 평균이 70점이고 표준편차가 24점이라고 한다. 이 백화점 신입직원 중 36명을 무작위로 뽑아 평균점수를 계산한다고 가정하고 다음에 답하라.

① 평균의 표본분포의 의미를 설명하라.
② 평균의 표본분포의 특성을 설명하라.
③ 36명을 뽑아 평균점수를 계산했을 때 78점 이상일 확률을 구하라.

풀이

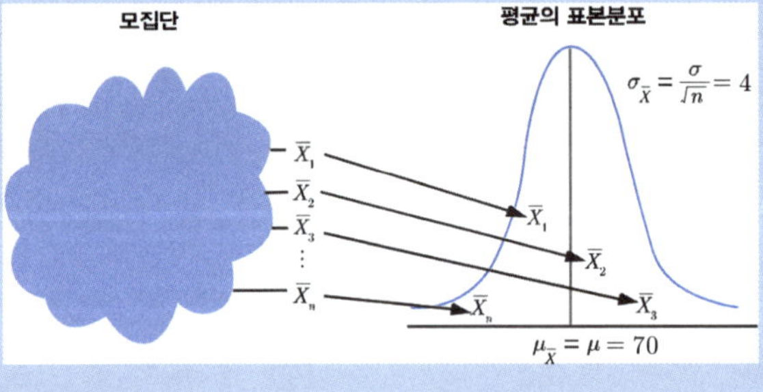

① 이 대학에서 36명으로 뽑을 수 있는 모든 표본을 뽑아 각 표본에서 평균을 계산했을 때, 이 평균들의 분포를 평균의 표본분포라 한다.

② 표본의 크기가 36이므로 모집단의 분포 모양에 상관없이 평균의 표본분포는 $\mu_{\overline{X}} = \mu = 70$이고 $\sigma_{\overline{X}} = \frac{\sigma}{\sqrt{n}} = \frac{24}{\sqrt{36}} = 4$인 정규분포이다.

③ 모집단에서 36명을 뽑는다는 것은 평균의 표본분포에서 $\overline{X}$를 하나 뽑는다는 것과 같은 의미이다. 왜냐하면, 모집단에서 $n=36$으로 뽑을 수 있는 모든 표본을 뽑아 평균을 계산하여 정리해 놓은 것이 평균의 표본분포이기 때문이다. 따라서 $\mu_{\overline{X}} = \mu = 70$이고 $\sigma_{\overline{X}} = \frac{\sigma}{\sqrt{n}} = \frac{24}{\sqrt{36}} = 4$인 정규분포에서 78점을 표준척도 Z로 환산하면 다음과 같다.

$$Z = \frac{\overline{X} - \mu_{\overline{X}}}{\sigma/\sqrt{n}} = \frac{78-70}{24/\sqrt{36}} = 2.0$$

표준정규분포에서 $Z=2.0$에 해당하는 면적은 0.9772이다. 따라서 $1-0.9772=0.0228$이다. 무작위로 36명을 뽑아 그들의 평균점수가 78점 이상일 확률은 2.28%이다.

제2절 ▌비율의 표본분포

특정 회사의 신제품에 대하여 호의적인 반응을 보이는 소비자들의 비율, 납품받은 화장품 중 합격판정을 받은 비율 등에 대해서는 표본평균대신 표본비율을 사용하여야 한다. 따라서 특정 표본비율은 모집단으로부터 n개의 원소로 구성된 표본비율 중 하나이므로 비율의 표본분포에 대한 이해가 필요하다.

비율의 표본분포(sampling distribution of proportion)는 성공비율이 p인 모집단에서 뽑을 수 있는 모든 표본을 뽑아 각 표본에서 $\hat{p}$를 계산했을 때 $\hat{p}$값들의 분포를 말한다.

이를 도표로 나타내면 [그림 8-11]과 같다.

그림 8-11 비율의 표본분포

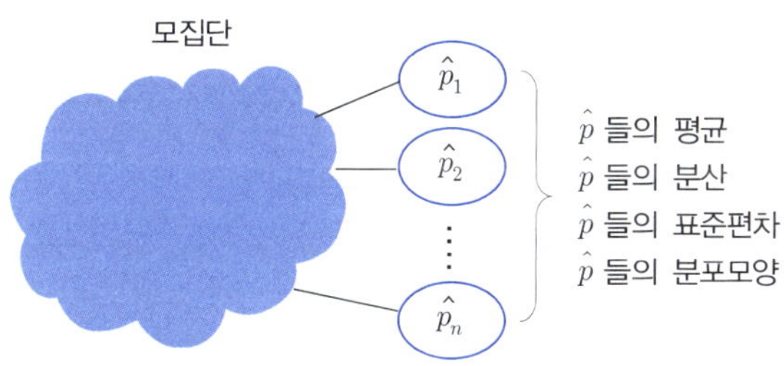

성공비율의 기대치와 분산 및 표준오차를 구하는 식은 다음과 같다.

$$E(\hat{p}) = p$$

$$\sigma_{\hat{p}}^2 = \frac{p(1-p)}{n} = \frac{pq}{n}$$

$$\sigma_{\hat{p}} = \sqrt{\frac{p(1-p)}{n}} = \sqrt{\frac{pq}{n}}$$

성공횟수의 기대치와 분산 및 표준오차를 구하는 식은 다음과 같다.

$$E(X) = np$$

$$\sigma_{n\hat{p}}^2 = np(1-p)$$

$$\sigma_{n\hat{p}} = \sqrt{np(1-p)}$$

모집단의 성공비율 p가 0.5인 경우에는 좌우대칭인 종모양이나 p가 0.5에서 멀어질수록 좌우대칭인 종모양과는 많은 차이를 나타낸다. 그러므로 p와 n을 동시에 고려하여 $np \geq 5$이고 $n(1-p) \geq 5$이면 중심극한정리에 의해 비율의 표본분포는 정규분포로 간주할 수 있다. [그림 8-12]는 이러한 비율의 표본분포의 특성을 보여준다.

그림 8-12 비율의 표본분포의 특성

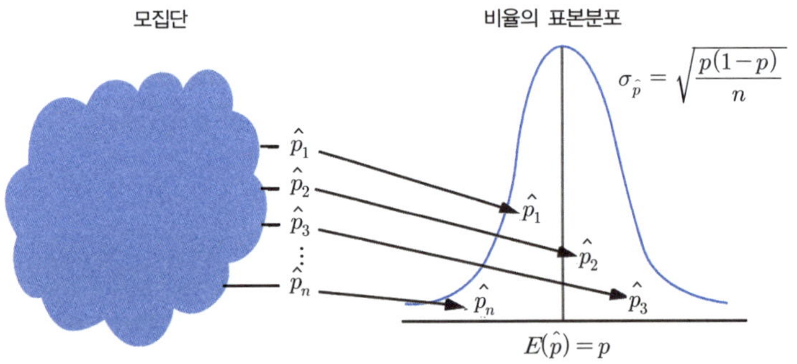

예제 8-3

ABC 회사는 2%(p)의 불량품 비율을 나타내고 있다. 400개를 무작위로 추출하였을 때 3% 이상이 불량품일 확률을 계산하라.

풀이

$p=0.02$

$$\sigma_{\hat{p}} = \sqrt{\frac{p(1-p)}{n}} = \sqrt{\frac{0.02(0.98)}{400}} = 0.007$$

$np \geq 5$이고 $n(1-p) \geq 5$이므로 비율의 표본분포는 $p=0.02$이고 $\sigma_{\hat{p}} = 0.007$인 정규분포이다. 0.03에 해당되는 Z값은 다음과 같다.

$$Z = \frac{\hat{p}-p}{\sigma_{\hat{p}}} = \frac{0.03-0.02}{0.007} = 1.43$$

표준정규분포에서 Z=1.43에 해당되는 값은 0.9236이다. 따라서 불량품이 3% 이상일 확률은 1−0.9236=0.0764이다. 즉 7.64%이다.

연습문제

〈객관식 문제〉

1. 다음 중 맞는 것은?
   ① 표본이 커지면 모집단의 분포와 상관없이 평균의 표본분포는 정규분포에 가까워진다.
   ② 평균의 표준오차는 표본의 크기에 정비례하여 감소한다.
   ③ n이 커질수록 $\mu_{\overline{X}}$와 $\sigma_{\overline{X}}$가 작아지므로 표본평균이 모평균과 같을 가능성이 높아진다.
   ④ 모집단이 정규분표이면 평균의 표본분포의 평균은 n에 영향을 받지 않는다.

2. 다음 중 맞는 것은?
   ① 표본이 추출된 모집단은 반드시 정규분포이어야 한다.
   ② 모집단이 정규분표이면 평균의 표본분포의 분산은 n에 영향을 받는다.
   ③ 비율의 표본분포가 정규분포이면 비율들의 평균은 n에 영향을 받는다.
   ④ 비율의 표본분포는 n에 관계없이 정규분포이다.

3. 다음 중 틀린 것은?
   ① $n \geq 2$이면 평균의 표준오차는 항상 모집단의 표준편차보다 작다.
   ② 표본이 커지면 $\mu_{\overline{X}}$은 μ와 일치하기 때문에 μ를 추정하는 데 있어 정확도가 높아진다.
   ③ 평균의 표본분포는 N개의 모집단에서 n개로 뽑을 수 있는 모든 표본을 추출한다.
   ④ 평균의 표본분포는 각 표본에 대하여 평균을 계산한다.

4. 다음 중 틀린 것은?
   ① 중심극한정리란 n이 클수록 평균의 표본분포는 정규분포에 근접한다는 의미이다.
   ② 모집단이 정규분포라도 평균의 표본분포는 $\overline{X} \geq 30$일 때 정규분포이다.
   ③ 표본이 커지면 모집단의 분포에 관계없이 평균의 표본분포는 정규분포에 가까워진다.
   ④ n이 커지면 평균의 표준오차는 작아진다.

5. 다음 중 맞는 것은?
① 평균의 표본분포의 분산은 n에 관계없이 모집단의 분산과 일치한다.
② 평균의 표준오차는 항상 모집단의 표준편차보다 같거나 작다.
③ 모집단의 특성과 표본의 특성이 일치하기 때문에 표본을 선호한다.
④ 모집단의 크기가 3개일 때 n=3으로 복원추출하면 추출가능한 표본의 수는 9가지이다.

6. 다음 중 맞는 것은?
① 표본의 크기가 커지더라도 표본 평균들의 표준편차는 모집단의 표준편차와 같다.
② 모집단이 가지고 있는 정보를 바탕으로 표본을 추론하는 것을 추론통계학이라 한다.
③ 모집단의 평균(μ)과 표본평균($\overline{X}$)은 항상 같다.
④ 표본분포의 평균은 n에 관계없이 모집단의 평균과 일치한다.

7. 다음 중 틀린 것은?
① 표본이 추출된 모집단은 반드시 정규분포이어야 한다.
② 중심극한정리란 n이 클수록 평균의 표본분포는 정규분포에 근접한다는 의미이다.
③ 평균의 표준오차는 평균의 표본분포의 표준편차를 의미한다.
④ 평균의 표본분포의 분산은 n에 관계없이 모집단의 분산과 일치한다.

8. 다음 중 틀린 것은?
① n이 커지면 모집단이 정규분포이어야 평균의 표본분포는 정규분포에 가까워진다.
② 평균의 표준오차는 항상 모집단의 표준편차보다 작다.
③ 표본이 커지면 평균의 표준오차가 작아지기 때문에 μ의 추정치가 정확하게 된다.
④ 표본이 커지면 장점도 있지만 단점도 있다.

9. 성공비율과 횟수의 기대치와 분산 및 표준오차를 구하는 식 중 틀린 것은?
① $E(\hat{p}) = p$　　② $\sigma^2_{\hat{p}} = \dfrac{p(1-p)}{n}$
③ $E(X) = np$　　④ $\sigma^2_{n\hat{p}} = p(1-p)$

10. 만일 모집단($\mu = 12$, $N = 500$)으로부터 크기가 25인 표본을 추출하면, 표본분포의 평균은 다음 중 어느 것인가?

① 3 ② 6 ③ 24 ④ 12

〈주관식 문제〉

1. 원소 4, 6, 8로 구성된 모집단에서 표본분포는 복원추출로 $n = 2$로 구성된다. 모집단과 평균들의 평균, 표준편차, 분포를 구하라.

2. 모집단에서 100명을 뽑는다는 것은 평균의 표본분포에서 하나의 $\overline{X}$를 뽑는다는 의미와 같은 이유를 설명하라.

3. ABC 대학교에 재학 중인 학생들의 커피 관련 지출비용은 평균이 10만 원이고 표준편차가 4만 원인 정규분포를 이룬다고 한다. 64명을 무작위로 뽑아 평균 비용을 계산한다고 가정하고 다음에 답하라.
   (1) 평균의 표본분포의 의미를 설명하라.
   (2) 평균의 표본분포의 특성을 설명하라.
   (3) 모집단에서 64명을 뽑아 평균 비용을 계산했을 때 9만 원 이상일 확률을 구하라.
   (4) 평균의 표본분포에서 한 명의 $\overline{X}$를 추출했을 때 9만 원 이상일 확률을 구하라.

4. 모집단의 $\mu = 20$이고 $\sigma = 4$인 정규분포에서 36개의 원소로 구성된 표본에 대하여 답하라.
   (1) 평균의 표본분포를 구하라.
   (2) 표본평균들이 19~22 사이의 값을 가지는 비율을 구하라.
   (3) 모집단에서 36개를 뽑아 평균을 계산하면 그 값이 19~22 사이일 확률을 구하라.
   (4) $n = 36$인 평균의 표본분포에서 하나의 $\overline{X}$를 뽑으면 그 값이 19~22 사이일 확률을 구하라.

5. 통계학 시험점수는 $\mu = 20$이고 $\sigma = 4$인 정규분포를 이룬다고 한다. 100명을 선택하였을 때 다음에 답하라.
   (1) 평균이 19.2~19.6 사이에 있을 확률은?
   (2) 평균이 20.6 이상일 확률은 얼마인가?

6. $n = 50$으로 얻은 평균의 표준오차가 20일 때 이 표준오차를 반으로 줄이기 위해서 표본의 크기는 얼마가 되어야 하는가?

7. ABC 제품의 평균 무게는 8g이고 표준편차는 5g인 정규분포를 이룬다. 무작위로 뽑은 표본 n의 평균무게가 8.4g보다 많을 확률이 10%라고 한다. 이때 표본의 크기는 얼마인가?

8. 불량률(π)이 1%인 ABC 회사에서 900개를 무작위로 추출하였을 때 불량품이 0.9% 이상일 확률을 계산하라.

9. 어느 산악회 회원들의 85%가 현재의 정책에 만족한다고 한다. 만일 200명을 무작위로 추출했을 때 다음에 답하라.
   (1) 현 정책에 만족하는 회원의 비율이 90% 이상일 확률은 얼마인가?
   (2) 현 정책에 만족하는 회원이 200명 중 180명 이상일 확률은 얼마인가?

가설검정

09

Chapter

제1절 ▌가설검정의 원리

1. 가설과 가설검정

가설은 모집단 평균(μ) 또는 모집단 비율(p)과 같은 모수가 특정 값과 일치한다는 임시적인 주장이다. 이러한 가설이 참인지 거짓인지를 그 모집단으로부터 추출된 표본을 이용하여 체계적으로 검정하는 절차가 가설검정이다.

> 가설(hypothesis)이란 모집단 모수에 대한 검정이 가능한 잠정적인 답을 말하고 가설검정(hypothesis testing)이란 모집단의 모수가 특정 값과 일치하는가를 그 모집단으로부터 추출된 표본을 이용하여 결론을 끌어내는 절차이다.

가설검정은 모집단으로부터 추출된 표본에서 계산된 자료를 가지고 모집단에 관한 주장을 받아들일지 또는 기각할지를 결정하는 규칙이다. 다음과 같은 모집단에 대한 주장의 진위를 판단하는 통계적 방법이 가설검정이다.

- ZYX 제약회사는 자사 제품에 A 물질의 함량은 정확히 10g이라고 광고한다.
- CBA 컨설팅회사는 자사 직원들의 80% 이상이 현재의 복지정책에 만족한다고 주장한다.
- ABC 전자회사는 자사 제품의 무게가 업계 평균인 20g보다 가볍다고 주장한다.
- XYZ 배터리회사는 자사 제품의 수명은 5,000시간 이상이라고 광고한다.

예를 들어, ZYX 제약회사는 자사 제품에 A 물질의 함량은 정확히 10g이라고 광고한다면 이를 증명하기 위해 ZYX 제약회사는 시중에 판매하는 자사 제품을 무작위로 추출하여 유의수준 $\alpha = 0.05$에서 결정하기로 하였다. 과거 자료에 의하면 ZYX 제약회사의 제품에 A 물질의 함량은 평균이 10g이고 표준편차는 0.1g인 정규분포를 따른다고 한다. 여기에서 유의수준을 $\alpha = 0.05$로 한다는 것은 [그림 9-1]처럼 ZYX 제약회사의 제품이라도 평균에 가까운 95%만을 인정하고 평균과 멀리 떨어진 나머지 5%는 인정하지 않겠다는 규칙을 정하는 것이다. 이는 표본에서 계산된 증거에 따라 모집단에 대한 주장을 받아들일지 또는 기각할지를 결정하는 규칙이다. 이 규칙에 따라 ZYX 제약회사의 제품 중 95%가 A 물질의 함량은 $(10-1.96\times0.1, 10+1.96\times0.1)=(9.804, 10.196)$ 사이에 있다. 여기서 1.96은 95%에 해당하는 표준화된 Z값이다. 결론을 내리기 위해 무작위로 추출한 제품들의 A 물질 함량을 측정한 결과는 평균 9.76g이었다. 인정하지 않기로 분류된 기각영역에 9.76g이 속하므로 ZYX 제약회사의 주장이 맞는다고 할 수 없다. 왜냐하면, 9.804g보다 작은 값과 10.196g보다 큰 값은 제약회사의 주장이 참이라면 표본의 결과가 나오기 힘든 값이기 때문이다. 하지만 이러한 판단이 잘못될 확률은 5%이다. 이는 모집단의 평균 함량이 10g이라는 주장이 실제로 참이라면 9.804～10.196 범위 밖에서 표본의 결과가 나올 확률이 5%이기 때문이다. 이러한 결론에 의심이 나면 새로운 표본을 뽑아 검정을 다시 한다.

그림 9-1 제품 함량의 판단기준

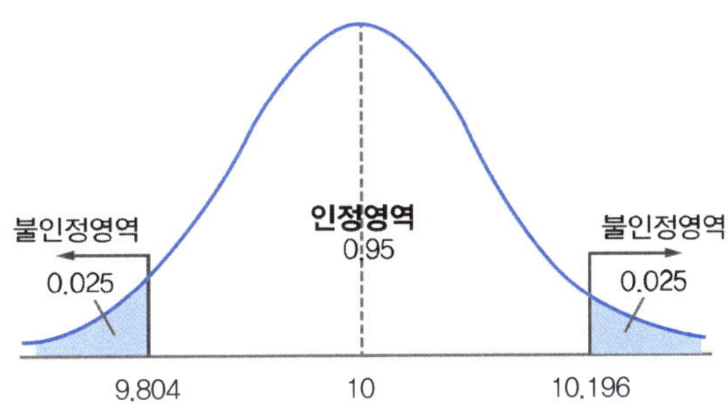

2. 가설의 유형

가설은 다음과 같은 상호배타적인(mutually exclusive)인 귀무가설(null hypothesis)과 대립가설(alternative hypothesis)로 구성된다.

- H_0: 귀무가설
- H_1: 대립가설

예를 들어, 제품의 무게에 대한 귀무가설과 대립가설은 다음과 같이 표시한다.

- H_0: $\mu=10$
- H_1: $\mu\neq10$

귀무가설은 다음과 같은 특징이 있다.

첫째, H_0로 표시한다.
둘째, 실제 검정의 대상이 되는 가설이다.

$\mu > 10$을 증명하고 싶을 때 반대되는 $\mu \leq 10$이 틀렸다는 증명을 통해 $\mu > 10$이 옳다는 것을 증명하는 방식이 가설검정이다. 여기서 직접 검정하는 귀무가설 $\mu \leq 10$이 기각되면 검정하지 않고 자동으로 채택하는 가설이 대립가설 $\mu > 10$이다. 대립가설은 다음과 같은 특징이 있다.

첫째, H_1으로 표시한다.
둘째, 귀무가설과 반대되는 주장을 담은 가설이다.
셋째, 직접 검정하지 않기 때문에 대립가설의 채택이 반드시 참이라는 것을 의미하지는 않는다.

가설검정이란 두 가설 H_0와 H_1 중에서 하나를 선택하는 과정이므로 H_0를 채택하면 H_1을 기각하게 되고 H_0를 기각하면 H_1을 채택하게 된다. 따라서 가설검정이란 두 가설 중에서 귀무가설 H_0를 채택하든지 또는 기각하는 과정이라 할 수 있다.

재판과정과 가설검정은 유사하다. 만약 귀무가설이 채택되면 귀무가설을 기각할만한 증거가 없다고 보고 귀무가설을 기각하지 않는다고 결론을 내린다. 기각하지 않는다는 것은 채택한다는 것보다 명확한 표현은 아니다. 피고는 증거가 유죄임이 증명될 때까지는 무죄라고 본다. 만일 증거가 무죄임을 증명하지 못한다면 무죄라는 가설은 기각되고 유죄라는 가설이 채택된다. 무죄라는 가설이 기각되면 그 피고인이 유죄라기보다는 단지 무죄를 증명할 증거가 충분하지 않다는 것을 의미한다. 이러한 판결이 공정하지 못하다고 생각되면 항소하고 상고하여 다시 판결을 받을 수 있다.

마찬가지로 가설검정도 유일한 증거인 표본에서 나온 하나의 증거(값)만을 가지고 판단하므로 귀무가설이 기각되면 대립가설이 참이라기보다는 단지 귀무가설이 참이라고 증명할 증거(값)가 없다는 것을 의미한다. 반대로 귀무가설이 채택되면 귀무가설이 참이라기보다는 단지 귀무가설이 거짓이라고 증명할 증거가 없다는 것을 의미한다. 이러한 결정이 잘못되었다고 생각되면 새로운 표본 설계로 검정을 다시 해야 한다.

3. 유의수준

일반적으로 통계학적인 의사결정은 오류를 범할 가능성을 내포하고 있는데, 가설검정과 연관된 오류는 [그림 9-2]와 같이 제1종 오류와 제2종 오류로 구분한다.

그림 9-2 의사결정의 오류

		H_0	
		진실	거짓
결정	기각	제1종(α) 오류	올바른 결정
	채택	올바른 결정	제2종(β) 오류

만약 H_0가 실제로 참인데 표본에서 계산된 자료로부터 H_0이라는 결론을 내리면 올바른 결정이지만 H_1이라는 결론을 내리면 잘못된 결정이다. 이러한 잘못된 결정을 제1종(α) 오류라 한다.

> 제1종 오류(α)란 귀무가설이 참이므로 채택해야 하는데도 이를 기각하는 오류를 말한다.

제1종 오류를 범할 확률을 α로 표시한다. 예를 들어, 제약회사의 평균함량(μ)이 실제로 10g일 때 $H_0 : \mu = 10g$으로 설정하고 표본평균을 바탕으로 $H_0 : \mu = 10g$을 기각한다면 제1종 오류가 발생하게 된다.

만약 H_0가 실제로 거짓인데 표본평균으로부터 H_1이라는 결론을 내리면 올바른 결정이지만 H_0라는 결론을 내리면 잘못된 결정이다. 이러한 잘못된 결정을 제2종(β) 오류라 한다.

> 제2종 오류(β)란 귀무가설이 거짓이므로 기각해야 하는데도 이를 채택하는 오류를 말한다.

제2종 오류를 범할 확률을 β로 표시한다. 예를 들어, 제약회사의 평균함량(μ)이 실제로 10g이 아닌데도 $H_0 : \mu = 10g$으로 설정하고 표본평균을 바탕으로 $H_0 : \mu = 10g$을 채택한다면 제2종 오류가 발생하게 된다. 이상의 내용을 도식화하면 [그림 9-3]과 같다.

그림 9-3 **제1종 및 제2종 오류**

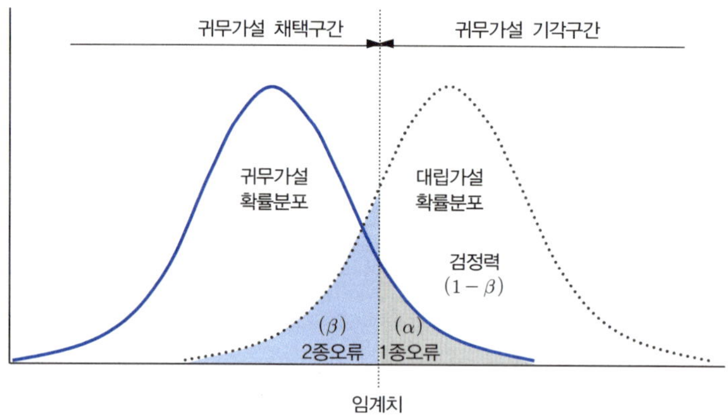

제1종 오류의 위험에 대한 통제수준을 유의수준 또는 α라 하고 다음과 같이 정의한다.

> 유의수준(significance level)은 실제로는 귀무가설이 참인데 그것을 기각하는 오류를 얼마나 허용할지를 나타내는 정도이다.

유의수준은 가설검정에서 사용되는 기준값이다. 일반적으로 유의수준은 α로 표시하고 95%의 신뢰도를 기준으로 한다면 (1−0.95)인 0.05값이 유의수준 값이 된다. 유의수준은 연구결과에 따라 달라지는 것이 아니라 검정기준을 얼마나 엄격하게 적용할 것인가를 결정하는 사항이므로 표본을 수집하기 전에 연구자가 결정한다. 유의수준은 0.1, 0.05, 0.01 등 다양하게 사용할 수 있지만, 사회과학연구에서는 보통 0.05 유의수준을 적용하는 이유는 다른 유의수준을 적용해 검정결과를 왜곡할 가능성을 최소화하고 서로 다른 검정결과를 쉽게 비교하기 위해서이다.

4. 가설검정의 유형

가설에 따라 [그림 9-4]처럼 세 가지 유형을 생각할 수 있다. 첫 번째 저측검정은 표본의 결과가 10보다 너무 작으면 귀무가설을 기각하므로 왼쪽꼬리 검정이라 한다. 두 번째 양측검정은 표본의 결과가 10보다 너무 크거나 작으면 귀무가설을 기각하므로 대칭검정이라 한다. 세 번째 고측검정은 표본의 결과가 10보다 너무 크면 귀무가설을 기각하므로 오른쪽꼬리 검정이라 한다.

그림 9-4 가설에 따른 검정유형

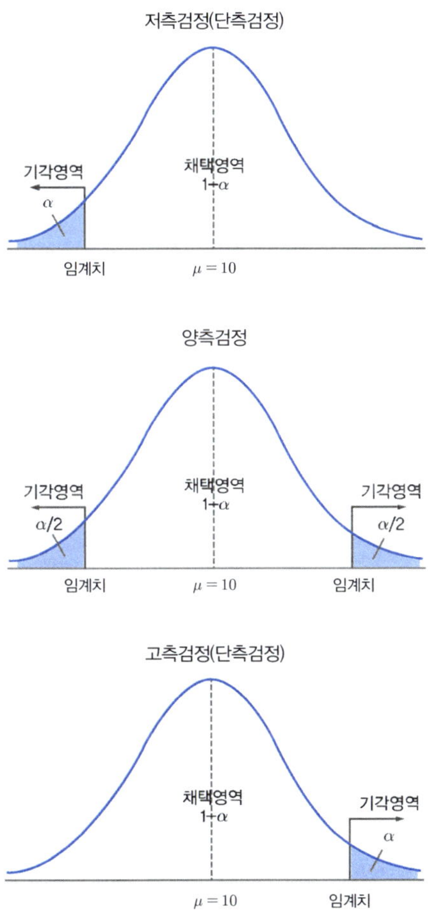

H_0 : $\mu = 10$
모평균은 10보다 크거나 같다.
H_1 : $\mu < 10$
모평균은 10보다 작다.

H_0 : $\mu = 10$
모평균은 10이다.
H_1 : $\mu \neq 10$
모평균은 10보다 크거나 작다.

H_0 : $\mu = 10$
모평균은 10보다 작거나 같다.
H_1 : $\mu > 10$
모평균은 10보다 크다.

5. 가설검정의 대상

저측검정의 경우 귀무가설의 실제 의미는 $\mu \geq 10$이지만 실제 검정하는 부분이 $\mu = 10$이므로 $H_0 : \mu = 10$으로 표시한다. [그림 9-5]는 $\mu = 10$인 저측검정일 때 귀무가설의 형태를 보여 준다.

예를 들어, 표본의 결과가 0.2가 나와 $\mu = 10$이라는 가설이 기각되면 10보다 더 큰 $\mu = 20$ 혹은 $\mu = 40$이라는 가설은 당연히 기각된다. 따라서 $\mu \geq 10$에 대한 검정은 제일 작은 값인 $\mu = 10$만을 검정한다.

그림 9-5 저측검정의 귀무가설

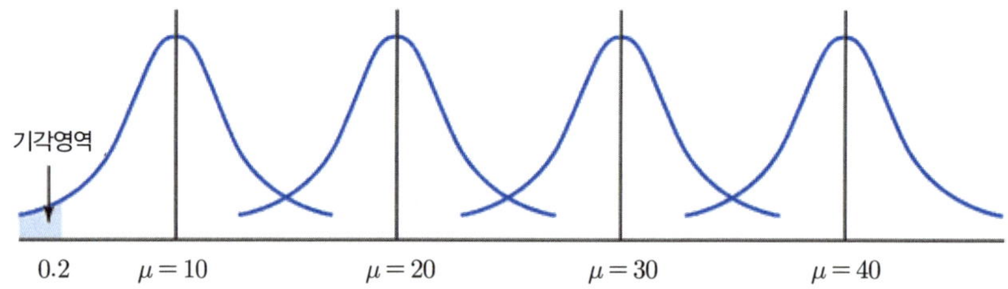

마찬가지로 고측검정의 실제 의미는 $\mu \leq 10$이지만 검정 대상이 $\mu = 10$이므로 $H_{0:}\ \mu = 10$으로 표시한다. [그림 9-6]은 $\mu = 10$인 고측검정일 때 귀무가설의 형태를 보여 준다. 예를 들어, 표본의 결과가 150이 나와 $\mu = 10$이라는 가설이 기각되면 10보다 더 작은 $\mu = 5$ 혹은 $\mu = 1$이라는 가설은 당연히 기각된다. 따라서 $\mu \leq 10$에 대한 검정은 제일 큰 값인 $\mu = 10$을 검정한다.

그림 9-6 고측검정의 귀무가설

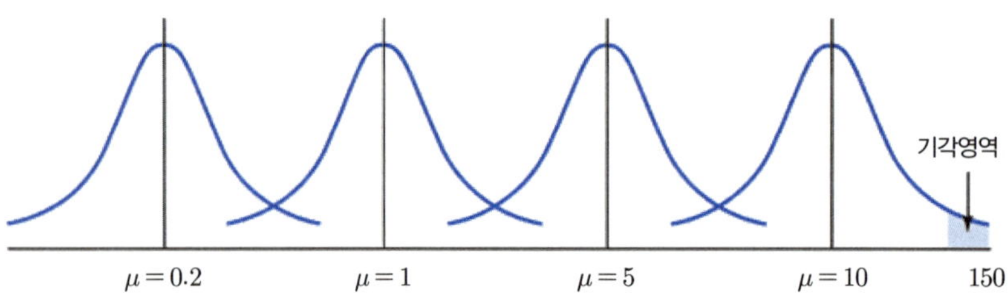

따라서 검정대상이 귀무가설이기 때문에 저측검정에서는 귀무가설이 $\mu \geq 10$이지만 $\mu = 10$으로 표시하고 고측검정에서는 귀무가설이 $\mu \leq 10$이지만 $\mu = 10$으로 표시한다.

6. 단측검정의 대립가설

단측검정에서 가설을 설정할 때 주장하려는 가설을 대립가설로 설정하는 것이 일반적이다. 예를 들어, $\mu = 10$ 이상이라는 주장을 검정하려면 다음의 두 가지 경우를 생각할 수 있다.

[그림 9-7]의 첫 번째 가설은 표본의 결과가 X_1보다 더 커야 귀무가설을 기각하고 대립가설인 $\mu > 10$을 채택하게 된다. $\mu = 10$ 이상이라고 주장하기 때문에 표본의 결과가 10보다 클 때 그 주장을 채택하므로 합리적인 가설이다. 그러나 [그림 9-7]의 두 번째 가설은 표본의 결과가 X_2와 10 사이의 값이 나와도 귀무가설인 $\mu \geq 10$이라는 주장을 받아들여야만 하는 결과를 초래할 수 있다. 따라서 첫 번째 가설이 더 합리적이고 엄격한 검정이 된다. 이러한 의미에서 단측검정의 경우에는 주장하는 내용을 대립가설에 표시하고 반대의 내용을 귀무가설에 표시한다.

그림 9-7 단측검정에서의 가설

① H_0 : $\mu \leq 10$
H_1 : $\mu > 10$

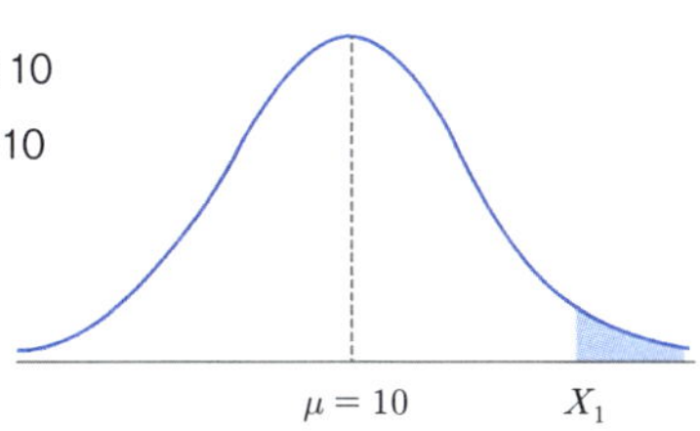

② H_0 : $\mu \geq 10$
H_1 : $\mu < 10$

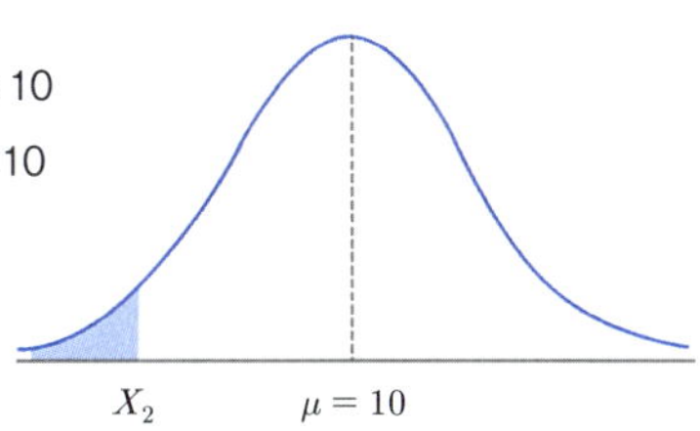

제2절 ▌모집단 평균의 검정 : σ를 아는 경우

1. 가설검정 절차

지금까지 다룬 이론들을 바탕으로 먼저 모집단의 표준편차를 알고 있는 경우의 모집단 평균에 관한 가설검정을 살펴보기로 한다. 이를 위한 절차는 [그림 9-8]과 같다.

그림 9-8 모평균의 가설검정절차(σ를 아는 경우)

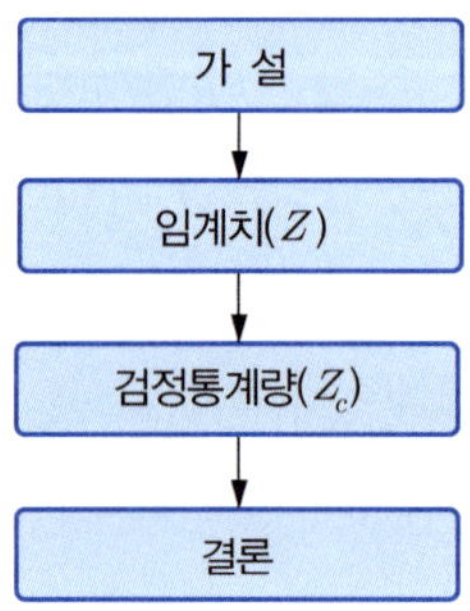

① 가설

가설의 유형은 다음과 같다.

저측검정	양측검정	고측검정
$H_0 : \mu = \mu_0$	$H_0 : \mu = \mu_0$	$H_0 : \mu = \mu_0$
$H_1 : \mu < \mu_0$	$H_1 : \mu \neq \mu_0$	$H_1 : \mu > \mu_0$

예를 들어, 다음과 같은 귀무가설과 대립가설을 세운다.

저측검정	양측검정	고측검정
$H_0 : \mu = 10$	$H_0 : \mu = 10$	$H_0 : \mu = 10$
$H_1 : \mu < 10$	$H_1 : \mu \neq 10$	$H_1 : \mu > 10$

② 임계치

임계치(Z)는 유의수준에 따라 귀무가설의 기각이나 채택을 결정하는 기준이 되는 통계량을 말한다.

귀무가설을 기각하는 기준인 임계치를 Z로 나타낸다. 자주 이용하는 Z값은 [그림 9-9]와 같다.

그림 9-9 주요 Z값(σ를 아는 경우)

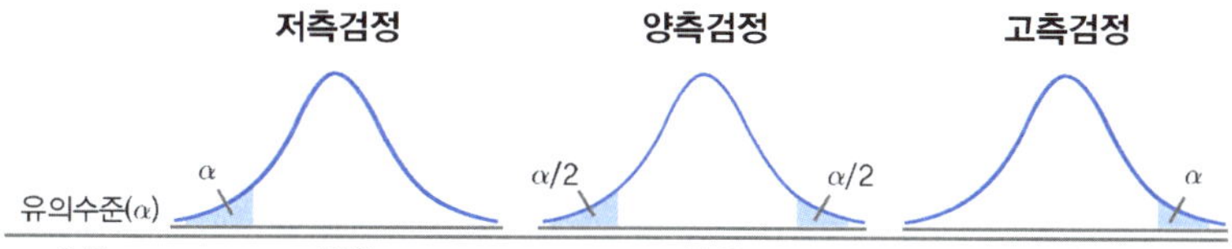

유의수준(α)	저측검정	양측검정	고측검정
0.10	−1.282	±1.645	+1.282
0.05	−1.645	±1.960	+1.645
0.01	−2.326	±2.576	+2.326

③ 검정통계량

검정통계량은 임계치와 비교하기 위하여 표본의 결과($\overline{X}$)를 Z로 변환한 값이다.

검정통계량은 다음과 같이 계산한다.

$$\frac{\text{통계량} - \text{모수}}{\text{표준오차}} = Z_c = \frac{\overline{X} - \mu_0}{\frac{\sigma}{\sqrt{n}}}$$

④ 결론

귀무가설에 대한 결론을 [그림 9-10]과 같이 내린다.

그림 9-10 대립가설 채택규칙(σ를 아는 경우)

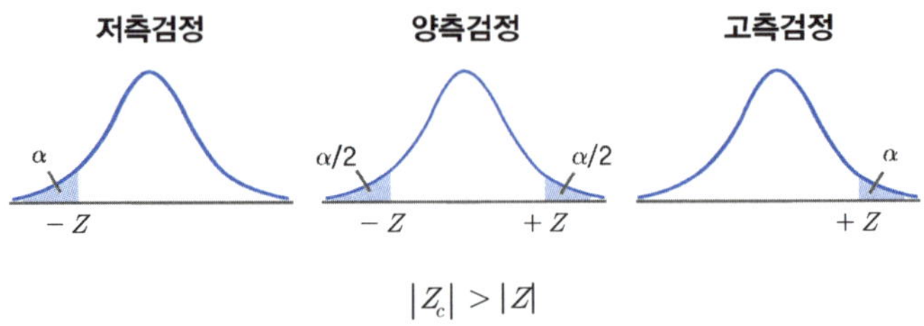

이상의 내용을 도식화하면 다음과 같다.

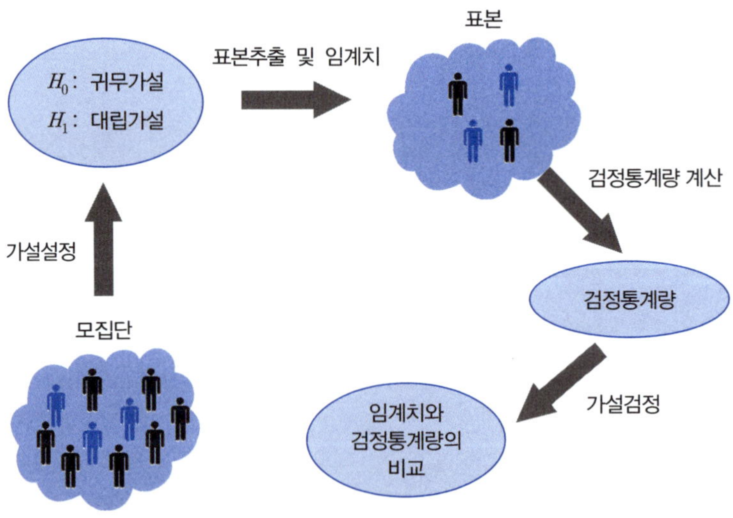

예제 9-1

XYZ 회사는 자사 제품의 길이가 길면 수명이 떨어지고 짧으면 부작용이 생기기 때문에 엄격한 품질관리를 한다. 따라서 제품의 평균 길이는 정확히 10mm라 주장한다. 소비자 단체에서는 이를 검정하기 위해 36개의 제품 길이를 측정해 보았더니 평균이 10.125mm이다. 과거자료에 의하면 XYZ 회사의 제품 길이의 표준편차는 0.3mm이다. 5%의 유의수준에서 XYZ 제약회사의 주장을 검정하라.

풀이

① 가설

$H_0 : \mu = 10$

$H_1 : \mu \neq 10$

② 임계치

$Z_{0.05/2} = \pm 1.96$

③ 검정통계량

$$Z_c = \frac{\overline{X} - \mu_0}{\frac{\sigma}{\sqrt{n}}} = \frac{10.125 - 10}{\frac{0.3}{\sqrt{36}}} = \frac{0.125}{0.05} = 2.5$$

④ 결론

$|Z| < |Z_c|$ 이면 H_0를 기각하고 H_1을 채택한다. $Z = 1.96 < Z_c = 2.5$이므로 귀무가설을 기각하고 대립가설을 채택한다. 즉 $\mu \neq 10mm$이라고 결론짓고, 표본에서 나타난 증거는 제품의 평균 길이가 $10mm$라는 주장을 뒷받침하기에 충분하지 않다.

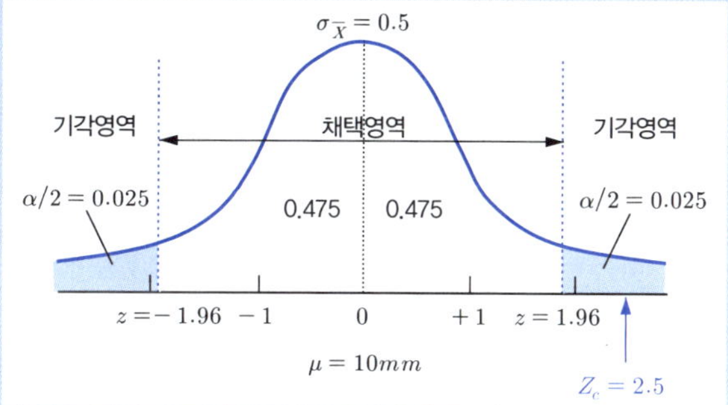

예제 9-2

스마트배터리회사는 무게가 100g 이하인 새로운 제품을 개발하였다고 광고를 한다. 이를 확인하기 위하여 100개의 무작위표본을 사용하여 무게를 측정해 본 결과 평균이 99.7g으로 나타났다. 모집단의 표준편차는 2g이라 가정하고 5%의 유의수준에서 검정하라.

풀이

① 가설

$H_0 : \mu = 100$

$H_1 : \mu < 100$

② 임계치

$Z_{0.05} = -1.645$

③ 검정통계량

$$Z_c = \frac{\overline{X} - \mu_0}{\frac{\sigma}{\sqrt{n}}} = \frac{99.7 - 100}{\frac{2}{\sqrt{100}}} = \frac{-0.3}{0.2} = -1.5$$

④ 결론

$|Z_c| > |Z|$ 이면 H_0를 기각하고 H_1을 채택한다. $Z_c = |-1.5| < Z = |-1.645|$ 이므로 귀무가설을 채택하고 대립가설을 기각한다. 즉 5% 정도 틀릴 수는 있지만 100g보다 가볍다는 회사의 주장을 받아들이기에는 자료가 충분하지 않다.

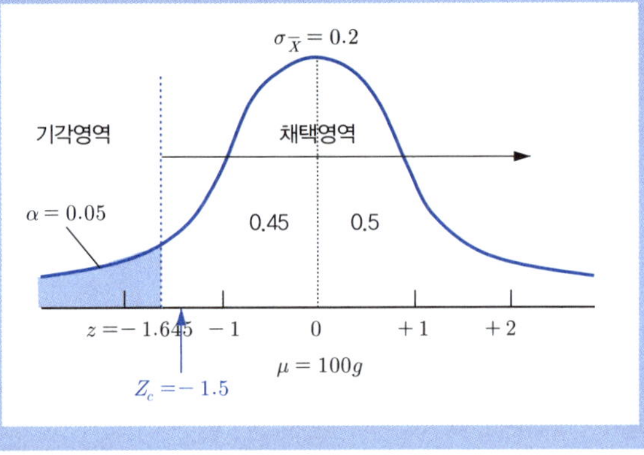

2. *p*값

<예제 9-1>의 경우 5% 유의수준에서는 대립가설이 기각되지 않았지만 1% 유의수준에서는 기각될지 모른다. 이러한 의문에 답하기 위해서는 새로운 유의수준에 맞는 임계치를 찾아 검정통계량과 비교하여 결론을 내려야 한다. 하지만 유의수준이 바뀔 때마다 매번 임계치를 계산한다는 것은 번거로운 일이다. 이러한 문제는 다음과 같이 정의되는 p값과 α값을 비교하여 해결할 수 있다.

> p값이란 귀무가설이 기각될 수 있는 가장 작은 유의수준을 이른다.
>
> $p > \alpha$이면 H_0를 채택
>
> $p < \alpha$이면 H_1를 채택

p값을 이용하면 임계치를 이용하는 방법보다 더 유연하게 검정할 수 있다. p값을 계산하는 방법은 양측검정과 단측검정으로 나누어 다음과 같이 설명한다.

1) 양측검정

<예제 9-1>의 경우 적용된 분포는 정규분포이고 검정통계량은 $Z_c = 2.5$이므로 표준정규분포에서 $Z_c = 2.5$부터 왼쪽 끝까지의 면적을 구하여 2를 곱한 값이 p값이 된다. 부록표에서 $Z_c = 2.5$까지의 왼쪽 면적을 찾으면 0.0062이다. 따라서 p값은 [그림 9-12]와 같이 2(0.0062)=0.0124이다. 결과적으로 $p = 0.0124 < \alpha = 0.05$이므로 귀무가설은 기각된다.

그림 9-11 양측검정에서의 p값

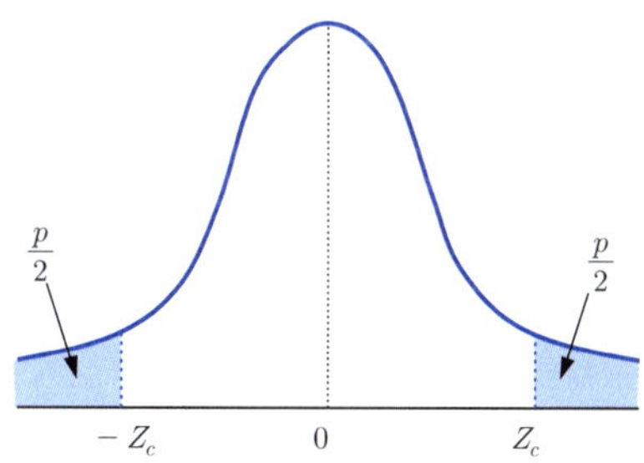

그림 9-12 〈예제 9-1〉의 p값

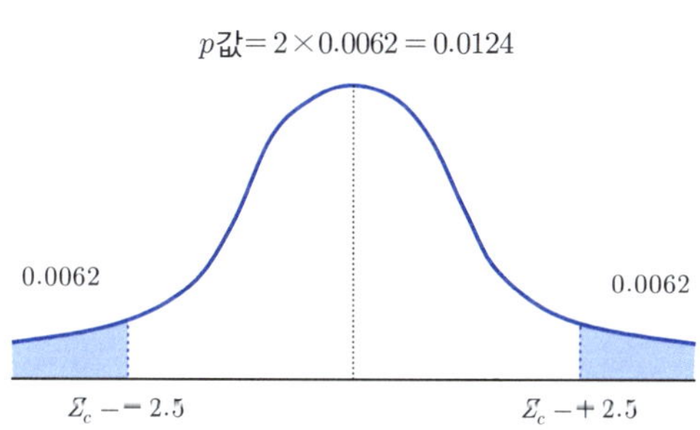

양측검정에서 p값을 얻기 위한 엑셀함수는 다음과 같다.

=(1−NORM.S.DIST(z, cumulative))*2

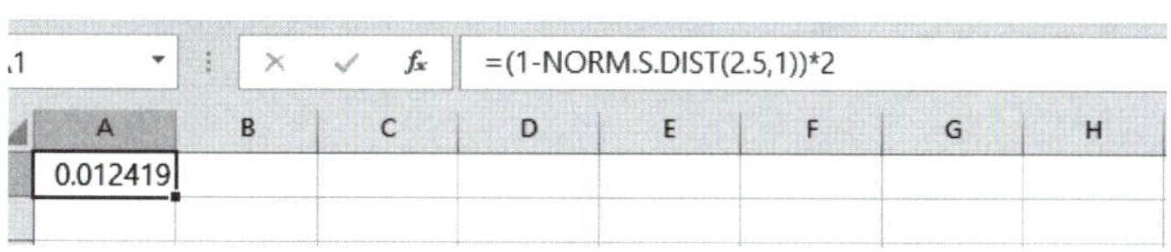

<예제 9-1>과 같은 양측검정의 경우 $|Z_c| > |Z|$ 또는 $p < \alpha$이면 H_0를 기각하고 H_1을 채택한다. 만약 $\alpha = 0.01$이면 $p = 0.0124 > \alpha = 0.01$이므로 귀무가설은 기각되지 않는다. <예제 9-1>의 경우를 도표로 나타내면 [그림 9-13]과 같다.

그림 9-13 양측검정에서의 p와 α 및 Z_c와 Z

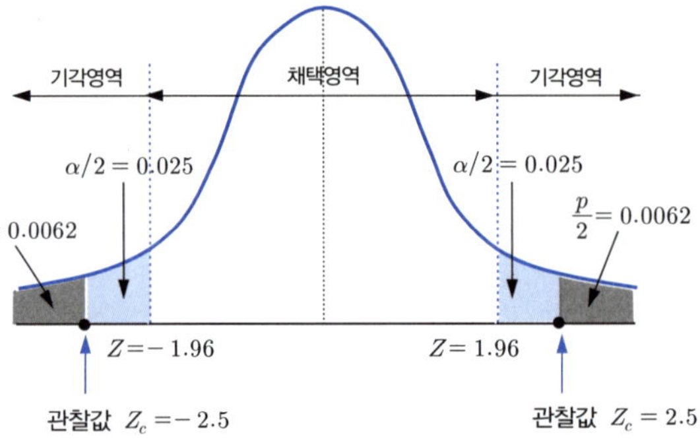

따라서 α=0.05이고 p=0.0124이므로 $\alpha > p$가 되어 귀무가설이 기각되고 대립가설이 채택된다.

2) 단측검정

<예제 9-2>의 경우 사용된 분포는 정규분포이고 검정통계량이 Z=-1.5이므로 표준정규분포에서 왼쪽 면적을 구하면 그 값이 바로 [그림 9-14]처럼 p값이 된다.

그림 9-14 단측검정에서의 p와 Z_c

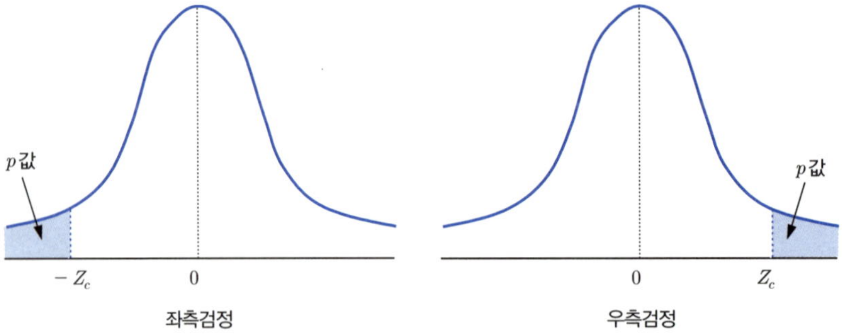

부록표에서 $Z=-1.5$까지의 왼쪽 면적을 찾으면 [그림 9-15]처럼 0.0668이다. 그러므로 $p=0.0668>\alpha=0.05$이므로 귀무가설이 채택되고 대립가설은 기각된다.

그림 9-15 〈예제 9-2〉의 p와 α 및 Z_c와 Z

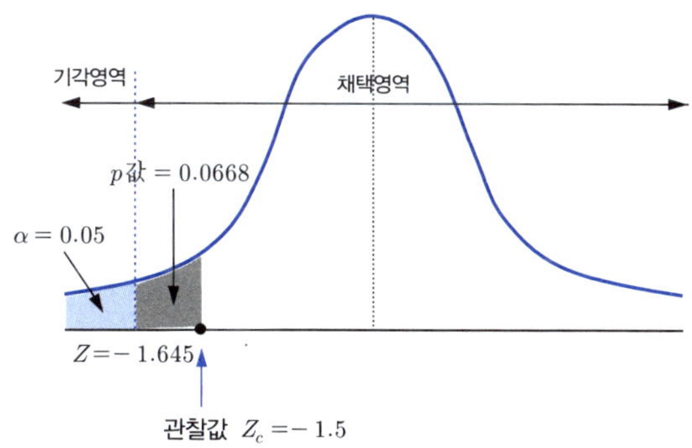

양측검정과 마찬가지로 단측검정도 임계치 Z와 검정통계량 Z_c를 비교하거나 또는 Z의 면적(α)와 Z_c의 면적(p)을 비교하여도 같은 결론에 도달한다. 여기서는 α=0.05이고 p =0.0668이므로 $\alpha<p$가 되어 귀무가설이 채택되고 대립가설이 기각된다. 만약 $\alpha=0.1$이면 $p=0.0668<\alpha=0.1$이므로 귀무가설은 기각되고 대립가설이 채택된다. 저측검정에서 p값을 얻기 위한 엑셀함수는 다음과 같다.

=NORM.S.DIST(z, cumulative)

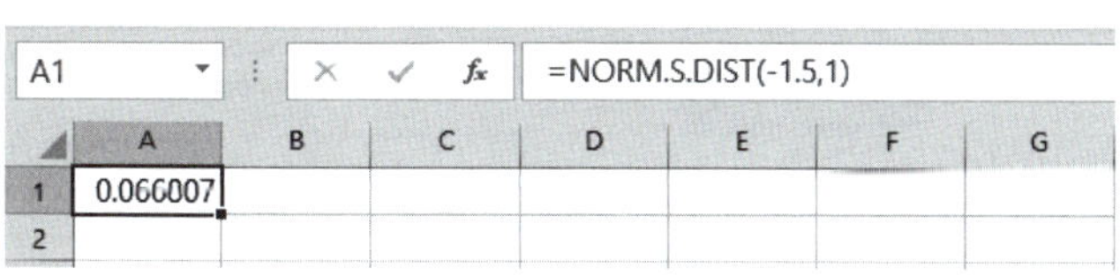

제3절 ▌모집단 평균의 검정 : σ를 모르는 경우

모집단의 표준편차(α)를 알면 Z분포를 따른다. 그러나 [그림 9-16]과 같이 α를 모르지만 표본의 크기가 대표본일 때는 Z분포를 소표본일 때는 t분포를 따른다.

그림 9-16 단일모집단의 모평균 가설검정을 위한 의사결정 규칙

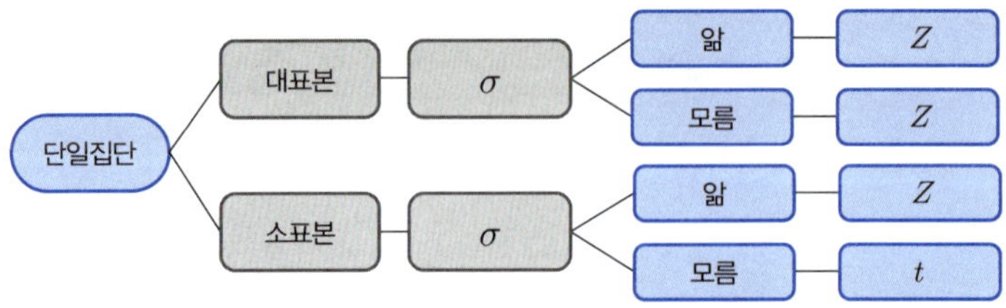

가설검정은 [그림 9-17]처럼 다음의 두 가지 기준 중 하나로 결정한다.

첫째, α와 p에 의한 확률기준
둘째, 임계치(Z, t)와 검정통계량(Z_c, t_c)에 의한 통계량기준

그림 9-17 가설검정의 기준

엑셀이나 SPSS 등을 사용하는 경우에는 일반적으로 첫 번째 방법을 사용한다. 먼저 통계량기준을 살펴본 다음 확률기준으로 가설을 검정하는 방법에 대해 살펴본다.

1. 가설검정: 통계량기준

σ를 모르는 경우 모집단 평균에 관한 가설검정을 위한 절차는 [그림 9-18]과 같다.

그림 9-18 모평균에 대한 가설검정절차(σ를 모르는 경우)

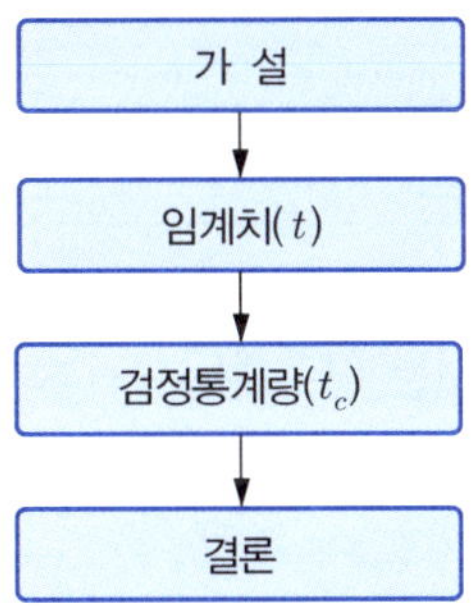

① 가설

가설의 유형은 다음과 같다.

저측검정	양측검정	고측검정
$H_0 : \mu = \mu_0$	$H_0 : \mu = \mu_0$	$H_0 : \mu = \mu_0$
$H_1 : \mu < \mu_0$	$H_1 : \mu \neq \mu_0$	$H_1 : \mu > \mu_0$

예를 들어 다음과 같은 귀무가설과 대립가설을 세운다.

저측김정	양측김정	고측김징
$H_0 : \mu = 10$	$H_0 : \mu = 10$	$H_0 : \mu = 10$
$H_1 : \mu < 10$	$H_1 : \mu \neq 10$	$H_1 : \mu > 10$

② 임계치

임계치(t)는 유의수준에 따라 귀무가설의 기각이나 채택을 결정하는 기준이 되는 통계량을 말한다.

귀무가설을 기각하는 기준인 임계치를 t로 나타낸다. [표 9-1]은 각 검정유형에서 유의수준(α)이 0.1, 0.05, 0.01일 때 Z나 t(n=∞)값을 보여준다.

표 9-1 유의수준에 따른 Z나 $t(n=\infty)$

유의수준(α)	저측검정	양측검정	고측검정
0.10	−1.282	±1.645	+1.282
0.05	−1.645	±1.96	+1.645
0.01	−2.326	±2.576	+2.326

α를 모르고 모집단 평균을 검정하는 경우에는 $n-1$의 자유도를 가지고 t-분포를 따른다.

③ 검정통계량

> 검정통계량(Z_c, t_c)은 표본자료에서 추정치를 계산하여 그 추정치를 확률이 1인 Z나 t 확률분포가 되도록 변환한 통계량을 말한다.

σ를 모르는 경우의 t_c를, σ를 아는 경우의 Z_c와 비교하면 다음과 같이 계산된다.

Z분포 : σ를 아는 경우	t분포 : σ를 모르는 경우
$Z_c = \dfrac{\overline{X} - \mu_0}{\dfrac{\sigma}{\sqrt{n}}}$	$t_c = \dfrac{\overline{X} - \mu_0}{\dfrac{S}{\sqrt{n}}}$

④ 결론

다음과 같은 기준으로 가설을 검정한다.

$|Z(t)| > |Z_c(t_c)|$ 이면 귀무가설 채택

$|Z(t)| < |Z_c(t_c)|$ 이면 대립가설 채택

예제 9-3

ABC 은행의 고객 1인당 평균 대기시간은 5분 정도라고 믿고 있다. 이 사실을 검정하기 위하여 6명의 고객을 조사하였더니 다음과 같은 결과가 나왔다. 5%의 유의수준에서 고객 1인당 평균 대기시간이 5분 정도라는 귀무가설을 검정하라.

고객	1	2	3	4	5	6
시간	6	8	6	6	5	7

풀이

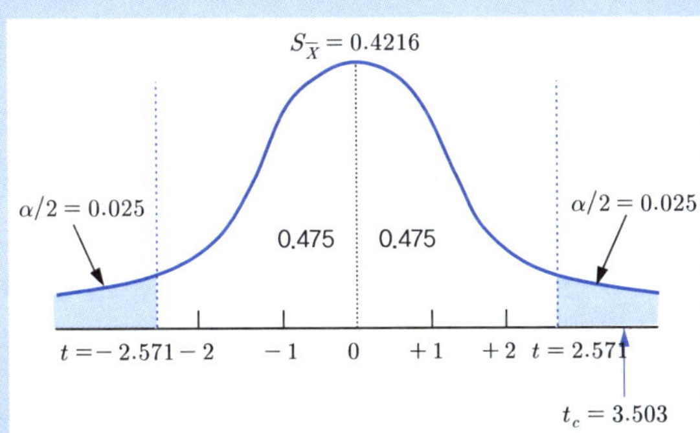

표본자료로부터 $\overline{X}$와 S를 계산하면 다음과 같다.

$$\overline{X} = \frac{\sum X}{n} = \frac{38}{6} = 6.3333$$

$$S = \sqrt{\frac{\sum(X-\overline{X})^2}{n-1}} = \sqrt{\frac{5.3333}{5}} = 1.0328$$

① 가설

$H_0 : \mu = 5$

$H_1 : \mu \neq 5$

② 임계치

$t_{0.05/2,5} = \pm 2.571$

③ 검정통계량

$$t_c = \frac{\overline{X} - \mu_0}{\frac{S}{\sqrt{n}}} = \frac{6.3333 - 5}{\frac{1.0328}{\sqrt{6}}} = \frac{1.3333}{0.4216} = 3.1623$$

④ 결론

$|t_c| > |t|$ 이면 H_0를 기각하고 H_1을 채택한다. $t_c = 3.1623 > t = 2.571$이므로 귀무가설을 기각하고 대립가설을 채택한다. 즉 $\mu \neq 5$라고 결론짓고, 표본에서 나타난 증거는 고객의 평균 대기시간이 5분이라는 주장을 뒷받침하기에는 충분하지 않다.

예제 9-4

ABC 항공사는 승객의 고객만족도는 10점 만점에 7점 이상이라 주장한다. 이를 검정하기 위해 7명의 승객을 조사한 결과는 다음과 같다. α=0.05에서 ABC 항공사의 주장을 검정하라.

승객	1	2	3	4	5	6	7
만족도	7	8	7	7	6	7	8

풀이

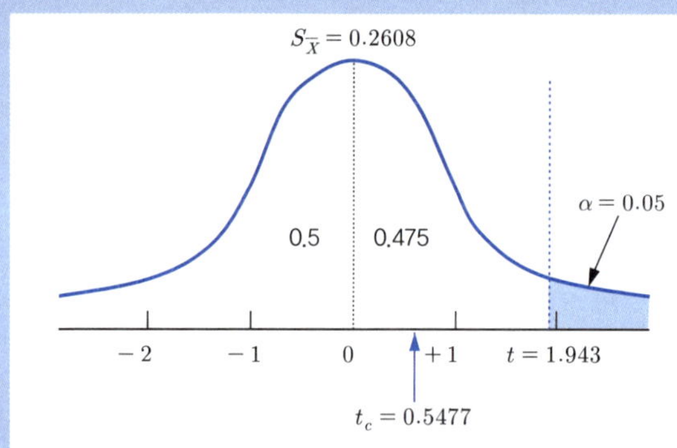

① 가설

$H_0 : \mu = 7$

$H_1 : \mu > 7$

② 임계치

$t_{0.05,6} = 1.943$

③ 검정통계량

$$t_c = \frac{\overline{X} - \mu_0}{\frac{S}{\sqrt{n}}} = \frac{7.1429 - 7.0}{\frac{0.6901}{\sqrt{7}}} = \frac{0.1429}{0.2608} = 0.5477$$

④ 결론

$t_c > t$이면 H_0를 기각하고 H_1을 채택한다. $t_c = 0.5477 < t = 1.943$이므로 귀무가설을 채택하고 대립가설을 기각한다. 즉 표본에서 나타난 증거는 고객의 만족도가 7점 이상이라는 주장을 뒷받침하기에 충분하지 않다.

2. 가설검정: 확률기준

확률기준으로 가설을 검정하는 절차는 다음과 같다.

- 유의수준(α) : 귀무가설이 참인데도 기각하는 오류를 범할 확률로 α로 표시한다. 유의수준은 보통 5% 혹은 1% 정도의 작은 값을 지정한다.
- 유의확률(p) : 귀무가설이 참이라고 가정할 때 표본에서 계산된 검정통계량의 값과 같거나 더 극단적인 값이 나올 확률이 p값(유의확률, p-value)이다.

예를 들어, [그림 9-19]의 표본자료를 계산하여 얻은 값 $\overline{X}$의 검정통계량은 t_c이므로 이 t_c와 같거나 더 극단치가 나올 확률(면적)이 p이다.

그림 9-19 유의확률

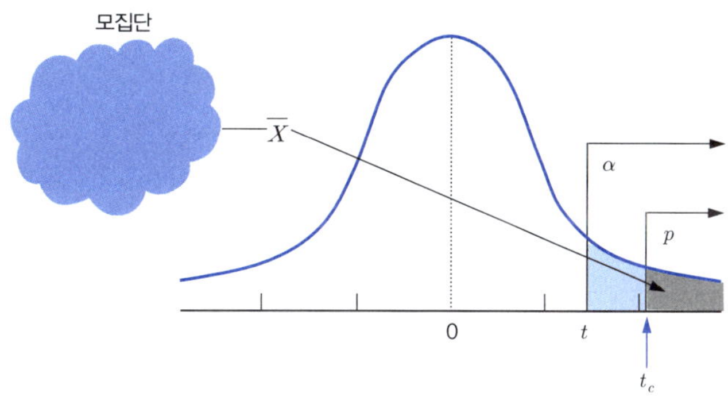

- 결론 : $\alpha > p$이면 귀무가설을 기각하고 대립가설을 채택한다. 반대로 $\alpha < p$이면 귀무가설을 채택하고 대립가설을 기각한다. 예를 들어, [그림 9-20]의 고측검정의 표본에서 계산된 b_2의 검정통계량 t_2과 같거나 더 극단치가 나올 확률 p_2은 α보다 더 작아 귀무가설을 기각하고 대립가설을 채택한다. 반면 $\alpha < p$이면 귀무가설을 채택하고 대립가설을 기각한다. [그림 9-20]의 표본에서 계산된 b_1의 검정통계량 t_1과 같거나 더 극단치가 나올 확률 p_1은 α보다 더 크므로 귀무가설을 채택하고 대립가설을 기각한다.

그림 9-20 검정통계량과 유의확률

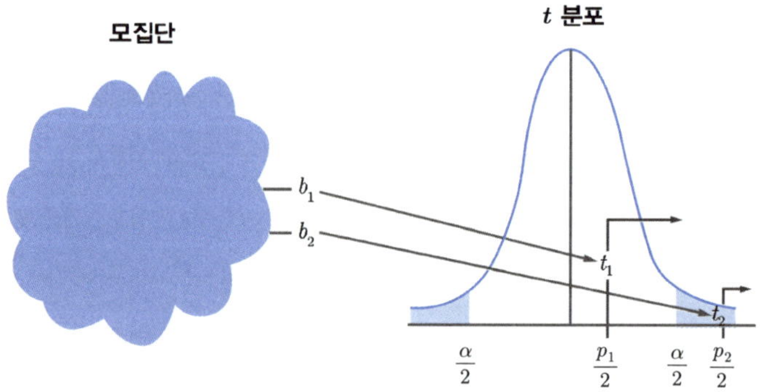

따라서 다음과 같이 가설을 검정한다.

$\alpha < p$이면 귀무가설 채택

$\alpha > p$이면 대립가설 채택

단측검정의 경우 유의수준(α)과 유의확률(p)을 비교하면 된다. [그림 9-20]에서는 $\alpha > p_2$이므로 귀무가설을 기각하고 대립가설을 채택한다. 한편 양측검정에서는 유의수준($\alpha/2$)과 유의확률($p/2$)을 비교한다. 검정통계량($Z_c(t_c)$)과 유의확률(p)의 관계를 보면 검정통계량이 클수록 유의확률은 낮아지고 유의확률이 높을수록 검정통계량은 작아진다. 그러므로 $Z_c(t_c)$가 커지면 p는 작아져서 대립가설이 채택될 가능성은 커진다. 반대로 $Z_c(t_c)$가 작아지면 p는 커져서 대립가설이 채택될 가능성은 작아진다.

예제 9-5

〈예제 9-3〉을 확률기준으로 가설을 검정하라.

풀이

	A	B	C	D	E	F	G	H	I
1	고객	1	2	3	4	5	6		
2	시간	6	8	6	6	5	7		
3									
4	평균	6.333333		=AVERAGE(B2:G2)					
5	표준편차	1.032796		=STDEV.S(B2:G2)					
6	검정통계량	3.162278		=(B4-5)/(B5/SQRT(6))					
7	p값	0.025031		=T.DIST.2T(B6,5)					
8									

① 가설

$H_0 : \mu = 5$

$H_1 : \mu \neq 5$

② 결론

$p = 0.0250 < \alpha = 0.05$이므로 귀무가설을 기각하고 대립가설을 채택한다.

예제 9-6

〈예제 9－4〉을 확률기준으로 가설을 검정하라.

풀이

	A	B	C	D	E	F	G	H	I
1	승객	1	2	3	4	5	6	7	
2	만족도	7	8	7	7	6	7	8	
3									
4	평균	7.142857		=AVERAGE(B2:H2)					
5	표준편차	0.690066		=STDEV.S(B2:H2)					
6	검정통계량	0.547723		=(B4-7) / (B5/SQRT(7))					
7	p값	0.301823		=T.DIST.RT(B6,6)					
8									

① 가설

$H_0 : \mu = 7$

$H_1 : \mu > 7$

② 결론

$p = 0.3018 > \alpha = 0.05$이므로 귀무가설을 채택하고 대립가설을 기각한다.

연습문제

〈객관식 문제〉

1. $\alpha=0.05$란?

① 참인 귀무가설을 부정하는 오류를 범할 확률이 0.05이다.
② 거짓인 귀무가설을 수용하는 오류를 범할 확률이 0.05이다.
③ 참인 귀무가설을 수용하는 확률이 0.95라는 것이다.
④ 95% 확률로 귀무가설이 맞다.

2. 모집단 평균이 10보다 작은지를 검정하기를 원한다면 대립가설은?

① $\mu<10$
② $\mu>10$
③ $\mu\pm10$
④ 정보가 불충분하여 결정할 수 없다.

3. $\alpha=0.05$이면 H_0의 수용영역의 면적은?

① 0.95
② 0.05
③ 0.9
④ 0.1

4. 유의수준이 낮아지면 참인 귀무가설을 부정하는 확률은?

① 감소한다.
② 증가한다.
③ 변함이 없다.
④ 경우에 따라 증가 또는 감소한다.

5. 저측검정에서 $\alpha=0.05$일 때 가설부정의 기준인 Z값은?

① 1.645
② 1.96
③ −1.96
④ −1.645

6. 대립가설이 $\mu>120$인 경우 귀무가설의 부정영역은 표준정규분포의 어느 쪽인가?

① 왼쪽 끝
② 오른쪽 끝
③ 가운데 부분
④ 양쪽 끝

7. 단측검정에서 가설검정의 $p=0.04$이고 $\alpha=0.05$이면 이 가설검정의 결론은?

① H_0수용

② H_1수용

③ 대립가설에 따라 결론이 다르다.

④ 실제 가설이 무엇인지 알아야 결론을 내릴 수 있다.

8. 양측검정에서 검정통계량이 $Z=1.51$이라면, 이 가설검정의 p값은?

① 0.0125　　② 0.0655

③ 0.4875　　④ 0.131

9. 다음 중 맞는 것은?

① 검정의 대상이 되는 가설을 대립가설이라 부른다.

② 유의수준이란 귀무가설이 맞다면 표본의 결과가 발생하기 힘든 부분을 말한다.

③ $\alpha=0.01$이고 $p=0.05$ 이면 대립가설은 채택된다.

④ α는 1종 오류를 범할 확률이다.

10. 다음 중 틀린 것은?

① $\alpha=0.05$이고, $p=0.01$이면 대립가설은 수용된다.

② 가설검정에 적합한 확률분포는 항상 정규분포이다

③ 제1종 오류란 참인 귀무가설을 부정하는 오류를 말하며 α로 표시한다.

④ 거짓인 귀무가설을 수용하는 것을 제2종 오류라 한다.

11. 다음 중 맞는 것은?

① $\alpha=0.05$에서 검정통계량이 수용영역에 포함되면 H_0가 100% 참인 것을 증명한 것이다.

② 가설검정이 $\alpha=0.6$ 수준에서 행하여진다면, 거짓인 귀무가설은 보통 수용된다.

③ $H_0: \mu=120,\ H_1: \mu>120$인 가설을 검정할 때 적합한 검정방법은 고측검정이다.

④ 모평균 검정에서 모집단의 표준편차(σ)를 모르더라도 모집단이 정규분포이면 항상 Z-분포를 사용한다.

12. 다음 중 틀린 것은?
① p값은 귀무가설이 기각될 수 있는 가장 작은 유의수준으로 검정통계량의 면적을 의미한다.
② 가설검정은 모수가 특정 값과 일치하는지를 모집단에서 추출된 표본자료를 이용하여 결론을 이끌어낸다.
③ 단측검정에서 유의수준이 낮아지면 보다 엄격한 기준으로 대립가설을 채택하겠다는 의미이다.
④ 귀무가설에 사용되는 평균은 표본의 평균과 같다

13. 다음 중 맞는 것은?
① 가설검정에서 α는 검정통계량을 결정하는 것이다.
② 자동차 회사에서 표본검사로 인해 불합격품이 출고되어 이를 모두 회수하여 고쳐준다면 이는 제1종 오류의 예이다.
③ 양측검정에서 α=0.05이면 채택영역의 면적은 0.95이다.
④ α=0.05에서 H_1이 채택되면 이는 가설이 참이거나 제2종 오류를 범하는 것이다.

〈주관식 문제〉

1. 가설검정에서 네 가지 가능한 결론은 무엇인가?

2. 유의수준이 작을수록 어떤 효과를 가지는가?

3. XYZ 제약회사는 자사에서 생산하는 특정 물질의 평균 함량은 20g 이상이라 주장한다. 소비자 단체가 이를 검정하기 위해 64개의 제품을 조사하였더니 평균이 22g이었다. 과거자료에 의하면 XYZ 제약회사의 특정 물질의 평균 함량의 표준편차는 6g이었다. 5%의 유의수준에서 XYZ 제약회사의 주장을 검정하라.

4. ABC 전자회사는 자사 제품에 들어가는 물질 A는 엄격한 품질관리로 인해 정확히 10g이라 주장한다. 품질검사기관이 이를 검정하기 위해 36개의 표본을 측정해 보았더니 평균이 9.8g이었다. 과거자료에 의하면 ABC 조명에서 사용하는 물질 A의 표준편차는 0.2g이었다. 5%의 유의수준에서 ABC 조명의 주장을 검정하라.

5. 큰 표본을 사용하여 $H_0 : \mu = 100$의 저측검정을 시행할 때 표준오차를 10으로 가정하고 다음에 답하라.
   (1) α=0.05일 때 귀무가설을 채택하는 임계치는?
   (2) $\overline{X}$=98이라면 귀무가설은 기각되는가?
   (3) $\overline{X}$=98에 대응하는 p값은?

6. 다음의 Z_c에 대한 p값을 구하라.
   (1) $Z_c=-1.5$(양측)　(2) $Z_c=-1.5$(저측)　(3) Z_c=1.5(고측)

7. XYZ 제약사는 하루에 특수용 마스크를 평균 40개 만든다. 정부의 새로운 정책이 시행된 후에 무작위로 뽑은 10일의 생산량이 다음과 같다. 유의수준 5%에서 하루의 평균 생산량이 과거와 같이 40개라고 결론을 내릴 수 있는가?

생산량 : 48 43 52 39 45 38 47 43 38 39

8. 문제 7번을 p값을 이용하여 검정하라.

9. 어느 편의점은 평균 4시간 이내에 고객주문을 배달한다고 선전하고 있다. 무작위로 뽑은 10번의 배달시간을 조사한 자료가 아래와 같다면 유의수준 5%에서 택배회사의 광고가 참인지를 검정하라.

시간 : 4 5 2 4 5 2 2 4 1 2

10. 문제 9번을 p값을 이용하여 검정하라.

11. ABC 대학은 금년도 신입생들의 평균 봉사활동 시간이 7시간 이상으로 믿고 있다. 이를 확인하기 위해 10명의 학생을 임의로 추출하여 조사해 본 결과 봉사활동 시간을 조사한 자료가 아래와 같다면 유의수준 5%에서 ABC 대학의 믿음이 참인지를 검정하라.

시간 : 9 8 8 7 13 5 6 14 10 8

12. 문제 11번을 p값을 이용하여 검정하라.

13. 어느 회사의 고객 중 불만을 가진 고객의 비율은 3% 이하라고 한다. 이를 확인하기 위해 500명을 조사한 결과 20명이 불만을 가지는 것으로 나타났다. 회사의 주장이 근거 있는지를 5%의 유의수준에서 검정하라.

14. 문제 13번을 p값을 이용하여 검정하라.

15. 어느 택배 회사는 고객들 중 70%가 자신들의 배달에 만족한다고 선전하고 있다. 무작위로 뽑은 200명의 고객을 조사한 결과 160명이 만족한다고 한다. 유의수준 1%에서 택배회사의 광고가 참인지를 검정하라.

16. 문제 15번을 p값을 이용하여 검정하라.

분산분석

10
Chapter

제1절 ▌분산분석 개념

분산분석은 [그림 10-1]과 같이 2개 이상의 모집단의 평균을 비교하는데 사용되는 통계기법으로 다음과 같이 정의된다.

> 분산분석(analysis of variance, ANOVA)은 둘 이상의 집단 간 평균 차이에 대한 통계적 유의성을 검정하는 기법이다.

그림 10-1 분산분석

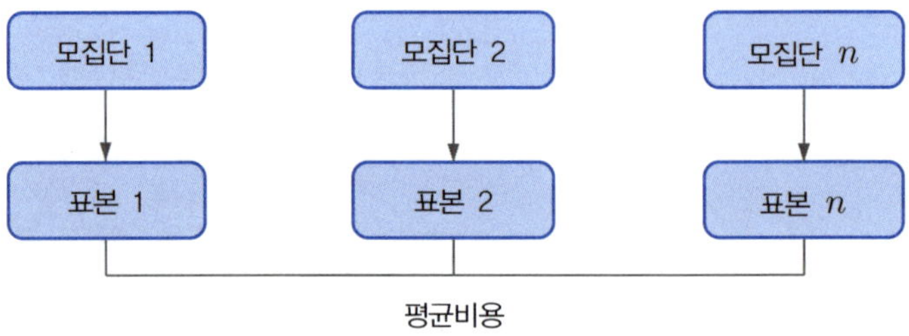

[그림 10-2]와 같은 둘 이상의 모집단 평균이 서로 같은지 다른지를 검정할 때 사용하는 통계분석방법이 분산분석이다.

그림 10-2 일원요인분산분석 모형

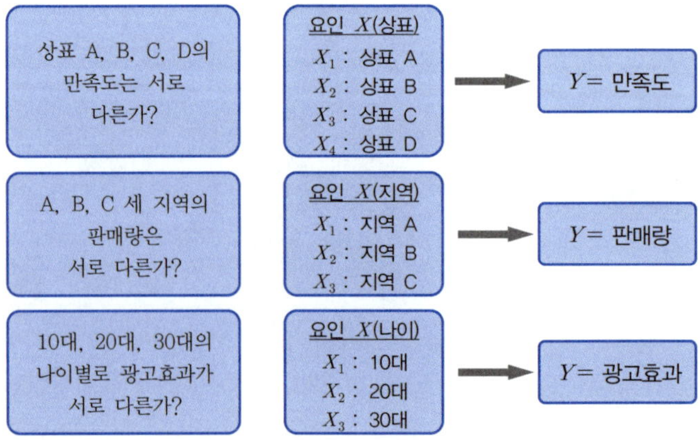

분산분석은 종속변수(dependent variable) Y에 대해 하나 또는 그 이상의 요인(factor) 혹은 범주형 독립변수(categorical independent variable)의 효과를 분석하는 기법이다. [그림 10-2]에서 상표, 지역, 나이는 요인(범주형 독립변수)이 되고 만족도, 판매량, 광고효과는 종속변수가 된다. 종속변수에 영향을 미치는 요인 수준을 집단이라 한다. 여기서 상표를 요인이라 한다면 상표 A, 상표 B, 상표 C, 상표 D를 집단이라 한다. 또한, 나이를 요인이라 한다면 10대, 20대, 30대를 집단이라 한다. 이처럼 분산분석에서 요인은 명목척도 또는 서열척도로 측정한 범주형 자료이고 종속변수는 등간척도 또는 비율척도로 측정한 연속형 자료이다. 분산분석과 회귀분석의 목적과 자료의 차이점은 다음과 같다.

첫째, 분석의 목적 중 분산분석은 집단 간 평균비교이고 회귀분석은 인과관계분석이다.
둘째, 종속변수의 척도유형은 분산분석과 회귀분석 모두 연속형이어야 한다.
셋째, 독립변수의 척도유형은 분산분석은 범주형이어야 하고 회귀분석은 연속형이어야 한다.

분산분석은 요인의 수에 따라 일원요인분산분석과 이원요인분산분석으로 나눈다.

> 일원요인분산분석(one-factor ANOVA)은 하나의 요인과 하나의 종속변수 간의 관계를 검정하는 통계적 방법이다.

예로 [그림 10-3]과 같이 세 가지 기계라는 하나의 요인(독립변수)과 생산량이라는 하나의 종속변수 간의 관계를 분석하는 것이 일원요인분산분석이다. 여기서는 세 가지 기계의 평균 생산량이 같다는 귀무가설을 검정하는 통계적 방법이 일원요인분산분석이다.

그림 10-3 일원요인분산분석의 예

기계에 따라 판매량이 다른가?	
기계	종족변수
A	3, 4, 3, 5, ···, 5
B	5, 6, 5, 6, ···, 6
C	7, 5, 7, 7, ···, 7

이원요인분산분석(two-factor ANOVA)은 두 가지 요인이 하나의 종속변수에 미치는 영향을 검정하는 통계적 방법이다.

생산량에 영향을 미치는 요인으로 기계 하나만을 고려하는 일원요인분산분석과는 달리 기계와 지역 두 가지 요인을 고려하는 이원요인분산분석이 있다. 이원요인분산분석은 [그림 10-4]와 같이 두 요인에 의해 구분되는 6개 집단에 관측치가 오직 1개씩만 있는 반복 없는 이원요인분산분석과 관측치가 2개씩 있는 반복 있는 이원요인분산분석으로 구분한다. [그림 10-4]는 집단마다 1개의 관측치가 있어 주효과만을 분석하는 반복 없는 이원요인분산분석과 집단에 관측치가 2개 이상이 있어 주효과 뿐만 아니라 상호작용효과도 분석하는 반복 있는 이원요인분산분석이 있다는 것을 보여준다.

그림 10-4 이원요인분산분석의 예

반복이 없는 이원요인분산분석

상표와 성별에 따라 만족도는 다른가?

상표 \ 성별	*X*	*Y*
A	7	6
B	6	4
C	4	6

반복이 있는 이원요인분산분석

상표와 성별에 따라 만족도는 다른가?

상표 \ 성별	*X*	*Y*
A	6, 4	4, 8
B	9, 4	3, 5
C	5, 6	7, 6

[표 10-1]은 반복이 있는 경우와 없는 경우의 이원요인분산분석의 또 다른 예를 보여준다. 한편 성별, 경력, 나이와 같은 3개 이상의 요인에 의한 생산량의 차이를 살펴보는 것을 다변량분산분석(multi-factor ANOVA)이라 한다. 본장에서는 일원요인분산분석과 이원요인분산분석에 대해 살펴보기로 한다. [그림 10-5]는 분산분석의 종류에 따른 예를 보여주고 있다.

표 10-1 반복이 있는 경우와 없는 경우의 예

〈반복 없는 경우〉

집단	지역1	지역2	지역3	지역4
기계1	23	25	27	28
기계2	32	33	35	29
기계3	26	25	27	24

〈반복 있는 경우〉

집단	지역1	지역2	지역3	지역4
기계1	18	25	29	26
	28	26	34	27
	25	25	29	26
기계2	23	25	29	32
	28	32	34	29
	25	19	29	28
기계3	29	25	32	29
	28	29	19	21
	27	23	29	31

그림 10-5 분산분석의 종류

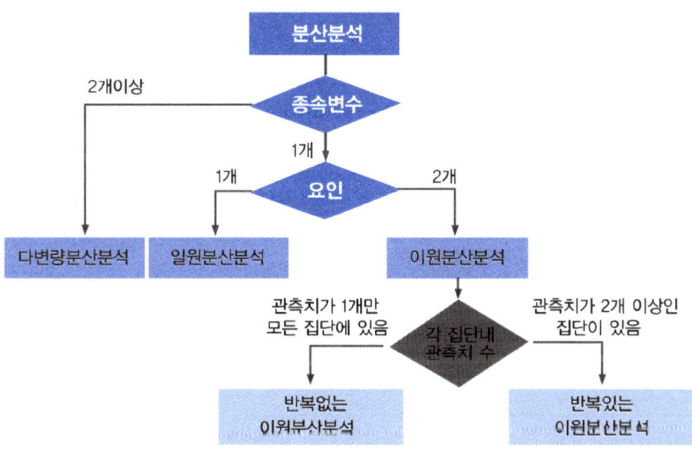

제2절 ▌일원요인분산분석

1. 일원요인분산분석의 가정

일원요인분산분석에서 귀무가설은 다음과 같이 k개의 모집단 평균이 모두 같다는 것이고 대립가설은 이들이 모두 같지는 않다는 것이다.

H_0 : $\mu_1 = \mu_2 = ... = \mu_k$(모든 평균이 같다)

H_1 : 모든 평균이 같지는 않다(적어도 하나의 평균은 다르다)

[그림 10-6]에서 부산은 대리점별로 평균 판매량이 다르다고 할 수 있지만, 대구는 대리점별로 평균 판매량이 많이 중복되어서 대리점별로 평균 판매량이 다르다고 단정할 수 없다. 이처럼 분산분석은 대리점별로 판매량이 다른지를 통계적으로 판단하는 분석기법이다.

그림 10-6 대구와 부산 대리점들의 판매량

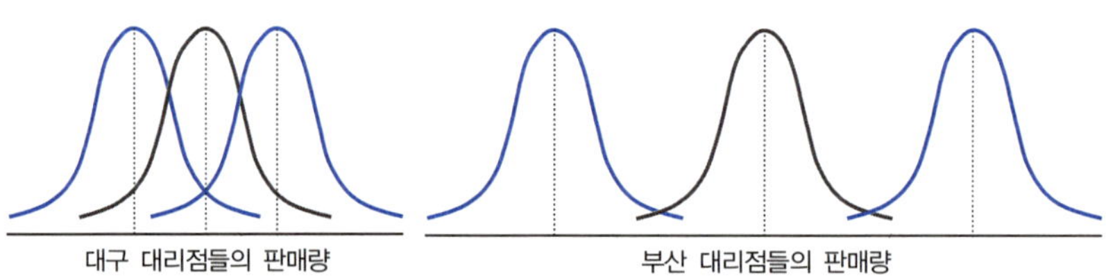

대립가설인 "모든 평균이 같지는 않다"에는 여러 가지 뜻이 포함되어 있다. 예를 들어, 모집단이 3개인 경우에는 $\mu_1 \neq \mu_2$, $\mu_1 \neq \mu_3$, $\mu_2 \neq \mu_3$, $\mu_1 \neq \mu_2 \neq \mu_3$ 중 적어도 하나는 참이라는 뜻을 포함한다. 일원요인분산분석은 다음과 같은 세 가지 가정을 두고 있다.

첫째, k개 모집단은 정규분포이다.
둘째, k개 모집단의 분산은 같다.
셋째, k개 모집단으로부터 추출되는 표본은 서로 독립적이다.

일원요인분산분석은 정규분포를 따르지 않아도 표본의 크기가 크다면 중심극한정리가 적용되어 크게 영향을 받지 않고 또한 등분산의 가정도 표본의 크기가 비슷하면 크게 중요하지 않으므로 널리 사용되고 있다.

분산분석에서는 모집단의 분산이 같다고 가정하므로 만약 귀무가설이 사실이라면 [그림 10-7]처럼 평균과 분산이 같은 정규분포에서 각 집단의 표본이 추출되었다고 할 수 있다.

그림 10-7 모집단 분산과 평균이 같은 경우

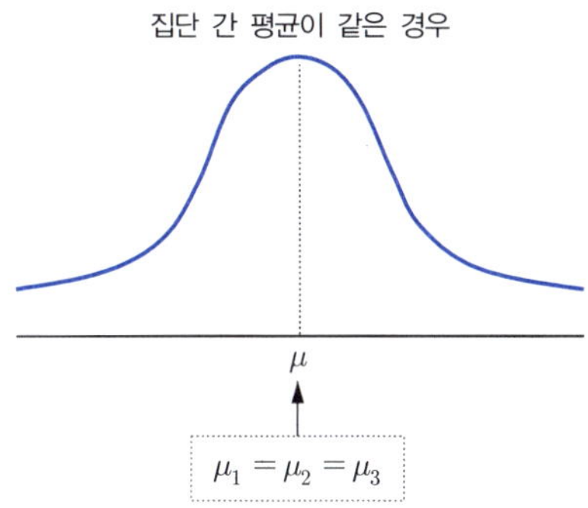

따라서 분산분석의 절차는 모집단 분산과 평균이 같다는 가정하에 모집단의 분산에 대한 두 개의 추정치를 각 집단의 표본자료를 이용하여 추정한 다음, 이 분산들을 비교하는 것이다.

2. 분식모형

ABC 자동차의 구매담당자가 세 회사로부터 타이어를 납품받아 이들의 수명을 조사한 결과는 [표 10-2]와 같다.

표 10-2 타이어의 자료

회사 A	회사 B	회사 C
4	7	2
4	8	3
6	7	3
5	6	2
5		3
5		

3. 엑셀 분석

엑셀로 이들 세 회사 제품의 평균수명이 같은지 $\alpha=0.05$ 수준에서 검정하는 절차는 다음과 같다.

1) 입력

① [그림 10-8]과 같이 열 또는 행으로 자료를 입력하여도 된다. 여기서는 열의 방향으로 자료를 입력한다.

그림 10-8 분산분석 자료 입력 방법

	A	B	C	D	E
1	회사 A	회사 B	회사 C		
2	4	7	2		
3	4	8	3		
4	6	7	3		
5	5	6	2		
6	5		3		
7	5				
8					
9					

	A	B	C	D	E	F	G	H	I
1	회사 A	4	4	6	5	5	5		
2	회사 B	7	8	7	6				
3	회사 C	2	3	3	2	3			
4									
5									

② [데이터] → [데이터 분석]을 클릭하여 [통계 데이터 분석] 대화창에서 [분산 분석: 일원 배치법]을 선택하고 [확인]을 누른다.

③ [분산 분석: 일원 배치법] 대화창이 나타나면 [입력범위]로 A1:C7의 범위를 드래그하여 입력한다. [데이터의 방향]으로 열을 지정하고 입력 범위의 첫 행이 문자열이므로 [첫째 행 이름표 사용]을 체크한다. [유의수준]은 기본값인 0.05를 지정하고 [출력 옵션]에서 [출력 범위]로 F1을 지정한다. 마지막으로 [확인]을 누른다. 이상을 마친 입력화면은 [그림 10-9]와 같다.

그림 10-9 타이어 수명 입력 화면

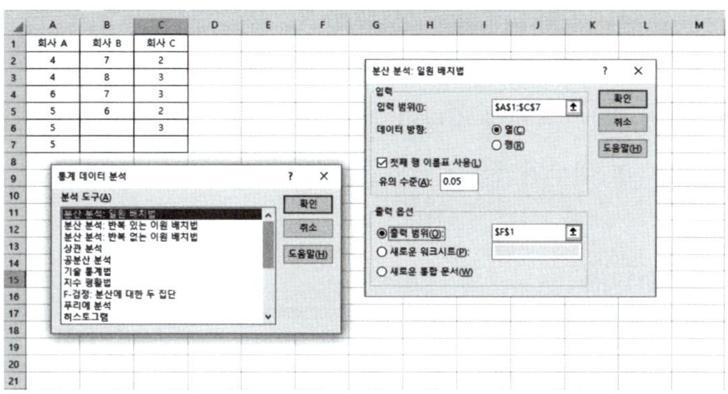

2) 결과

엑셀에서 일원요인분산분석을 수행한 결과는 [그림 10-10]과 같다.

그림 10-10 타이어 수명 출력 회면

분산 분석: 일원 배치법

요약표

인자의 수준	관측수	합	평균	분산
회사 A	6	29	4.833333	0.566667
회사 B	4	28	7	0.666667
회사 C	5	13	2.6	0.3

분산 분석

변동의 요인	제곱합	자유도	제곱 평균	F 비	P-값	F 기각치
처리	43.3	2	21.65	43.06077	3.35E-06	3.885294
잔차	6.033333	12	0.502778			
계	49.33333	14				

3. 결과 해석

일원요인분산분석의 가설을 검정하는 절차는 다음과 같다.

① 가설

H_0 : $\mu_1 = \mu_2 = \mu_3$(모든 평균이 같다)

H_1 : 세 개의 평균이 모두 같지는 않다(적어도 하나의 평균은 다르다)

세 가지 타이어의 평균 수명이 같다는 귀무가설과 적어도 하나의 평균 수명이 다르다는 대립가설을 수립한다.

② 결론

[표 10-3]과 같이 p값이 α보다 작다면 귀무가설을 기각하고 대립가설을 채택한다. 만약 p값이 α보다 크다면 귀무가설을 채택하고 대립가설을 기각한다.

표 10-3 가설채택기준

$p < \alpha$	$p > \alpha$
H_0 : 기각	H_0 : 채택
H_1 : 채택	H_1 : 기각

예제의 결과는 검정통계량 F_c값이 43.0608이고 F_c의 유의확률이 0.0000이다. $p = 0.0000 < \alpha = 0.05$이므로 귀무가설을 기각하고 대립가설을 채택한다. 따라서 세 회사에 납품받은 타이어의 평균 수명이 모두 같지 않다는 결론을 내린다.

4. 일원요인분산분석의 실습

1) 분석모형

XYZ 회사는 판매원 네 명의 판매량에 차이가 있는지를 파악하고자 한다. 이 회사가 각 판매원에 대해 6번 실험을 한 결과 [표 10-4]와 같은 자료를 얻었다고 가정하자. [표 10-4]를 가지고 유의수준 0.05에서 판매원별로 평균 판매량이 같다는 가설을 검정하는 절차에 대해 살펴보기로 한다.

표 10-4 판매원별 판매량

판매원 A	판매원 B	판매원 C	판매원 D
6	6	6	6
6	4	7	5
7	5	7	6
8	5	5	5
6	7	6	7
7	5	5	5

2) 엑셀 분석

(1) 입력

① 판매원별로 판매량 자료를 입력한다.

② [데이터] → [데이터 분석]을 클릭하여 [통계 데이터 분석] 대화창에서 [분산 분석: 일원 배치법]을 지정한 후 [확인]을 누른다.

③ [분산 분석: 일원 배치법] 대화창에서 [입력범위]에는 셀 범위 A1:D7을 마우스로 드래그하여 입력한다. [데이터 방향]에서 열을 선택하고 [첫째 열 이름표 사용]을 체크한다. [유의수준]이 0.05이면 기본값을 그대로 사용한다. [출력 옵션]에서 [출력 범위]를 선택하고 출력 범위의 시작점으로 F1을 지정한다. 끝으로 [확인]을 누른다. 이상의 과정을 마치면 [그림 10-11]과 같은 입력화면이 나타난다.

그림 10-11 판매량 입력 화면

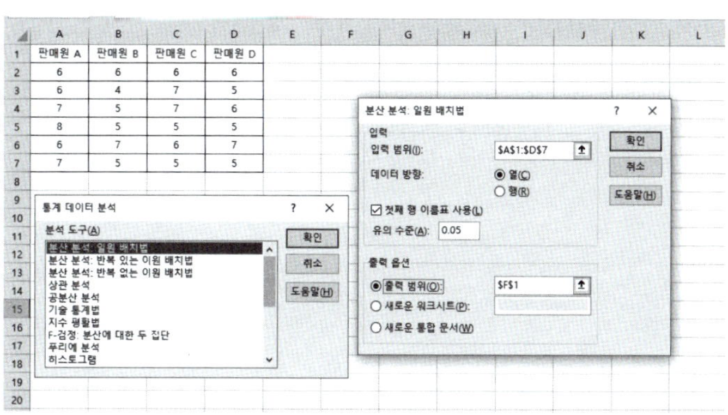

(2) 결과

엑셀에서 일원요인분산분석을 수행하면 결과물은 다음과 같다.

분산 분석: 일원 배치법						
요약표						
인자의 수준	관측수	합	평균	분산		
판매원 A	6	40	6.666667	0.666667		
판매원 B	6	32	5.333333	1.066667		
판매원 C	6	36	6	0.8		
판매원 D	6	34	5.666667	0.666667		
분산 분석						
변동의 요인	제곱합	자유도	제곱 평균	F 비	P-값	F 기각치
처리	5.833333	3	1.944444	2.430556	0.095132	3.098391
잔차	16	20	0.8			
계	21.83333	23				

3) 결과 해석

일원요인분산분석의 가설을 검정하는 절차는 다음과 같다.

① 가설

H_0 : $\mu_1 = \mu_2 = \mu_3 = \mu_4$(모든 평균이 같다)

H_1 : 네 개의 평균이 모두 같지는 않다(적어도 하나의 평균은 다르다)

판매원별로 평균 판매량이 같다는 귀무가설과 적어도 하나의 평균 판매량은 다르다는 대립가설을 수립한다.

② 결론

F_c값이 2.4306이고 F_c의 유의확률이 0.0951이다. $p = 0.0951 > \alpha = 0.05$이므로 귀무가설을 채택하고 대립가설을 기각한다. 따라서 네 명 판매원의 평균 판매량이 모두 같다는 결론을 내린다.

제3절 ▌반복 없는 이원요인분산분석

1. 이원요인분산분석의 개념

지금까지 세 회사별 타이어의 수명 차이, 즉 타이어 수명에 영향을 미치는 요인으로 제조회사만을 고려하는 일원요인분산분석에 대해 살펴보고 또한 판매원 네 명의 판매량 차이, 즉 판매량에 영향을 미치는 요인으로 판매원만을 고려하는 일원요인분산분석에 대해 살펴보았다. 그러나 타이어 수명의 차이는 제조회사뿐만 아니라 도로 상태 또는 날씨와 같은 요인들에 의해서도 영향을 받고 또한 판매량 차이는 판매원뿐만 아니라 지역이나 광고와 같은 요인들에 의해서도 영향을 받는다. 이처럼 제조회사와 도로상태에 따른 수명 차이 혹은 판매원과 지역에 따른 판매량 차이 등과 같이 2개 요인에 의한 종속변수의 차이를 분석하는 것을 이원요인분산분석이라 한다.

이원요인분산분석은 반복이 없는 경우와 있는 경우로 구분한다. 반복 없는 이원요인분산분석은 두 요인에 의하여 구분되는 각 집단에는 관측치가 오직 1개만 있는 경우에 사용하고 반복 있는 이원요인분산분석은 관측치가 2개 이상이 있는 집단이 1개 이상인 경우에 사용한다.

이러한 이원요인분산분석의 목적은 주효과나 상호작용효과를 분석하는 것이다. 주효과는 2개 요인 각각이 종속변수에 미치는 영향을 말하며 상호작용효과는 2개 요인이 동시에 작용하여 종속변수에 미치는 영향을 이른다. 반복 없는 이원요인분산분석은 두 요인의 주효과만을 분석하고 반복 있는 이원요인분산분석은 두 요인의 주효과와 상호작용효과를

그림 10-12 이원요인분산분석의 유형

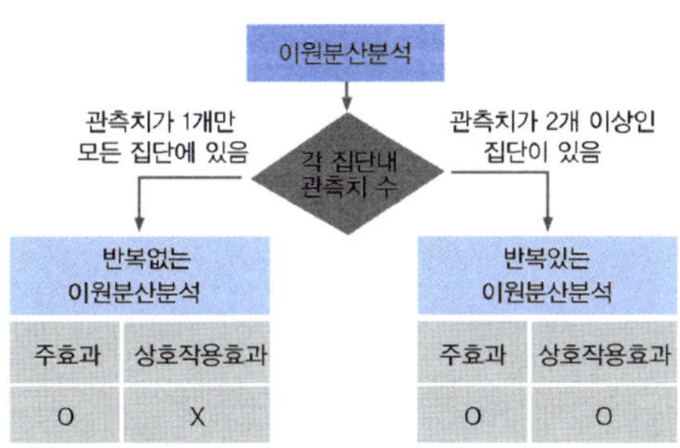

동시에 분석할 수 있다. [그림 10-12]는 분산분석의 유형의 보여준다.

2. 분석모형

만약 각 집단에 종속변수의 관측치가 1개만 존재하면 주효과만을 살펴보는 반복 없는 이원요인분산분석을 하여야 한다. 예를 들어, XYZ 회사는 2명의 작업자(A1, A2)와 3가지 종류의 기계(B1, B2, B3)에 따른 불량률의 차이를 분석하고자 한다면, 작업자는 2가지 집단으로 기계는 3가지 집단으로 구분되어 3×2=6가지의 집단이 구성된다. 이 6개의 집단에 오직 관측치가 1개씩만 있다면 반복 없는 이원요인분산분석을 수행한다. 예를 들어, 작업자(A1, A2)와 기계(B1, B2, B3)에 따른 불량률의 차이를 알아보기 위해 각 집단에는 오직 1개의 관측치만 있고 두 요인 간에는 상호작용은 없다고 가정한 반복 없는 이원요인분산분석의 실험을 한다면, 6번의 실험 후 [표 10-5]와 같은 자료를 얻었다.

표 10-5 불량률의 자료

		기계		
		B1	B2	B3
작업자	A1	8	6	3
	A2	9	5	2

[표 10-5]의 자료로부터 다음의 두 가지 주효과에 대해 $\alpha = 0.05$에서 검정하는 절차에 대해 살펴보기로 한다. 먼저 [그림 10-13]과 같은 가설을 수립한다.

가설 1 : 작업자에 따라 불량률에는 차이가 있다.
가설 2 : 기계에 따라 불량률에는 차이가 있다.

그림 10-13 불량률에 미치는 요인

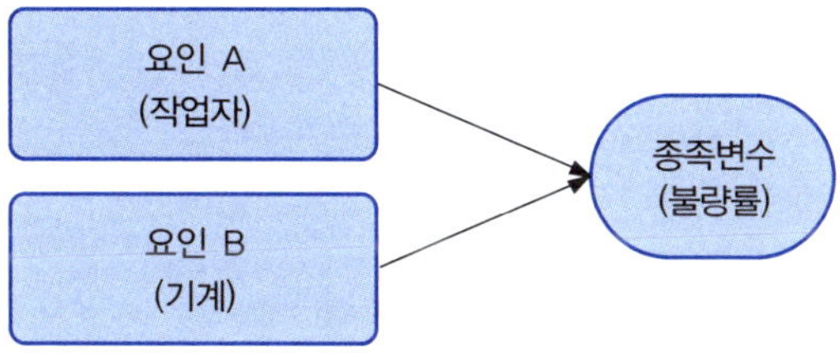

3. 엑셀 분석

1) 입력

① 불량률의 자료를 입력한다.

② [데이터] → [데이터 분석]을 클릭하여 [통계 데이터 분석] 대화창이 나타나면 [분산 분석: 반복 없는 이원 배치법]을 선택하고 [확인]을 누른다.

③ [분산 분석: 반복 없는 이원 배치법] 대화창이 나오면 [입력범위]로 B2:E4를 입력한 다음 [이름표]를 체크한다. [유의수준]으로 0.05를 지정하고 [출력 범위]로 G1을 지정한 다음 [확인]을 누른다. 이상의 과정을 마친 입력화면은 [그림 10-14]와 같다.

그림 10-14 불량률 입력 화면

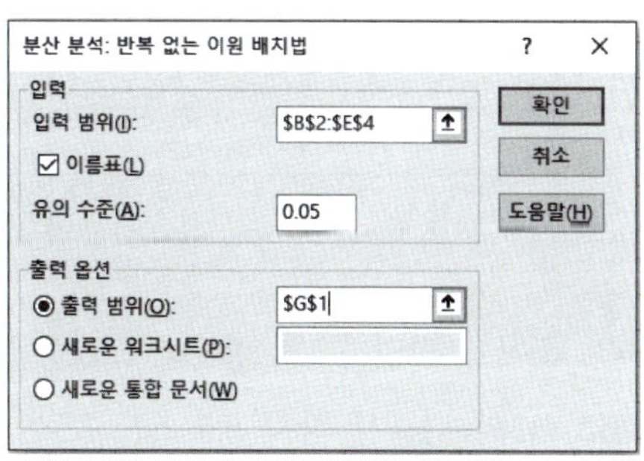

2) 결과

액셀의 반복 없는 이원요인분산분석의 결과물은 [그림 10-15]과 같다.

그림 10-15 불량수 출력 화면

분산 분석: 반복 없는 이원 배치법

요약표	관측수	합	평균	분산
A1	3	17	5.666667	6.333333
A2	3	16	5.333333	12.33333
B1	2	17	8.5	0.5
B2	2	11	5.5	0.5
B3	2	5	2.5	0.5

분산 분석

변동의 요인	제곱합	자유도	제곱 평균	F 비	P-값	F 기각치
인자 A(행)	0.166667	1	0.166667	0.25	0.666667	18.51282
인자 B(열)	36	2	18	27	0.035714	19
잔차	1.333333	2	0.666667			
계	37.5	5				

4. 결과 해석

먼저 각 집단의 평균을 분석한 결과물을 살펴보면 다음과 같다.

		기계			평균
		B1	B2	B3	
작업자	A1	8	6	3	5.6667
	A2	9	5	2	5.3333
평균		8.5	5.5	2.5	5.5

전체 불량률의 평균은 5.5이고, 작업자 1의 평균은 5.6667이고 작업자 2의 평균은 5.3333이다. 한편 기계 B1, B2, B3의 평균은 각각 8.5, 5.5, 2.5이다. 작업자별 불량률의 차이 검정은 다음과 같다.

① 가설

H_0 : 작업자 간에 불량률 차이는 없다.

H_1 : 작업자 간에 불량률 차이는 있다.

② 결론

$p < \alpha$이면 H_0를 기각하고 H_1을 채택한다. [분산분석]표를 보면 인자 A(작업자, 행)의 F_c값이 0.25이고 F_c의 유의확률이 0.6667이다. $p = 0.6667 > \alpha = 0.05$이므로 귀무가설을 채택하고 대립가설을 기각한다. 따라서 작업자별로 불량률 차이가 없다는 결론을 내린다.

기계 종류에 따른 불량률 차이 검정은 다음과 같다.

① 가설

H_0 : 기계의 종류에 따라 불량률 차이는 없다.

H_1 : 기계의 종류에 따라 불량률 차이는 있다.

② 결론

$p < \alpha$이면 H_0를 기각하고 H_1을 채택한다. [분산분석]표를 보면 인자 B(기계, 열)의 F_c값이 27이고 F_c의 유의확률이 0.03571이다. $p = 0.03571 < \alpha = 0.05$이므로 귀무가설을 기각하고 대립가설을 채택한다. 따라서 기계의 종류에 따라 불량률 차이가 있다는 결론을 내린다.

제4절 ▌반복 있는 이원요인분산분석

1. 상호작용의 개념

반복 있는 이원요인분산분석은 두 개의 요인에 의해 형성되는 집단에 두개 이상의 관측치가 있어야 한다. 반복적인 관찰치를 통해 주효과 뿐만 아니라 상호작용효과도 검정할 수 있다. 반복적인 관측치가 2개 이상인 집단이 많을수록 통계적으로 유의한 상호작용효과를 얻을 가능성은 높아진다. 두 요인 사이에 상호작용의 여부를 알려면 [그림 10-16]과 같이 각 집단의 평균을 그래프에 표시해 보면 된다. 기계(1, 2)와 성별(남, 여)에 따라 생산량 차이가 있는지를 알아보기 위하여 각 집단의 평균을 연결한 꺾은 선은 [그림 10-16]과 같다.

그림 10-16 상호작용효과의 유무

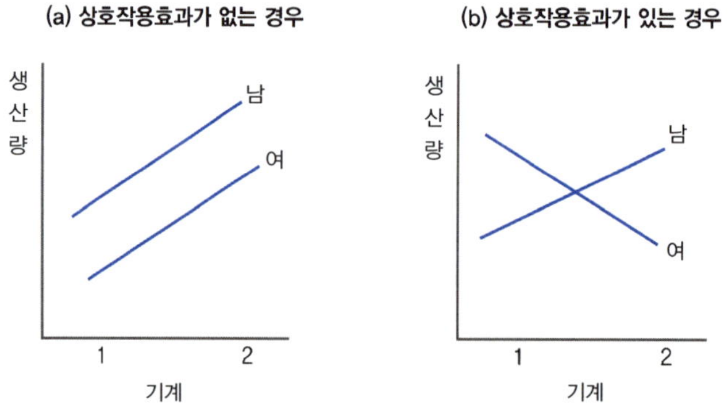

[그림 10-16] (a)의 경우 각 집단의 평균을 연결한 선이 평행하여 기계와 성별에 따라 생산량이 일정하게 증가하여 기계와 성별 두 요인 사이에는 상호작용효과가 없다. 반면 [그림 10-16] (b)의 경우 각 집단의 평균을 연결한 선이 교차하여 기계1에서는 여자의 생산량이 많고 기계2에서는 남자의 생산량이 많아 기계와 성별 두 요인 사이에는 상호작용효과가 존재한다.

[그림 10-17]은 상호작용효과의 다양한 유형을 보여 주고 있다. [그림 10-17] (a)의 상호작용효과가 없는 경우에는 각 집단의 평균값을 연결한 선이 평행하고 반면에 [그림 10-17] (b)의 상호작용효과가 있는 경우에는 선이 평행에서 많이 벗어나거나 교차한다.

그림 10-17 상호작용효과의 형태

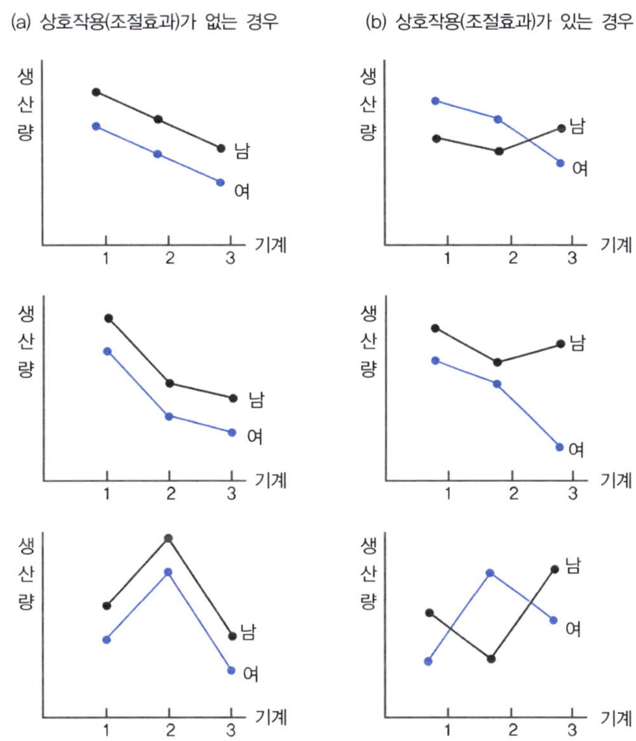

2. 분석모형

약(A1, A2)과 성별(남, 여)에 따라 효과에 차이가 있는지를 알아보기 위하여 두 가지 약을 가지고 성별로 효과를 조사한 결과는 [표 10-6]과 같다. [표 10-6]의 자료를 가지고 가설을 $\alpha = 0.05$에서 검정하는 절차에 대해 살펴보기로 한다.

표 10-6 효과의 자료

		성별	
		남	여
약	A1	4	7
		3	8
	A2	3	5
		2	6

[그림 10-18]을 바탕으로 수립한 가설은 다음과 같다.

가설 1 : 약에 따라 효과에는 차이가 있다.
가설 2 : 성별에 따라 효과에는 차이가 있다.
가설 3 : 약과 성별 간에는 상호작용이 있다.

그림 10-18 효과에 미치는 영향요인

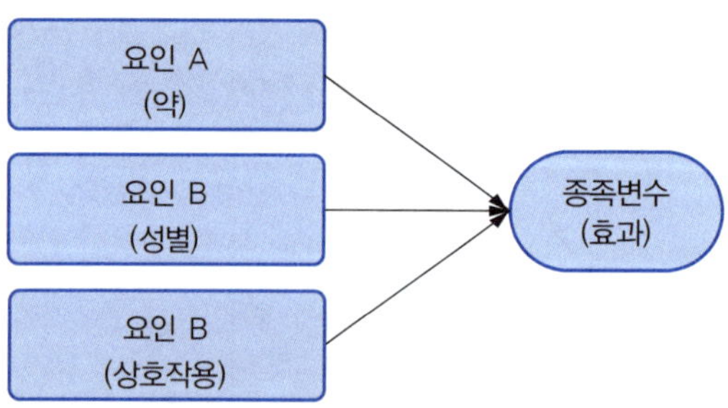

3. 엑셀 분석

1) 입력

① 효과의 자료를 입력한다.

② [데이터] → [데이터 분석]을 선택하여 [통계 데이터 분석] 대화창에서 [분산 분석: 반복 있는 이원배치법]을 지정한 후 [확인]을 누른다.

③ [입력범위]에 B2:D6를, [표본당 행수]에 2를, [유의수준]에 기본 값인 0,05를, [출력범위]에 F1을 입력한 후 [확인]을 누른다. 이상의 과정을 마친 입력화면은 [그림 10-19]와 같다.

그림 10-19 효과의 입력 화면

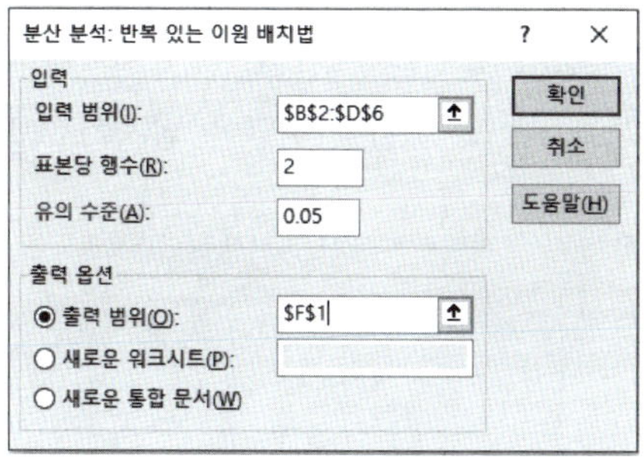

2) 결과

엑셀의 반복 있는 이원요인분산분석의 결과물은 [그림 10-20]과 같다.

그림 10-20 효과의 출력 화면

분산 분석: 반복 있는 이원 배치법						
요약표	남	여	계			
A1						
관측수	2	2	4			
합	7	15	22			
평균	3.5	7.5	5.5			
분산	0.5	0.5	5.666667			
A2						
관측수	2	2	4			
합	5	11	16			
평균	2.5	5.5	4			
분산	0.5	0.5	3.333333			
계						
관측수	4	4				
합	12	26				
평균	3	6.5				
분산	0.666667	1.666667				
분산 분석						
변동의 요인	제곱합	자유도	제곱 평균	F 비	P-값	F 기각치
인자 A(행)	4.5	1	4.5	9	0.039942	7.708647
인자 B(열)	24.5	1	24.5	49	0.002192	7.708647
교호작용	0.5	1	0.5	1	0.373901	7.708647
잔차	2	4	0.5			
계	31.5	7				

4. 결과 해석

먼저 평균을 살펴보면 다음과 같이 효과의 전체 평균은 4.75이다. 약 A1과 약 A2의 효과의 평균은 각각 5.5와 4.0이고, 성별의 평균은 남자가 3.0이고 여자가 6.5이다.

		성별		평균
		남	여	
약	A1	4	7	5.5
		3	8	
	A2	3	5	4.0
		2	6	
평균		3.0	6.5	4.75

약 효과의 차이 검정은 다음과 같다.

① 가설

H_0 : 약에 따라 효과의 차이는 없다.

H_1 : 약에 따라 효과의 차이는 있다.

② 결론

[분산분석]표를 보면 인자 A(약, 열)의 F_c값이 9이고 F_c의 유의확률이 0.0399이다. $p = 0.0399 < \alpha = 0.05$이므로 귀무가설을 기각하고 대립가설을 채택한다. 따라서 약에 따라 효과는 차이가 있다는 결론을 내린다.

성별에 따른 효과의 차이 검정은 다음과 같다.

① 가설

H_0 : 성별에 따라 효과의 차이는 없다.

H_1 : 성별에 따라 효과의 차이는 있다.

② 결론

[분산분석]표를 보면 인자 B(성별, 행)의 F_c값이 49이고 F_c의 유의확률이 0.0022이다.

$p=0.0022<\alpha=0.05$이므로 귀무가설을 기각하고 대립가설을 채택한다. 따라서 성별에 따라 효과는 차이가 있다는 결론을 내린다.

상호작용효과의 검정은 다음과 같다.

① 가설

H_0 : 약과 성별에 따라 효과의 차이는 없다.

H_1 : 약과 성별에 따라 효과의 차이는 있다.

② 결론

[분산분석]표를 보면 교호작용(약*성별)의 F_c값이 1이고 F_c의 유의확률이 0.3739이다. $p=0.3739>\alpha=0.05$이므로 귀무가설을 채택하고 대립가설을 기각한다. 따라서 약과 성별 간에는 상호작용효과가 없다는 결론을 내린다.

연습문제

〈객관식 문제〉

1. 다음 중 틀린 것은?
   ① F분포는 하나의 자유도에 따라 모양이 변한다.
   ② 임계치의 F값이 클수록 대립가설이 채택되지 않을 가능성이 높다.
   ③ 일원요인분산분석에서 자료의 총수는 집단 내 자유도에다 집단의 수를 더한 값이다.
   ④ 이원요인분산분석에서 반복 없는 경우는 두 요인의 주효과만을 분석할 수 있다.

2. 다음 중 맞는 것은?
   ① 분산분석은 2개 이상의 모집단분산이 같은지 검정하는 데 이용된다.
   ② 분산분석에서 F는 두 분산의 차이를 나타낸다.
   ③ 분산분석에 있어 표본 간 크기는 반드시 같아야 한다.
   ④ 일원요인분산분석에서 귀무가설이 참이면 각 모집단의 분포는 같은 모양이다.

3. 표본크기가 크면 분산분석과 관련된 가정 중에서 어떤 것을 고려하지 않아도 되는가?
   ① 표본이 정규분포를 가진 모집단으로부터 추출된다.
   ② 각 모집단의 분산이 같다.
   ③ 각 모집단의 평균이 같다.
   ④ 맞는 답이 없다.

4. 다음 중 자유도를 두 개 가지는 분포는?
   ① t 분포　　② 이항분포
   ③ F 분포　　④ 정규분포

5. 귀무가설이 $\mu_1 = \mu_2 = \mu_3$일 때 대립가설과 관계있는 것은?
   ① $\mu_1 \neq \mu_2$　　② $\mu_2 \neq \mu_3$
   ③ $\mu_1 \neq \mu_2 \neq \mu_3$　　④ 모두 맞다.

6. 다음 중 맞는 것은?
   ① 종속변수는 많을수록 바람직하다.
   ② 요인수준이 많을수록 바람직하다.
   ③ 상호작용이 있으면 바람직하다.
   ④ 맞는 답이 없다.

7. F 분포에 대한 설명으로 맞는 것은?
   ① 좌우대칭이다.
   ② 하나의 자유도에 따라 모양이 변한다.
   ③ 음수의 값을 가질 수 있다.
   ④ n의 크기가 커질수록 종모양에 가까워진다.

8. F 분포에 대한 설명으로 맞는 것은?
   ① p값이 클수록 귀무가설이 부정될 확률이 낮다.
   ② 분산분석에서 종속변수는 반드시 1개이어야 한다.
   ③ F값이 클수록 대립가설이 부정될 확률이 높다.
   ④ 분산분석은 요인이 많을수록 정확하다.

9. 다음 중 틀린 것은?
   ① 반복적인 관찰치를 통해 주효과 뿐만 아니라 상호작용효과도 검정할 수 있다.
   ② 반복적인 관측치가 많을수록 통계적으로 유의한 상호작용효과를 얻을 가능성은 높아진다.
   ③ 이원요인분산분석은 반복이 없는 경우와 있는 경우로 구분한다.
   ④ 반복 없는 이원요인분산분석은 두 요인으로 구분되는 각 집단에는 관측치가 오직 2개만 있다.

10. 만일 α=0.01이고 $p=0.03$이라면 다음 중 어느 것을 채택하는가?
   ① 귀무가설 채택　　② 대립가설 채택
   ③ p 채택　　④ 모두 기각

〈주관식 문제〉

1. 다음에 맞는 F값을 구하라.

(1) $df_1 = 15, df_2 = 18, \alpha = 0.01$

(2) $df_1 = 8, df_2 = 10, \alpha = 0.90$

(3) $df_1 = 25, df_2 = 35, \alpha = 0.05$

(4) $df_1 = 10, df_2 = 20, \alpha = 0.95$

2. 다음의 분산분석표를 가지고 물음에 답하라.

변동원인	제곱합	자유도	평균제곱	F	p-값	F 기각치
처리	ⓐ	4	20	ⓔ	0.000	15
오차	30	ⓑ	ⓒ			
합계	ⓓ	10				

(1) 위의 빈 칸을 완성하시오.

(2) 분석에 사용된 집단의 수는?

(3) 분석에 사용된 자료의 수는?

(4) 귀무가설과 대립가설은?

(5) α=0.05에서의 검정결과는?

3. ABC 회사는 최근 세 지역의 고객만족도를 조사해 보았더니 다음과 같은 결과가 나왔다. 이들 세 지역의 고객만족도가 같은지 $\alpha=0.05$에서 검정하라.

회사	고객만족도		
1	7	6	
2	5	4	3
3	4	5	4

4. ABC 회사는 최근 개발한 세 가지 배터리의 수명을 알아보기 위하여 조사한 결과는 아래와 같다. 유의수준 0.05에서 이들 세 가지 배터리의 평균수명이 같다는 가설을 검정하라.

배터리1	125	127	132	143	154	139	145	143	154	139
배터리2	132	138	142	144	144	144	154	134	152	153
배터리3	145	147	134	133	134	159	135	146	145	141

5. 지역(A1, A2, A3)과 성별(B1, B2)에 따른 생산량을 알아보기 위해 반복 없는 이원배치모형의 실험을 하였다, 실험은 6회 완전무작위설계하여 실시한 후 다음과 같은 자료를 얻었다.

		성별	
		B1	B2
지역	A1	7	14
	A2	8	16
	A3	9	13

이 자료로부터 다음의 두 가지 주효과에 대해 $\alpha = 0.05$에서 검정하라.

(1) 지역에 따라 생산량에 차이가 있다고 할 수 있는가?

(2) 성별에 따라 생산량에 차이가 있다고 할 수 있는가?

6. 교과목과 교육방식에 따라 학습효과에 차이가 있는지를 알아보기 위하여 다음과 같은 자료를 수집하였다. 교과목과 교육방식에 따라 학습효과 차이가 있는지 $\alpha = 0.05$에서 검정하라.

		교육방식			
		B1	B2	B3	B4
교과목	A1	8	8	9	6
	A2	8	9	8	6
	A3	6	8	8	7

7. 어느 병원에서 같은 질병의 환자를 대상으로 음식과 음료에 따라 효과에 차이가 있는가를 조사한 결과는 다음과 같다. $\alpha = 0.05$에서 다음을 검정하라.

	음료1	음료2
음식1	5	7
	5	8
음식2	4	2
	5	3

(1) 음식에 따라 효과에 차이가 있는가?

(2) 음료에 따라 효과에 차이가 있는가?

(3) 음식과 음료 간에는 상호작용이 있는가?

8. 어느 회사에서 지역과 기계에 따라 생산량에 차이가 있는가를 조사한 결과는 다음과 같다. $\alpha = 0.05$에서 다음을 검정하라.

	기계1	기계2
지역1	6	8
	7	9
	8	7
	5	8
지역2	6	6
	7	7
	8	7
	7	6

(1) 지역에 따라 강도에 차이가 있는가?

(2) 기계에 따라 강도에 차이가 있는가?

(3) 지역과 기계 간에는 상호작용이 있는가?

상관분석

11

Chapter

제1절 ▌상관관계

두 변수 간의 상관(correlation)분석이란 한 변수가 증가할 때 다른 변수가 같은 방향으로 증가하여 정(+)의 관계를 나타내는지 혹은 반대 방향으로 감소하여 부(−)의 관계를 나타내는지를 관찰하여 두 변수 간의 선형적 관계를 규정하는 것이다.

> 상관분석(correlation analysis)은 두 변수 간에 어떤 선형적 관계, 즉 한 변수의 변화에 따른 다른 변수의 변화 정도와 방향을 예측하는 분석기법이다.

이때 두 변수 간의 선형 관계의 강도를 상관관계라 한다. 예컨대 어떤 상품에 대해 광고를 많이 할수록 판매량이 증가하면 상품의 광고와 판매량 간에는 정(+)의 상관관계가 있다고 한다. 반면 어떤 상품의 가격을 내릴수록 판매량이 증가하면 상품의 가격과 판매량 간에는 부(−)의 상관관계가 있다고 한다. [표 11-1]은 정(+)과 부(−)의 상관관계의 예를 보여준다.

표 11-1 상관관계의 예

정(+)	부(−)
공부시간과 시험성적	직무만족과 이직의도
건강과 행복	근무연수와 불량률
광고비와 매출액	이자율과 주택건설
키와 몸무게	음주량과 수명
소득과 세금	기온과 난방비
공부시간과 시험성적	담배가격과 흡연률
기온과 냉방비	만족도와 스트레스

상관은 서로 관련이 있다는 의미이다. 따라서 상관관계가 성립되기 위해서는 다음의 조건이 필요하다.

- 상관은 두 개의 연속형 변수가 같이 변해야 한다.
- 상관관계는 인과관계가 아닌 상호관계를 다룬다.
- 선형적 또는 비선형적 관계 중에서 선형적 관계를 다룬다.
- X와 Y의 상관관계는 Y와 X의 상관관계와 같다.

상관은 두 변수 간에 관련성이 있는지를 파악하기 위한 것이므로 하나의 변수만으로는 관련성을 파악할 수 없어 반드시 두 개의 연속형 변수가 있어야 한다. 또한, 두 변수가 같은 방향이나 반대 방향으로 움직여야 한다. 즉 하나가 변하면 다른 하나도 변해야 한다. 상관은 상호 간에 선형관계를 나타낼 뿐 어떤 변수 때문에 결과가 나왔다는 인과관계는 설명하지는 못한다.

상관관계의 종류에는 [표 11-2]처럼 두 변수 간의 상관관계를 나타내는 단순상관관계(simple correlation), 둘 이상 변수 간의 상관관계를 나타내는 다중상관관계(multiple correlation), 다른 변수들의 영향을 제거(통제)한 상태에서 두 변수 간의 상관관계를 나타내는 편상관관계(partial correlation)가 있다.

표 11-2 상관관계의 유형

유형	목적	의미
단순상관관계	두 변수 간의 상관관계	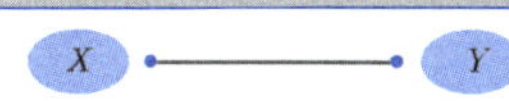
편상관관계	다른 변수들의 영향을 제거(통제)한 상태에서 두 변수 간의 상관관계	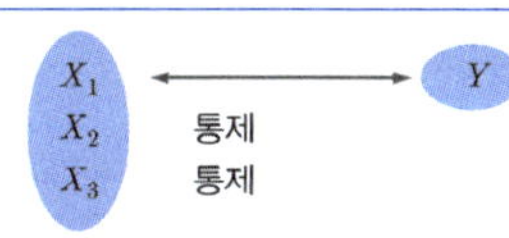
다중상관관계	둘 이상 변수 간의 상관관계	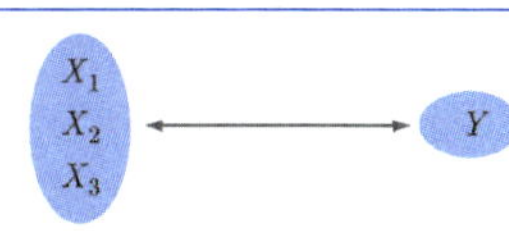

제2절 ▌상관도

1. 상관도의 개념

두 변수 간의 관계를 파악하는 가장 간단한 방법은 [그림 11-1]과 같은 상관도를 이용하는 것이다.

> 상관도(scatter diagram)란 두 변수 X, Y 사이의 관계를 알아보기 위하여 이들 X, Y를 쌍으로 하는 점을 좌표 위에 나타낸 도표를 말한다.

[그림 11-2]는 자료들로부터 얻어진 변수 간의 관계를 나타내는 상관도이다. 각 상관도에 그려져 있는 곡선이나 직선은 이해를 돕기 위하여 추가된 것으로 표본자료에서 직접 구해지는 것은 아니다. [그림 11-2]에서 (a)와 (c)는 X값이 증가하면 Y값도 증가하는 정(+)의 선형적 상관관계를 나타낸다. (a)는 (c)보다 자료들이 직선에 더 많이 모여 있어 더 강한 선형적 상관관계를 나타낸다. 반면 그림 (b)와 (d)는 X값이 증가할수록 Y값은 감소하는 부(−)의 선형적 상관관계를 나타낸다. (b)는 (d)보다 자료들이 직선에 더 많이 모여 있어 더 강한 부의 선형적 상관관계를 나타낸다.

그림 11-1 상관도의 예

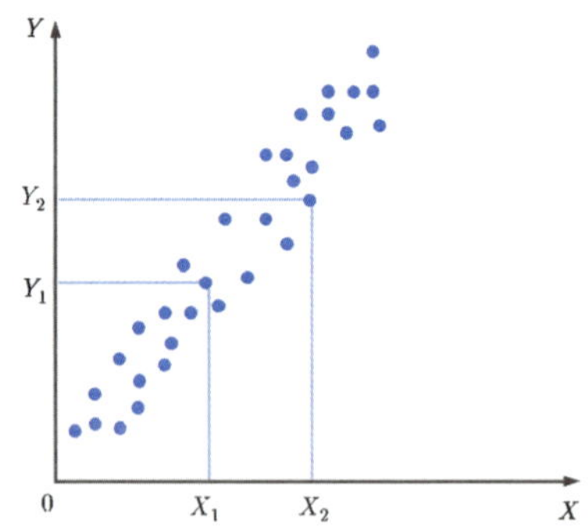

그림 11-2 선형관계가 존재하는 경우

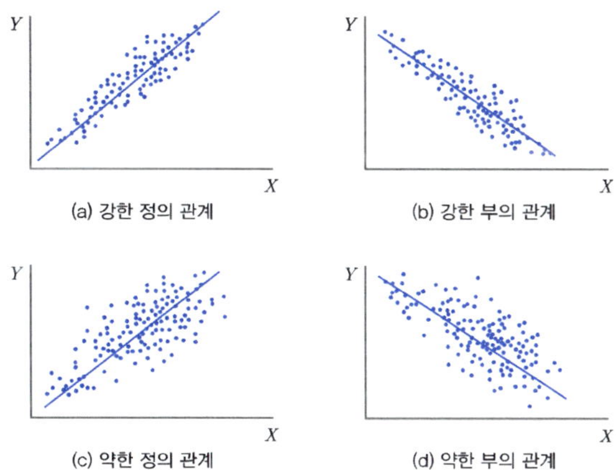

[그림 11-3]의 (a), (b), (c)는 X와 Y 간에 상관관계가 없는 경우를 보여준다. 따라서 X값은 Y값을 예측하는 데 도움이 되지 않으며 이 자료를 가지고 더 이상의 분석은 의미가 없다. 반면 [그림 11-3]의 (d), (e), (f)는 X와 Y 간의 관계가 직선이 아니라 비선형으로 나타나고 있음을 보여준다. 따라서 이 관계는 직선으로는 적절히 묘사될 수 없으므로 좀 더 복잡한 상관분석이 요구된다. "r값이 0인 경우 상관이 전혀 없다."라는 표현보다는 선형의 상관관계가 아니라고 표현하는 게 적절하다.

그림 11-3 상관관계가 없는 경우

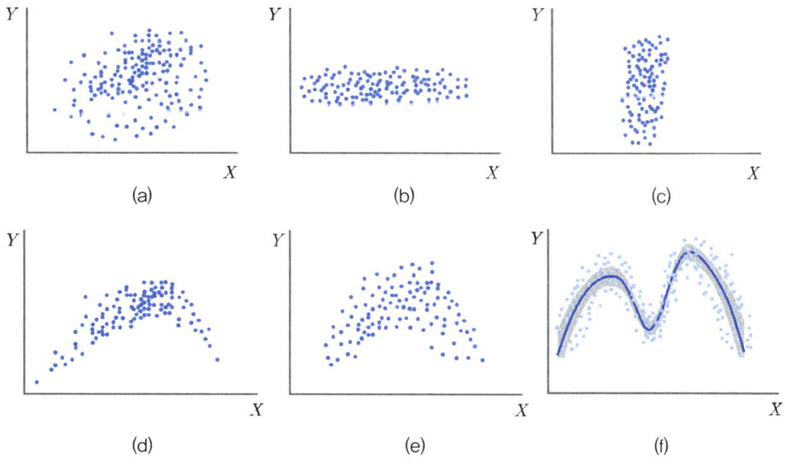

2. 상관도 그리기

작업자의 직무만족과 이직의도에 관한 [표 11-3]의 자료를 가지고 엑셀을 활용하여 상관도를 작성하는 방법은 다음과 같다.

표 11-3 기온과 난방비 자료

기온	8	18	12	14	20	17	12	11	10	9
난방비	11	5	8	6	4	6	7	8	9	10

1) 엑셀 분석

(1) 입력

① 기온과 난방비의 자료를 입력한다.

② 그래프 작성에 필요한 자료를 선택한 후에 [삽입] → [추천 차트] → [모든 차트] → [분산형] 그래프를 선택한다.

③ [차트 요소], [데이터 선택], [축 옵션] 등을 이용하여 상관도의 모양을 원하는 만큼 조정한다. 이상의 과정을 마친 입력화면은 [그림 11-4]와 같다.

그림 11-4 기온과 난방비의 입력화면

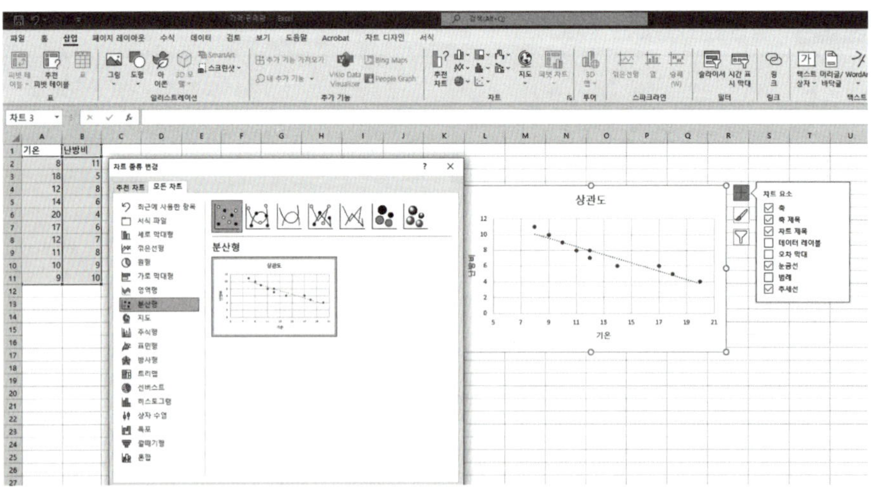

(2) 결과

엑셀의 결과물은 [그림 11-5]와 같다.

그림 11-5 기온과 난방비의 출력화면

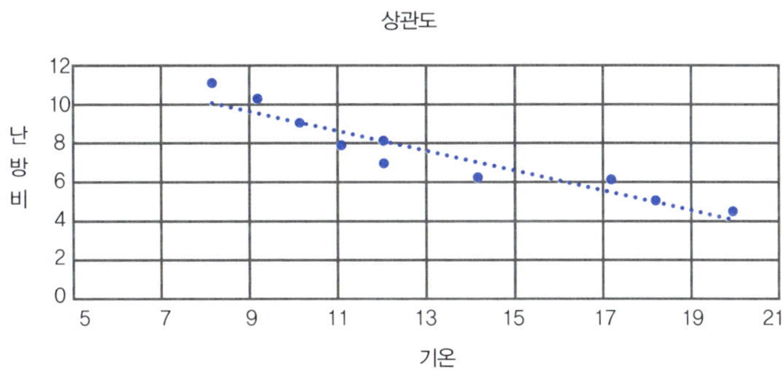

2) 결과 해석

엑셀의 상관도를 보면 기온이 높을수록 난방비는 감소하고 자료들이 직선에서 흩어진 정도가 작아 두 변수 간에는 강한 부(−)의 선형적 상관관계가 있음을 알 수 있다.

제3절 ▌상관계수

1. 상관계수의 개념

두 변수 사이의 상관관계를 분석하기 위해 직관이나 상관도를 사용해도 되지만 보다 객관적인 분석을 위해서는 변수 간의 관련성을 수치로 나타내는 상관분석을 한다. 상관분석을 통해 계산한 수치를 상관계수라 한다.

상관계수(correlation coefficient)는 두 변수 간에 선형관계의 정도를 수량화하는 측도이다.

상관계수는 단순선형상관계수(simple linear correlation coefficient)를 의미하고 r로 기호화한다. 따라서 상관계수는 [그림 11-6]처럼 두 변수가 얼마나 강한 선형의 관계가 있는지를 측정하는 상대적인 숫자이다.

그림 11-6 단순상관계수의 특성

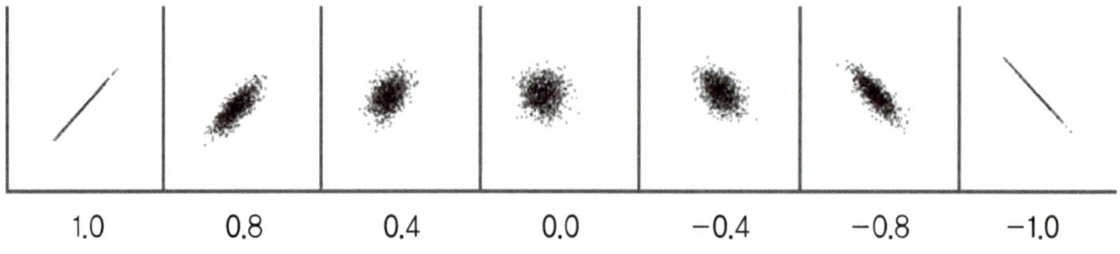

상관계수는 $-1 \le r \le 1$이고 한 변수의 변화에 따른 다른 변수의 변화 정도와 방향을 알려준다. 상관계수의 부호는 두 변수 간 변화의 방향이 정(+)인지 부(−)인지를 알려주는데, [그림 11-6]처럼 r값이 양수이면 X가 증가함에 따라 Y도 증가하고 r값이 음수이면 X가 증가함에 따라 Y는 감소한다. 다시 말해 r값이 양수일 경우 상관도의 점들은 양의 기울기를 r값이 음수일 경우는 음의 기울기를 형성한다. 상관계수 절댓값의 크기는 두 변수 간 선형관계의 강도, 즉 직선에 자료들이 모여 있는 정도를 나타내 준다. 즉 [그림 11-6]처럼 r값이 +1 또는 -1에 근접할수록 자료들이 직선에 모여 있어 강한 선형관계를 나타낸다. [그림 11-7]에서 r값이 +1인 경우 기울기가 양수인 직선 위에 모든 점이 정확히 위치한다. 또한 r값이 -1인 경우 기울기가 음수인 직선 위에 모든 점이 정확히 위치한다. 이처럼 상관계수는 기울기와는 관계없이 점이 직선에 모여 있는 정도를 나타낸다.

그림 11-7 r값이 ±1인 경우

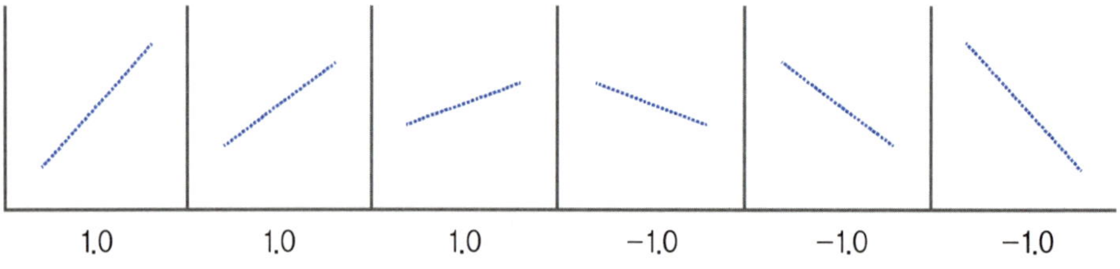

상관계수에 따른 상관관계의 정도를 표현하는 절대적 기준은 없으나 일반적으로 [표 11-4]와 같은 기준에 따라 상관관계의 정도를 표현한다.

표 11-4 상관계수와 상관관계의 정도

상관계수	상관관계
±0.9 이상	매우 강함
±0.7~±0.9 미만	강함
±0.4~±0.7 미만	있음
±0.2~±0.4 미만	약함
±0.2 미만	매우 약함

2. 상관계수 구하기

기온과 난방비에 관한 [표 11-3]의 자료를 가지고 엑셀로 상관계수를 구하는 방법은 다음과 같다.

1) 엑셀 분석

(1) 입력

① 기온과 난방비의 자료를 입력한다.

② [데이터] → [데이터 분석]을 클릭하여 [통계 데이터 분석] 대화창에서 [상관 분석]을 선택하고 [확인]을 누른다.

③ [상관 분석] 대화창에서 [입력 범위]에 셀 범위 A1:B11을 마우스로 드래그하여 입력한다. [데이터 방향]으로 [열]을 체크하고 [출력 옵션]에서 [출력 범위]를 선택하고 출력 범위의 시작점으로 E1을 지정한다. 끝으로 [확인]을 누른다. 이상의 과정을 마치면 [그림 11-8]과 같은 입력화면이 나타난다.

그림 11-8 기온과 난방비의 입력화면

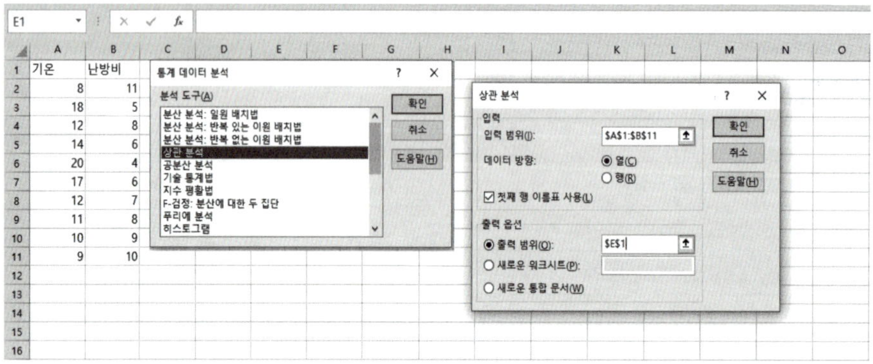

(2) 결과

엑셀에서 상관분석을 수행한 결과물은 [그림 11-9]와 같다.

그림 11-9 기온과 난방비의 출력화면

	기온	난방비
기온	1	
난방비	−0.95319	1

2) 결과 해석

기온과 난방비의 상관계수는 −0.9532이다. 따라서 기온이 낮을수록 난방비는 증가하는 매우 강한 부(−)의 선형적 상관관계이다.

상관계수는 한 변수에 일정한 값을 규칙적으로 더하거나 빼도 상관계수는 변하지 않고 또한 한 변수에 일정한 값을 규칙적으로 곱하거나 나누어도 상관계수는 변하지 않는 특징을 가지고 있다. 따라서 상관계수의 측정단위는 독립적으로 정의되어 단위를 갖지 않는다.

[그림 11-10]의 엑셀 결과물에서 보듯이 가장 왼쪽에 있는 x에다 1을 더하고 y는 1을 뺀 상관계수 그리고 가장 왼쪽에 있는 x에다 2을 곱하고 y에다 2로 나눈 상관계수 모두 같다는 것을 알 수 있다.

그림 11-10 상관계수의 성질

U22

	A	B	C	D	E	F	G	H	I	J	K	L
1	x	y			x	y			x	y		
2	2	4			3	3			4	2		
3	3	5			4	4			6	2.5		
4	4	6			5	5			8	3		
5	3	6			4	5			6	3		
6	6	8			7	7			12	4		
7												
8		x	y			x	y			x	y	
9	x	1			x	1			x	1		
10	y	0.955792	1		y	0.955792	1		y	0.955792	1	
11												
12												

3. 상관계수의 한계

상관계수를 해석할 때 다음과 같은 점에 주의하여야 한다.

첫째, 상당히 높은 상관계수가 나타나면 두 변수 사이에 어떤 인과관계가 있는 것으로 생각하기 쉽다. 예를 들어, 총기수의 증가와 총기사고 건수 간의 관계를 분석하여 정(+)의 상관관계가 나오면 총기수의 증가가 늘어나면 총기사고도 늘어난다고 해석할 수 있다.

하지만 자동차 판매량과 낚시사고 건수 간에 높은 상관관계가 나타났다고, 자동차를 많이 타면 낚시사고가 늘어난다고 해석해서는 안 된다. 왜냐하면, 높은 상관관계는 두 변수와 밀접하게 관련성이 있는 경제성장에 기인한 것이기 때문이다. 만약 경제성장이라는 제3의 변수의 영향을 배제하고 자동차판매량과 낚시사고 건수 간의 상관계수를 구한다면 0에 가까울 것이다.

또 다른 예로 범죄건수와 평균수명 간에 높은 상관관계가 나타났다고 하자. 이 상관관계의 결과는 두 변수와 긴밀하게 관련성이 있는 인구증가에서 기인한 것이다. 만약 인구증가라는 제3의 변수의 영향을 제거하고 범죄 건수와 평균수명 간의 상관계수를 구한다면 이 역시 0에 가까울 것이다.

이처럼 상관관계는 허위관계(spurious relationship), 즉 실제로 두 변수 간에는 상관관계가 없지만 허위변수에 의해 우연히 높은 r값을 나타내는 경우가 많다. 상관계수란 단순히 두 변수 간의 관계를 규명하는 통계적인 숫자에 불과하다.

둘째, 상관계수에 대한 결론은 관심의 대상이 되는 변수의 범위에 국한하여야만 한다. 다시 말해서 현재 분석 중인 표본자료들의 결과는 다른 시점이나 다른 모집단에 대해서 같은 결론을 적용할 수는 없다.

제4절 ▌상관분석 실습

1. 상관도 그리기

기온과 냉방비에 관한 [표 11-5]의 자료를 가지고 엑셀을 활용하여 상관도를 작성하는 방법은 다음과 같다.

표 11-5 기온과 냉방비 자료

기온	18	28	22	24	30	27	22	21	20	19
냉방비	3	16	12	14	13	13	12	10	9	5

1) 엑셀 분석

(1) 입력

① 기온과 냉방비의 자료를 입력한다.

② 그래프 작성에 필요한 자료를 선택한 후에 [삽입] → [추천 차트] → [모든 차트] → [분산형] 그래프를 선택한다.

③ [차트 요소], [데이터 선택], [축 옵션] 등을 이용하여 상관도의 모양을 원하는 만큼 조정한다. 이상의 과정을 마친 입력화면은 [그림 11-11]과 같다.

그림 11-11 산점도를 위한 기온과 냉방비의 입력화면

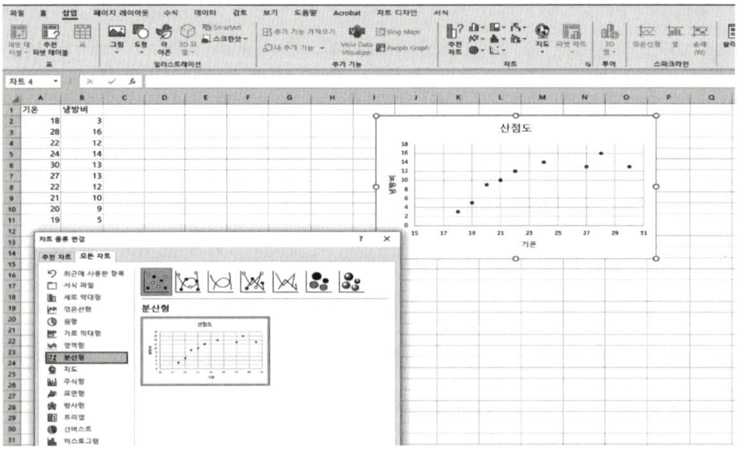

(2) 결과

엑셀의 결과물은 [그림 11-12]와 같다.

그림 11-12 산점도를 위한 기온과 냉방비의 출력화면

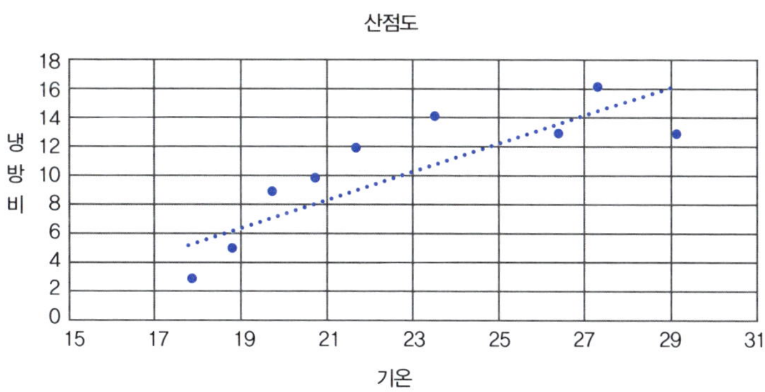

2) 결과 해석

엑셀의 상관도를 보면 기온이 높을수록 냉방비는 증가하고 자료들이 직선에서 흩어진 정도가 작아 두 변수 간에는 강한 정(+)의 선형적 상관관계가 있음을 알 수 있다.

2. 상관계수 구하기

기온과 냉방비에 관한 [표 11-5]의 자료를 가지고 엑셀로 상관계수를 구하는 방법은 다음과 같다.

1) 엑셀 분석

(1) 입력

① 기온과 냉방비의 자료를 입력한다.

② [데이터] → [데이터 분석]을 클릭하여 [통계 데이터 분석] 대화창에서 [상관 분석]을 선택하고 [확인]을 누른다.

③ [상관 분석] 대화창에서 [입력 범위]에 셀 범위 A1:B11을 마우스로 드래그하여 입력한다. [데이터 방향]으로 [열]을 체크하고 [출력 옵션]에서 [출력 범위]를 선택하고 출력 범위의

시작점으로 E1을 지정한다. 끝으로 [확인]을 누른다. 이상의 과정을 마치면 [그림 11-13]과 같은 입력화면이 나타난다.

그림 11-13 상관계수를 위한 기온과 냉방비의 입력화면

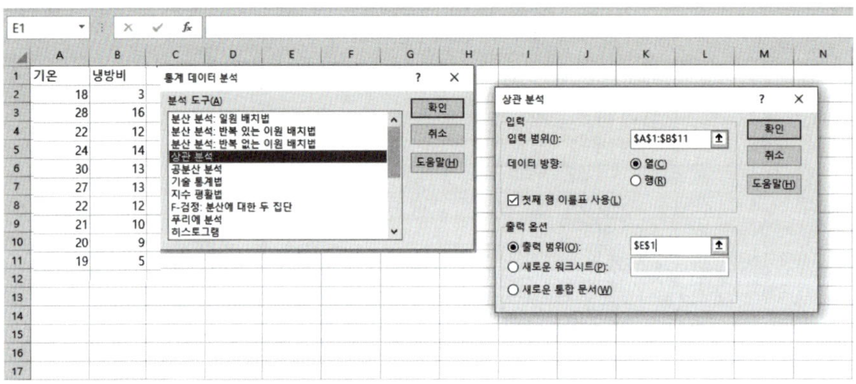

(2) 결과

엑셀에서 상관분석을 수행한 결과물은 [그림 11-14]와 같다.

그림 11-14 상관계수를 위한 기온과 냉방비의 출력화면

	기온	냉방비
기온	1	
냉방비	0.8156	1

2) 결과 해석

기온과 냉방비의 상관계수는 0.8156이다. 따라서 기온이 높을수록 냉방비는 증가하는 강한 정(+)의 선형적 상관관계이다.

제5절 ▌상관관계와 인과관계

1. 독립변수와 종속변수

한 변수가 다른 변수에 영향을 줄 때 두 변수는 인과관계가 있다고 한다. 이때 영향을 주는 변수를 독립변수라 하고 영향을 받는 변수를 종속변수라 한다. 회귀분석에서는 독립변수를 X로 표시하고 종속변수를 Y로 표시한다. 따라서 [그림 11-15]처럼 회귀분석에서는 독립변수와 종속변수를 반드시 구분해야 하지만, 상관분석은 독립변수와 종속변수를 구분하지 않고 단지 두 변수 간의 선형관계만 살펴본다.

그림 11-15 상관분석과 회귀분석의 차이

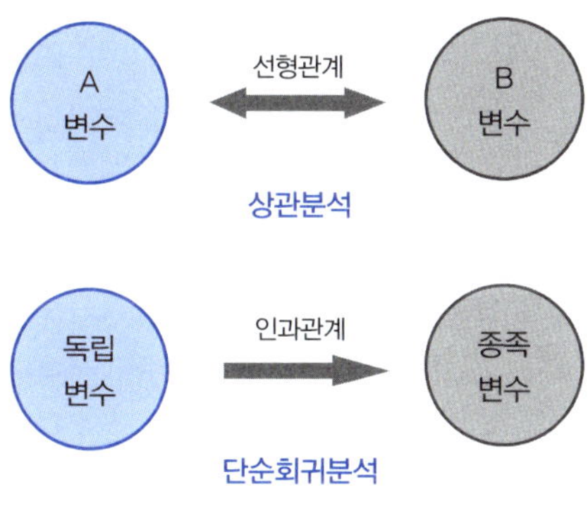

2. 인과관계

> 인과관계(causality)란 두 변수가 원인과 결과의 관계에 있다는 의미로, 하나의 사건(원인)이 다른 사건(결과)을 일으킬 때 둘의 관계를 말한다.

예를 들어, 자동차가 증가하여 자동차사고가 증가한다면 자동차사고가 결과이고 자동차가 자동차사고의 원인이라고 해석할 수 있다. 그러나 [그림 11-16]처럼 두 가지 사건이 함께 변한다고 해서 그들 사이에 반드시 인과관계가 있다고 말할 수는 없다.

그림 11-16 인과관계와 상관관계

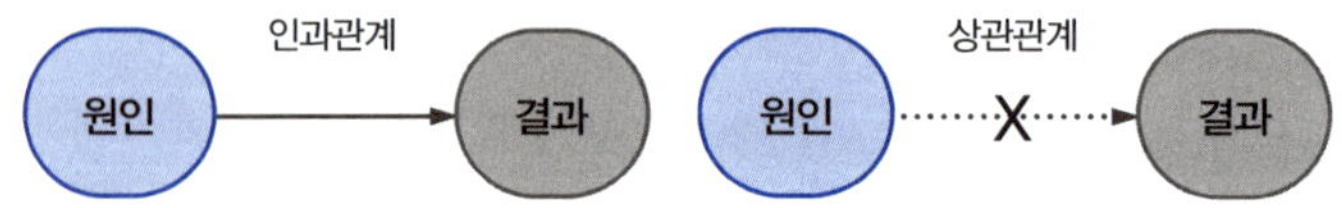

예컨대 돈과 행복은 일정 범위까지 유의미한 상관관계를 가진다. 돈이 많은 사람이 여러 가지 물질적인 요소를 충족해서 행복한 것인지 아니면 행복한 사람이 더 열심히 일해서 돈이 많은 것인지는 알 수 없다. 두 변수 간의 상관관계에 인과관계를 적용하여 행복하면 돈을 더 벌고 돈을 많이 벌면 더 행복하다고 결론을 내리는 오류를 범할 수 있다. 인과관계와 상관관계의 구분이 어려운 것은 인과관계 속에 상관관계가 존재하기 때문이다.

두 관계 모두 A가 변하면 B도 변한다고 주장한다. 그러나 인과관계는 그 속에 올바른 논리가 필요하고 상관관계는 그렇지 않은 차이점이 있다. 인과관계로 이어져 있음을 판단하기 위해서는 다음의 조건들이 성립해야 한다.

① 선행성 : 원인변수의 발생이 결과변수보다 시간적으로 앞서야 한다.
② 비허위성 : 결과는 원인변수만으로 설명이 가능하도록 다른 변수에 의한 영향이 배제되어야 한다.
③ 공변성 : 원인변수와 결과변수는 공동으로 변화해야 한다.

통계적 검정이 아닌 이론적으로 검정되어야 하는 첫 번째와 두 번째 조건과는 달리 세 번째 조건인 공변성을 뜻하는 상관관계는 통계적으로 검정이 가능하다. 이들 세 가지 조건의 의미는 다음과 같다.

1) 선행성

선행성(time order)란 원인이 결과보다 시간적으로 앞서야 한다는 것을 의미한다.

시간적으로 어느 한 변수가 먼저 변화했을 때 다른 변수가 뒤따라 변화하는 관계여야 한다. 따라서 인과관계는 다음과 같이 시간의 흐름상 독립변수의 사건이 먼저 발생하고 다음에 종속변수의 사건이 발생한다.

근무환경과 직무만족 간의 관계에서 근무환경이 좋으면 직무만족이 높아질 것으로 예상할 수 있다. 여기서 근무환경은 직무만족에 영향을 주고 직무만족은 근무환경에 영향을 받는 관계이므로 근무환경은 독립변수이고 직무만족은 종속변수이다. 즉 근무환경이 먼저 만들어지고 그 결과로 직무만족이 발생하게 된다.

이 경우 먼저 변화한 쪽의 변수가 원인이 되고 나중에 변화한 쪽의 변수가 결과가 된다. 하지만 원인과 결과가 불명확하여 어느 변수가 어느 변수에 영향을 주는지 알기 어려운 역의 인과관계가 되지 않아야 한다. 소위 닭이 먼저냐 달걀이 먼저냐의 현상이다.

예를 들어, 청소년의 나이와 키를 살펴보면 나이라는 변수가 원인이 되어 키라는 결과가 나타난다. 즉 청소년이 나이가 들면 그 결과로 키는 커진다. 이 두 변수 간에는 나이라는 선행요인에 의해서 키라는 결과요인이 발생하는 인과관계가 있다. 일반적으로 청소년은 나이가 많아질수록 키가 커지지만 반대로 키가 커진다고 나이가 많아질 수는 없다. 이처럼 인과관계가 성립되기 위해서는 시간적으로 원인(나이)이 선행으로 발생하고 결과(키)가 후행으로 발생해야 한다.

자동차가 증가(원인, 선행)하여 자동차사고가 증가(결과, 후행)하는 것처럼 원인과 결과의 시간적 선후가 분명하여야 한다. 반면 청소년의 몸무게와 키는 서로 간에 선형관계는 성립하지만 인과관계는 성립하지 않는다. 키가 크면 몸무게가 많고 몸무게가 많으면 키가 크다는 상관관계 측면에서는 설명할 수 있지만, 키가 몸무게에 영향을 준다든지 몸무게가 키에 영향을 미친다는 인과관계는 설정할 수 없다. 왜냐하면 키가 커졌기 때문에 몸무게가 증가한 것인지 몸무게가 증가하였기 때문에 키가 커진 것인지를 판단하는 것은 불가능하기 때문이다. 따라서 이들 상관관계에 인과관계를 적용하면 키를 늘이기 위해 몸무게를 늘이는 오류를 범할 가능성이 있다. 또 다른 예로 사랑과 행복의 관계도, 행복하기 때문에 사랑하는지 아니면 사랑하기 때문에 행복한지를 알 수 없다는 것이다. 이처럼 사회현상에서는 선행성에 대한 확인이 쉽지 않은 경우가 많다.

2) 비허위성

비허위성(non-spuriousness)이란 두 변수가 공변하고 시간적 선후관계가 존재함에 더하여, 이러한 변화의 양상이 제3의 다른 변수로는 설명될 수 없는 두 변수만의 관계가 존재하여야 한다는 의미이다.

다른 변수의 영향이 모두 제거되어 원인변수와 결과변수의 관계가 유지되어야 인과관계가 성립한다. 실험연구에서는 이 문제를 해결하기 위해서 변수의 통제(control)에 많은 신경을 쓴다. 변수 X와 Y의 관계가 허위관계인지를 판단하기 위해서는 이들 변수 간의 관계를 설명하는 제3의 변수가 존재하는지를 확인해야 한다. 두 변수 간의 허위관계에 영향을 미치는 제3의 변수를 허위변수라 한다. 허위변수는 x와 y 두 변수 모두에 영향을 미쳐 x와 y 간에는 실제로는 인과관계가 없으나 있는 것처럼 보이게 하는 변수를 말한다.

예를 들어, 교회수와 범죄수간에는 통계적으로 정(+)의 상관관계가 있지만 두 변수 모두 인구수라는 제3의 변수에 영향을 받아 우연히 발생한 상관관계이기 때문에 어느 현상이 다른 현상의 원인이라는 결론은 성립되지 않는다. 따라서 범죄수의 증가는 교회수의 증가가 그 원인이라 하면 안 된다. 또 다른 예로, 낙상사고 건수와 동파 건수 간에는 정(+)의 상관관계가 있지만, 그 상관관계는 날씨라는 제3의 변수에 영향을 받아 발생한 우연적인 상관관계이기 때문에 둘 중 어느 변수가 다른 변수의 원인이라는 결론은 성립되지 않는다. 따라서 낙상사고의 증가는 동파의 증가가 그 원인이라고 해서는 안 된다. 이들 관계를 그림으로 나타내면 [그림 11-17]과 같다.

만일 밝혀내지 못한 허위변수가 존재하면 연구자는 x가 y에 영향을 미치지 않았음에도 x는 y에 영향을 미친다는 잘못된 결론을 내리게 된다.

3) 공변성

공변성(covariation)이란 원인변수가 변화하면 결과변수도 함께 움직이는 경향을 보여야 한다는 공동변화의 원칙이다.

독립변수의 증감에 따라 종속변수의 증감이 일어나는 공동변화가 있어야 한다. 다시 말해 관찰된 독립변수 A가 변화할 때 관찰된 종속변수 B도 함께 변화해야 하는데, A가

그림 11-17 비허위성의 예

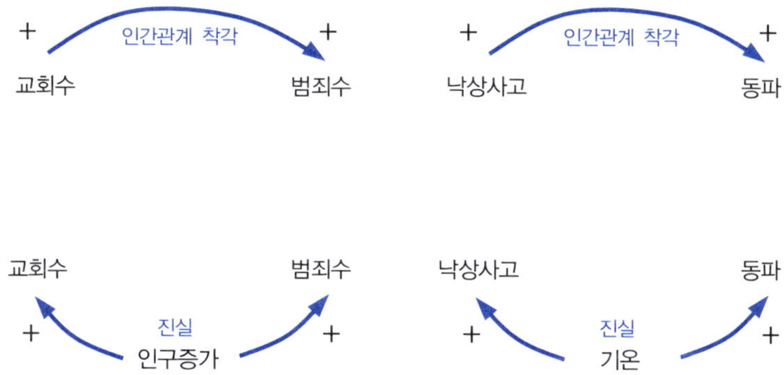

변화했는데 B는 변하지 않거나, A는 변하지 않는데 B만 혼자 변화하는 상황에서는 인과관계를 인정받기 힘들다. 이 때문에 회귀분석을 수행하기 전에 독립변수와 종속변수 간의 상관분석을 통해 두 변수 간에 통계적으로 공변성이 유의한지를 검토한다.

3. 상관분석과 회귀분석

회귀분석과 상관분석은 두 변수 간의 선형의 관련성을 분석한다는 점에서는 유사한 방법이다. 하지만 두 변수 간의 선후관계가 분명하여 원인과 결과가 있다면 회귀분석을 사용하는 반면 두 변수 간의 선후관계가 분명하지 않으면 상관분석을 사용한다. 회귀분석은 두 변수에 대한 회귀식을 추정하고 상관분석은 관련성을 측정한다. 그러므로 회귀분석에서는 독립변수와 종속변수를 반드시 구분하여야 하지만 상관분석에서는 구분하지 않는다. 이상의 차이점을 요약하면 [그림 11-18]과 같다.

그림 11-18 상관분석과 회귀분석의 차이

상관관계분석	단순회귀분석	다중회귀분석
두 변수 간의 선형관계를 조사	하나의 독립변수와 하나의 종속변수 간의 인간관계를 조사	두 개 이상의 독립변수들과 하나의 종족변수의 인간관계를 조사

이들의 관계를 그림으로 나타내면 [그림 11-19]와 같다.

그림 11-19 상관분석과 회귀분석의 차이의 도식화

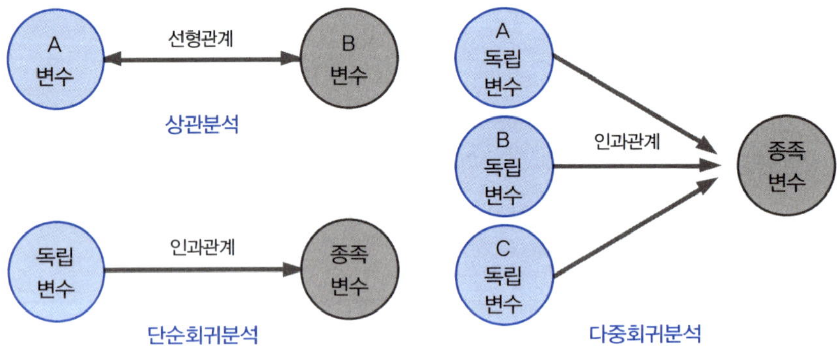

연습문제

〈객관식 문제〉

1. 다음 중 맞는 것은?
   ① 상관계수의 값이 -1에 가까우면 약한 상관관계를 가진다고 할 수 있다.
   ② 한쪽이 감소하면 다른 한쪽이 감소하는 관계를 음의 상관관계라고 한다.
   ③ 상관분석에서는 독립변수와 종속변수를 구별할 필요가 없다.
   ④ 상관관계가 있다는 것은 특정변수가 다른 변수에 어떠한 원인이 된다는 것이다.

2. 다음 중 맞는 것은?
   ① 상관분석은 인과관계를 결정하는 데 이용된다.
   ② 상관계수는 항상 -1과 1 사이의 값을 가진다.
   ③ 상관계수가 0.8이면 회귀식이 총 제곱합의 80%를 설명할 수 있다는 것이다.
   ④ 상관계수 값이 작다는 것은 독립변수와 종속변수 사이에 선형관계가 없음을 의미한다.

3. 다음 중 틀인 것은?
   ① 상관계수값은 단지 독립변수와 종속변수 간의 선형관계의 강도를 측정한다.
   ② r값이 작다는 것은 X와 Y 사이에 선형관계가 없음을 뜻한다.
   ③ 한 변수가 증가할 때 다른 변수가 증가한다면 그때의 상관계수의 범위는 $0<r\leq 1$이다.
   ④ 상관은 두 개의 연속형 변수가 같이 변해야 한다.

4. 다음 중 틀인 것은?
   ① 상관분석에서는 독립변수가 반드시 지정하여야 한다.
   ② 상관관계는 인과관계가 아닌 상호관계를 다룬다.
   ③ 상관분석은 선형적 또는 비선형적 관계 중에서 선형적 관계를 다룬다.
   ④ X와 Y의 상관관계는 Y와 X의 상관관계와 같다.

5. 다음 선형관계에서 상관계수가 같은 것으로 짝지어진 것은?

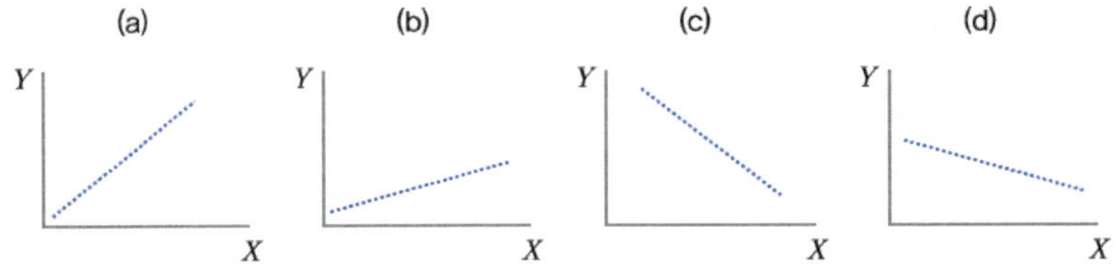

① (a)(b)　　② (a)(b)(c)(d)

③ (a)(c)　　④ (b)(d)

⑤ 없음

6. 두 변수 X와 Y의 상관계수가 0.6이 나왔다. 이때 $0.5X$와 $0.3Y$의 상관계수는?

① 0.6　　② 0.1

③ 0.2　　④ 0.15

⑤ 0.3

7. 상관계수에 대한 설명으로 맞는 것은?

① 두 변수가 곡선관계가 되었을 때 기울기를 의미한다.

② 두 변수가 모두 질적변수일 때만 사용한다.

③ 상관계수가 음일 경우는 어느 한 변수가 커지면 다른 변수도 커지려는 경향이 있다.

④ 상관계수 값이 ±0.7 이상이면 두 변수 간에는 강한 상관관계가 존재한다.

8. 다음 중 틀린 것은?

① 허위변수는 x와 y간에 실제로는 관계가 없으나 있는 것처럼 보이게 하는 변수이다.

② 둘 이상 변수 간의 상관관계를 다중상관관계라 한다.

③ 두 변수 간에 상관관계가 없다면 상관계수의 값은 0이다.

④ 단순회귀분석에서 만일 X와 Y의 r=0.49일 때, 정확한 상관계수는 알 수 없다.

9. 다음 중 틀린 것은?

① 한 변수가 다른 변수에 영향을 줄 때 두 변수는 인과관계가 있다고 한다.

② 상관계수는 기울기와는 관계없이 점이 직선에 모여 있는 정도를 나타낸다.

③ 상관계수의 부호는 두 변수 간 선형관계의 방향이 정(+)인지 부(−)인지를 알려준다.

④ 상관계수의 절댓값의 크기는 두 변수 간 변화의 정도를 나타낸다.

10. 다음 중 성격이 다른 한 개는?

① 키와 몸무게

② 광고비와 매출액

③ 소득과 세금

④ 기온과 난방비

〈주관식 문제〉

1. 다음은 운전경력과 사고건수를 조사한 자료이다.

운전경력	13	12	13	13	13	15	16	17	16	14	12	12	14	21
사고건수	13	14	15	16	19	13	12	12	11	18	15	16	17	12

(1) 상관도를 작성하라.

(2) 상관계수를 구하라.

(3) 상관계수의 의미를 설명하라.

2. 다음은 교육점수와 사고건수를 조사한 자료이다.

교육점수	23	24	25	23	34	23	23	21	24	33	23	23	25	22
사고건수	13	14	15	16	19	13	12	12	11	18	15	16	17	12

(1) 상관도를 작성하라.

(2) 상관계수를 구하라.

(3) 상관계수의 의미를 설명하라.

단순회귀모형

12
Chapter

제1절 ▌회귀분석의 개념

1. 단순회귀분석

회귀분석은 관찰된 두 변수 사이의 모형을 구한 뒤 적합도를 측정해 내는 분석 방법이다.

회귀분석(regression analysis)이란 두 변수 간의 인과관계를 통계적으로 검정하여, 독립변수가 종속변수에 어떻게 영향을 미치는지를 알아보는 분석기법이다.

회귀분석에서는 변수를 다음과 같이 종속변수와 독립변수로 구분한다.

종속변수(dependent variable)는 관심의 대상이 되는 즉 예측하고자 하는 변수로 Y로 표시하고, 독립변수(independent variable)는 종속변수의 값을 예측하는 데 사용되는 변수로 X로 표시한다.

한 변수가 다른 변수에 영향을 줄 때 두 변수는 인과관계가 있다고 한다. 이때 영향을 주는 변수를 독립변수라 하고 영향을 받는 변수를 종속변수라 한다. 인과관계는 다음과 같이 시간의 흐름으로는 독립변수의 사건이 먼저 발생하고 다음에 종속변수의 사건이 발생한다.

예를 들어, 공부시간과 학업성적 간의 관계에서 공부시간이 많으면 학업성적이 높아질 것으로 예상할 수 있다. 여기서 공부시간은 학업성적에 영향을 주고 학업성적은 공부시간에 영향을 받는 관계이므로 공부시간이 독립변수이고 학업성적은 종속변수이다. 이 경우 공부시간이 먼저 발생하고 그 결과로 학업성적이 결정된다.

또 다른 예로 근무환경과 직무성과 간의 관계에서 근무환경이 좋으면 직무성과가 높아질 것으로 예상할 수 있다. 근무환경이 직무성과에 영향을 주고 직무성과는 근무환경에 영향을 받는 관계이므로 근무환경은 독립변수이고 직무성과는 종속변수이다. 이 경우 근무환경이 먼저 발생하고 그 결과로 직무성과가 일어난다. 이러한 시간 흐름의 특성 때문에 독립변수를 선행변수 또는 원인변수라 하고 종속변수를 후행변수 또는 결과변수라 부르기도 한다.

또한 공부시간은 학업성적을 그리고 근무환경은 직무성과를 설명하거나 예측하기 위해 사용되는 변수이고 학업성적은 공부시간에 그리고 직무성과는 근무환경에 반응한다. 이러한 의미에서 독립변수를 설명변수 또는 예측변수라 부르고 종속변수를 반응변수 또는 피예측변수라 한다.

원인과 결과를 다루는 인과관계의 분석과는 거리가 있어 보이는 회귀(regression)라는 용어는 유전학자 갤턴(Galton)이 처음 사용한 데서 유래하였다. 19세기 영국의 생물학자이며 통계학자인 갤턴이 다윈(Darwin)의 진화론을 반증하기 위해 영국 부자간의 키 관계를 분석하여 발표한 논문에서 "비정상적으로 크거나 작은 부모의 아이들 키는 전체 인구의 평균신장을 향해 회귀하는 경향이 있다"고 주장하면서 회귀라는 용어를 처음으로 사용하였다. 갤턴이 되돌아간다는 의미로 회귀라는 용어를 사용한 후 변수 간의 함수관계를 표현하는 식을 회귀식이라 하고 그러한 관계를 분석하는 학문을 회귀분석이라 부르게 되었다.

2. 회귀분석의 종류

회귀분석은 독립변수(X)가 종속변수(Y)에 미치는 영향력의 크기를 측정하는 방법으로 X로부터 Y의 값을 추정하는 방법이다. 회귀분석에서 가장 기본적인 형태는 다음과 같이 정의되는 단순회귀분석이다.

단순회귀분석(simple regression analysis)은 두 변수 간의 인과관계를 조사하는 방법으로, 종속변수 Y의 값을 추정하는 데 단지 하나의 독립변수 X를 사용한다.

예를 들어, 학업성적을 예측하기 위해 공부시간을, 직무성과를 예측하기 위해 근무환경을, 매출액을 예측하기 위해 광고비를 고려한다면 단순회귀분석을 하여야 한다. 하지만 매출액에 대한 예에서 광고비뿐만 아니라 가격, 경기, 품질, 대리점과 같은 변수를 동시에 고려한다면 다음과 같은 다중회귀분석을 사용하여야 한다.

다중회귀분석(multiple regression analysis)은 두 개 이상의 독립변수와 하나의 종속변수 간의 인과관계를 분석하는 기법으로 단순회귀분석을 확장한 것이다.

[그림 12-1]은 독립변수가 1개인 단순회귀분석과 독립변수가 k개인 다중회귀분석을 보여준다.

그림 12-1 독립변수의 수에 따른 회귀분석

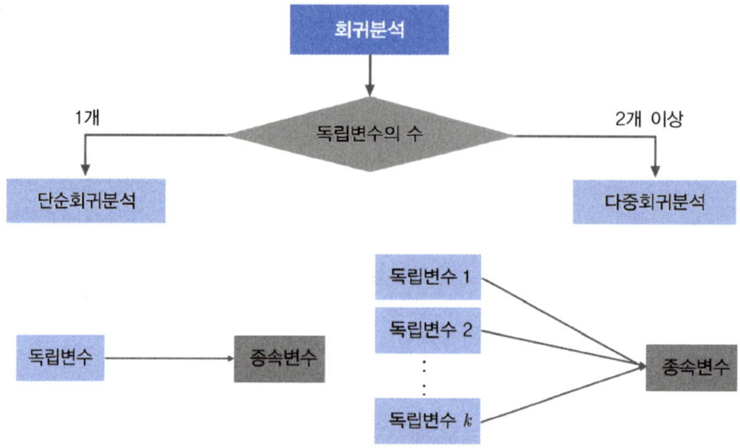

만약 [그림 12-2]와 같은 검정이 필요하다면 단순회귀분석은 5번 수행하여야 하지만 다중회귀분석은 한번 만으로 더 나은 검정이 가능하다.

그림 12-2 단순과 다중 회귀기분석의 차이

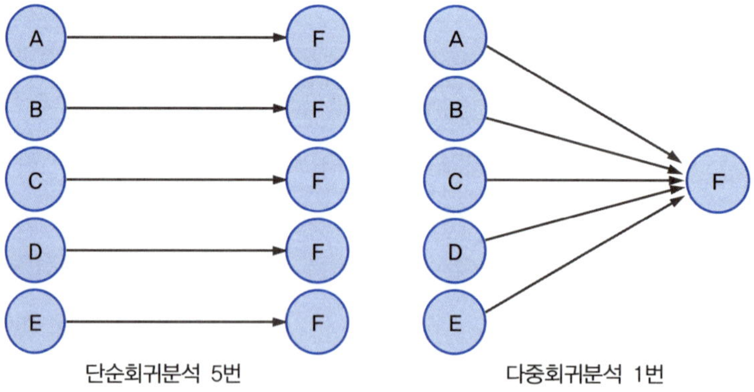

일반적인 회귀분석에서는 종속변수와 독립변수 모두 등간척도나 비율척도로 측정된 양적자료를 요구하기 때문에 명목척도나 서열척도로 측정된 범주자료는 그대로 사용할 수 없다. 따라서 회귀분석은 [그림 12-3]처럼 독립변수의 척도에 따라 일반회귀분석과 더미회귀분석으로 구분한다.

그림 12-3 척도에 따른 회귀분석

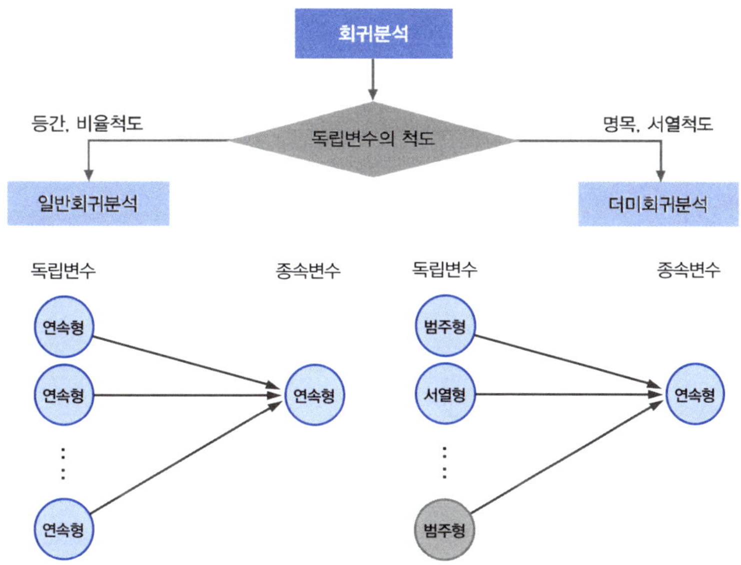

> 더미회귀분석(dummy regression analysis)은 일반회귀분석과 구별하기 위해 더미변수를 독립변수로 이용하는 회귀분석을 말한다.

성별이 멀리뛰기에 어떤 영향을 미치는지를 분석한다고 가정하자. 양적자료인 멀리뛰기와는 달리 성별은 범주자료이다. 이러한 범주자료는 예를 들어, 성별의 경우 남자는 0으로 여자는 1로 표시한다. 이처럼 범주를 구분할 수 있도록 수치를 부여하여 가상적으로 만든 변수를 더미변수(dummy variable)라 한다.

$Y = \beta_0 + \beta_1 X_1 + \epsilon$

여기서 X_1은 0이면 남자, 1이면 여자

일반적인 회귀분석에서는 독립변수와 종속변수 간의 관계를 선형으로 간주한다. 예를 들어, 공부시간과 학업성적의 관계는 독립변수의 값이 일정한 폭으로 증가하면 종속변수의 값도 일정한 폭으로 증가하는 직선의 관계로 나타낸다. 이러한 관계를 선형관계라 하고 선형관계를 분석하는 회귀분석을 선형회귀분석이라 한다. 하지만 공부시간과 학업성적의 관계에서 일정 수준까지는 공부시간의 증가에 따라 학업성적은 비례적으로 상승하지만 일정 수준이 넘어가면 공부시간의 증가에 따라 학업성적은 비례적으로 상승하지 않는다. [그림 12-4]는 선형관계와 비선형관계의 예를 보여준다.

그림 12-4 선형과 비선형

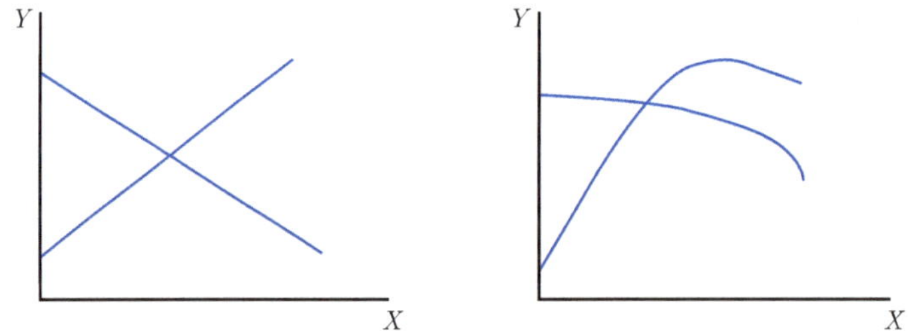

선형회귀분석(linear regression analysis)은 선형관계를 분석하고, 비선형회귀분석(non-linear regression analysis)은 비선형관계를 분석하는 회귀분석을 말한다.

[그림 12-5]는 선형회귀분석과 비선형회귀분석의 차이를 보여준다. 일반적으로 회귀분석에서는 선형이라는 단어를 빼고 단순회귀분석이나 다중회귀분석 또는 더미회귀분석이라 부른다.

이처럼 회귀분석은 [그림 12-6]과 같이 다양한 종류의 분석이 가능하다. 본 장에서는 단순선형회귀분석을 다음 13장에서는 다중선형회귀분석에 대해 살펴보기로 한다.

그림 12-5 관계에 따른 회귀분석

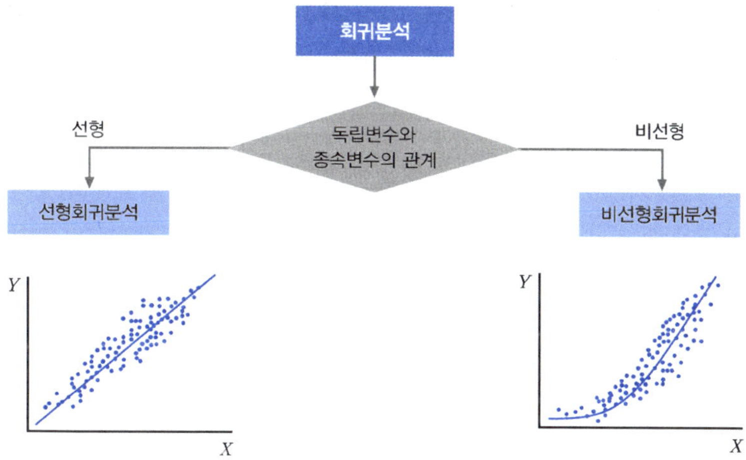

그림 12-6 회귀분석의 종류

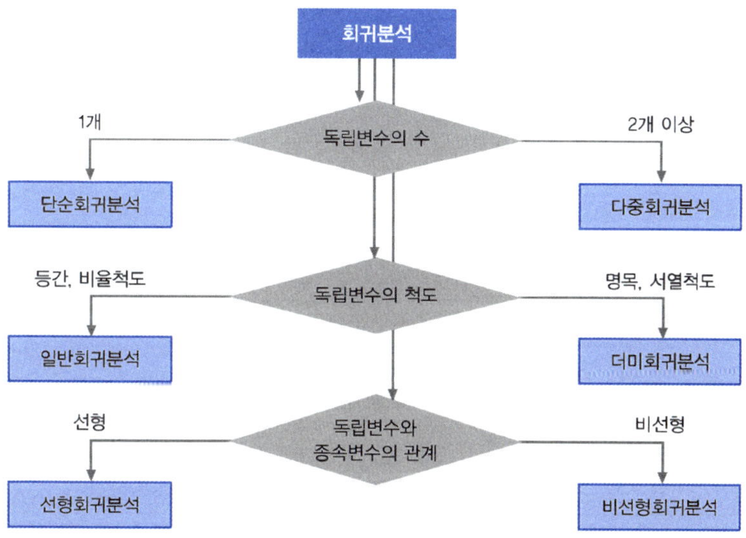

제2절 단순회귀분석과 엑셀

1. 분석모형

단순회귀모형에서는 종속변수를 예측하기 위해 하나의 독립변수를 사용하고 나머지 독립변수들의 영향은 원인이 설명되지 않은 오차라는 항목에서 다룬다. 다음과 같이 종속변수가 1개의 독립변수와 관련되는 선형방정식을 모집단 단순회귀모형(population simple regression model)이라 한다.

$$Y = \beta_0 + \beta_1 X_1 + \epsilon$$

여기에서 β_0, β_1는 모수로서 알려지지 않은 단순회귀모형의 계수로 그리스문자로 표시한다. 반면 ϵ는 오차항으로 모형에 포함되지 않아 원인이 설명되지 않은 오차를 표시한다. 예를 들어, 직무성과의 모집단 단순회귀모형은 근무환경(β_1)으로 나타낼 수 있다. 하지만 직무능력, 직무만족, 조직공정성 등과 같이 단순회귀모형에 고려되지 않은 것은 ϵ에 포함된다. 단순회귀식을 추정하면 모수에 대한 예측치를 다음과 같이 얻을 수 있다.

$$\widehat{Y} = b_0 + b_1 X_1$$

중고제품의 거래에서 사용하는 중고거래 앱의 편의성과 지속적 사용의도에 관한 [그림 12-7]의 분석모형을 검정하기 위해 회귀분석을 수행하는 방법을 살펴보기로 하자. 중고제품 거래에서 중고거래 앱의 편의성과 지속적 사용의도 간의 회귀분석을 수행하는 데 필요한 자료를 얻기 위한 각 변수의 정의와 설문문항은 [표 12-1]과 같다.

그림 12-7 지속적 사용의도의 분석모형

표 12-1 편의성과 지속적 사용의도의 정의

변수	정의	설문문항
편의성	중고거래 앱의 사용이 편리하고 쉬운 정도	• 중고거래 앱의 사용 방법은 편리하다. • 중고거래 앱은 언제 어디서나 쉽게 이용 가능하다. • 중고거래 앱은 다양한 서비스를 보기 쉽게 되어있다.
지속적 사용의도	중고거래 앱을 지속적으로 사용하고자 하는 의도	• 나는 사용 중인 중고거래 앱을 향후에도 지속적으로 사용할 것이다. • 나는 사용 중인 중고거래 앱의 사용빈도를 늘릴 의향이 있다. • 나는 사용 중인 중고거래 앱을 다른 사람에게 권유할 의향이 있다. • 나는 사용 중인 중고거래 앱을 통해 다음 중고 거래를 할 것이다.

[표 12-1]의 설문문항을 사용하여 30명의 중고거래 앱 사용자로부터 설문을 조사한 결과는 [표 12-2]와 같다. 고객들의 지속적 사용의도를 예측하기 위해 [그림 12-7]과 같은 예측모형을 단순회귀분석으로 분석하는 절차는 다음과 같다.

먼저 편의성과 지속적 사용의도와 같은 변수의 값은 설문문항들의 평균값으로 대체한다. 즉 편의성에는 3개의 설문문항과 지속적 사용의도에는 4개의 설문문항이 있어, 엑셀의 AVERAGE 함수를 사용하여 이들의 평균값으로 각 변수를 [그림 12-8]과 같이 만든다.

AVERAGE 함수를 사용하여 편의성1, 편의성2, 편의성3의 평균값을 편의성의 값으로 지정한다. 마찬가지로 지속적 사용의도1, 지속적 사용의도2, 지속적 사용의도3, 지속적 사용의도4의 평균값을 지속적 사용의도의 값으로 지정한다.

표 12-2 지속적 사용의도의 자료

번호	편의성1	편의성2	편의성3	지속적 사용의도1	지속적 사용의도2	지속적 사용의도3	지속적 사용의도4
1	4	5	5	6	5	6	7
2	7	7	6	5	4	4	7
3	3	3	3	3	4	4	3
4	6	5	6	6	5	6	5
5	3	5	5	3	3	3	2
6	6	7	7	4	3	4	1
7	4	4	3	6	7	7	5
8	6	5	6	6	6	7	4
9	6	6	7	7	6	7	4
10	7	6	6	3	2	3	2
11	6	6	5	6	6	6	3
12	5	5	5	6	6	6	4
13	5	5	5	6	6	6	5
14	5	6	5	6	5	6	3
15	3	2	2	3	4	3	2
16	6	7	6	6	6	6	4
17	6	7	6	7	5	6	5
18	3	4	6	5	4	5	3
19	2	2	2	2	4	3	3
20	6	6	6	7	7	6	6
21	5	5	5	5	6	5	3
22	5	6	6	4	5	5	3
23	5	4	6	7	6	6	5
24	4	5	4	5	5	5	3
25	3	4	4	6	7	5	3
26	1	2	1	4	4	4	3
27	5	4	5	6	7	7	7
28	6	7	7	6	7	7	4
29	2	3	3	3	2	3	5
30	6	7	7	6	7	7	5

그림 12-8 편의성과 지속적 사용의도 변수 만들기

I2 =AVERAGE(B2:D2)

	A	B	C	D	E	F	G	H	I	J	K
1	번호	편의성1	편의성2	편의성3	지속적사용의도1	지속적사용의도2	지속적사용의도3	지속적사용의도4	편의성	속적사용의도	
2	1	4	5	5	6	5	6	7	4.67	6.00	
3	2	7	7	6	5	4	4	7	6.67	5.00	
4	3	3	3	3	3	4	4	3	3.00	3.50	
5	4	6	5	6	6	5	6	5	5.67	5.50	
6	5	3	5	5	3	3	3	2	4.33	2.75	
7	6	6	7	7	4	3	4	1	6.67	3.00	
8	7	4	4	3	6	7	7	5	3.67	6.25	
9	8	6	5	6	6	6	7	4	5.67	5.75	
10	9	6	6	7	7	6	7	4	6.33	6.00	
11	10	7	6	6	3	2	3	2	6.33	2.50	
12	11	6	6	5	6	6	6	3	5.67	5.25	
13	12	5	5	5	6	6	6	4	5.00	5.50	
14	13	5	5	5	6	6	6	5	5.00	5.75	
15	14	5	6	5	6	5	6	3	5.33	5.00	
16	15	3	2	2	3	4	3	2	2.33	3.00	
17	16	6	7	6	6	6	6	4	6.33	5.50	
18	17	6	7	6	7	5	6	5	6.33	5.75	
19	18	3	4	6	5	4	5	3	4.33	4.25	
20	19	2	2	2	2	4	3	3	2.00	3.00	
21	20	6	6	6	7	7	6	6	6.00	6.50	
22	21	5	5	5	5	6	5	3	5.00	4.75	
23	22	5	6	6	4	5	5	3	5.67	4.25	
24	23	5	4	6	7	6	6	5	5.00	6.00	
25	24	4	5	4	5	5	5	3	4.33	4.50	
26	25	3	4	4	6	7	5	3	3.67	5.25	
27	26	1	2	1	4	4	4	3	1.33	3.75	
28	27	5	4	5	6	7	7	7	4.67	6.75	
29	28	6	7	7	6	7	7	4	6.67	6.00	
30	29	2	3	3	3	2	3	5	2.67	3.25	
31	30	6	7	7	6	7	7	5	6.67	6.25	
32											

2. 엑셀 분석

1) 입력

① 지속적 사용의도의 예측에 필요한 자료를 입력한다.

② [데이터] → [데이터 분석]을 클릭하여 [통계 데이터 분석] 대화창에서 [회귀 분석]을 선택하고 [확인]을 누른다.

③ [회귀 분석] 대화창에서 [Y축 입력 범위]에 셀 범위 J1:J31를 [X축 입력 범위]에 셀 범위 I1:I31을 마우스로 드래그하여 입력한다. [이름표]를 체크하고 [신뢰수준]이 95%이면 기본값을 그대로 사용한다. [출력 옵션]에서 [출력 범위]를 선택하고 출력 범위의 시작점으로 R1을 지정한다. 끝으로 [확인]을 누른다. 이상의 과정을 마친 입력화면은 [그림 12-9]와 같다.

그림 12-9 편의성과 지속적 사용의도 입력화면

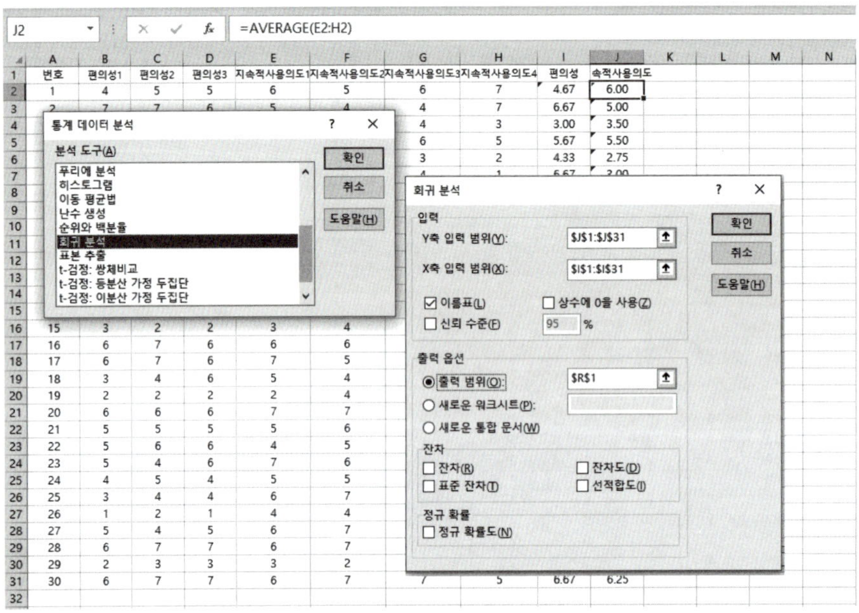

2) 결과

엑셀은 [그림 12-10]과 같은 3가지 유형의 결과표를 제시하고 있다.

그림 12-10 엑셀 요약 출력화면

요약 출력

회귀분석 통계량	
다중상관계수	0.440881
결정계수	0.194376
조정된 결정계수	0.165604
표준 오차	1.153152
관측수	30

분산 분석

	자유도	제곱합	제곱 평균	F 비	유의한 F
회귀	1	8.983403	8.983403	6.755661	0.014745
잔차	28	37.23326	1.329759		
계	29	46.21667			

	계수	표준 오차	t 통계량	P-값	하위 95%	상위 95%	하위 95.0%	상위 95.0%
Y 절편	3.060614	0.732193	4.180065	0.000259	1.560785	4.560443	1.560785	4.560443
편의성	0.371984	0.143117	2.599165	0.014745	0.078823	0.665145	0.078823	0.665145

3. 결과 해석

엑셀의 [요약 출력] 표의 특징은 [표 12-3]과 같다.

표 12-3 [요약 출력] 표의 특징

	주요 내용	주요 통계량
통계량	회귀모형의 설명력에 관한 정보	R^2
분산분석	회귀모형의 적합도에 관한 정보	F_c, p
계수	회귀계수의 적합도에 관한 정보	b_1, p

1) 다중상관계수

엑셀 [요약 출력] 표의 다중상관계수는 단순회귀분석의 단순상관계수를 의미한다. 두 변수 간 관계가 데이터를 통해 그려진 가상선에 얼마나 밀접하게 적합할 수 있는지 알려주는 단순상관계수는 다음과 같이 설명된다.

> 상관계수(correlation coefficient)는 두 변수 간에 선형관계의 정도를 수량화한 척도로 r로 표시한다.

단순상관계수는 다음과 같은 특징이 있다.

- r의 값은 반드시 -1에서 1 사이에 위치한다.
- r이 0에 근접할수록 선형관계가 약해진다.
- 양수 r 값은 양의 상관관계를 나타내고 다른 변수값이 증가할 때 한 변수값은 증가하는 경향이 있다.
- 음수 r 값은 음의 상관관계를 나타내고 다른 변수값이 감소할 때 한 변수값은 증가하는 경향이 있다.
- 값이 1 또는 -1은 완벽한 양의 상관관계 또는 음의 상관관계를 나타낸다. 2개의 완벽한 상관관계 변수는 고정 비율로 함께 변경되므로 산점도에 그릴 때 모든 데이터는 직선으로 연결될 수 있다.

2) 결정계수

회귀식이 예측하는 데 얼마나 적합한가는 다음과 같은 의미를 지닌 결정계수로 판단한다.

결정계수(coefficient of determination, r^2)는 독립변수로 종속변수의 변동을 설명할 수 있는 정도, 즉 회귀식이 예측에 얼마나 적합한가를 나타내는 수치로 범위는 $0 \le r^2 \le 1$이다.

따라서 결정계수는 추정한 회귀식이 주어진 자료에 얼마나 적합한지를 나타내는 척도이다. 독립변수로 종속변수의 변동을 설명할 수 있는 정도를 나타내는 결정계수는 r^2이 1에 가까울수록 독립변수가 종속변수의 변동을 설명하는 능력이 높아지므로 그만큼 예측이 좋다는 것을 나타낸다. 이 경우 X값으로 Y값을 정확히 예측 또는 설명할 수 있다.

예제의 엑셀 [요약 출력] 표를 보면 R^2이 0.1944로 나타났다. 따라서 소비자마다 지속적 사용의도가 서로 다른 이유는 편의성에 의해 약 19.44%가 설명된다고 할 수 있다.

상관계수와 결정계수의 관계는 다음과 같다.

$\sqrt{r^2} = r$, 즉 $\sqrt{\text{결정계수}}$ = 상관계수

상관계수와 회귀계수의 공통점과 차이점은 다음과 같다.

첫째, 상관계수는 회귀선에서 자료의 산포 정도(degree of scatter)를 측정하고 반면 회귀계수는 회귀선의 기울기(slope)를 측정한다. 따라서 회귀선의 기울기와 자료의 산포도 간에는 관계가 거의 없다. 다만 회귀계수의 기울기가 0이면 상관계수 또한 0이 된다.

둘째, 회귀계수의 절대값 크기는 독립변수가 종속변수에 미치는 영향력을 보여주고 반면 상관계수의 절대값 크기는 자료들이 직선에 얼마나 많이 모여 있는지를 나타내 준다.

셋째, 회귀계수의 부호와 상관계수의 부호는 두 변수 간의 관계의 방향, 즉 정(+)인지 부(−)인지를 알려 준다. 따라서 단순상관계수와 단순회귀계수의 부호는 동일하다.

넷째, 회귀계수나 상관계수 모두 X와 Y 간의 관계가 선형이라 가정한다.

다섯째, 단순상관계수(r)의 제곱 r^2이 단순회귀식의 설명력 R^2과 동일하다.

[그림 12-11]은 완벽한 선형관계의 예를 보여주고 있다. [그림 12-11]의 (a), (b), (c), (d) 모두 두 변수 간에는 완벽한 선형관계가 있어 자료들이 모두 직선 위에 놓이게 된다. (a), (b)와 (c), (d)는 방향성에만 차이가 있을 뿐 두 변수 간에는 완벽한 선형관계에 있다.

따라서 상관분석에서는 기울기를 고려하지 않으므로 (a)와 (b)의 r은 +1이 되고 (c)와 (d)의 r은 -1이 된다. 하지만 회귀분석에서는 기울기에 따라 X가 Y에 미치는 영향은 달라진다. 따라서 (a)의 기울기가 (b)보다 크므로 독립변수의 정(+)의 영향력이 (b)보다 (a)가 더 크다. 마찬가지로 (c)의 기울기가 (d)보다 크므로 독립변수의 부(−)의 영향력이 (d)보다 (c)가 더 크다.

그림 12-11 상관계수와 회귀계수

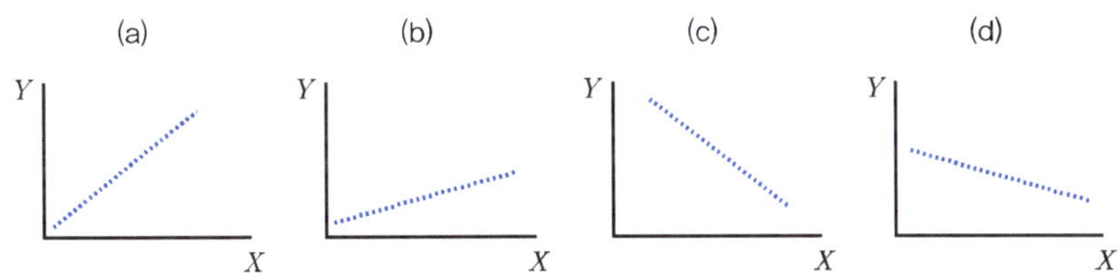

여기에서 결정계수는 0.1944이므로 $\sqrt{r^2} = \sqrt{0.1944} = 0.4409 = r$이 되어 상관계수는 0.4409이 된다. 이는 [요약 출력] 표의 $R = 0.4409$과 같다. 하지만 단순회귀분석에서는 단순상관계수의 부호를 표시하지 않으므로 회귀계수 b_1의 부호와 같도록 상관계수의 부호를 결정한다. 예제의 편의성 b_1이 양수이므로 상관계수의 부호도 양수이다. 따라서 예제의 상관계수는 +0.4409으로 결정한다. 회귀계수(b_1)와 상관계수(r)의 수학적인 관계식을 보면 다음과 같은 관련성이 있다.

$$r = b_1 \times \frac{X\text{의 표준편차}}{Y\text{의 표준편차}}$$

따라서 $b_1 = 0$이면 $r = 0$이므로 역의 관계도 성립하고, X와 Y의 표준편차는 양수이므로 상관계수 r과 회귀계수 b_1은 항상 같은 부호를 갖는다. 또한 상관계수(r)는 결정계수(r^2)의 제곱근으로 계산할 수 있다. 하지만 상관계수의 부호는 결정계수로부터 확인할 수 없어 회귀계수의 부호에 따라 상관계수의 부호를 결정해야 한다.

3) 단순회귀모형의 검정

지속적 사용의도와 편의성의 예를 가지고 회귀모형의 적합도를 검정하기 위한 절차는 다음과 같다.

① 가설

H_0 : 모든 계수는 0이다.

H_1 : 적어도 하나의 계수는 0이 아니다.

단순회귀분석에서는 독립변수가 1개이므로 회귀모형의 적합도를 검정하는 가설은 다음과 같이 조정할 수 있다.

$H_0 : \beta = 0$

$H_1 : \beta \neq 0$

귀무가설($H_0 : \beta = 0$)은 X(편의성)는 Y(지속적 사용의도)에 영향을 미치지 않아 회귀모형이 적합하지 않는다는 의미이다. 반대로 대립가설($H_1 : \beta \neq 0$)은 X는 Y에 영향을 미치므로 회귀모형이 적합하다는 뜻이다. 여기에서 대립가설은 회귀계수의 영향력 강도와 방향에 관계없이 단지 회귀계수가 0이 아니라는 의미이다.

② 결론

[그림 12-12]와 같이 회귀모형에 대한 적합도는 유의확률(p)과 유의수준(α)을 비교하여 결정한다.

$p > \alpha$: H_0 채택

$p < \alpha$: H_1 채택

[그림 12-12]에서 왼쪽은 $p > \alpha$이라 귀무가설을 채택하고 오른쪽은 $p < \alpha$이므로 대립가설을 채택한다.

일반적으로 유의수준 α는 0.05를 사용한다. [그림 12-10] 예제의 [분산분석] 표에서 회귀모형에 대한 F_c값이 6.7557이고 F_c의 유의확률(p)이 0.0147이다. $p = 0.0147 < \alpha = 0.05$이므로 귀무가설($H_0 : \beta = 0$)을 기각하고 대립가설($H_1 : \beta_1 \neq 0$)을 채택한다.

그림 12-12 회귀모형의 검정기준

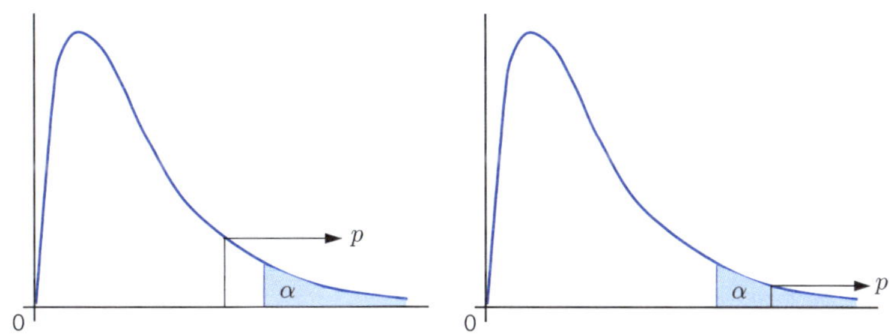

따라서 설정한 회귀모형, 즉 편의성이 지속적 사용의도에 영향을 미친다는 회귀모형은 의미가 있다고 할 수 있다.

4) 단순회귀계수의 검정

선형회귀모형에서 X와 Y의 관계를 수식으로 표시하면 아래와 같다.

$$Y = bX + a = a + bX$$

위의 식에서 b를 회귀계수라고 하고 그 의미는 다음과 같이 정의한다.

> 회귀계수(cofficient)는 독립변수의 변화가 종속변수를 변화시키는 정도로, 독립변수 X가 1단위 증가할 때마다 종속변수 Y는 b만큼 증가하는 것을 의미한다.

공부시간이 1시간 증가할 때마다 성적이 5점씩 증가하면 공부시간에 5를 곱하면 성적의 변화량이 된다. 따라서 이때의 회귀계수는 5라고 할 수 있다. 이런 관계를 그림으로 그리면 회귀계수는 직선의 기울기(slope)가 된다. 위의 식에서 $X = 0$이면 $Y = a$가 된다. 이를 절편이라고 한다.

> 절편(intercept)은 독립변수가 0일 때 종속변수 Y의 값을 말한다.

표본회귀식의 절편과 기울기의 값이 통계적으로 유의한지 혹은 우연히 생긴 것인지에 대한 각각의 검정방법이 있으나 기울기 검정이 절편 검정보다 더 많이 사용되므로 본 절에서는 기울기 검정에 대해서만 살펴보기로 한다. [그림 12-13]과 같이 모집단의 X와 Y가 서로 관련이 없다면 이들 변수를 통과하는 모집단 회귀식의 기울기는 0이 되므로 X는 Y를 예측하는 데 도움이 되지 않는다.

그림 12-13 무관계 모집단

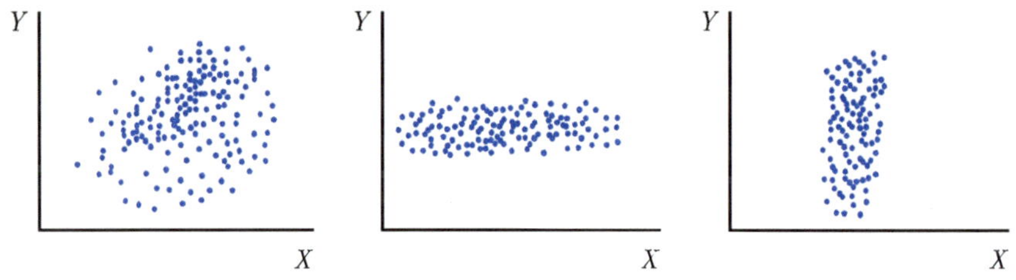

하지만 [그림 12-13]과 같은 모집단에서 무작위로 뽑은 표본 회귀식은 우연히도 기울기가 0이 아닐 수도 있다. 따라서 표본 회귀식의 기울기가 우연히 생긴 것인지($\beta = 0$) 아니면 X와 Y 사이의 유효한 관계에 의한 것인지($\beta \neq 0$)를 알기 위해서는 모집단 회귀식의 기울기에 대한 검정을 할 필요가 있다. 회귀계수를 검정하기 위한 가설과 검정규칙은 다음과 같다.

① 가설

$H_0 : \beta = 0$

$H_1 : \beta \neq 0$

② 결론

$p > \alpha$: H_0 채택

$p < \alpha$: H_1 채택

[그림 12-14]에서 왼쪽은 $p > \alpha$이라 귀무가설을 채택하고 오른쪽은 $p < \alpha$이므로 대립가설을 채택한다.

그림 12-14 H_0 채택($p > \alpha$)과 H_1 채택($p < \alpha$) 기준

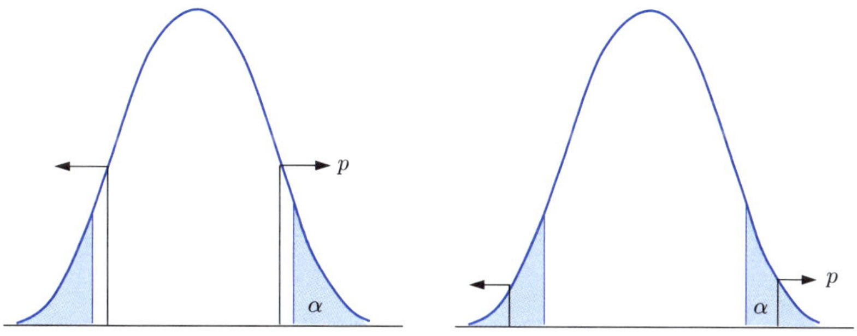

지속적 사용의도와 편의성의 예에서 [그림 12-10]의 [계수] 표를 보면 편의성의 회귀계수에 대한 t_c값이 2.5992이고 t_c의 유의확률(p)이 0.0147이다. $p = 0.0147 < \alpha = 0.05$ 이므로 $H_0 : \beta = 0$을 기각하고 $H_1 : \beta_1 \neq 0$을 채택한다. 결과적으로 편의성은 지속적 사용의도에 영향을 미친다고 할 수 있다.

단순회귀분석에서는 독립변수가 1개이므로 회귀모형에 대한 F-검정이나 회귀계수에 대한 t-검정은 같은 결과를 가져온다. 왜냐하면 $F_c = 6.7557 = (t_c)^2 = (2.5992)^2$ 이기 때문이다.

5) 단순회귀식의 도출

만약 회귀계수가 유의하다면 [계수] 표에 있는 회귀계수(B)의 크기와 부호로 회귀식을 도출한다. 상수 또는 절편이 3.0606이고 편의성의 회귀계수는 0.3720이다. 상수는 Y절편에 해당하고 회귀계수는 회귀선의 기울기이다. 기울기는 독립변수가 종속변수에 미치는 영향의 크기이므로 기울기가 클수록 종속변수에 미치는 영향이 커진다. 기울기가 음(−)이라면 반대로 독립변수가 증가할수록 종속변수는 감소하는 관계이다.

b=0.3720로 기울기가 양수이므로 편의성이 높을수록 지속적 사용의도는 증가한다. 이는 편의성의 1단위가 높아지면 지속적 사용의도는 평균적으로 0.3720(기울기) 단위만큼 증가한다는 뜻이다. 반면 편의성이 0인 소비자는 약 3.0606(상수항)의 지속적 사용의도를 가진다고 예상할 수 있다. 따라서 회귀식은 다음과 같다.

$\hat{Y} = 3.0606 + 0.3720X$ 또는 지속적 사용의도 = 3.0606 + 0.3720(편의성)

회귀식이 도출되면 [그림 12-15]처럼 주어진 X값에 대한 $\hat{Y}$의 값을 추정한다. 만약 소비자의 편의성이 3단위이면 예상되는 지속적 사용의도는 3.0606 + 0.3720(편의성) = 3.0606 + 0.3720(3) = 4.1760단위이다. 그리고 소비자의 편의성이 6단위이면 예상되는 지속적 사용의도는 3.0606 + 0.3720(6) = 5.2920단위이다.

그림 12-15 지속적 사용의도의 예측

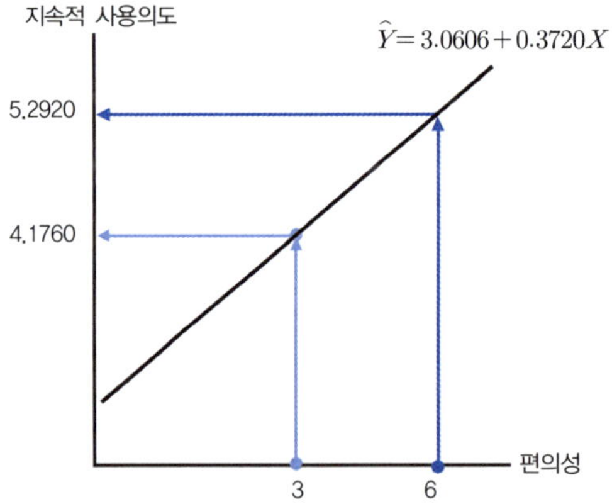

회귀식의 상수항과 기울기는 다양한 정보를 제공해준다. 예를 들어, 학업성적 = 20 + 2.5(공부시간)의 회귀식은 학업성적을 1단위 높이기 위해서는 공부시간이 평균적으로 2.5(기울기) 단위가 필요하다는 것을 알 수 있다. 공부시간이 0이면 학업성적은 평균적으로 상수항인 20단위가 된다. 만약 공부시간이 20단위이면 얻을 수 있는 학업성적은 20 + 2.5(20) = 70단위이다. 또한, 불량률 = 0.3 − 0.02(근무연수)의 회귀식에서는 근무연수가 1단위 증가하면 평균적으로 불량률은 0.02(기울기)단위 감소한다. 근무연수가 0이면 불량률은 0.3단위이고 만약 근무연수가 10이면 예상되는 불량률은 0.3 − 0.02(10) = 0.1단위이다.

예측할 때 표본자료의 범위를 벗어나면 회귀식과 같은 관계가 성립되지 않을 수도 있다. 따라서 모든 예측치는 표본자료들이 포함된 범위 내의 값으로 제한되어야 한다. 예를 들어, 근무연수가 100인 경우의 불량률이거나 하루 공부시간이 25시간일 때의 성적은 표본자료의 범위를 벗어나므로 올바른 예측을 할 수 없다.

6) 양측검정과 단측검정

독립변수 X의 회귀계수 검정에 사용되는 가설검정의 유형은 다음과 같다.

저측검정	양측검정	고측검정
$H_0 : \beta_1 = 0$	$H_0 : \beta_1 = 0$	$H_0 : \beta_1 = 0$
$H_1 : \beta_1 < 0$	$H_1 : \beta_1 \neq 0$	$H_1 : \beta_1 > 0$

예를 들어, 편의성은 지속적 사용의도에 정(+)의 영향을 미칠 것으로 예상하므로 고측(오른쪽꼬리) 검정을 할 수 있다. 반면 근무연수는 불량률에 부(−)의 영향을 미칠 것으로 예상하므로 저측(왼쪽꼬리) 검정을 할 수 있다. 그러나 주어진 α에서 양측검정을 하여 H_0가 기각되면 단측검정에서도 기각되기 때문에 일반적으로 양측검정을 기본적인 검정방법으로 사용한다.

엑셀에서는 주어진 α에서 양측검정에 따른 p값을 보여준다. 유의해야할 점은 [그림 12-16]에서와 같이 엑셀에서 나타난 p값은 양측검정의 결과이므로 단측검정의 p값은 양측검정의 p값을 1/2하여 해석하여야 한다.

그림 12-16 Excel 양측검정과 단측검정에서의 α와 p값

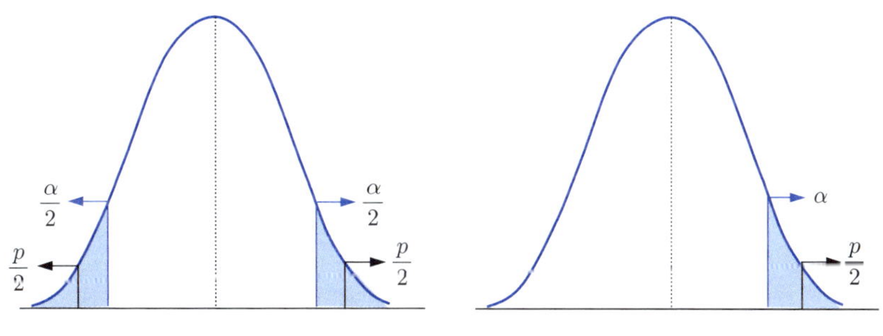

예를 들어, 양측검정에 필요한 회귀계수의 p값이 0.086이라면 단측검정의 p값은 0.043이 된다. 이처럼 양측검정에서는 $p > \alpha$로 나타나 독립변수가 유의하지 않지만 단측검정에서는 $p < \alpha$로 나타나 독립변수가 유의한 결과가 나올 수도 있다. 결론적으로 엑셀의 p값을 2로 나누면 단측검정의 p값이 된다.

7) 결과 요약

지금까지 단순회귀분석을 수행한 결과를 정리하면 [표 12-4]와 같다.

표 12-4 편의성과 지속적 사용의도의 분석결과

	비표준화 계수		t	유의확률
	B	표준오차		
(상수)	3.0606	0.7322	4.1801	0.0003**
편의성	0.3720	0.1431	2.5992	0.0147*

$R^2=0.1944$, $F=6.7557^*$

$^*p<.05$, $^{**}p<.01$

편의성이 지속적 사용의도에 미치는 영향에 대해 단순회귀분석을 수행한 결과, 회귀모형의 설명력은 19.44%로 나타났고 회귀모형은 유의한 것으로 파악되었다(F=6.7557, p =0.0147). 독립변수인 편의성은 종속변수인 지속적 사용의도에 유의한 영향을 미치는 것으로 파악되었고(t=5.5992, p=0.0147) 편의성이 1단위 증가하면 지속적 사용의도는 0.3720 단위만큼 증가하는 것으로 나타났다. 편의성과 지속적 사용의도 간에 도출된 회귀식은 다음과 같다.

지속적 사용의도 = 3.0606 + 0.3720(편의성)

제3절 ▌단순회귀분석 실습

1. 분석모형

[그림 12-17]의 분석모형을 [표 12-5]의 자료를 가지고 단순회귀분석을 수행하는 절차를 살펴보기로 한다.

그림 12-17 판매량의 분석모형

표 12-5 판매량과 가격의 자료

번호	1	2	3	4	5	6	7	8	9	10
판매량	20	18	12	14	16	17	12	11	10	9
가격	7	7	8	6	5	6	7	8	8	9

두 변수 간의 인과관계를 이론적으로 확인하였다면 단순회귀분석을 통해 통계적인 인과관계를 분석한다.

2. 엑셀 분석

1) 입력

① 판매량의 예측에 필요한 자료를 입력한다.

② [데이터] → [데이터 분석]을 클릭하여 [통계 데이터 분석] 대화창에서 [회귀 분석]을 선택하고 [확인]을 누른다.

③ [회귀 분석] 대화창에서 [Y축 입력 범위]에 셀 범위 B1:B11을 [X축 입력 범위]에 셀 범위 C1:C11을 마우스로 드래그하여 입력한다. [이름표]를 체크하고 [신뢰수준]이 95%이면 기본값을 그대로 사용한다. [출력 옵션]에서 [출력 범위]를 선택하고 출력 범위의

시작점으로 E1을 지정한 후 끝으로 [확인]을 누른다. 이상의 과정을 마치면 [그림 12-18]과 같은 입력화면이 나타난다.

그림 12-18 가격과 판매량의 입력화면

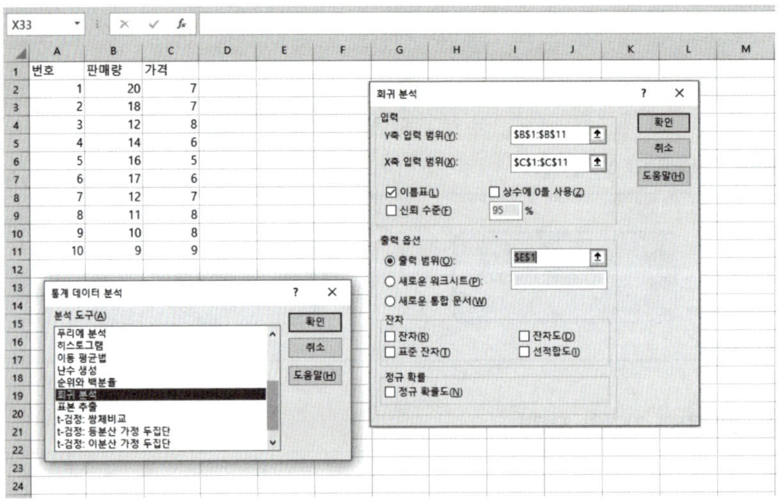

2) 결과

엑셀은 ① 통계량 ② 분산분석 ③ 계수 등 [그림 12-19]와 같이 세 가지 결과표를 제시해 준다.

그림 12-19 가격과 판매량의 출력화면

요약 출력								
회귀분석 통계량								
다중 상관	0.650473							
결정계수	0.423115							
조정된 결	0.351004							
표준 오차	2.976979							
관측수	10							
분산 분석								
	자유도	제곱합	제곱 평균	F 비	유의한 F			
회귀	1	52.00078	52.00078	5.867571	0.0417			
잔차	8	70.89922	8.862403					
계	9	122.9						
	계수	표준 오차	t 통계량	P-값	하위 95%	상위 95%	하위 95.0%	상위 95.0%
Y 절편	28.15504	5.959724	4.724218	0.001494	14.41189	41.89819	14.41189	41.89819
가격	-2.00775	0.828859	-2.42231	0.0417	-3.91911	-0.0964	-3.91911	-0.0964

3. 결과 해석

1) 상관계수

[요약 출력] 표의 다중상관계수는 단순회귀분석의 단순상관계수를 의미한다. $R=0.6505$이고 $R^2=0.4231$로 나타나 상관계수가 0.6505이고 결정계수는 0.4231인 것을 알 수 있다. $r=\sqrt{r^2}$, 즉 상관계수= $\sqrt{결정계수}$ 이므로 $r=0.6505=\sqrt{r^2}=\sqrt{0.4231}$ 이다. 가격 b_1의 회귀계수가 음수이므로 상관계수의 부호는 음수이다. 따라서 예제의 상관계수는 -0.6505이다.

2) 결정계수

엑셀의 [요약 출력] 표에서 결정계수 R^2은 0.4231로 나타났다. 따라서 가격은 판매량의 변동을 약 42.31% 설명한다. 이는 매년 판매량이 다른 이유를 가격이 42.31%를 설명할 수 있고 나머지 57.69%는 모형에 포함되지 않은 가격 이외에 변수들이 있어야 설명할 수 있다는 의미이다.

3) 단순회귀모형의 검정

가격과 판매량 간의 회귀모형을 검정하기 위한 가설과 결론은 다음과 같다.

① 가설

회귀모형에 대해 다음과 같은 귀무가설과 대립가설을 수립한다.

H_0 : 모든 계수는 0이다.

H_1 : 적어도 하나의 계수는 0이 아니다.

단순회귀분석이므로 위의 가설은 다음과 같다.

H_0 : $\beta_1=0$(회귀모형은 유의하지 않다. 즉 독립변수는 종속변수에 영향을 미치지 않는다)

H_1 : $\beta_1 \neq 0$(회귀모형은 유의하다. 즉 독립변수는 종속변수에 영향을 미친다)

② 결론

$p>\alpha$이면 H_0를 채택하고 $p<\alpha$이면 H_1을 채택한다. [그림 12-19]의 [분산분석] 표를 보면 검정통계량 F_c값은 5.8676이고 이에 대한 유의확률(p)은 0.0417이다. $p=0.0417$

$< \alpha = 0.05$이므로 대립가설인 적어도 하나의 계수는 0이 아니다를 채택한다. 따라서 독립변수인 가격은 종속변수인 판매량에 영향을 미치므로 회귀모형은 유의하다는 결론을 내린다.

4) 단순회귀계수의 검정

가격의 회귀계수를 검정하기 위한 가설과 검정규칙은 다음과 같다.

① 가설

$H_0 : \beta = 0$(X는 Y에 영향을 미치지 않는다)

$H_1 : \beta \neq 0$(X는 Y에 영향을 미친다)

② 결론

$p > \alpha$이면 H_0를 채택하고 $p < \alpha$이면 H_1을 채택한다. [그림 12-19]의 [계수] 표를 보면 검정통계량 t_c값이 -2.4223이고 이에 해당하는 유의확률(p)이 0.0417이다. $p = 0.0417 < \alpha = 0.05$이므로 가격은 판매량에 유의한 영향을 미친다고 결론을 내릴 수 있다.

5) 단순회귀식의 도출

[계수] 표에서 회귀계수가 유의하여 회귀식을 도출할 수 있다. 가격과 판매량 간의 회귀식은 다음과 같다.

판매량 = 28.1550 − 2.0078(가격)

가격의 비표준화 회귀계수는 −2.0078이다. 비표준화 회귀계수는 기울기를 나타내므로 독립변수가 1단위 증가할 때 종속변수의 변화 정도를 말한다. 따라서 가격이 1단위 높아지면 판매량은 2.0078단위 감소한다. 반면 상수는 28.1550이다. 만약 가격이 3과 6일 때 판매량은 [그림 12-20]처럼 다음과 같이 예측할 수 있다.

판매량 = 28.1550 − 2.0078 × 3 = 22.1318

판매량 = 28.1550 − 2.0078 × 6 = 16.1085

그림 12-20 판매량의 예측

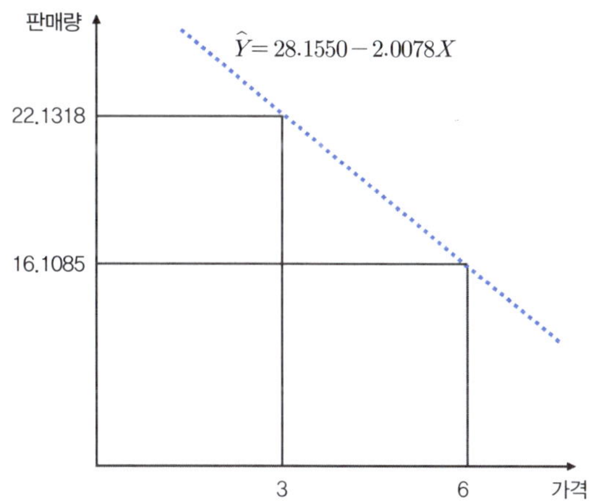

6) 결과 요약

지금까지 단순회귀분석을 수행한 결과를 정리하면 [표 12-6]과 같다.

표 12-6 가격과 판매량의 분석결과

	비표준화 계수		t	유의확률
	B	표준오차		
(상수)	28.1550	5.9597	4.7242**	0.0015
가격	−2.0078	0.8289	−2.4223*	0.0417

$R^2=0.4231$, $F=5.8676^*$

$^*p<.05$, $^{**}p<.01$

단순회귀분석으로 가격과 판매량 간의 인과관계를 분석한 결과, 회귀모형은 유의한 것으로 나타났고($F=5.8676$, $p=0.0417$) 회귀모형의 설명력은 42.31%로 파악되었다. 독립변수인 가격은 종속변수인 판매량에 유의한 영향을 미치는 것으로 파악되었고($t=-2.4223$, $p=0.0417$) 가격이 1단위 증가하면 판매량은 2.0078단위 감소하는 것으로 나타났다. 가격과 판매량 간에 도출된 회귀식은 다음과 같다.

판매량 = 28.1550 − 2.0078(가격)

제4절 ▌회귀분석의 이론적 배경

1. 단순회귀식의 도출

회귀식을 도출하여야 종속변수를 독립변수로 예측할 수 있다. 회귀분석은 상관도에 있는 모든 자료를 가장 공평하게 지나는 선을 찾는 방법이다. 자료들을 통과하는 선은 무수히 많이 존재하므로 어느 선을 선택하느냐에 따라 예측값은 달라질 수 있기 때문이다. [그림 12-21]은 몇 가지 직선을 보여준다.

그림 12-21 표본 회귀식

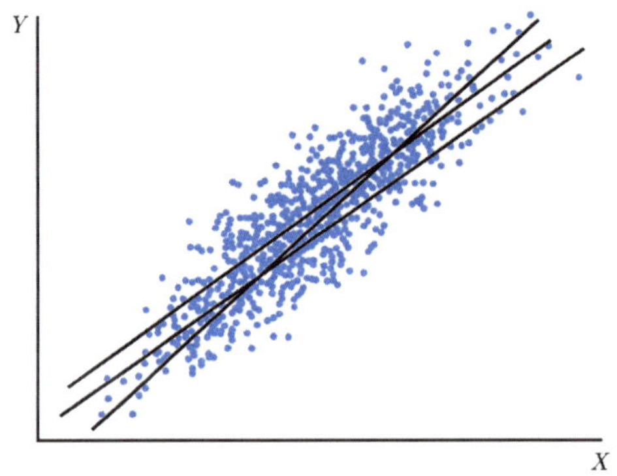

[그림 12-21]의 직선 중에서 예측에 가장 적합한 선을 구하는 방법을 회귀분석에서는 최소자승법이라고 한다.

> 최소자승법(least square method)은 독립변수의 값(X)에 대응하는 종속변수의 실제값(Y)과 회귀식에서 얻어진 종속변수의 예측값($\hat{Y}$)과의 차이, 즉 잔차의 제곱 합이 최소가 되는 회귀계수(b_0, b_1)를 구하는 방법이다.

최소자승법은 [그림 12-22]와 같이 추정된 선형회귀식 $\hat{Y}= b_0 + b_1X$이 가장 작은 잔차의 제곱 합(sum of squared residuals, SSE)을 갖도록 회귀계수 b_0와 b_1을 추정한다.

그림 12-22 **최소자승법**

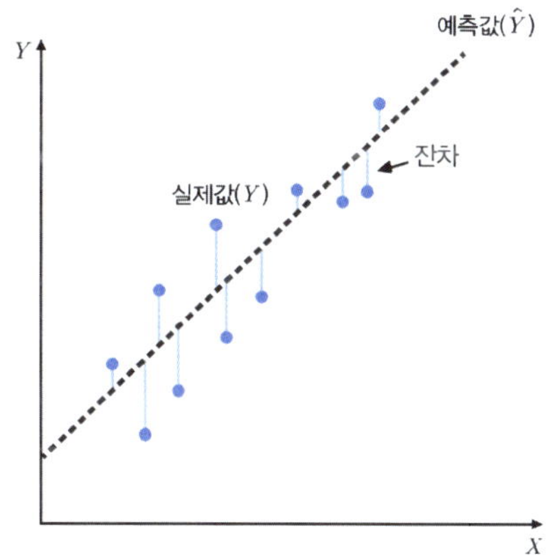

이를 식으로 표현하면 다음과 같다.

$$\text{최소화}\sum_{i=1}^{n} e_i^2 = \text{최소화}\sum_{i=1}^{n}(Y - \hat{Y})^2 = \text{최소화}\sum_{i=1}^{n}(Y_i - b_0 - b_1 X_i)^2$$

b_0와 b_1에 대하여 각각 편미분하여 연립방정식을 풀면 다음과 같은 추정량을 구할 수 있다.

$$b_1 = \frac{\sum_{i=1}^{n}(X_i - \overline{X})(Y_i - \overline{Y})}{\sum_{i=1}^{n}(X - X)^2}$$

$$b_0 = \overline{Y} - b_1 \overline{X}$$

예제 12-1

제3절의 판매량과 가격에 관한 자료를 이용하여 회귀식에 필요한 기울기와 절편을 앞에 주어진 식을 이용하여 구하라.

년도	판매량(Y)	가격(X)	$Y-\overline{Y}$	$X-\overline{X}$	$(X-\overline{X})(Y-\overline{Y})$	$(X-\overline{X})^2$
1	20	7	6.1	−0.1	−0.61	0.01
2	18	7	4.1	−0.1	−0.41	0.01
3	12	8	−1.9	0.9	−1.71	0.81
4	14	6	0.1	−1.1	−0.11	1.21
5	16	5	2.1	−2.1	−4.41	4.41
6	17	6	3.1	−1.1	−3.41	1.21
7	12	7	−1.9	−0.1	0.19	0.01
8	11	8	−2.9	0.9	−2.61	0.81
9	10	8	−3.9	0.9	−3.51	0.81
10	9	9	−4.9	1.9	−9.31	3.61
평균/합계	13.9	7.1			−25.9	12.9

풀이

기울기 : $b_1 = \dfrac{\sum_{i=1}^{n}(X_i-\overline{X})(Y_i-\overline{Y})}{\sum_{i=1}^{n}(X-\overline{X})^2} = \dfrac{-25.9}{12.9} = -2.00775$

상수항 : $b_0 = \overline{Y} - b_1\overline{X} = 13.9 - (-2.00775)(7.1) = 28.1550$

그러므로 추정된 회귀식은 다음과 같다.

$\hat{Y} = 28.1550 - 2.00775X$

2. 단순회귀모형의 가정

최소자승법에 의해 구해진 회귀선은 [그림 12-23]에서 볼 수 있듯이 다음과 같은 특성이 있다.

① 회귀선은 $\overline{X}$와 $\overline{Y}$ 모두를 통과한다.

② 회귀선에 대한 잔차의 합은 0이다. 즉 $\sum e = \sum(Y-\hat{Y}) = 0$이다.

③ 회귀선에 대한 잔차의 제곱 합은 최소가 된다. 즉, $\min\sum e^2 = \min\sum(Y-\hat{Y})^2$이다.

그림 12-23 회귀선의 특성

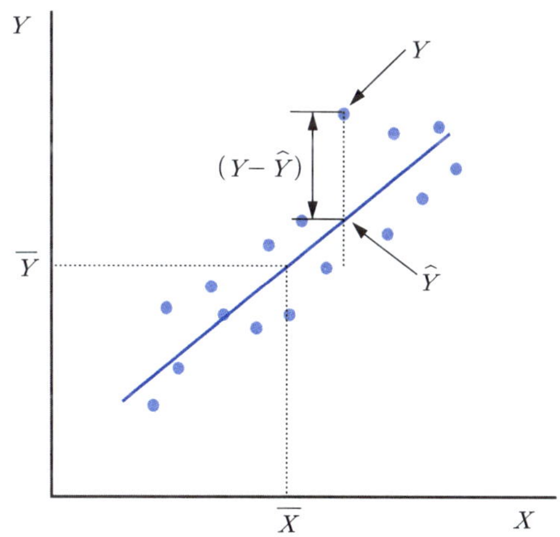

단순회귀모형의 기본적인 가정은 [그림 12-24]와 같다.

첫째, 각 X값에 대한 Y값들은 상호독립적인 정규분포를 따른다.
둘째, Y값들이 이루는 정규분포의 평균은 [그림 12-20]처럼 회귀선 상에 놓여 있다.
셋째, 각 X값에 대한 Y값들이 이루는 정규분포의 분산은 같다.

그림 12-24 주어진 X 값에 대한 Y 값의 확률분포

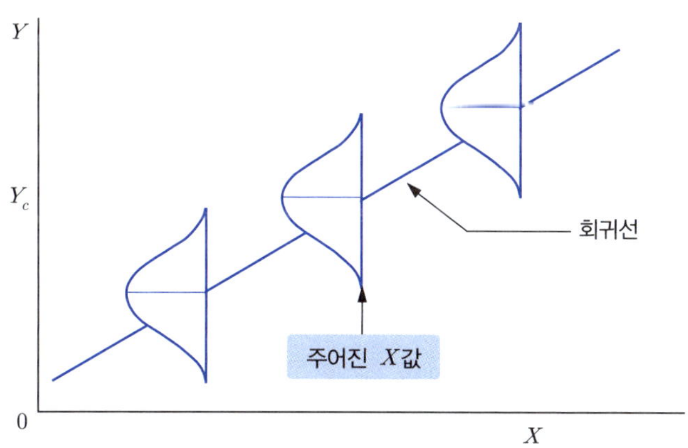

단순회귀식모형을 사용하여 통계적인 추리를 하는 데 적용되는 오차와 관련된 가정을 정리해 보면 다음과 같다.

가정 1: 오차들은 정규성을 가진다.
가정 2: 오차들의 등분산성을 가진다.
가정 3: 오차들은 독립성을 가진다.

3. 결정계수

1) Y 변동의 분해

Y변동의 분해를 도식화하면 [그림 12-25]와 같다.

그림 12-25 Y 변동의 분해

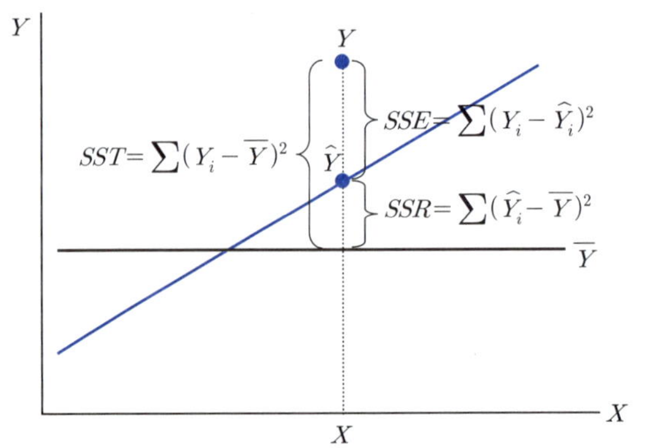

$SST= SSR+ SSR$ | $R^2 = SSR/SST$ | $R^2 = 1 - SSE/SST$

[그림 12-25]에서 X를 고려하지 않으면 예측치는 $\overline{Y}$가 되지만 X를 고려하면 예측치는 $\hat{Y}$가 된다. 따라서 X를 고려하지 않으면 관측치 Y와 예측치 $\overline{Y}$의 차이를 나타내는 $Y-\overline{Y}$가 발생하는데 이를 총 편차라 한다. 이러한 총 편차는 X를 고려하면 두 가지 편차로 구분할 수 있다. 첫 번째 편차는 X로 설명되는 편차로 $\hat{Y}-\overline{Y}$이다. 두 번째 편차는 X로

설명되지 않는 편차로 $Y-\hat{Y}$이다. 따라서 관측치(Y)와 Y의 평균($\overline{Y}$)과의 차이를 나타내는 총 편차를 분해하면 다음과 같다.

$$\underset{\text{총 편차}}{(Y-\overline{Y})} = \underset{\text{설명되는 편차}}{(\hat{Y}-\overline{Y})} + \underset{\text{설명되지 않는 편차}}{(Y-\hat{Y})}$$

총 편차, 설명되는 편차, 그리고 설명되지 않는 편차는 양수나 음수를 가질 수 있으므로 편차를 제곱한 값을 활용하여 분석하여야 한다. 위 식을 제곱하여 더하면 다음과 같다.

$$\begin{array}{ccccc} \sum(Y-\overline{Y})^2 & = & \sum(\hat{Y}-\overline{Y})^2 & + & \sum(Y-\hat{Y})^2 \\ \text{총 제곱합} & = & \text{회귀 제곱합} & + & \text{잔차 제곱합} \\ SST & = & SSR & + & SSE \end{array}$$

총 제곱 합은 X로 설명되는 회귀 제곱 합과 X로 설명되지 않는 잔차 제곱 합이 된다. 즉, 총 제곱 합 $SST=\sum(Y-\overline{Y})^2$ 중에서 $SSR=\sum(\hat{Y}-\overline{Y})^2$는 X로 설명되는 회귀 제곱 합이고 $SSE=\sum(Y-\hat{Y})^2$는 X로 설명되지 않는 잔차 제곱 합이다.

2) 결정계수의 도출

Y의 총 변동은 다음과 같다.

$$SST=SSR+SSE$$

양변을 SST로 나누어주면 다음과 같이 된다.

$$\frac{SST}{SST}=\frac{SSR}{SST}+\frac{SSE}{SST} \quad \text{또는} \quad 1=\frac{SSR}{SST}+\frac{SSE}{SST}$$

위 식의 첫 번째 비율 $\frac{SSR}{SST}$를 결정계수 또는 r^2이라 한다. 따라서 r^2로 표시되는 결정계수는 설명되는 변동이 총 변동에 대해 차지하는 비율을 말한다.

$$r^2=\frac{SSR}{SST} \quad \text{또는} \quad r^2=1-\frac{SSE}{SST}$$

따라서 r^2은 (설명된 변동/총변동) 또는 1−(설명되지 않는 변동/총변동)으로 표시된다. 이러한 r^2의 범위는 $0 \le r^2 \le 1$이다. [그림 12-26]과 같이 모든 자료가 회귀선 위에 놓이면 회귀모형이 완벽한 적합도를 보이므로 $SSE=0$이고 $SST=SSR$이므로 $r^2=1$이다.

$$r^2 = 1 - \frac{SSE}{SST} = 1 - \frac{0}{SST} = 1$$

$$r^2 = \frac{SSR}{SST} = 1 \quad (\because SSR = SST)$$

그림 12-26 $r^2 = 1$**인 경우**

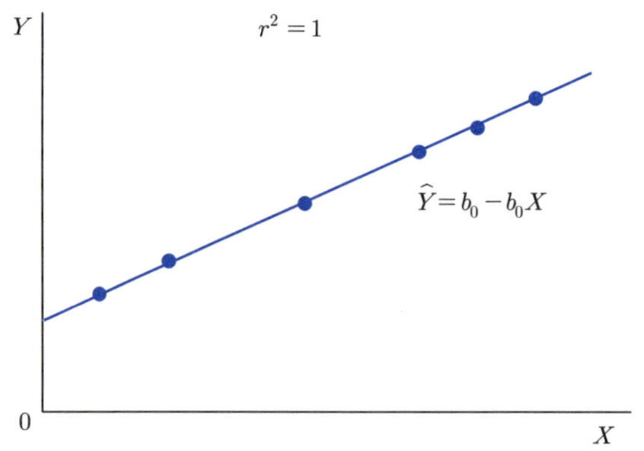

따라서 r^2이 1에 가까울수록 회귀선의 설명력과 예측력이 높아진다. 반면 [그림 12-27]과 같이 X값이 Y값을 예측하는데 전혀 도움이 되지 않으면 $SSE=SST$이 되고 $SSR=0$이 되므로 따라서 r^2값은 다음과 같이 0이 된다.

$$r^2 = 1 - \frac{SSE}{SST} = 1 - \frac{SST}{SST} = 0$$

그림 12-27 $r^2 = 0$인 경우

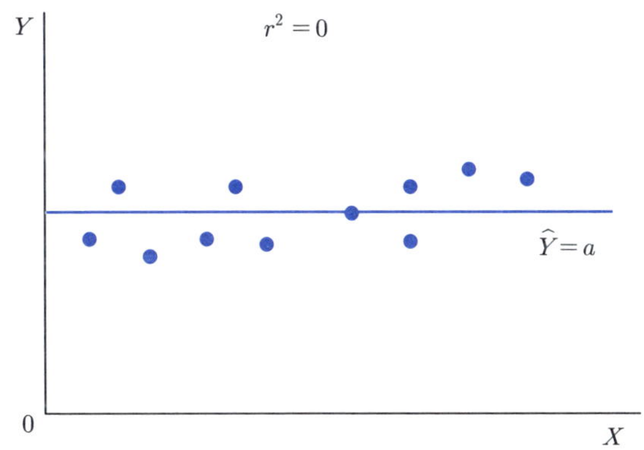

예제 12-2

판매량과 가격의 자료에 대한 결정계수를 계산하여 그 의미를 해석하라.

년도	판매량 (Y)	가격 (X)	$\hat{Y}$	SST $(Y-\bar{Y})^2$	SSR $(\hat{Y}-\bar{Y})^2$	SSE $(Y-\hat{Y})^2$
1	20	7	14.1008	37.2100	0.0403	34.8009
2	18	7	14.1008	16.8100	0.0403	15.2040
3	12	8	12.0930	3.6100	3.2652	0.0087
4	14	6	16.1085	0.0100	4.8776	4.4459
5	16	5	18.1163	4.4100	17.7770	4.4786
6	17	6	16.1085	9.6100	4.8776	0.7947
7	12	7	14.1008	3.6100	0.0403	4.4133
8	11	8	12.0930	8.4100	3.2652	1.1947
9	10	8	12.0930	15.2100	3.2652	4.3807
10	9	9	10.0853	24.0100	14.5522	1.1778
평균/합계	13.9	7.1		122.9000	52.0008	70.8992

풀이

$$r^2 = \frac{SSR}{SST} = \frac{52.0008}{122.9000} = 1 - \frac{SSE}{SST} = 1 - \frac{70.8992}{122.9000} = 0.4231$$

표본의 결정계수 $r^2 = 0.4231$이다. 이는 판매량의 변동 중에서 약 42.31%를 가격으로 설명할 수 있다는 의미한다. 즉 매해 판매량이 다른 이유를 가격이 약 42.31% 설명할 수 있다는 뜻이다.

4. 단순회귀모형

1) 단순회귀모형의 검정

독립변수가 1개 이상인 다중회귀모형의 검정에 대한 가설은 다음과 같다.

H_0 : 모든 계수는 0이다($\beta_1 = \beta_2 = ... = \beta_k = 0$).

H_1 : 적어도 하나의 계수는 0이 아니다.

H_0는 k개의 회귀계수 $\beta_i(i = 1, 2, ..., k)$가 모두 0이므로 지금의 다중회귀식, 즉 독립변수들로는 종속변수를 설명하고 예측하는 데 아무런 도움을 주지 못한다는 의미이다. 따라서 회귀모형의 검정에서 H_0가 채택되면 이는 모든 회귀계수가 0이라는 의미이므로 지금의 회귀모형에 포함된 독립변수들은 종속변수를 예측하고 설명하는 데 도움을 전혀 주지 못한다는 의미로, 더 이상의 회귀분석은 의미가 없다.

H_1는 k개의 회귀계수 $\beta_i(i = 1, 2, ..., k)$ 중 적어도 하나는 0이 아니므로 지금의 회귀식은 전반적으로 의미 있는 회귀식이라 할 수 있다. 만약 회귀모형의 검정에서 H_1이 채택되면 k개의 독립변수 중 어느 독립변수가 0이 아닌지는 알 수 없어 이를 확인하기 위해서는 다음 절에서 설명하는 개별 회귀계수의 검정을 수행하여야 한다.

반면 독립변수가 1개인 단순회귀모형의 검정에 대한 가설은 다음과 같다.

H_0 : 계수는 0이다($\beta_1 = 0$)

H_1 : 계수는 0이 아니다($\beta_1 \neq 0$)

다중회귀분석과는 달리 단순회귀분석에서는 독립변수가 하나이므로 다음 절에서 설명하는 개별 회귀계수의 검정과 같은 결과를 얻는다. 따라서 다음 절의 회귀계수 검정의 t-검정이나 본 절의 단순회귀모형 검정의 F-검정은 같은 결론에 도달하게 된다.

2) 분산분석표

단순회귀모형의 검정을 의미하는 F-검정에 사용되는 분산분석표를 작성하는 방법에 대해 살펴보기로 한다. 단순회귀분석의 분산분석은 Y값들 사이의 총 변동(SST)을 다음과 같이 독립변수를 고려함으로써 설명되는 변동(SSR)과 독립변수를 고려하여도 설명되지 않는 변동(SSE)으로 구분한다.

$$SST = SSR + SSE$$

분산분석을 위해서는 SST, SSR, SSE의 자유도를 계산하여야 한다. SST를 계산하기 위해 $\overline{Y}$가 계산되어야 하므로 SST의 자유도는 $n-1$이 되며, SSE를 계산하기 위해 b_0와 b_1의 값을 계산하여야 하므로 SSE의 자유도는 $n-2$가 되며, SSR의 자유도와 SSE의 자유도를 합한 것이 SST의 자유도와 일치하여야 하므로 SSR의 자유도는 독립변수의 수와 같은 1이 된다. 이들을 분산분석표로 나타내면 [표 12-7]과 같다.

표 12-7 단순회귀분석의 분산분석표

모형	자유도	제곱합	제곱평균	F
회귀모형	1	$SSR = \sum_{i=1}^{n}(\widehat{Y}_i - \overline{Y})^2$	$MSR = \frac{SSR}{1}$	$F_c = \frac{MSR}{MSE}$
잔차	$n-2$	$SSE = \sum_{i=1}^{n}(Y_i - \widehat{Y})^2$	$MSE = \frac{SSE}{n-2}$	
합계	$n-1$	$SST = \sum_{i=1}^{n}(Y_i - \overline{Y})^2$		

판매량과 가격의 자료에 대한 분산분석표를 작성하면 다음과 같다.

분산 분석

모형	자유도	제곱합	제곱평균	F
회귀모형	1	52.0008	52.0008	5.8676
잔차	8	70.8992	8.8624	
합계	9	122.9		

3) 검정방법

분산분석표를 이용한 회귀모형의 검정은 [그림 12-28]과 같이 확률(p와 α) 또는 통계량(검정통계량 F_c와 임계치 F)으로 수행한다.

그림 12-28 단순회귀모형의 검정기준

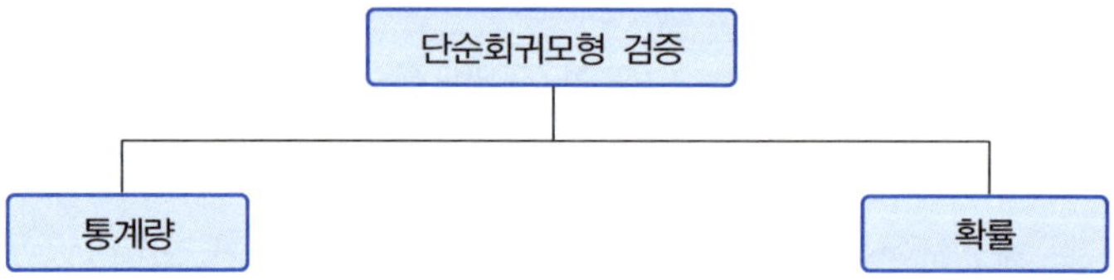

단순회귀모형을 검정하는 기준은 [표 12-8]과 [그림 12-29]와 같다.

표 12-8 단순회귀모형 검정기준

통계량 기준		확률 기준	
H_0 채택	H_1 채택	H_0 채택	H_1 채택
$F_c < F$	$F_c > F$	$p > \alpha$	$p < \alpha$

그림 12-29 단순회귀모형의 검정에서 H_0 기각기준

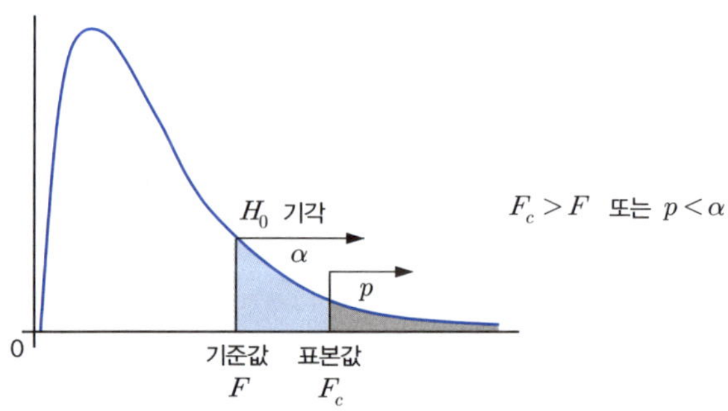

통계량(검정통계량 F_c와 임계치 F) 기준은 검정방법을 이론적으로 이해하는 데 도움을 주지만 확률(p와 α) 기준은 엑셀 등 통계 패키지에서 사용하는 검정방법이다. 여기서는 확률(p와 α)로 검정하는 방법을 살펴보기로 한다.

임계치(기준값) F에 해당하는 확률(면적)인 α와 검정통계량(표본값) F_c에 해당하는 확률(면적)인 p를 찾아 이들 확률을 비교하면 된다. [그림 12-29]에서는 p는 α보다 작아 H_0기각영역에 표본값이 포함되므로 귀무가설을 기각하고 대립가설을 채택한다.

α와 p의 의미는 다음과 같다.

> p는 귀무가설을 기각할 수 있는 가장 작은 유의수준, 즉 검정통계량 F_c의 확률(면적)을 말하고, α는 임계치 F의 확률(면적)을 뜻한다.

따라서 가설검정의 기준은 다음과 같다.

$p > \alpha$이면 H_0를 채택

$p < \alpha$이면 H_1를 채택

확률을 기준으로 회귀모형을 검정하는 절차는 [그림 12-30]과 같다.

그림 12-30 단순회귀모형의 검정절차(확률 기준)

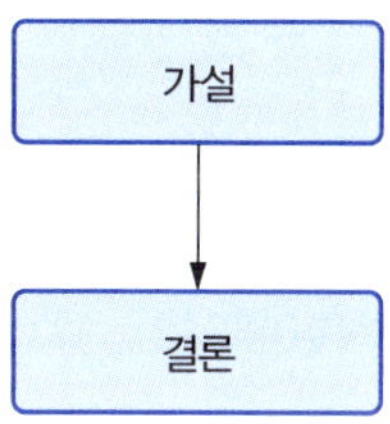

예제 12-3

판매량과 가격의 예에서 도출된 회귀모형의 적합도를 $\alpha = 0.05$에서 양측 검정을 하라.

분산 분석					
	자유도	제곱합	제곱 평균	F 비	유의한 F
회귀	1	52.0008	52.0008	5.8676	0.0417
잔차	8	70.8992	8.8624		
계	9	122.9			

풀이

① 가설

$H_0 : \beta_1 = 0$(회귀모형은 유의하지 않다)

$H_1 : \beta_1 \neq 0$(회귀모형은 유의하다)

② 결론

$p < \alpha$이면 H_0를 기각하고 H_1을 수용한다. $p = 0.0417 < \alpha = 0.05$이므로 $H_0 : \beta_1 = 0$을 기각하고 $H_1 : \beta_1 \neq 0$을 채택한다. 즉, 가격은 판매량에 영향을 미치므로 평균적으로 가격이 높으면 판매량은 감소한다고 볼 수 있다.

4. 회귀계수의 검정원리

1) 검정의 개념

다음과 같이 회귀계수가 $\beta = 0$이라는 귀무가설과 $\beta \neq 0$이라는 대립가설이 있다고 하자.

- H_0: $\beta = 0$(X는 Y에 영향을 미치지 않을 것이다)
- H_1: $\beta \neq 0$(X는 Y에 영향을 미칠 것이다)

귀무가설은 다음과 같은 특징이 있다.

첫째, 영가설로 부르고 H_0로 표시한다.
둘째, 연구자는 진실성이 적어 처음부터 기각될 것으로 기대하는 가설이다.
셋째, 실제 검정의 대상이 되는 가설이다.

회귀분석에서 X는 Y에 영향을 미친다($\beta \neq 0$)를 증명하고 싶다면 반대되는 X는 Y에 영향을 미치지 않는다($\beta = 0$)가 틀렸다는 증명을 통해 X는 Y에 영향을 미친다($\beta \neq 0$)를 증명하는 방식이 가설검정이다. 이처럼 직접 검정하지 않고 귀무가설 $\beta = 0$이 기각되면 자동으로 수용되는 가설이 대립가설 $\beta \neq 0$이다. 이러한 대립가설은 다음과 같은 특징이 있다.

첫째, 연구가설(research hypothesis)로 부르고 H_1으로 표시한다.
둘째, 연구주제에 대한 잠정적인 해답으로서 연구자가 입증하고자 하는 가설이다.
셋째, 귀무가설과 반대되는 주장을 담은 가설이다.
넷째, 직접 검정하지 않기 때문에 대립가설의 채택이 반드시 참이라는 것을 의미하지는 않는다.

만약 모집단의 회귀계수(β)가 실제로 0이라면 표본의 회귀계수(β)는 [그림 12-31]의 모든 영역에서 나올 수 있을 것이다.

그림 12-31 회귀계수의 판단기준

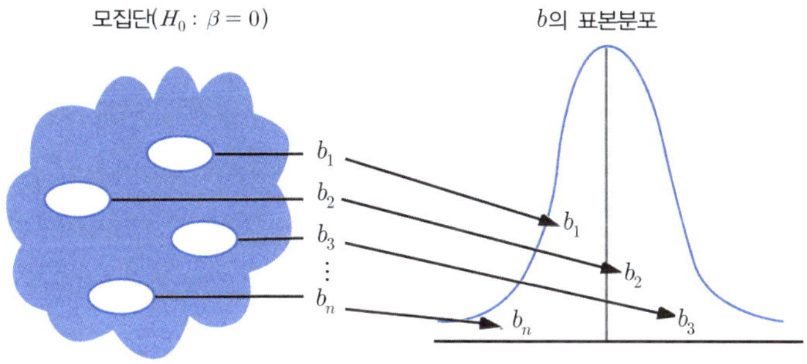

하지만 실제에서는 모집단 회귀계수가 0인지 아닌지 모르므로 가설검정을 위해 [그림 12-32]와 같은 규칙을 설정한다.

그림 12-32 회귀계수의 판단기준

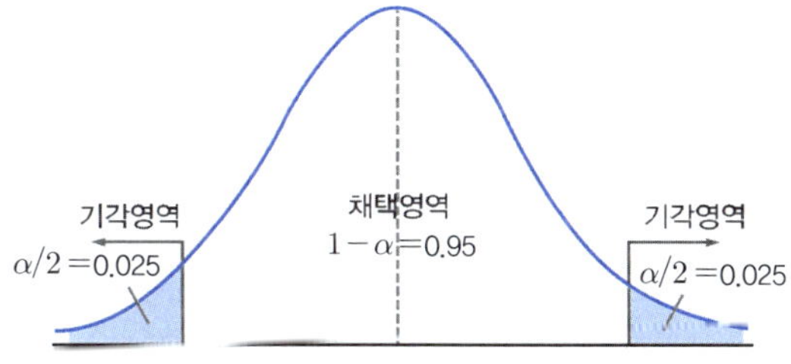

[그림 12-32]에서 만약 표본의 회귀계수가 0에서 아주 큰 값을 가지는 오른쪽 2.5%의 영역과 0에서 아주 작은 값을 가지는 왼쪽 2.5%의 영역에서 추출되면 귀무가설을 기각한다. 따라서 기각영역은 $\beta = 0$인 모집단에서는 표본의 결과가 나오기 힘든 부분을 말하고, 만약 기각영역에서 나왔다면 $\beta \neq 0$이 아닌 모집단에서 표본의 회귀계수(b)가 추출되었다고 판단한다. 반면 표본의 회귀계수가 가운데 95%를 차지하는 영역에서 추출되면 $\beta = 0$인 귀무가설을 채택한다. 즉 $\beta = 0$인 모집단에서 표본의 회귀계수(b)가 추출되었다고 판단한다.

가설검정의 규칙은 표본의 회귀계수가 기각영역에서 추출되면 비록 귀무가설이 참이라도 귀무가설을 기각한다. 이러한 오류를 범할 가능성을 유의수준(α)이라 한다. [그림 12-32]의 유의수준 α는 0.05가 된다. 유의수준은 기각영역의 범위를 결정하므로 유의수준이 낮을수록 참인 귀무가설을 기각할 가능성은 작아진다.

2) 가설검정의 유형

가설검정은 단측검정과 양측검정이 있다. 단측검정은 독립변수와 종속변수 간의 관련성을 검정할 때 그 방향을 미리 어느 한쪽으로 결정하는 경우이다. 반면 양측검정은 독립변수와 종속변수 간의 관련성에만 관심을 가지므로 그 방향은 정하지 않은 가설이다. 따라서 가설에 따라 [그림 12-33]과 같은 세 가지 유형을 생각할 수 있다.

그림 12-33 검정의 유형

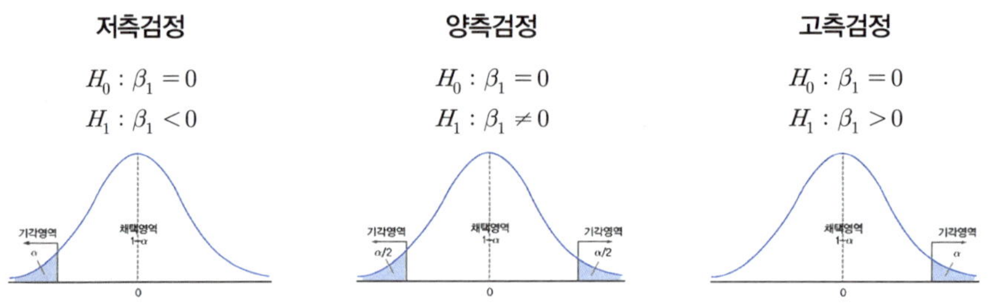

① 저측검정

H_0: $\beta = 0$, H_1: $\beta < 0$인 저측검정의 경우 표본의 결과가 0보다 극단적으로 작은 값이 나오면 귀무가설을 기각하므로 왼쪽꼬리검정이라 한다. [그림 12-33]의 저측검정에서 기각영역은 유의수준(α)과 같다. 저측검정의 귀무가설과 대립가설의 예는 다음과 같다.

H_0: $\beta = 0$(X는 Y에 영향을 미치지 않을 것이다)

H_1: $\beta < 0$(X는 Y에 부(−)의 영향을 미칠 것이다)

② 고측검정

H_0: $\beta = 0$, H_1: $\beta > 0$인 고측검정의 경우 표본의 결과가 0보다 극단적으로 큰 값이 나오면 귀무가설을 기각하므로 오른쪽꼬리검정이라 한다. [그림 12-33]의 고측검정에서

기각영역은 유의수준(α)과 같다. 고측검정의 귀무가설과 대립가설의 예는 다음과 같다.

H_0: $\beta = 0$(X는 Y에 영향을 미치지 않을 것이다)

H_1: $\beta > 0$(X는 Y에 정(+)의 영향을 미칠 것이다)

③ 양측검정

H_0: $\beta = 0$, H_1: $\beta \neq 0$인 양측검정의 경우 표본의 결과가 0보다 극단적으로 크거나 작은 값이 나오면 귀무가설을 기각하므로 대칭검정이라 한다. [그림 12-33]의 대칭검정에서 기각영역은 유의수준의 반($\alpha/2$)과 같다. 양측검정의 귀무가설과 대립가설의 예는 다음과 같다.

H_0: $\beta = 0$(X는 Y에 영향을 미치지 않을 것이다)

H_1: $\beta \neq 0$(X는 Y에 영향을 미칠 것이다)

3) 검정통계량

귀무가설이 참이라고 가정하고 표본에서 추정치를 계산하면, 계산된 추정치는 특정 표본분포(sampling distribution)를 따르게 된다. 이 특정 표본분포가 면적(확률)이 1인 확률분포가 되도록 추정치를 변환하면 검정통계량(test statistics)이 되고 이 검정통계량의 확률분포를 검정통계분포(test statistics distribution)라 부른다.

예를 들어, 즉 모집단의 회귀계수가 0이라는 귀무가설을 검정한다고 가정하자. 이 경우 표본에서 관찰되는 회귀계수의 추정치(b)는 다음과 같이 계산한다.

$$b = \frac{\sum_{i=1}^{n}(X_i - \overline{X})(Y_i - \overline{Y})}{\sum_{i=1}^{n}(X_i - \overline{X})^2}$$

표본추출방법에 따라 표본이 달라질 수 있는 것처럼 [그림 12-34]와 같이 표본에 따라 회귀계수의 추정치도 달라지므로 이 추정치들은 표본분포를 갖게 된다.

그림 12-34 검정통계량과 검정통계분포

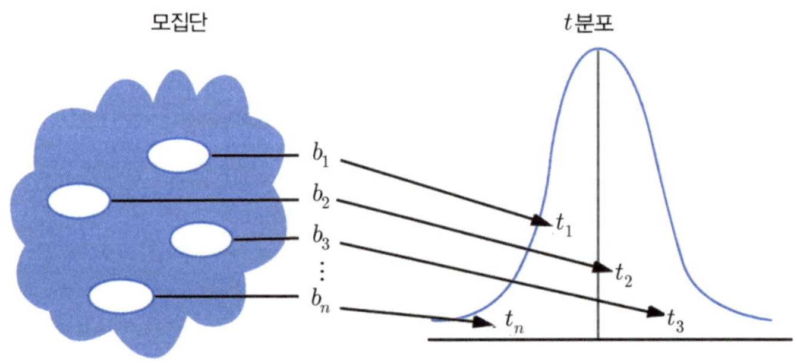

이 표본분포를 면적이 1인 확률분포로 변환하기 위한 식은 다음과 같다.

$$t = \frac{b_j - 0}{s_j}$$

위 식에서 t값의 표본분포는 t 확률분포를 따른다. 이처럼 표본 추정치를 검정통계량으로 변환할 수 있다면 검정통계분포로 가설검정을 할 수 있다. 그러므로 귀무가설에 대한 검정통계량은 t 검정통계분포를 갖는다. Z분포, t-분포, F-분포, χ^2-분포 등이 검정통계분포이다. 예를 들어, 회귀계수에 대한 가설검정은 t-분포상의 t값으로 그리고 분산의 가설검정은 F-분포상의 F값으로 표본 추정치를 검정통계량으로 변환하여 가설을 검정한다.

4) 검정방법론

가설검정은 [그림 12-35]처럼 다음의 두 가지 기준 중 하나로 결정한다.

첫째, α와 p에 의한 확률기준
둘째, 임계치(Z, t)와 검정통계량(Z_c, t_c)에 의한 통계량기준

엑셀로 회귀분석을 하면 일반적으로 첫 번째 방법을 사용한다. 먼저, 유의수준과 유의확률로 결정하는 확률기준 방법에 대해 살펴보기로 하자.

그림 12-35 가설검정의 기준

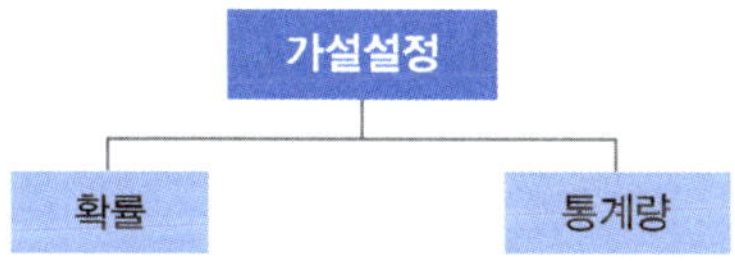

(1) 확률기준

- 유의수준(α): 귀무가설이 참인데도 기각하는 오류를 범할 확률로 α로 표시한다. 유의수준은 보통 5% 혹은 1% 정도의 작은 값을 지정한다.

- 유의확률(p): 표본에서 계산된 통계량을 특정 확률분포를 따르도록 변환한 검정통계량의 값보다 더 극단적인 값이 해당 검정통계분포에서 나올 확률, 즉 p값(유의확률, p-value)을 계산한다. 즉 p값은 귀무가설이 참이라고 가정할 때 표본에서 계산된 통계량의 추정치보다 더 극단적인 추정치가 나올 확률이다. 예를 들어, [그림 12-36]의 표본자료를 계산하여 얻은 추정치 b의 검정통계량은 t_c이므로 이 t_c보가 더 극단치가 나올 확률(면적)이 p이다.
- 결론: $\alpha > p$이면 귀무가설을 기각하고 대립가설을 채택한다. 반대로 $\alpha < p$이면 귀무가설을 채택하고 대립가설을 기각한다. 예를 들어, [그림 12-36]의 표본에서 계산된 b의 검정통계량 t과 같거나 더 극단치가 나올 확률 p는 α보다 더 작아 귀무가설을 기각하고 대립가설을 채택한다. 반면 $\alpha < p$이면 귀무가설을 채택하고 대립가설을 기각한다. 예를 들어, 표본 자료에서 계산된 표본값의 t_c가 1.812라 가정하고 $\alpha=0.05$ 수준에서 단측검성과 양측검정에 대해 살펴보기로 하자. 먼저 [그림 12-37]과 같이 단측검정에서 $\alpha=0.05$이면 기준값 t는 1.645이다. 계산된 표본값의 t_c가 1.812이면 p는 0.035이다. 그러므로 $p=0.035 < \alpha=0.05$이고 $t_c=1.812 > t=1.645$이므로 귀무가설을 기각하고 대립가설을 채택한다.
  이처럼 단측검정의 경우 유의수준(α)과 유의확률(p)를 비교하면 된다. 반면 양측검정이라면 $\alpha/2 = 0.05/2 = 0.025$의 기준값 t는 1.960이다. 계산된 표본값의 t_c가 1.812이면 $p/2$=0.035이므로 p는 2(0.035)=0.7이 된다. 그러므로 $p=0.7 > \alpha=0.05$이고 $t_c=1.812 < t=1.960$이므로 귀무가설을 채택하고 대립가설을 기각한다. 이처럼 양측

그림 12-36 유의확률

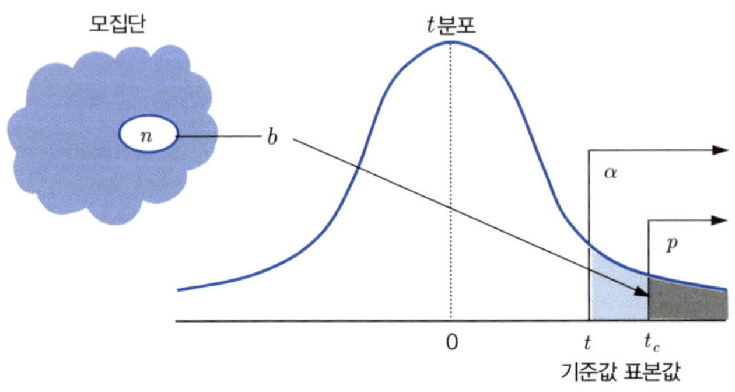

그림 12-37 단측검정에서 유의확률

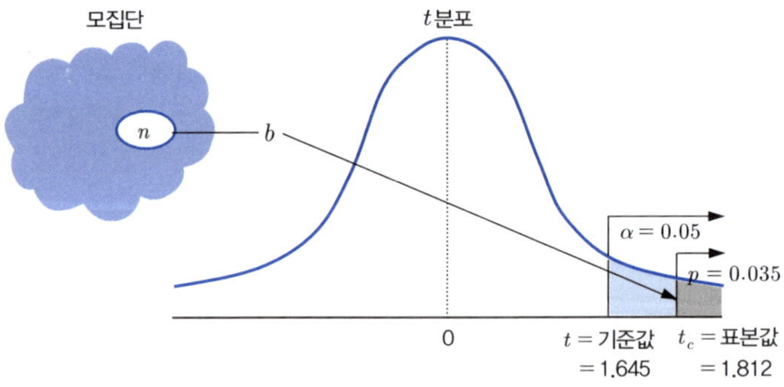

검정의 경우 유의수준($\alpha/2$)과 유의확률($p/2$)를 비교하면 된다. 여기서 유의해야 할 점은 엑셀은 항상 양측검정의 결과를 보여주므로 단측검정이라면 엑셀의 p값을 2로 나누어 주어야 한다.

단측검정의 경우 유의수준(α)과 유의확률(p)을 비교하면 된다. 한편 양측검정에서는 유의수준($\alpha/2$)과 유의확률($p/2$)을 비교한다. [그림 12-38]에서는 $\alpha/2 > p/2$이므로 귀무가설을 기각하고 대립가설을 채택한다.

그림 12-38 양측검정에서 유의확률

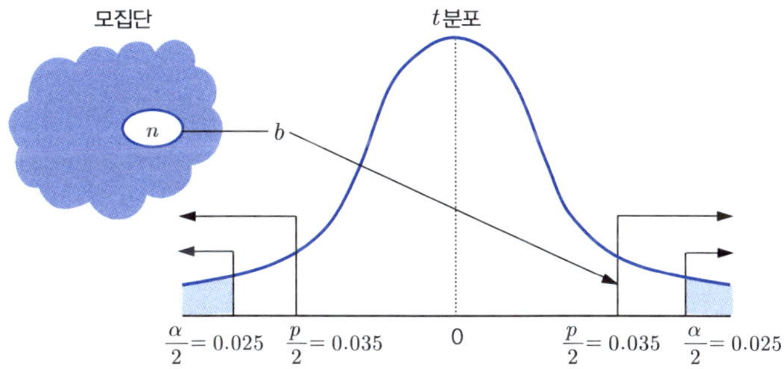

5) 단순회귀계수의 검정

확률로 회귀식의 기울기를 검정하는 절차는 [그림 12-39]와 같다.

그림 12-39 기울기 검정절차(확률 기준)

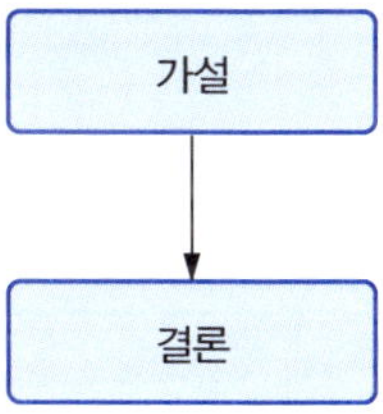

① 가설

귀무가설과 대립가설은 다음과 같다.

저측검정	양측검정	고측검정
$H_0 : \beta_1 = 0$	$H_0 : \beta_1 = 0$	$H_0 : \beta_1 = 0$
$H_1 : \beta_1 > 0$	$H_1 : \beta_1 \neq 0$	$H_1 : \beta_1 < 0$

② 결론

귀무가설에 대한 결론을 [그림 12-40]과 같이 내린다.

그림 12-40 기울기 검정에서 H_0 기각기준(확률 기준)

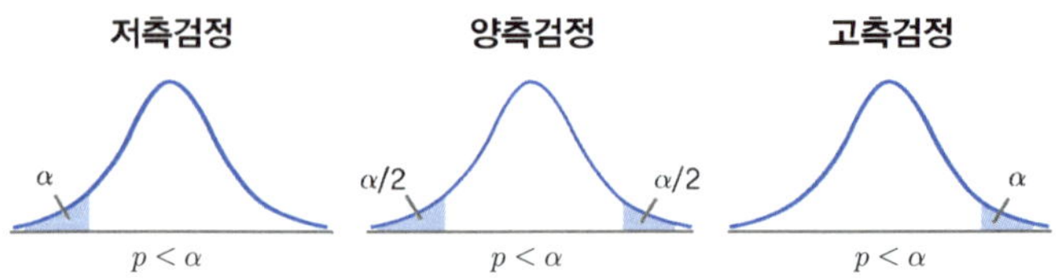

여기서 유의해야 할 점은 엑셀에서 나타난 결과값은 양측검정의 결과이다. 만약 단측검정을 한다면 양측검정의 p값을 2로 나누어 주어야 한다. 따라서 양측검정에서는 $p > \alpha$로 나와 독립변수가 유의하지 않지만 단측검정에서는 $p < \alpha$로 나타나 독립변수가 유의한 결과가 나올 수도 있다. 이처럼 엑셀은 양측검정에 대한 p값을 보여주기 때문에 만약 단측검정에 대한 p값을 가져오고 싶다면 $p/2$값을 사용하여야 한다. $\alpha = 0.05$수준의 양측검정은 t값이 1.96보다 커야 하지만 단측검정은 t값이 1.645보다 크면 가설을 채택한다. 따라서 p값은 일반적으로 양측검정의 경우 보통 0.05보다 작아야 하지만 단측검정에서는 $p/2$가 0.05보다 작으면 가설을 채택한다. 이상의 내용을 요약하면 다음과 같다.

양측검정	단측검정
H_1 채택: $p < \alpha$ 또는 $t_c < 1.96$	H_1 채택: $p/2 < \alpha$ 또는 $t_c < 1.645$

예제 12-4

판매량과 가격에 대해 양측검정과 단측검정을 실시하라.

풀이

가) 양측검정

① 가설

$H_0 : \beta_1 = 0$(X는 Y에 영향을 미치지 않는다)

$H_1 : \beta_1 \neq 0$(X는 Y에 영향을 미친다)

② 결론

$p < \alpha$이면 H_0를 기각한다. [계수] 표에서 가격의 회귀계수에 대한 p값은 0.0417로 나타났다. $p = 0.0417 < \alpha = 0.05$이므로 $H_0 : \beta_1 = 0$이라는 귀무가설을 기각한다. 즉, 가격은 판매량에 영향

을 미친다. 그림과 같이 $H_0 : \beta_1 = 0$이라는 귀무가설을 기각하는 결론에 도달한다.

나) 단측검정

① 가설

$H_0 : \beta_1 = 0$(X_1은 Y에 영향을 미치지 않는다)

$H_1 : \beta_1 < 0$(X_1은 Y에 부(−)의 영향을 미친다)

② 결론

$p < \alpha$이면 H_0를 기각한다. $p = 0.0417/2 < \alpha = 0.05$이므로 $H_0 : \beta_1 = 0$을 기각하고 $H_1 : \beta_1 < 0$을 수용한다. 즉, 가격은 판매량에 부(−)의 영향을 미친다.

6. 단순상관분석

1) 상관계수의 도출

표본상관계수는 다음과 같이 구해진다.

$$r = \frac{\sum_{i=1}^{n}(X_i - \overline{X})(Y_i - \overline{Y})}{\sqrt{\sum_{i=1}^{n}(X_i - \overline{X})^2}\sqrt{\sum_{i=1}^{n}(Y_i - \overline{Y})^2}}$$

제곱합의 표기를 다음과 같이 정의하기로 한다.

$$SS_{XX} = \sum_{i=1}^{n}(X_i - \overline{X}) \quad SS_{YY} - \sum_{i=1}^{n}(Y_i - \overline{Y}) \quad SS_{XY} = \sum_{i=1}^{n}(X_i - X)(Y_i - \overline{Y})$$

표본상관계수의 공식에다 위의 식을 대입하면 다음과 같다.

$$r = \frac{SS_{XY}}{\sqrt{SS_{XX}}\sqrt{SS_{YY}}}$$

예제 12-5

판매량과 가격의 상관계수를 구하고 그 의미를 해석하라.

년도	판매량 (Y)	가격 (X)	$Y-\overline{Y}$	$X-\overline{X}$	$(X-\overline{X})(Y-\overline{Y})$ SS_{XY}	$(X-\overline{X})^2$ SS_{XX}	$(Y-\overline{Y})^2$ SS_{YY}
1	20	7	6.1000	−0.1000	−0.6100	0.0100	37
2	18	7	4.1000	−0.1000	−0.4100	0.0100	17
3	12	8	−1.9000	0.9000	−1.7100	0.8100	4
4	14	6	0.1000	−1.1000	−0.1100	1.2100	0
5	16	5	2.1000	−2.1000	−4.4100	4.4100	4
6	17	6	3.1000	−1.1000	−3.4100	1.2100	10
7	12	7	−1.9000	−0.1000	0.1900	0.0100	4
8	11	8	−2.9000	0.9000	−2.6100	0.8100	8
9	10	8	−3.9000	0.9000	−3.5100	0.8100	15
10	9	9	−4.9000	1.9000	−9.3100	3.6100	24
평균/합계	13.9	7.1			−25.9000	12.9000	122.9000

풀이

$$r=\frac{SS_{XY}}{\sqrt{SS_{XX}}\sqrt{SS_{YY}}}=\frac{-25.9000}{\sqrt{12.9000}\sqrt{122.9000}}=-0.6505$$

이는 가격이 높을수록 판매량은 감소하는 음(−)의 선형관계라 할 수 있다.

▌연습문제

〈객관식 문제〉

1. 다음 중 틀린 것은?
   ① 회귀선의 기울기가 양수이면 상관계수도 양수이다
   ② 만일 결정계수의 값이 0.64라면 상관계수는 계산할 수 없다.
   ③ 기울기가 0이면 상관계수도 0이다.
   ④ 결정계수의 값이 0에 가까운 것은 X와 Y 사이에 강한 상관관계가 있음을 말해준다.

2. 다음 중 틀린 것은?
   ① 회귀분석과 상관분석은 인과관계를 결정하는 데 이용된다.
   ② 모든 표본의 자료들이 회귀선 위에 놓이게 되면 결정계수는 1이 된다.
   ③ 회귀식은 독립변수의 표본자료의 범위를 벗어나면 유효하지 않다.
   ④ r^2=0.6이면 회귀식이 총변동의 60%를 설명할 수 있다는 것이다.

3. 다음 중 틀린 것은?
   ① 회귀식에서 $(Y-\hat{Y})$는 오차(잔차)이다.
   ② 임계치 F값이 크면 대립가설이 채택될 가능성이 높아진다.
   ③ 종속변수는 다른 변수에 의해 영향을 받는다.
   ④ $Y_i = b_0 + b_1X_{i+}e_i$에서 b_0와 b_1은 확률변수이다.

4. 다음 중 틀린 것은?
   ① SSE가 작아지면 R^2은 커진다.
   ② 회귀분석에서 독립변수는 반드시 양적 자료를 사용해야 한다.
   ③ α=0.05에서 고측검정일 때 $t_c < t$이면 H_0이 100% 참인 것을 증명하는 것은 아니다.
   ④ 회귀분석에서 표본이 추출된 모집단은 반드시 정규분포이어야 한다.

5. 다음 중 틀린 것은?

① α=0.05에서 단측검정이 필요할 때 엑셀의 p값이 0.09가 나왔다면 H_0을 채택한다.

② 엑셀에서 보여주는 p값은 양측검증을 기준으로 한 값이다.

③ 단순회귀분석에서 β_1에 대한 가설검정은 t-검정이나 F-검정을 통해 확인할 수 있다.

④ 회귀모형의 전체적인 유의성을 알아보기 위해서는 F-검정을 한다.

6. 다음 중 틀린 것은?

① 키를 가지고 몸무게를 추정할 때 몸무게는 독립변수이고 키는 종속변수이다.

② 기울기가 4이고 절편이 2인 회귀식에서 X의 값이 2이면 Y의 값은 10이다.

③ 회귀계수의 중요성을 알아보기 위해서는 계수에 대한 F-검정을 한다.

④ 상관계수를 계산하기 위해서는 결정계수와 회귀계수가 있어야 한다.

7. 모집단 회귀계수 β에 대한 표본 회귀계수가 0.65로 추정될 경우 독립변수가 종속변수에 정(+)의 영향을 미치는지를 알기 위해 모집단 회귀계수에 대해 가설검정을 하려고 한다면 귀무가설과 대립가설은?

① 귀무가설 $\beta = 0.65$, 대립가설 $\beta > 0.65$

② 귀무가설 $\beta \neq 0$, 대립가설 $\beta=0$

③ 귀무가설 $\beta=0$, 대립가설 $\beta>0$

④ 귀무가설 $\beta \neq 0.65$, 대립가설 $\beta < 0.65$

8. 독립변수와 관계없는 것은?

① 원인변수

② 선행변수

③ 설명변수

④ 반응변수

9. 다음 중 틀린 것은?

① 결정계수란 회귀선에 의하여 설명되는 변동이 총변동에 대하여 차지하는 비율이다.

② r 값은 단지 X와 Y 변수 간의 선형관계의 강도를 측정한다.

③ $r=0.6$이면 회귀식이 총변동의 60%를 설명할 수 있다는 것이다.

④ 회귀선의 기울기가 양수이면 상관계수도 양수이다

10. 만일 r^2이 0.36이라면, 이 경우 상관계수는?

① 0.6

② -0.6

③ 0.36

④ 정보가 불충분하여 결정할 수 없다.

11. X로 설명되지 않는 변동이 총변동에 대하여 차지하는 비율이 1/5이라면 결정계수는?

① 1/5

② 4/5

③ 3/5

④ 맞는 답이 없다.

12. $\sum(Y-\widehat{Y})^2/\sum(Y-\overline{Y})^2$식의 의미를 잘 나타낸 것은?

① 설명 안 된 변동이 총변동에 대하여 차지하는 비율

② 설명된 변동이 총변동에 대하여 차지하는 비율

③ r

④ r^2

13. 회귀식에 대한 설명 중 맞는 것은?

① $\beta=0$이면 $\rho=0$이다.

② $\beta>\rho$이다.

③ $\beta<\rho$이다.

④ $\beta=\rho$

※다음은 온도(℃)와 아이스크림 판매액(만원)에 따른 단순회귀분석 결과이다. 14~15의 물음에 답하시오.

요약 출력

회귀분석 통계량	
다중 상관계수	0.754
결정계수	0.568
조정된 결정계수	0.543
표준 오차	20.287
관측수	19

분산 분석

	자유도	제곱합	제곱 평균	F 비	유의한 F
회귀	1	2979.694	2979.694	7.24	0.015
잔차	17	6996.520	411.560		
계	18	16208.632			

	계수	표준 오차	t 통계량	P-값
Y 절편	−2.80	1.18	−2.36	0.030
온도	2.50	0.93	2.69	0.015

14. 다음 중 틀린 것은?

① 온도와 아이스크림 판매액의 상관계수는 −0.754이다.

② 온도가 10도일 때 평균 아이스크림 판매액은 222,000원의 돈이 지출된다.

③ 총 사용된 표본의 개수는 19개이다.

④ F비 7.24은 t 통계량 2.69을 제곱한 값이다.

15. $\alpha=0.05$수준에서 F-검정의 결과로부터 내릴 수 있는 결론은?

① 독립변수는 종속변수와 관계가 없다.

② 독립변수는 종속변수와 관계가 있다.

③ 독립변수들 중 일부만 종속변수와 관계가 있다.

④ 더 이상의 분석은 의미가 없다.

〈주관식 문제〉

1. XYZ 섬유회사의 책임자는 다음의 자료를 가지고 판매량을 예측해 보고자 한다.

근무연수	5	6	7	8	9	4	5	6	7	8
불량률	0.2	0.4	0.5	0.5	0.3	0.2	0.4	0.7	0.3	0.4

(1) 결정계수를 구하라.

(2) 회귀식을 구하라.

(3) $X=4$일 때 Y는?

(4) 근무연수가 8일 때 불량률 추정하라.

(5) $\alpha = 0.05$에서 회귀모형을 검정하라.

(6) $\alpha = 0.05$에서 회귀계수를 검정하라.

2. ABC 전자대리점의 책임자는 다음의 자료를 가지고 판매량을 예측해 보고자 한다.

광고횟수	5	6	7	8	9	4	5	6	7	8
판매량	34	38	35	44	55	44	34	39	45	50

(1) 결정계수를 구하라.

(2) 회귀식을 구하라.

(3) $X=4$일 때 Y는?

(4) 광고횟수가 8일 때 판매량을 추정하라.

(5) $\alpha = 0.05$에서 회귀모형을 검정하라.

(6) $\alpha = 0.05$에서 회귀계수를 검정하라.

3. 다음 분산분석표를 완성하라.

	자유도	제곱합	제곱 평균	F 비	유의한 F
회귀	(a)	(b)	(c)	(f)	0.000
잔차	5	(d)	5		
계	(e)	40			

4. 다음의 엑셀의 분석 결과를 가지고 물음에 답하라.

x	23	24	25	26	34	23	23	24	27	33	34	35	25	22
y	3	4	5	6	9	3	3	3	3	8	5	6	7	2

요약 출력

회귀분석 통계량	
다중 상관계	0.723268
결정계수	0.523117
조정된 결정	0.483376
표준 오차	1.548745
관측수	14

분산 분석

	자유도	제곱합	제곱 평균	F 비	유의한 F
회귀	1	31.57383	31.57383	13.16339	0.003463
잔차	12	28.78332	2.39861		
계	13	60.35714			

	계수	표준 오차	t 통계량	P-값	하위 95%	상위 95%	하위 95.0%	상위 95.0%
Y 절편	-4.00288	2.457452	-1.62887	0.129292	-9.3572	1.351451	-9.3572	1.351451
x	0.325503	0.089716	3.628138	0.003463	0.130028	0.520979	0.130028	0.520979

(1) 분석에 사용된 자료의 수는?

(2) 독립변수의 수는?

(3) 회귀식은?

(4) $X=25$일 때 Y는?

(5) $\alpha=0.05$에서 회귀모형을 검정하라.

(6) $\alpha=0.05$에서 회귀계수를 검정하라.

5. 다음은 10개 지역에 대한 판매량과 고객의 만족도에 관한 자료이다.

판매량	7	5	6	5	5	6	2	5	1	5
만족도	7	4	5	4	5	6	3	4	2	5

(1) 결정계수를 구하라.

(2) 회귀식을 구하라.

(3) $X=4$일 때 Y는?

(4) 판매량이 8일 때 만족도를 추정하라.

(5) $\alpha=0.05$에서 회귀모형을 검정하라.

(6) $\alpha=0.05$에서 회귀계수를 검정하라.

다중회귀모형

- 제1절 다중회귀분석
- 제2절 다중회귀분석 실습

13
Chapter

제1절 ▌다중회귀분석

1. 다중회귀분석의 개념

단순회귀분석과 단순상관분석은 단지 두 변수 간의 인과관계와 상관관계를 분석하는 방법이다. 지속적 사용의도를 예측하기 위해 편의성만을 고려했지만, 더 나은 예측을 위해서는 편의성 이외에 기능적 가치나 지각된 위험과 같은 변수를 고려할 필요가 있다. 또한, 가격만을 고려하기보다는 광고나 판매원 수 등을 고려하면 더 나은 판매량을 예측할 수 있을 것이다. 이처럼 어느 한 변수의 값을 예측할 때 관련된 주요 변수를 동시에 고려하여 다중회귀분석을 하면 더 나은 예측을 할 수 있다.

> 다중회귀분석(multiple linear regression analysis)은 두 개 이상의 독립변수가 종속변수에 미치는 영향을 검정하여 독립변수의 변화에 의해 종속변수가 어떻게 변화하는지를 분석하는 방법이다.

사회현상에서 종속변수의 변화는 두 개 이상의 독립변수에 의하여 좌우되는 경우가 대부분이므로 적절한 독립변수들을 선택하여 종속변수를 설명하면 예측의 정확도를 높일 수 있다. 특정 업무의 성과를 예측하기 위해 근무연수뿐만 아니라 근무환경, 업무적성, 업무만족 등을 고려하거나 창의성을 예측하기 위해 자율성 이외에 개방성, 자극성, 지원성 등을 고려하면 종속변수를 더 잘 예측할 수 있다.

이와 같은 상황에서는 단순회귀모형의 논리적인 연장인 다중회귀모형을 사용하여 변수 간의 관계를 살펴볼 수 있다. 1개의 독립변수와 관련된 단순회귀모형과 k개의 독립변수와 관련된 다중회귀모형은 [그림 13-1]과 같다.

단순회귀모형에서는 종속변수를 예측하기 위해 하나의 독립변수를 사용하고 나머지 효과들은 원인이 설명되지 않은 오차(ϵ)라는 항목에서 총괄하여 다룬다. 반면 다중회귀모형에서는 종속변수를 더 잘 예측하기 위해 독립변수를 추가하여 원인이 설명되지 않는 오차(ϵ)를 줄인다. 종속변수가 k개의 독립변수와 관련되는 다음과 같은 선형방정식을 다중선형회귀모형이라 하고 선형이라는 말을 사용하지 않고 다중회귀모형(multiple regression model)이라 부르기도 한다.

그림 13-1 단순회귀모형과 다중회귀모형

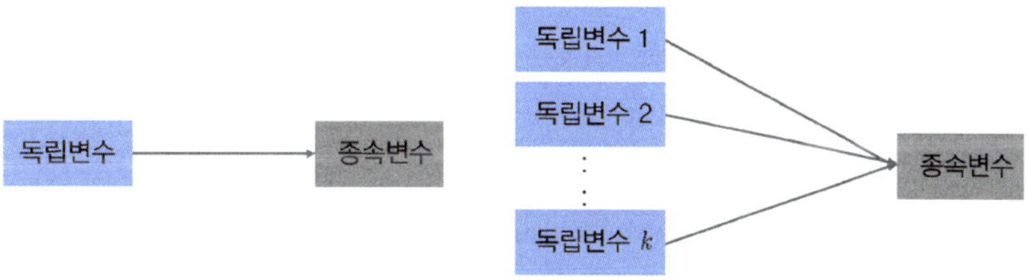

예측치 : $\hat{Y} = b_0 + b_1 X_1$

회귀모형 : $Y = \beta_0 + \beta_1 X_1 + \epsilon$

예측치 : $\hat{Y} = b_0 + b_1 X_1 + b_2 X_2 + \cdots + b_k X_k$

회귀모형 : $Y = \beta_0 + \beta_1 X_1 + \beta_2 X_2 + \cdots + \beta_k X_k + \epsilon$

$$Y = \beta_0 + \beta_1 X_1 + \beta_2 X_2 + ... + \beta_k X_k + \epsilon$$

여기서 모수 $\beta_0, \beta_1, \beta_2, ..., \beta_k$는 알려지지 않은 회귀모형의 계수이며 그리스문자로 표시한다. 반면 오차항 ϵ는 모형에 포함되지 않은 내용, 즉 원인이 설명되지 않는 오차를 나타낸다. 예를 들어, 직무성과의 모집단 다중회귀모형은 근무연수(β_1), 직무능력(β_2), 기능적 가치(β_3), 직무흥미(β_4), 동기부여(β_5)로 나타낼 수 있으며, 복지수준이나 조직풍토 등과 같이 다중회귀모형에 포함되지 않은 것은 ϵ에 포함될 수 있다. 이들 관계는 다음과 같이 표시될 수 있다.

$$Y = \beta_0 + \beta_1 X_1 + \beta_2 X_2 + \beta_3 X_3 + \beta_4 X_4 + \beta_5 X_5 + \epsilon$$

최소자승법으로 다중회귀식을 추정하면 모수에 대한 예측치를 다음과 같이 얻을 수 있다.

$$\hat{Y} = b_0 + b_1 X_1 + b_2 X_2 + ... + b_k X_k$$

2. 분석모형

XYZ는 소비자의 지속적 사용의도를 예측하기 위해 [그림 13-2]와 같은 분석모형을 설정하였다.

그림 13-2 지속적 사용의도의 분석모형

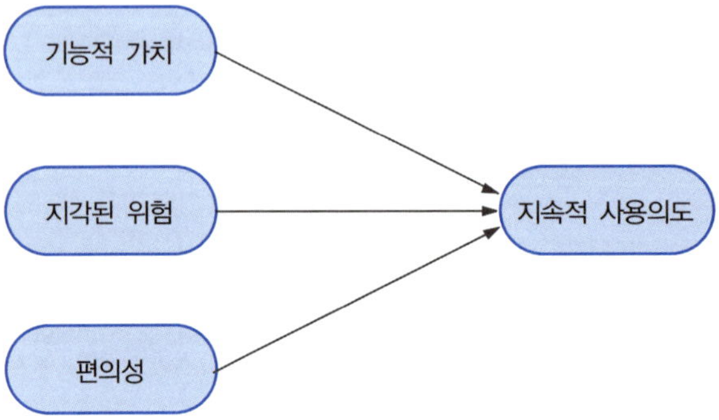

XYZ는 소비자의 지속적 사용의도를 예측하기 위해 [표 13-1]과 같은 설문문항을 사용하였다.

표 13-1 지속적 사용의도의 예측에 관련된 변수의 정의

변수	조작적 정의	설문문항
기능적 가치	중고거래 앱이 나에게 필요한 제품을 합리적인 가격에 구매하도록 돕는 정도	• 중고거래 앱이 나에게 다양한 중고 제품의 획득기회를 제공한다. • 중고거래 앱이 나에게 합리적인 가격으로 제품구매를 돕는다. • 중고거래 앱이 나에게 필요한 제품을 소개한다.
지각된 위험	중고거래 앱을 통한 제품 구매시 제품의 질 및 가격에 대해 가질 수 있는 위험의 정도	• 중고거래 앱을 통해 산 제품이 일반 제품보다 품질이 좋지 않을 것 같아 걱정이다. • 중고거래 앱을 통해 산 제품이 다른 중고거래 앱에 같은 제품보다 비쌀 것 같다. • 중고거래 앱을 사용하는 것은 전반적으로 위험하다.
편의성	중고거래 앱의 사용이 편리하고 쉬운 정도	• 중고거래 앱의 사용 방법은 편리하다. • 중고거래 앱은 언제 어디서나 쉽게 이용가능하다. • 중고거래 앱은 다양한 서비스를 보기 쉽게 되어있다.
지속적 사용의도	중고거래 앱을 지속적으로 사용하고자 하는 의도	• 나는 사용 중인 중고거래 앱을 향후에도 지속적으로 사용할 것이다. • 나는 사용 중인 중고거래 앱의 사용빈도를 늘릴 의향이 있다. • 나는 사용 중인 중고거래 앱을 다른 사람에게 권유할 의향이 있다. • 나는 사용 중인 중고거래 앱을 통해 다음 중고 거래를 할 것이다.

XYZ는 소비자의 지속적 사용의도를 예측하기 위해 30명의 소비자를 대상으로 [표 13-2]와 같은 자료를 수집하였다.

표 13-2 지속적 사용의도의 분석자료

번호	기능적 가치1	기능적 가치2	기능적 가치3	지각된 위험1	지각된 위험2	지각된 위험3	편의성 1	편의성 2	편의성 3	지속적사용 의도1	지속적사용 의도2	지속적사용 의도3	지속적사용 의도4
1	4	4	6	3	4	4	4	5	5	6	5	6	7
2	2	3	3	5	6	7	7	7	6	5	4	4	7
3	3	3	2	4	3	5	3	3	3	3	4	4	3
4	5	4	4	5	5	5	6	5	6	6	5	6	5
5	3	2	2	5	4	4	3	5	5	3	3	3	2
6	2	3	4	4	5	3	6	7	7	4	3	4	1
7	5	3	4	1	1	2	4	4	3	6	7	7	5
8	6	5	7	2	1	1	6	5	6	6	6	7	4
9	4	5	7	4	3	2	6	6	7	7	6	7	4
10	5	5	2	6	4	6	7	6	6	3	2	3	2
11	5	5	4	3	4	4	6	6	5	6	6	6	3
12	4	4	4	4	4	3	5	5	5	6	6	6	4
13	4	5	4	5	6	6	5	5	5	6	6	6	5
14	4	4	4	4	4	4	5	6	5	6	5	6	3
15	3	2	2	3	4	3	3	2	2	3	4	3	2
16	4	5	5	5	6	6	6	7	6	6	6	6	4
17	5	4	6	5	5	7	6	7	6	7	5	6	5
18	3	5	4	5	4	4	3	4	6	5	4	5	3
19	2	3	4	5	4	3	2	2	2	2	4	3	3
20	6	5	7	3	4	4	6	6	6	7	7	6	6
21	3	2	2	4	6	4	5	5	5	5	6	5	3
22	3	3	1	2	2	2	5	6	6	4	5	5	3
23	4	3	2	4	5	3	5	4	6	7	6	6	5
24	3	4	3	4	4	5	4	5	4	5	5	5	3
25	2	2	2	3	3	2	3	4	4	6	7	5	3
26	2	3	2	3	4	2	1	2	1	4	4	4	3
27	4	5	4	2	3	5	5	4	5	6	7	7	7
28	3	4	3	3	3	3	6	7	7	6	7	7	4
29	5	5	4	7	7	5	2	3	3	3	2	3	5
30	4	5	4	3	2	1	6	7	7	6	7	7	5

회귀분석으로 소비자들의 지속적 사용의도를 예측하기 위한 절차는 다음과 같이 진행한다. 먼저 기능적 가치, 지각된 위험, 편의성 그리고 지속적 사용의도의 값은 설문문항들의

평균값으로 대체한다. 즉 기능적 가치에는 3개, 지각된 위험에는 3개, 편의성에는 3개, 그리고 지속적 사용의도에는 4개의 설문문항이 있어, 엑셀의 AVERAGE 함수를 사용하여 이들의 평균값으로 각 변수를 [그림 13-3]과 같이 만든다.

그림 13-3 지속적 사용의도의 관련 변수 입력화면

번호	기능적가치1	기능적가치2	기능적가치3	지각된위험1	지각된위험2	지각된위험3	편의성1	편의성2	편의성3	지속적사용의도1	지속적사용의도2	지속적사용의도3	지속적사용의도4	기능적가치	지각된위험	편의성	지속적사용의도
1	4	4	6	3	4	4	4	5	5	6	5	6	7	4.666667	3.666667	4.666667	6
2	2	3	3	5	6	7	7	7	6	5	4	4	7	2.666667	6	6.666667	5
3	3	3	2	4	3	5	3	3	3	3	4	4	3	2.666667	4	3	3.5
4	5	4	4	5	5	5	6	5	6	6	5	6	5	4.333333	5	5.666667	5.5
5	3	2	2	5	4	4	3	5	5	3	3	3	2	2.333333	4.333333	4.333333	2.75
6	2	3	4	4	5	3	6	7	7	4	3	4	1	3	4	6.666667	3
7	5	3	4	1	1	2	4	4	3	6	7	7	5	4	1.333333	3.666667	6.25
8	6	5	7	2	1	1	6	5	6	6	6	7	4	6	1.333333	5.666667	5.75
9	4	5	7	4	3	2	6	6	7	7	6	7	4	5.333333	3	6.333333	6
10	5	5	2	6	4	6	7	6	6	3	2	3	2	4	5.333333	6.333333	2.5
11	5	5	4	3	4	4	6	6	5	6	6	6	3	4.666667	3.666667	5.666667	5.25
12	4	4	4	4	4	3	5	5	5	6	6	6	4	4	3.666667	5	5.5
13	4	5	4	5	6	6	5	5	5	6	6	6	5	4.333333	5.666667	5	5.75
14	4	4	4	4	4	4	5	6	5	6	5	6	3	4	4	5.333333	5
15	3	2	2	3	4	3	3	2	2	3	4	3	2	2.333333	3.333333	2.333333	3
16	4	5	5	5	6	6	6	7	6	6	6	6	4	4.666667	5.666667	6.333333	5.5
17	5	4	6	5	5	7	6	7	6	7	5	6	5	5	5.666667	6.333333	5.75
18	3	5	4	5	4	4	3	4	6	5	4	5	3	4	4.333333	4.333333	4.25
19	2	3	4	5	4	3	2	2	2	2	4	3	3	3	4	2	3
20	6	5	7	3	4	4	6	6	6	7	7	6	6	6	3.666667	6	6.5
21	3	2	2	4	6	4	5	5	5	5	6	5	3	2.333333	4.666667	5	4.75
22	3	3	1	2	2	2	5	6	6	4	5	5	3	2.333333	2	5.666667	4.25
23	4	3	2	4	5	3	5	4	6	7	6	6	5	3	4	5	6
24	3	4	3	4	4	5	4	5	4	5	5	5	3	3.333333	4.333333	4.333333	4.5
25	2	2	2	3	3	2	3	4	4	6	7	5	3	2	2.666667	3.666667	5.25
26	2	3	2	3	4	2	1	2	1	4	4	4	3	2.333333	3	1.333333	3.75
27	4	5	4	2	3	5	5	4	5	6	7	7	7	4.333333	3.333333	4.666667	6.75
28	3	4	3	3	3	3	6	7	7	6	7	7	4	3.333333	3	6.666667	6
29	5	5	4	7	7	5	2	3	3	3	2	3	5	4.666667	6.333333	2.666667	3.25
30	4	5	4	3	2	1	6	7	7	6	7	7	5	4.333333	2	6.666667	6.25

종속변수는 지속적 사용의도이고 독립변수는 기능적 가치, 지각된 위험, 편의성이다. 따라서 지속적 사용의도의 다중회귀모형은 다음과 같다.

$$Y = \beta_0 + \beta_1 X_1 + \beta_2 X_2 + \beta_3 X_3 + \epsilon$$

여기서, Y : 지속적 사용의도

X_1 : 기능적 가치

X_2 : 지각된 위험

X_3 : 편의성

ϵ : 오차항

위의 다중회귀모형으로부터 도출되는 추정회귀식은 다음과 같다.

$$\hat{Y} = b_0 + b_1 X_1 + b_2 X_2 + b_3 X_3$$

3. 엑셀 분석

엑셀로 다중회귀분석을 수행하는 방법은 다음과 같다.

1) 입력

① 지속적 사용의도의 예측에 필요한 자료를 입력한다.

② [데이터] → [데이터 분석]을 클릭하여 [통계 데이터 분석] 대화창에서 [회귀 분석]을 선택하고 [확인]을 누른다.

③ [회귀 분석] 대화창에서 [Y축 입력 범위]에 셀 범위 S1:S31을 [X축 입력 범위]에 셀 범위 P1:R31를 마우스로 드래그하여 입력한다. [이름표]를 체크하고 [신뢰수준]이 95%이면 기본값을 그대로 사용한다. [출력 옵션]에서 [출력 범위]를 선택하고 출력 범위의 시작점을 지정한 후 끝으로 [확인]을 누른다. 이상의 과정을 마친 입력화면은 [그림 13-4]와 같다.

그림 13-4 지속적 사용의도의 입력화면

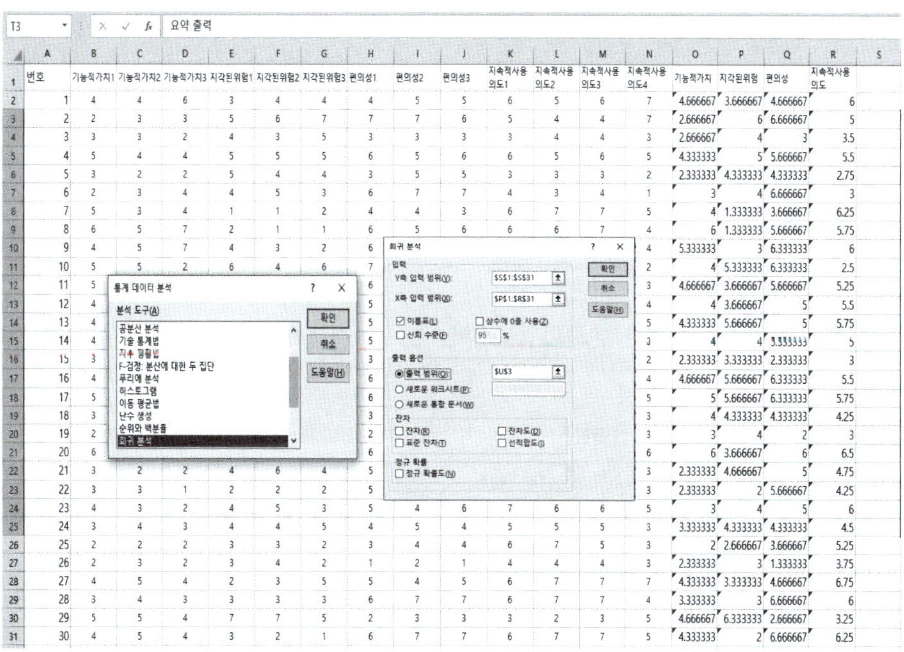

2) 결과

엑셀은 단순회귀분석에서와 같이 다중회귀분석에서도 ① 통계량 ② 분산분석 ③ 계수 등 [그림 13-5]와 같은 세 가지 결과표를 제시해 준다.

그림 13-5 지속적 사용의도의 출력화면

요약 출력

회귀분석 통계량	
다중 상관	0.668631
결정계수	0.447068
조정된 결	0.383268
표준 오차	0.991399
관측수	30

분산 분석

	자유도	제곱합	제곱 평균	F 비	유의한 F
회귀	3	20.66197	6.887324	7.007339	0.001317
잔차	26	25.5547	0.982873		
계	29	46.21667			

	계수	표준 오차	t 통계량	P-값	하위 95%	상위 95%	하위 95.0%	상위 95.0%
Y 절편	3.085216	0.903459	3.414894	0.002104	1.22813	4.942302	1.22813	4.942302
기능적가치	0.474012	0.179991	2.633531	0.01404	0.104035	0.84399	0.104035	0.84399
지각된위험	-0.30724	0.141671	-2.16868	0.039439	-0.59845	-0.01603	-0.59845	-0.01603
편의성	0.247131	0.135829	1.819432	0.08038	-0.03207	0.526332	-0.03207	0.526332

4. 결과 해석

1) [요약 출력] 표

단순회귀분석에서와 같이 다중회귀분석에서도 각 결과표의 특징은 [표 13-3]과 같다.

표 13-3 다중회귀분석의 결과표

	내용	주요 통계량
통계량	회귀모형의 설명력에 관한 정보	수정된 R^2
분산분석	회귀모형의 적합도에 관한 정보	F_c, p
계수	회귀계수의 적합도에 관한 정보	b_i, p_i

2) 다중상관계수

다중상관계수(multiple correlation coefficient)는 종속변수의 관찰값과 종속변수에 대한 회귀모형에 의한 예측값 사이의 관계에 대한 상관계수이다.

다중상관계수는 다중회귀분석에서 방향이 서로 다른 변수들 사이의 상관관계를 종합적으로 측정하는 값이다. R로 표시하는 다중상관계수는 0에서 1 사이의 값을 취한다. R이 1에 가까울수록 다중상관관계는 강하고 0에 가까울수록 약하다. 다중상관계수는 단순상관계수처럼 상관관계의 방향을 나타내는 정(+)이나 부(−)의 부호는 존재하지 않고 항상 정(+)의 값을 취한다. [요약 출력] 표를 보면 예제의 R은 0.6686이다.

3) 결정계수

결정계수(coefficient of determination)는 모형에 포함된 독립변수들이 종속변수를 얼마나 설명하나를 보여주는 계수이며 회귀직선의 적합도를 평가하거나 종속변수에 대한 독립변수들의 설명력을 알고자 할 때 이용한다.

단순회귀분석의 r^2에 해당하는 결정계수 R^2은 다중회귀모형의 적합도(goodness- of-fit) 평가에 사용된다. R과 같이 0에서 1 사이의 값을 가지는 R^2은 회귀모형에 포함된 독립변수들이 종속변수의 변동을 설명하는 정도, 즉 다중회귀식에 의해 설명되는 변동이 총변동에서 차지하는 비율이다. R^2이 1에 가까울수록 표본자료들이 다중회귀선에 근접해 있어 회귀식의 설명력과 예측력이 우수하고 반대로 R^2이 0에 가까울수록 표본자료들이 다중회귀선에 멀리 떨어져 있어 회귀식의 설명력과 예측력이 낮다는 것을 말한다.

이 예의 $R^2 = 0.4471$이다. 이는 소비자마다 지속적 사용의도가 서루 다른 이유를 설정된 3개의 독립변수가 44.71%만큼 설명하고 나머지 55.29%는 다른 독립변수들을 고려해야만 설명할 수 있다는 의미이다.

4) 수정된 결정계수

다중회귀모형에서 R^2값은 독립변수가 많이 포함될수록 증가한다는 단점이 있다. 이는 모형의 적합도를 높이기 위해서는 독립변수의 수를 증가하면 된다는 의미이다. 따라서 R^2이 높은 경우 실제로 모형의 설명력이 좋은 것인지 아니면 단순히 변수가 많기 때문인지는 알기 어렵다. 이러한 문제점을 해결하기 위해 수정된 결정계수가 필요하다.

수정된 결정계수(adjusted R^2)는 독립변수가 증가하면 무조건 증가하는 결정계수의 문제점을 보완하기 위해 모형에 적합하지 않은 변수가 투입되면 결정계수는 증가하더라도 수정된 결정계수는 일종의 페널티를 부과하여 감소시킨 R^2이다.

수정된 결정계수는 불필요한 독립변수의 투입을 방지하기 위해 만약 의미 없는 독립변수가 추가되면 벌칙을 부과함으로써 신중하게 독립변수를 선택하도록 유도한다. 따라서 수정된 결정계수 R^2_{adj}는 독립변수가 추가될 때 R^2을 충분히 유의하게 증가시킬 수 있는가에 따라 R^2_{adj}이 증가될 수도 있고 반대로 감소할 수도 있다. 다음과 같이 수정된 결정계수는 항상 결정계수보다 작다.

$$R^2_{adj} \le R^2$$

만약 모형에 불필요한 예측변수가 포함되어 있다면 R^2_{adj}은 R^2보다 상당히 작아지게 된다. 지속적 사용의도의 예에서 결정계수 $R^2 = 0.4471$이고 수정된 결정계수 $R^2_{adj} = 0.3833$이므로 두 값의 차이가 크지 않아 모형에 불필요한 독립변수가 포함된 것으로는 보이지 않는다.

5) 다중회귀모형의 검정

회귀모형의 적합도 검정(goodness of fit test)이란 하나의 종속변수와 k개의 독립변수의 관계를 한꺼번에 검정하는 것이다.

즉 k개의 독립변수가 종속변수 Y에 의미 있는 영향을 미치는지를 검정하는 것이다. k개의 독립변수를 가진 다중회귀모형의 적합도를 검정하기 위한 가설은 다음과 같다.

H_0 : 모든 계수는 0이다($\beta_1 = \beta_2 =, \ldots\ldots\ldots\ldots, = \beta_k = 0$)

H_1 : 적어도 하나의 계수는 0이 아니다.

만일 회귀모형의 적합도 검정에서 H_0가 기각되지 않는다면 이는 k개의 회귀계수 $\beta_i (i = 1, 2, \ldots\ldots, k)$는 모두 0이라는 의미이다. 따라서 k개의 독립변수 모두가 종속변수의 설명에 아무런 도움을 주지 못하므로 추가분석은 의미가 없다. 따라서 새로운 독립변수를 찾아 회귀모형을 다시 구축하거나 독립변수들과 종속변수 간의 비선형관계를 검토할 필요가 있다.

반면 H_0가 기각되면 이는 k개의 회귀계수 $\beta_i(i=1,2,.....,k)$ 중 적어도 하나는 0이 아니므로 현재의 다중회귀모형은 전반적으로 의미 있는 모형이다. H_0가 기각되어 H_1이 채택되면 k개의 독립변수 중 어느 독립변수의 회귀계수가 0인지는 모르지만 k개의 독립변수 중 적어도 하나는 0이 아니라는 뜻이다. 따라서 k개의 독립변수 중 어느 독립변수의 회귀계수가 0이 아닌지를 알기 위해서는 다음 절에서 설명할 회귀계수의 적합도 검정을 하여야 한다. 다중회귀모형의 적합도를 검정하는 절차는 다음과 같다.

① 가설

H_0 : 모든 계수는 0이다($\beta_1=\beta_2=\beta_3=0$)

H_1 : 적어도 하나의 계수는 0이 아니다.

귀무가설은 독립변수인 기능적 가치, 지각된 위험, 편의성 모두 종속변수인 지속적 사용의도에 유의한 영향을 미치지 않는다는 뜻이다. 반면 대립가설은 독립변수인 기능적 가치, 지각된 위험, 편의성 중에서 적어도 하나는 종속변수인 지속적 사용의도에 유의한 영향을 미친다는 의미이다.

② 결론

$p<\alpha$: H_1 채택

$p>\alpha$: H_1 채택

다음의 [요약 출력] 표를 보면 검정통계량 $F_c=7.0073$에 해당하는 유의확률(p)은 0.0013이다. $p=0.0013<\alpha=0.05$이므로 H_0를 기각하고 H_1을 채택한다. 즉 적어도 하나의 회귀계수는 0이 아니다. 이는 독립변수인 기능적 가치, 지각된 위험, 편의성 중 적어도 하나는 종속변수인 지속적 사용의도에 유의한 영향을 미친다는 의미이다.

6) 다중회귀계수의 검정

회귀계수검정(hypothesis testing regression coefficients)은 한 번에 하나의 회귀계수를 검정하는 t-검정이다.

개별 회귀계수를 t-검정하는 회귀계수검정과 여러 개의 계수가 포함된 회귀모형의 전체 유의성을 검정하는 F-검정과는 구분하여야 한다. 다중회귀모형의 검정에서 H_0가 기각되면 이는 현재의 회귀계수들 중 적어도 하나는 0이 아닌 의미 있는 변수가 있다는 뜻이다. 그러므로 의미 있는 개별 회귀계수를 찾는 회귀계수의 검정이 필요하다. 다중회귀계수의 검정은 다음의 [계수] 표에 있는 각 회귀계수의 p값을 이용하여 k개의 독립변수 각각에 대해 다음과 같이 가설을 검정한다.

$H_0 : \beta_i = 0$ (X_i는 Y에 영향을 미치지 않는다)

$H_1 : \beta_i \neq 0$ (X_i는 Y에 영향을 미친다)

기능적 가치의 검정

① 가설

$H_0 : \beta_1 = 0$(기능적 가치는 지속적 사용의도에 영향을 미치지 않는다)

$H_1 : \beta_1 \neq 0$(기능적 가치는 지속적 사용의도에 영향을 미친다)

② 결론

t_c값이 2.634이고 t_c의 유의확률이 0.0140이다. $p = 0.0140 < \alpha = 0.05$이므로 기능적 가치의 모집단 회귀계수 β_1은 지속적 사용의도의 예측에 유의한 독립변수이다. 즉 기능적 가치는 $\alpha = 0.05$수준에서 지속적 사용의도에 유의한 영향을 미친다.

지각된 위험의 검정

① 가설

$H_0 : \beta_2 = 0$(지각된 위험은 지속적 사용의도에 영향을 미치지 않는다)

$H_1 : \beta_2 \neq 0$(지각된 위험은 지속적 사용의도에 영향을 미친다)

② 결론

t_c값이 -2.1687이고 t_c의 유의확률(p)이 0.0394이다. $p = 0.0394 < \alpha = 0.05$이므로 지각된 위험의 모집단 회귀계수 β_2는 지속적 사용의도의 예측에 유의한 독립변수이다. 즉 지각된 위험은 $\alpha = 0.05$수준에서 지속적 사용의도에 유의한 영향을 미친다.

편의성의 검정

① 가설

$H_0 : \beta_3 = 0$(편의성은 지속적 사용의도에 영향을 미치지 않는다)

$H_1 : \beta_3 \neq 0$(편의성은 지속적 사용의도에 영향을 미친다)

② 결론

t_c값이 1.8194이고 t_c의 유의확률이 0.0804이다. $p = 0.0804 < \alpha = 0.05$이므로 편의성의 모집단회귀계수 β_3은 지속적 사용의도의 예측에 유의한 독립변수이다. 즉 편의성는 $\alpha = 0.05$수준에서 지속적 사용의도에 유의한 영향을 미친다.

여기서 유의해야 할 점은 엑셀에서 나타난 결과값은 양측검정의 결과이므로 만약 단측검정을 한다면 양측검정의 p값을 2로 나누어 주어야 한다. $\alpha = 0.05$수준의 양측검정은 t값이 1.96보다 커야 하지만 단측검정은 t값이 1.645보다 크면 가설을 채택한다. 따라서 p값은 일반적으로 양측검정의 경우 보통 0.05보다 작아야 하지만 단측검정에서는 $p/2$가 0.05보다 작으면 가설을 채택한다. 이상의 내용을 요약하면 다음과 같다.

양측검정	단측검정
H_1 채택 : $p < \alpha$ 또는 $t_c < 1.96$	H_1 채택 : $p/2 < \alpha$ 또는 $t_c < 1.645$

편의성은 지속적 사용의도에 정(+)의 영향을 미칠 것이라는 가설이 정(+)의 방향만을 살펴보는 단측검정이라면 p값은 0.0804가 아니라 0.0804/2=0.0402로 해석하여야 한다. 즉, 가설은 표기상으로는 $p > \alpha$이 되어 양측검정에서는 기각되지만 단측검정을 사용하면 $p < \alpha$로 되어 가설이 채택된다.

7) 다중회귀식의 도출

단순선형회귀분석에서 b_1은 독립변수의 한 단위 변화에 대한 Y의 변화분이다. 다중회귀분석에서 표본자료들로부터 도출된 계수 b_0와 계수 b_k의 의미는 다음과 같다.

> b_0는 절편으로 모든 X_k값들이 0일 때 기대되는 Y값을 나타내는 상수이고, b_j는 특정 X_j변수를 제외한 다른 X변수들이 일정할 때 특정 X_j변수 한 단위가 변할 때 종속변수 Y의 예상 변화량을 나타낸다.

기능적 가치(X_1)가 한 단위 증가하면 지속적 사용의도는 0.4740 단위만큼 증가하는데 이때 지각된 위험과 편의성이 지속적 사용의도에 미치는 효과는 일정하다고 가정한다. 지각된 위험(X_2)이 한 단위 증가하면 지속적 사용의도는 0.3072 단위만큼 감소하는데 이때도 기능적 가치와 편의성은 일정하다고 가정한다. 편의성(X_3)가 한 단위 증가하면 지속적 사용의도는 0.2471 단위만큼 증가하는데 역시 기능적 가치와 지각된 위험의 영향은 같다고 가정한다. 이처럼 회귀계수는 다른 변수가 고정된 상태에서 해당 독립변수가 한 단위 증가했을 때 Y의 평균이 얼마나 변화하는지를 보여준다. 모든 독립변수의 값이 0이면 종속변수의 값은 절편에 해당하는 3.0852이다.

종속변수의 예측은 회귀식을 이용할 수 있다. 예를 들어, 기능적 가치는 3, 지각된 위험이 5, 편의성이 4단위라면 이 소비자의 지속적 사용의도는 다음과 같다.

$$\text{지속적 사용의도} = 3.0852 + 0.4740(3) - 0.3072(5) + 0.2471(4) = 3.9596$$

또 다른 예로 직무성과를 Y, 근무연수를 X_1, 직무만족을 X_2, 그리고 근무환경을 X_3으로 두고 추정한 회귀모형이 다음과 같다고 가정한다.

$$\hat{Y} = 5 + 0.4X_1 + 0.2X_2 + 0.5X_3$$

위의 모형에서 모든 독립변수의 값이 0이면 종속변수의 값은 절편에 해당하는 5이다. $0.4X_1$은 근무연수가 1단위 증가하면 직무성과는 0.4단위 증가함을 의미하는데, 이때 직무만족과 근무환경이 직무성과에 미치는 효과는 일정하다고 가정한다. 마찬가지로 $0.2X_2$도 유사한 해석이 가능하다. 만일 직무만족이 한 단위 증가하면 직무성과는 0.2단위 증가한다는 의미로 이 경우에도 근무연수와 근무환경의 효과는 같다고 가정한다. 직무성과의 예측은 회귀식을 이용할 수 있다. 예를 들어, 근무연수 8, 직무만족 2, 그리고 근무환경 4 단위라면 직무성과는 다음과 같다.

$$\hat{Y} = 5 + 0.4(8) + 0.2(2) + 0.5(4) = 10.6$$

표본의 범위를 벗어난 독립변수의 값을 대입하여 얻은 예측은 무의미하다. 예를 들어, 100점 만점인 성적에 120점을 대입한다거나 근무연수에 80을 대입하여 예측하는 것은 의미가 없다.

8) 결과 요약

지금까지 다중회귀분석을 수행한 결과를 정리하면 [표 13-4]와 같다. 회귀모형은 수정된 R^2이 0.3833이고 F값이 7.0073(p=0.0013)으로 나타나 통계적으로 유의하다고 할 수 있다. 기능적 가치는 지속적 사용의도에 정(+)의 영향(β=0.4740, p=0.014)을 미치고, 지각된 위험도 지속적 사용의도에 부(−)의 영향(β=−0.3072, p=0.0394)을 미치고, 그리고 편의성은 단측검정이라고 가정하면 지속적 사용의도에 정(+)의 영향(β=0.2471, p=0.0402)을 미치는 것으로 나타났다. 따라서 3가지 독립변수 모두 종속변수인 지속적 사용의도에 영향을 미치는 것으로 나타나 3가지 가설은 모두 채택되었다.

표 13-4 지속적 사용의도의 분석결과

	비표준화 계수		t	유의확률
	B	표준오차		
(상수)	3.0852	0.9035	3.4149**	0.0021
기능적 가치	0.4740	0.1800	2.6335*	0.0140
지각된 위험	−0.3072	0.1417	−2.1687*	0.0394
편의성	0.2471	0.1358	1.8194*	0.0804

R^2=0.3833, F=7.0073*

*p<.05, **p<.01

제2절 다중회귀분석 실습

1. 분석모형

ABC대학은 창업팀의 혁신성과를 예측하기 위해 [그림 13-6]과 같은 분석모형을 설정하였다.

그림 13-6 성과의 분석모형

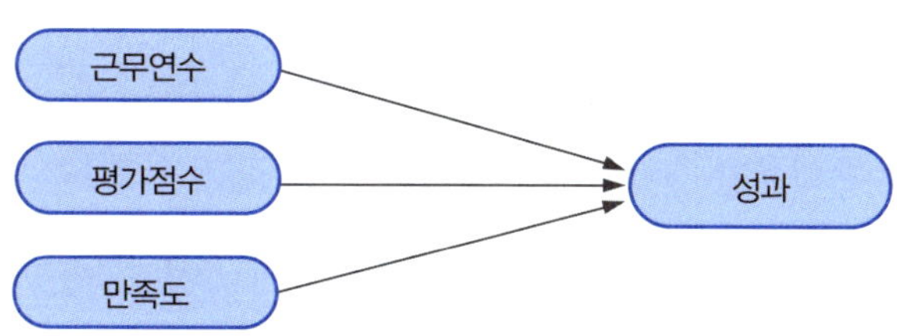

성과를 예측하기 위해 XYZ 기업은 10명의 직원을 대상으로 [표 13-5]와 같은 자료를 수집하였다.

표 13-5 성과의 자료

번호	1	2	3	4	5	6	7	8	9	10
근무연수	3	4	7	2	3	3	5	6	3	5
평가점수	2	4	5	3	4	4	4	7	3	5
만족도	2	2	6	4	5	3	5	6	2	5
성과	1	2	7	2	3	2	4	6	2	4

종속변수는 성과이고 독립변수는 근무연수, 평가점수, 만족도이다. 따라서 이 예제의 다중회귀모형은 다음과 같다.

$$Y = \beta_0 + \beta_1 X_1 + \beta_2 X_2 + \beta_3 X_3 + \epsilon$$

여기서 Y : 성과
X_1 : 근무연수
X_2 : 평가점수
X_3 : 만족도
ϵ : 오차항

위의 다중회귀모형으로부터 도출되는 추정회귀식은 다음과 같다.

$$\hat{Y} = b_0 + b_1 X_1 + b_2 X_2 + b_3 X_3$$

2. 엑셀 분석

엑셀로 다중회귀분석을 수행하는 방법은 다음과 같다.

1) 입력

① 성과의 예측에 필요한 자료를 입력한다.

② [데이터] → [데이터 분석]을 클릭하여 [통계 데이터 분석] 대화창에서 [회귀 분석]을 선택하고 [확인]을 누른다.

③ [회귀 분석] 대화창에서 [Y축 입력 범위]에 셀 범위 E1:E11을 [X축 입력 범위]에 셀 범위 B1:D11을 마우스로 드래그하여 입력한다. [이름표]를 체크하고 [신뢰수준]이 95%이면 기본값을 그대로 사용한다. [출력 옵션]에서 [출력 범위]를 선택하고 출력 범위의 시작점으로 H1을 지정한 후 끝으로 [확인]을 누른다. 이상의 과정을 마친 입력화면은 [그림 13-7]과 같다.

그림 13-7 성과의 입력화면

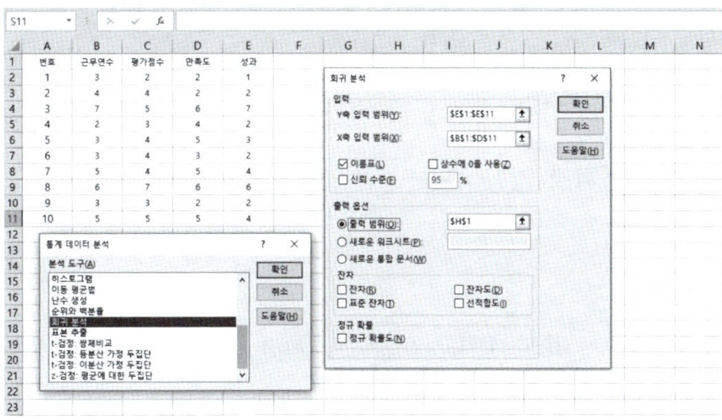

2) 결과

엑셀의 회귀분석 결과인 [요약 출력] 표는 ① 통계량 ② 분산분석 ③ 계수 등 [그림 8]과 같이 세 가지 결과표를 제시해 준다.

그림 13-8 성과의 출력화면

요약 출력

회귀분석 통계량	
다중 상관	0.979999
결정계수	0.960398
조정된 결	0.940597
표준 오차	0.474419
관측수	10

분산 분석

	자유도	제곱합	제곱 평균	F 비	유의한 F
회귀	3	32.74956	10.91652	48.50214	0.000134
잔차	6	1.350438	0.225073		
계	9	34.1			

	계수	표준 오차	t 통계량	P-값	하위 95%	상위 95%	하위 95.0%	상위 95.0%
Y 절편	-2.00931	0.502931	-3.99519	0.007158	-3.23994	-0.77868	-3.23994	-0.77868
근무연수	0.705529	0.157766	4.471991	0.004228	0.319489	1.09157	0.319489	1.09157
평가점수	0.082114	0.201156	0.408209	0.697288	-0.4101	0.574325	-0.4101	0.574325
만족도	0.519993	0.150799	3.44826	0.013662	0.151002	0.888983	0.151002	0.888983

3. 결과 해석

1) 다중상관계수

다중회귀분석에서 방향이 서로 다른 변수들 사이의 상관관계를 종합적으로 측정하는 값이 다중상관계수 R이다. [요약 출력] 표를 보면 R=0.9800이다.

2) 결정계수

다중회귀모형의 적합도 평가에 사용되는 결정계수 R^2은 회귀모형에 포함된 독립변수들이 종속변수의 변동을 설명하는 정도를 의미한다. [요약 출력] 표를 보면 $R^2 = 0.9604$는 성과 변동의 96.04%가 설정된 3개의 독립변수에 의해 설명되고 나머지 3.96%는 현재의 3개 독립변수로도 설명되지 않은 변동이 존재한다는 의미이다.

3) 수정된 결정계수

[모형요약] 표에서 $R^2 = 0.9604$이고 $R^2_{adj} = 0.9406$이므로 두 값의 차이가 작아 모형에 불필요한 독립변수가 포함되지 않은 것으로 판단된다.

4) 다중회귀모형의 검정

다중회귀모형의 적합도를 검정하는 절차는 다음과 같다.

① 가설

H_0 : 모든 계수는 0이다($\beta_1 = \beta_2 = \beta_3 = 0$)

H_1 : 적어도 하나의 계수는 0이 아니다.

여기서 귀무가설은 독립변수인 근무연수, 평가점수, 만족도 모두 종속변수인 성과에 유의한 영향을 미치지 않는다는 의미이다. 반면 대립가설은 독립변수인 근무연수, 평가점수, 만족도 중에서 적어도 하나는 종속변수인 성과에 유의한 영향을 미친다는 뜻이다.

② 결론

$p < \alpha$이면 H_0를 기각하고 H_1을 채택한다. 검정통계량 F_c값이 48.5021이고 F_c의 유의확률이 0.000이다. $p = 0.000 < \alpha = 0.05$이므로 H_0를 기각하고 H_1을 채택한다. 즉 적어

도 하나의 계수는 0이 아니라고 할 수 있다. 따라서 독립변수인 근무연수, 평가점수, 만족도 중 적어도 하나는 종속변수인 성과에 유의한 영향을 미친다고 결론을 내릴 수 있다.

5) 다중회귀계수의 검정

다중회귀계수의 검정은 [계수] 표에 있는 각 회귀계수의 p값을 이용하여 k개의 독립변수 각각에 대해 실시한다.

근무연수의 검정

① 가설

$H_0 : \beta_1 = 0$(근무연수는 성과에 영향을 미치지 않는다)

$H_1 : \beta_1 \neq 0$(근무연수는 성과에 영향을 미친다)

② 결론

t_c값이 4.4720이고 t_c의 유의확률이 0.0042이다. $p = 0.0042 < \alpha = 0.05$이므로 근무연수의 모집단 회귀계수 β_1은 성과의 예측에 유의한 독립변수이다. 즉 근무연수는 $\alpha = 0.05$ 수준에서 성과에 유의한 영향을 미친다.

평가점수의 검정

① 가설

$H_0 : \beta_2 = 0$(평가점수는 성과에 영향을 미치지 않는다)

$H_1 : \beta_2 \neq 0$(평가점수는 성과에 영향을 미친다)

② 결론

$p = 0.6973 > \alpha = 0.05$이므로 평가점수의 모집단 회귀계수 β_2는 성과의 예측에 유의하지 못한 독립변수이다. 즉 평가점수는 $\alpha = 0.05$수준에서 성과에 유의한 영향을 미지지 않는다.

만족도의 검정

① 가설

$H_0 : \beta_3 = 0$(만족도는 성과에 영향을 미치지 않는다)

$H_1 : \beta_3 \neq 0$(만족도는 성과에 영향을 미친다)

② 결론

$p = 0.0137 < \alpha = 0.05$이므로 만족도의 모집단 회귀계수 β_3은 성과의 예측에 유의한 독립변수이다. 즉 만족도는 $\alpha = 0.05$수준에서 성과에 유의한 영향을 미친다.

6) 결과 요약

지금까지 다중회귀분석을 수행한 결과를 정리하면 [표 13-6]과 같다.

표 13-6 혁신성과의 분석결과

	비표준화 계수		t	유의확률
	B	표준오차		
Y 절편	−2.0093	0.5029	-3.9952^{**}	0.0072
근무연수	0.7055	0.1578	4.4720^{**}	0.0042
평가점수	0.0821	0.2012	0.4082	0.6973
만족도	0.5200	0.1508	3.4483^{*}	0.0137

$R^2=0.9406$, $F=48.5021^{*}$

$^{*}p<.05$, $^{**}p<.01$

회귀모형의 R^2_{adj} 이 0.9406이고 F값이 48.5021(p=0.000)로 나타나 통계적으로 유의하다고 할 수 있다. 근무연수는 성과에 정(+)의 영향(β=0.7055, p=0.0042)을 미치고, 평가점수는 성과에 영향(β=0.0821, p=0.6973)을 미치지 않고, 그리고 만족도는 성과에 정(+)의 영향(β=0.5200, p=0.0137)을 미치는 것으로 나타났다. 따라서 평가점수를 제외한 근무연수와 만족도는 성과에 정(+)의 영향을 미치는 것으로 나타나 2가지 가설이 채택되었다.

연습문제

〈객관식 문제〉

1. 다음 중 맞는 것은?
   ① 다중결정계수는 총 변동이 독립변수들에 의해 설명될 수 없는 비율을 의미한다.
   ② 다중회귀모형에 독립변수가 추가되면 다중상관계수의 값은 증가한다.
   ③ 다중회귀분석에서 각 X의 유의성을 알아보기 위해서는 각 계수에 대한 F-검정을 한다.
   ④ 다중회귀모형에 독립변수가 추가되면 R^2이 증가한다.

2. 다음 중 틀린 것은?
   ① 다중회귀모형에서 Y와 X_k의 관계 검정에서 귀무가설은 $\beta_k=0$이다.
   ② 회귀모형의 전체적인 유의성을 알아보기 위해서는 t검정을 한다.
   ③ 다중결정계수는 총 변동이 독립변수들에 의해 설명될 수 있는 비율을 의미한다.
   ④ 수정된 결정계수의 값은 결정계수의 값보다 항상 같거나 작다.

3. 다음 중 맞는 것은?
   ① 다중회귀분석의 F검정에서 H_0가 채택되면 모든 X는 Y의 설명에 도움을 주지 못한다.
   ② 다중회귀분석에서 원인변수가 변화하면 결과변수는 같이 변화하지 않아도 된다.
   ③ 다중회귀분석에서는 F검정과 t검정의 결과는 같다.
   ④ 다중회귀모형은 종속변수가 2개 이상일 때 사용된다.

4~10번 문제는 생산량에 대한 다중회귀모형의 결과를 보고 답을 하시오.

요약 출력

회귀분석 통계량	
다중 상관계수	0.938
결정계수	0.880
조정된 결정계수	0.871
표준 오차	0.233
관측수	18

분산 분석

	자유도	제곱합	제곱 평균	F 비	유의한 F
회귀	5	77.127	15.425	284.401	0.000
잔차	12	0.651	0.054		
계	17	77.778			

	계수	표준오차	t통계량	P-값
Y 절편	3.109	0.823	3.778	0.003
근무평점	0.189	0.083	2.291	0.041
근무연수	0.214	0.081	2.625	0.018
근무만족	0.196	0.099	1.974	0.065
교육훈련	0.301	0.120	2.512	0.022
스트레스	−0.461	0.208	−2.217	0.041

3. 독립변수의 수는?

① 6개 ② 4개

③ 7개 ④ 5개

5. $\alpha=0.05$수준에서 단측 t-검정의 결과로부터 내릴 수 있는 결론은?

① 독립변수들 모두 종속변수와 관계가 없다.

② 독립변수들 모두 종속변수와 관계가 있다.

③ 독립변수들 중 일부만 종속변수와 관계가 있다.

④ 자료가 불충분하여 답할 수 없다.

6. $\alpha=0.01$수준에서 단측 t-검정의 결과로부터 내릴 수 있는 결론은?

① 독립변수들 모두 종속변수와 관계가 없다.

② 독립변수들 모두 종속변수와 관계가 있다.

③ 독립변수들 중 일부만 종속변수와 관계가 있다.

④ 자료가 불충분하여 답할 수 없다.

7. 회귀모형의 검정에서 귀무가설은?

① H_0 : 모든 계수는 0이다

② H_0 : 일부 계수는 0이다

③ H_0 : 모든 계수는 0이 아니다

④ H_0 : 일부 계수는 0이 아니다

8. 위의 회귀모형은 Y의 총변동을 몇 %를 설명할 수 있는가?

① 94% ② 82%

③ 88% ④ 13%

9. 다음 중 틀린 것은?

① 생산량과 독립변수들의 상관계수는 ± 0.938 이다.

② 스트레스가 10일 때 평균 생산량은 계산할 수 없다.

③ 총 사용된 독립변수의 개수는 5개이다.

④ F비 284.401은 절편의 t 통계량을 제곱한 값이다.

10. 양측검정을 할 때 다음 중 틀린 것은?

① $\alpha = 0.1$이면 $\alpha = 0.05$수준에서와 같은 결론이다.

② $\alpha = 0.01$이면 $\alpha = 0.005$수준에서와 같은 결론이다.

③ $\alpha = 0.2$이면 $\alpha = 0.05$수준에서와 같은 결론이다.

④ $\alpha = 0.2$이면 $\alpha = 0.1$수준에서와 같은 결론이다.

〈주관식 문제〉

1. 어느 중고차 판매업자는 판매가격은 배기량과 연수에 달려 있다고 생각하여 최근에 거래된 14개 자동차의 판매가격과 자동차의 배기량과 연수에 대한 자료를 가지고 다중선형회귀분석을 실시하여 다음과 같은 결과를 얻었다.

요약 출력

회귀분석 통계량	
다중 상관	0.875907
결정계수	0.767213
조정된 결	0.724888
표준 오차	1.13018
관측수	14

분산 분석

	자유도	제곱합	제곱 평균	F 비	유의한 F
회귀	2	46.30676	23.15338	18.1267	0.00033
잔차	11	14.05039	1.277308		
계	13	60.35714			

	계수	표준 오차	t 통계량	P-값	하위 95%	상위 95%	하위 95.0%	상위 95.0%	상위 95.0%
Y 절편	-0.40875	3.173463	-0.1288	0.899839	-7.39349	6.575996	-7.39349	6.575996	2.288841
연수	-0.31257	0.130432	-2.3964	0.035458	-0.59965	-0.02549	-0.59965	-0.02549	1.443972
배기량	0.391759	0.084206	4.652397	0.000702	0.206423	0.577094	0.206423	0.577094	1.077798

(1) $\alpha = 0.05$에서 회귀모형의 전체 적합도를 검정하라.

(2) $\alpha = 0.05$에서 각 회귀계수를 검정하라.

(3) 다중회귀식을 구하라.

(4) 다중회귀모형에 있는 회귀계수들의 의미를 설명하라.

(5) 10년 된 자동차의 배기량이 20단위일 때 판매가격을 추정하라.

(6) 다중결정계수를 구하고 의미를 설명하라.

2. 자동차 제동거리에 관한 회귀모형을 분석한 결과 다음과 같은 모형이 추정되었다. 회귀식을 갖고 자동차 속도가 60이고 운전경력이 5일 때 제동거리를 추정하라.

$$\hat{Y} = 5 + 2X_1 + 4X_2$$

여기서 X_1=자동차 속도

X_2=운전경력

3. ABC 회사는 최근 사원교육을 실시하였는데, 이 교육의 효과를 측정하기 위하여 다음과 같은 자료를 수집하였다. 여기서 X_1은 경력, X_2는 교육점수, Y는 판매량 나타낸다. 다음 물음에 답하라.

경력	13	12	13	13	13	15	16	17	16	14	12	12	14	21
점수	23	24	25	23	34	23	23	21	24	33	23	23	25	22
판매량	13	14	15	16	19	13	12	12	11	18	15	16	17	12

(1) $\alpha = 0.05$에서 회귀모형의 전체 적합도를 검정하라.

(2) $\alpha = 0.05$에서 각 회귀계수를 검정하라.

(3) 다중회귀식을 구하라.

(4) 다중회귀모형에 있는 회귀계수들의 의미를 설명하라.

(5) 경력이 12년이고 교육점수가 25점일 때 판매량을 추정하라.

(6) 다중결정계수를 구하고 의미를 설명하라.

부 록

- 1. 이항분포표
- 2. 포아송분포표
- 3. 표준정규분포표
- 4. t-분포표
- 5. F-분포표
- 6. 카이자승분포표

1. 이항분포표

n	x	p									
		0.05	0.1	0.15	0.2	0.25	0.3	0.35	0.4	0.45	0.5
1	0	0.9500	0.9000	0.8500	0.8000	0.7500	0.7000	0.6500	0.6000	0.5500	0.5000
	1	0.0500	0.1000	0.1500	0.2000	0.2500	0.3000	0.3500	0.4000	0.4500	0.5000
2	0	0.9025	0.8100	0.7225	0.6400	0.5625	0.4900	0.4225	0.3600	0.3025	0.2500
	1	0.0950	0.1800	0.2550	0.3200	0.3750	0.4200	0.4550	0.4800	0.4950	0.5000
	2	0.0025	0.0100	0.0225	0.0400	0.0625	0.0900	0.1225	0.1600	0.2025	0.2500
3	0	0.8574	0.7290	0.6141	0.5120	0.4219	0.3430	0.2746	0.2160	0.1664	0.1250
	1	0.1354	0.2430	0.3251	0.3840	0.4219	0.4410	0.4436	0.4320	0.4084	0.3750
	2	0.0071	0.0270	0.0574	0.0960	0.1406	0.1890	0.2389	0.2880	0.3341	0.3750
	3	0.0001	0.0010	0.0034	0.0080	0.0156	0.0270	0.0429	0.0640	0.0911	0.1250
4	0	0.8145	0.6561	0.5220	0.4096	0.3164	0.2401	0.1785	0.1296	0.0915	0.0625
	1	0.1715	0.2916	0.3685	0.4096	0.4219	0.4116	0.3845	0.3456	0.2995	0.2500
	2	0.0135	0.0486	0.0975	0.1536	0.2109	0.2646	0.3105	0.3456	0.3675	0.3750
	3	0.0005	0.0036	0.0115	0.0256	0.0469	0.0756	0.1115	0.1536	0.2005	0.2500
	4	0.0000	0.0001	0.0005	0.0016	0.0039	0.0081	0.0150	0.0256	0.0410	0.0625
5	0	0.7738	0.5905	0.4437	0.3277	0.2373	0.1681	0.1160	0.0778	0.0503	0.0313
	1	0.2036	0.3281	0.3915	0.4096	0.3955	0.3602	0.3124	0.2592	0.2059	0.1563
	2	0.0214	0.0729	0.1382	0.2048	0.2637	0.3087	0.3364	0.3456	0.3369	0.3125
	3	0.0011	0.0081	0.0244	0.0512	0.0879	0.1323	0.1811	0.2304	0.2757	0.3125
	4	0.0000	0.0005	0.0022	0.0064	0.0146	0.0284	0.0488	0.0768	0.1128	0.1563
	5	0.0000	0.0000	0.0001	0.0003	0.0010	0.0024	0.0053	0.0102	0.0185	0.0313
6	0	0.7351	0.5314	0.3771	0.2621	0.1780	0.1176	0.0754	0.0467	0.0277	0.0156
	1	0.2321	0.3543	0.3993	0.3932	0.3560	0.3025	0.2437	0.1866	0.1359	0.0938
	2	0.0305	0.0984	0.1762	0.2458	0.2966	0.3241	0.3280	0.3110	0.2780	0.2344
	3	0.0021	0.0146	0.0415	0.0819	0.1318	0.1852	0.2355	0.2765	0.3032	0.3125
	4	0.0001	0.0012	0.0055	0.0154	0.0330	0.0595	0.0951	0.1382	0.1861	0.2344
	5	0.0000	0.0001	0.0004	0.0015	0.0044	0.0102	0.0205	0.0369	0.0609	0.0938
	6	0.0000	0.0000	0.0000	0.0001	0.0002	0.0007	0.0018	0.0041	0.0083	0.0156
7	0	0.6983	0.4783	0.3206	0.2097	0.1335	0.0824	0.0490	0.0280	0.0152	0.0078
	1	0.2573	0.3720	0.3960	0.3670	0.3115	0.2471	0.1848	0.1306	0.0872	0.0547
	2	0.0406	0.1240	0.2097	0.2753	0.3115	0.3177	0.2985	0.2613	0.2140	0.1641
	3	0.0036	0.0230	0.0617	0.1147	0.1730	0.2269	0.2679	0.2903	0.2918	0.2734
	4	0.0002	0.0026	0.0109	0.0287	0.0577	0.0972	0.1442	0.1935	0.2388	0.2734
	5	0.0000	0.0002	0.0012	0.0043	0.0115	0.0250	0.0466	0.0774	0.1172	0.1641
	6	0.0000	0.0000	0.0001	0.0004	0.0013	0.0036	0.0084	0.0172	0.0320	0.0547
	7	0.0000	0.0000	0.0000	0.0000	0.0001	0.0002	0.0006	0.0016	0.0037	0.0078

n	x	p 0.05	0.1	0.15	0.2	0.25	0.3	0.35	0.4	0.45	0.5
8	0	0.6634	0.4305	0.2725	0.1678	0.1001	0.0576	0.0319	0.0168	0.0084	0.0039
	1	0.2793	0.3826	0.3847	0.3355	0.2670	0.1977	0.1373	0.0896	0.0548	0.0313
	2	0.0515	0.1488	0.2376	0.2936	0.3115	0.2965	0.2587	0.2090	0.1569	0.1094
	3	0.0054	0.0331	0.0839	0.1468	0.2076	0.2541	0.2786	0.2787	0.2568	0.2188
	4	0.0004	0.0046	0.0185	0.0459	0.0865	0.1361	0.1875	0.2322	0.2627	0.2734
	5	0.0000	0.0004	0.0026	0.0092	0.0231	0.0467	0.0808	0.1239	0.1719	0.2188
	6	0.0000	0.0000	0.0002	0.0011	0.0038	0.0100	0.0217	0.0413	0.0703	0.1094
	7	0.0000	0.0000	0.0000	0.0001	0.0004	0.0012	0.0033	0.0079	0.0164	0.0313
	8	0.0000	0.0000	0.0000	0.0000	0.0000	0.0001	0.0002	0.0007	0.0017	0.0039
9	0	0.6302	0.3874	0.2316	0.1342	0.0751	0.0404	0.0207	0.0101	0.0046	0.0020
	1	0.2985	0.3874	0.3679	0.3020	0.2253	0.1556	0.1004	0.0605	0.0339	0.0176
	2	0.0629	0.1722	0.2597	0.3020	0.3003	0.2668	0.2162	0.1612	0.1110	0.0703
	3	0.0077	0.0446	0.1069	0.1762	0.2336	0.2668	0.2716	0.2508	0.2119	0.1641
	4	0.0006	0.0074	0.0283	0.0661	0.1168	0.1715	0.2194	0.2508	0.2600	0.2461
	5	0.0000	0.0008	0.0050	0.0165	0.0389	0.0735	0.1181	0.1672	0.2128	0.2461
	6	0.0000	0.0001	0.0006	0.0028	0.0087	0.0210	0.0424	0.0743	0.1160	0.1641
	7	0.0000	0.0000	0.0000	0.0003	0.0012	0.0039	0.0098	0.0212	0.0407	0.0703
	8	0.0000	0.0000	0.0000	0.0000	0.0001	0.0004	0.0013	0.0035	0.0083	0.0176
	9	0.0000	0.0000	0.0000	0.0000	0.0000	0.0000	0.0001	0.0003	0.0008	0.0020
10	0	0.5987	0.3487	0.1969	0.1074	0.0563	0.0282	0.0135	0.0060	0.0025	0.0010
	1	0.3151	0.3874	0.3474	0.2684	0.1877	0.1211	0.0725	0.0403	0.0207	0.0098
	2	0.0746	0.1937	0.2759	0.3020	0.2816	0.2335	0.1757	0.1209	0.0763	0.0439
	3	0.0105	0.0574	0.1298	0.2013	0.2503	0.2668	0.2522	0.2150	0.1665	0.1172
	4	0.0010	0.0112	0.0401	0.0881	0.1460	0.2001	0.2377	0.2508	0.2384	0.2051
	5	0.0001	0.0015	0.0085	0.0264	0.0584	0.1029	0.1536	0.2007	0.2340	0.2461
	6	0.0000	0.0001	0.0012	0.0055	0.0162	0.0368	0.0689	0.1115	0.1596	0.2051
	7	0.0000	0.0000	0.0001	0.0008	0.0031	0.0090	0.0212	0.0425	0.0746	0.1172
	8	0.0000	0.0000	0.0000	0.0001	0.0004	0.0014	0.0043	0.0106	0.0229	0.0439
	9	0.0000	0.0000	0.0000	0.0000	0.0000	0.0001	0.0005	0.0016	0.0042	0.0098
	10	0.0000	0.0000	0.0000	0.0000	0.0000	0.0000	0.0000	0.0001	0.0003	0.0010
11	0	0.5688	0.3138	0.1673	0.0859	0.0422	0.0198	0.0088	0.0036	0.0014	0.0005
	1	0.3293	0.3835	0.3248	0.2362	0.1549	0.0932	0.0518	0.0266	0.0125	0.0054
	2	0.0867	0.2131	0.2866	0.2953	0.2581	0.1998	0.1395	0.0887	0.0513	0.0269
	3	0.0137	0.0710	0.1517	0.2215	0.2581	0.2568	0.2254	0.1774	0.1259	0.0806
	4	0.0014	0.0158	0.0536	0.1107	0.1721	0.2201	0.2428	0.2365	0.2060	0.1611

n	x	p 0.05	0.1	0.15	0.2	0.25	0.3	0.35	0.4	0.45	0.5
	5	0.0001	0.0025	0.0132	0.0388	0.0803	0.1321	0.1830	0.2207	0.2360	0.2256
	6	0.0000	0.0003	0.0023	0.0097	0.0268	0.0566	0.0985	0.1471	0.1931	0.2256
	7	0.0000	0.0000	0.0003	0.0017	0.0064	0.0173	0.0379	0.0701	0.1128	0.1611
	8	0.0000	0.0000	0.0000	0.0002	0.0011	0.0037	0.0102	0.0234	0.0462	0.0806
	9	0.0000	0.0000	0.0000	0.0000	0.0001	0.0005	0.0018	0.0052	0.0126	0.0269
	10	0.0000	0.0000	0.0000	0.0000	0.0000	0.0000	0.0002	0.0007	0.0021	0.0054
	11	0.0000	0.0000	0.0000	0.0000	0.0000	0.0000	0.0000	0.0000	0.0002	0.0005
12	0	0.5404	0.2824	0.1422	0.0687	0.0317	0.0138	0.0057	0.0022	0.0008	0.0002
	1	0.3413	0.3766	0.3012	0.2062	0.1267	0.0712	0.0368	0.0174	0.0075	0.0029
	2	0.0988	0.2301	0.2924	0.2835	0.2323	0.1678	0.1088	0.0639	0.0339	0.0161
	3	0.0173	0.0852	0.1720	0.2362	0.2581	0.2397	0.1954	0.1419	0.0923	0.0537
	4	0.0021	0.0213	0.0683	0.1329	0.1936	0.2311	0.2367	0.2128	0.1700	0.1208
	5	0.0002	0.0038	0.0193	0.0532	0.1032	0.1585	0.2039	0.2270	0.2225	0.1934
	6	0.0000	0.0005	0.0040	0.0155	0.0401	0.0792	0.1281	0.1766	0.2124	0.2256
	7	0.0000	0.0000	0.0006	0.0033	0.0115	0.0291	0.0591	0.1009	0.1489	0.1934
	8	0.0000	0.0000	0.0001	0.0005	0.0024	0.0078	0.0199	0.0420	0.0762	0.1208
	9	0.0000	0.0000	0.0000	0.0001	0.0004	0.0015	0.0048	0.0125	0.0277	0.0537
	10	0.0000	0.0000	0.0000	0.0000	0.0000	0.0002	0.0008	0.0025	0.0068	0.0161
	11	0.0000	0.0000	0.0000	0.0000	0.0000	0.0000	0.0001	0.0003	0.0010	0.0029
	12	0.0000	0.0000	0.0000	0.0000	0.0000	0.0000	0.0000	0.0000	0.0001	0.0002
13	0	0.5133	0.2542	0.1209	0.0550	0.0238	0.0097	0.0037	0.0013	0.0004	0.0001
	1	0.3512	0.3672	0.2774	0.1787	0.1029	0.0540	0.0259	0.0113	0.0045	0.0016
	2	0.1109	0.2448	0.2937	0.2680	0.2059	0.1388	0.0836	0.0453	0.0220	0.0095
	3	0.0214	0.0997	0.1900	0.2457	0.2517	0.2181	0.1651	0.1107	0.0660	0.0349
	4	0.0028	0.0277	0.0838	0.1535	0.2097	0.2337	0.2222	0.1845	0.1350	0.0873
	5	0.0003	0.0055	0.0266	0.0691	0.1258	0.1803	0.2154	0.2214	0.1989	0.1571
	6	0.0000	0.0008	0.0063	0.0230	0.0559	0.1030	0.1546	0.1968	0.2169	0.2095
	7	0.0000	0.0001	0.0011	0.0058	0.0186	0.0442	0.0833	0.1312	0.1775	0.2095
	8	0.0000	0.0000	0.0001	0.0011	0.0047	0.0142	0.0336	0.0656	0.1089	0.1571
	9	0.0000	0.0000	0.0000	0.0001	0.0009	0.0034	0.0101	0.0243	0.0495	0.0873
	10	0.0000	0.0000	0.0000	0.0000	0.0001	0.0006	0.0022	0.0065	0.0162	0.0349
	11	0.0000	0.0000	0.0000	0.0000	0.0000	0.0001	0.0003	0.0012	0.0036	0.0095
	12	0.0000	0.0000	0.0000	0.0000	0.0000	0.0000	0.0000	0.0001	0.0005	0.0016
	13	0.0000	0.0000	0.0000	0.0000	0.0000	0.0000	0.0000	0.0000	0.0000	0.0001
14	0	0.4877	0.2288	0.1028	0.0440	0.0178	0.0068	0.0024	0.0008	0.0002	0.0001

n	x	p 0.05	0.1	0.15	0.2	0.25	0.3	0.35	0.4	0.45	0.5
	1	0.3593	0.3559	0.2539	0.1539	0.0832	0.0407	0.0181	0.0073	0.0027	0.0009
	2	0.1229	0.2570	0.2912	0.2501	0.1802	0.1134	0.0634	0.0317	0.0141	0.0056
	3	0.0259	0.1142	0.2056	0.2501	0.2402	0.1943	0.1366	0.0845	0.0462	0.0222
	4	0.0037	0.0349	0.0998	0.1720	0.2202	0.2290	0.2022	0.1549	0.1040	0.0611
	5	0.0004	0.0078	0.0352	0.0860	0.1468	0.1963	0.2178	0.2066	0.1701	0.1222
	6	0.0000	0.0013	0.0093	0.0322	0.0734	0.1262	0.1759	0.2066	0.2088	0.1833
	7	0.0000	0.0002	0.0019	0.0092	0.0280	0.0618	0.1082	0.1574	0.1952	0.2095
	8	0.0000	0.0000	0.0003	0.0020	0.0082	0.0232	0.0510	0.0918	0.1398	0.1833
	9	0.0000	0.0000	0.0000	0.0003	0.0018	0.0066	0.0183	0.0408	0.0762	0.1222
	10	0.0000	0.0000	0.0000	0.0000	0.0003	0.0014	0.0049	0.0136	0.0312	0.0611
	11	0.0000	0.0000	0.0000	0.0000	0.0000	0.0002	0.0010	0.0033	0.0093	0.0222
	12	0.0000	0.0000	0.0000	0.0000	0.0000	0.0000	0.0001	0.0005	0.0019	0.0056
	13	0.0000	0.0000	0.0000	0.0000	0.0000	0.0000	0.0000	0.0001	0.0002	0.0009
	14	0.0000	0.0000	0.0000	0.0000	0.0000	0.0000	0.0000	0.0000	0.0000	0.0001
15	0	0.4633	0.2059	0.0874	0.0352	0.0134	0.0047	0.0016	0.0005	0.0001	0.0000
	1	0.3658	0.3432	0.2312	0.1319	0.0668	0.0305	0.0126	0.0047	0.0016	0.0005
	2	0.1348	0.2669	0.2856	0.2309	0.1559	0.0916	0.0476	0.0219	0.0090	0.0032
	3	0.0307	0.1285	0.2184	0.2501	0.2252	0.1700	0.1110	0.0634	0.0318	0.0139
	4	0.0049	0.0428	0.1156	0.1876	0.2252	0.2186	0.1792	0.1268	0.0780	0.0417
	5	0.0006	0.0105	0.0449	0.1032	0.1651	0.2061	0.2123	0.1859	0.1404	0.0916
	6	0.0000	0.0019	0.0132	0.0430	0.0917	0.1472	0.1906	0.2066	0.1914	0.1527
	7	0.0000	0.0003	0.0030	0.0138	0.0393	0.0811	0.1319	0.1771	0.2013	0.1964
	8	0.0000	0.0000	0.0005	0.0035	0.0131	0.0348	0.0710	0.1181	0.1647	0.1964
	9	0.0000	0.0000	0.0001	0.0007	0.0034	0.0116	0.0298	0.0612	0.1048	0.1527
	10	0.0000	0.0000	0.0000	0.0001	0.0007	0.0030	0.0096	0.0245	0.0515	0.0916
	11	0.0000	0.0000	0.0000	0.0000	0.0001	0.0006	0.0024	0.0074	0.0191	0.0417
	12	0.0000	0.0000	0.0000	0.0000	0.0000	0.0001	0.0004	0.0016	0.0052	0.0139
	13	0.0000	0.0000	0.0000	0.0000	0.0000	0.0000	0.0001	0.0003	0.0010	0.0032
	14	0.0000	0.0000	0.0000	0.0000	0.0000	0.0000	0.0000	0.0000	0.0001	0.0005
	15	0.0000	0.0000	0.0000	0.0000	0.0000	0.0000	0.0000	0.0000	0.0000	0.0000

2. 포아송분포표

	λ									
x	**0.1**	**0.2**	**0.3**	**0.4**	**0.5**	**0.6**	**0.7**	**0.8**	**0.9**	**1**
0	0.9048	0.8187	0.7408	0.6703	0.6065	0.5488	0.4966	0.4493	0.4066	0.3679
1	0.0905	0.1637	0.2222	0.2681	0.3033	0.3293	0.3476	0.3595	0.3659	0.3679
2	0.0045	0.0164	0.0333	0.0536	0.0758	0.0988	0.1217	0.1438	0.1647	0.1839
3	0.0002	0.0011	0.0033	0.0072	0.0126	0.0198	0.0284	0.0383	0.0494	0.0613
4	0.0000	0.0001	0.0003	0.0007	0.0016	0.0030	0.0050	0.0077	0.0111	0.0153
5	0.0000	0.0000	0.0000	0.0001	0.0002	0.0004	0.0007	0.0012	0.0020	0.0031
6	0.0000	0.0000	0.0000	0.0000	0.0000	0.0000	0.0001	0.0002	0.0003	0.0005
7	0.0000	0.0000	0.0000	0.0000	0.0000	0.0000	0.0000	0.0000	0.0000	0.0001
8	0.0000	0.0000	0.0000	0.0000	0.0000	0.0000	0.0000	0.0000	0.0000	0.0000
9	0.0000	0.0000	0.0000	0.0000	0.0000	0.0000	0.0000	0.0000	0.0000	0.0000
10	0.0000	0.0000	0.0000	0.0000	0.0000	0.0000	0.0000	0.0000	0.0000	0.0000

	λ									
x	**1.1**	**1.2**	**1.3**	**1.4**	**1.5**	**1.6**	**1.7**	**1.8**	**1.9**	**2**
0	0.3329	0.3012	0.2725	0.2466	0.2231	0.2019	0.1827	0.1653	0.1496	0.1353
1	0.3662	0.3614	0.3543	0.3452	0.3347	0.3230	0.3106	0.2975	0.2842	0.2707
2	0.2014	0.2169	0.2303	0.2417	0.2510	0.2584	0.2640	0.2678	0.2700	0.2707
3	0.0738	0.0867	0.0998	0.1128	0.1255	0.1378	0.1496	0.1607	0.1710	0.1804
4	0.0203	0.0260	0.0324	0.0395	0.0471	0.0551	0.0636	0.0723	0.0812	0.0902
5	0.0045	0.0062	0.0084	0.0111	0.0141	0.0176	0.0216	0.0260	0.0309	0.0361
6	0.0008	0.0012	0.0018	0.0026	0.0035	0.0047	0.0061	0.0078	0.0098	0.0120
7	0.0001	0.0002	0.0003	0.0005	0.0008	0.0011	0.0015	0.0020	0.0027	0.0034
8	0.0000	0.0000	0.0001	0.0001	0.0001	0.0002	0.0003	0.0005	0.0006	0.0009
9	0.0000	0.0000	0.0000	0.0000	0.0000	0.0000	0.0001	0.0001	0.0001	0.0002
10	0.0000	0.0000	0.0000	0.0000	0.0000	0.0000	0.0000	0.0000	0.0000	0.0000

x	λ									
	2.1	2.2	2.3	2.4	2.5	2.6	2.7	2.8	2.9	3
0	0.1225	0.1108	0.1003	0.0907	0.0821	0.0743	0.0672	0.0608	0.0550	0.0498
1	0.2572	0.2438	0.2306	0.2177	0.2052	0.1931	0.1815	0.1703	0.1596	0.1494
2	0.2700	0.2681	0.2652	0.2613	0.2565	0.2510	0.2450	0.2384	0.2314	0.2240
3	0.1890	0.1966	0.2033	0.2090	0.2138	0.2176	0.2205	0.2225	0.2237	0.2240
4	0.0992	0.1082	0.1169	0.1254	0.1336	0.1414	0.1488	0.1557	0.1622	0.1680
5	0.0417	0.0476	0.0538	0.0602	0.0668	0.0735	0.0804	0.0872	0.0940	0.1008
6	0.0146	0.0174	0.0206	0.0241	0.0278	0.0319	0.0362	0.0407	0.0455	0.0504
7	0.0044	0.0055	0.0068	0.0083	0.0099	0.0118	0.0139	0.0163	0.0188	0.0216
8	0.0011	0.0015	0.0019	0.0025	0.0031	0.0038	0.0047	0.0057	0.0068	0.0081
9	0.0003	0.0004	0.0005	0.0007	0.0009	0.0011	0.0014	0.0018	0.0022	0.0027
10	0.0001	0.0001	0.0001	0.0002	0.0002	0.0003	0.0004	0.0005	0.0006	0.0008

x	λ									
	3.1	3.2	3.3	3.4	3.5	3.6	3.7	3.8	3.9	4
0	0.0450	0.0408	0.0369	0.0334	0.0302	0.0273	0.0247	0.0224	0.0202	0.0183
1	0.1397	0.1304	0.1217	0.1135	0.1057	0.0984	0.0915	0.0850	0.0789	0.0733
2	0.2165	0.2087	0.2008	0.1929	0.1850	0.1771	0.1692	0.1615	0.1539	0.1465
3	0.2237	0.2226	0.2209	0.2186	0.2158	0.2125	0.2087	0.2046	0.2001	0.1954
4	0.1733	0.1781	0.1823	0.1858	0.1888	0.1912	0.1931	0.1944	0.1951	0.1954
5	0.1075	0.1140	0.1203	0.1264	0.1322	0.1377	0.1429	0.1477	0.1522	0.1563
6	0.0555	0.0608	0.0662	0.0716	0.0771	0.0826	0.0881	0.0936	0.0989	0.1042
7	0.0246	0.0278	0.0312	0.0348	0.0385	0.0425	0.0466	0.0508	0.0551	0.0595
8	0.0095	0.0111	0.0129	0.0148	0.0169	0.0191	0.0215	0.0241	0.0269	0.0298
9	0.0033	0.0040	0.0047	0.0056	0.0066	0.0076	0.0089	0.0102	0.0116	0.0132
10	0.0010	0.0013	0.0016	0.0019	0.0023	0.0028	0.0033	0.0039	0.0045	0.0053

x	λ									
	4.1	4.2	4.3	4.4	4.5	4.6	4.7	4.8	4.9	5
0	0.0166	0.0150	0.0136	0.0123	0.0111	0.0101	0.0091	0.0082	0.0074	0.0067
1	0.0679	0.0630	0.0583	0.0540	0.0500	0.0462	0.0427	0.0395	0.0365	0.0337
2	0.1393	0.1323	0.1254	0.1188	0.1125	0.1063	0.1005	0.0948	0.0894	0.0842
3	0.1904	0.1852	0.1798	0.1743	0.1687	0.1631	0.1574	0.1517	0.1460	0.1404
4	0.1951	0.1944	0.1933	0.1917	0.1898	0.1875	0.1849	0.1820	0.1789	0.1755
5	0.1600	0.1633	0.1662	0.1687	0.1708	0.1725	0.1738	0.1747	0.1753	0.1755
6	0.1093	0.1143	0.1191	0.1237	0.1281	0.1323	0.1362	0.1398	0.1432	0.1462
7	0.0640	0.0686	0.0732	0.0778	0.0824	0.0869	0.0914	0.0959	0.1002	0.1044
8	0.0328	0.0360	0.0393	0.0428	0.0463	0.0500	0.0537	0.0575	0.0614	0.0653
9	0.0150	0.0168	0.0188	0.0209	0.0232	0.0255	0.0281	0.0307	0.0334	0.0363
10	0.0061	0.0071	0.0081	0.0092	0.0104	0.0118	0.0132	0.0147	0.0164	0.0181

3. 표준정규분포표

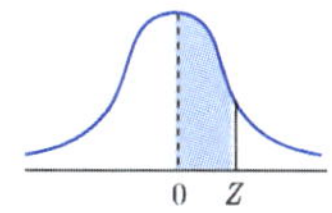

Z	.00	.01	.02	.03	.04	.05	.06	.07	.08	.09
0.0	.0000	.0040	.0080	.0120	.0160	.0199	.0239	.0279	.0319	.0359
0.1	.0398	.0438	.0478	.0517	.0557	.0596	.0636	.0675	.0714	.0753
0.2	.0793	.0832	.0871	.0910	.0948	.0987	.1026	.1064	.1103	.1141
0.3	.1179	.1217	.1255	.1293	.1331	.1368	.1406	.1443	.1480	.1517
0.4	.1554	.1591	.1628	.1664	.1700	.1736	.1772	.1808	.1844	.1879
0.5	.1915	.1950	.1985	.2019	.2054	.2088	.2123	.2157	.2190	.2224
0.6	.2257	.2291	.2324	.2357	.2389	.2422	.2454	.2486	.2517	.2549
0.7	.2580	.2611	.2642	.2673	.2704	.2734	.2764	.2794	.2823	.2852
0.8	.2881	.2910	.2939	.2967	.2995	.3023	.3051	.3078	.3106	.3133
0.9	.3159	.3186	.3212	.3238	.3264	.3289	.3315	.3340	.3365	.3389
1.0	.3413	.3438	.3461	.3485	.3508	.3531	.3554	.3577	.3599	.3621
1.1	.3643	.3665	.3686	.3708	.3729	.3749	.3770	.3790	.3810	.3830
1.2	.3849	.3869	.3888	.3907	.3925	.3944	.3962	.3980	.3997	.4015
1.3	.4032	.4049	.4066	.4082	.4099	.4115	.4131	.4147	.4162	.4177
1.4	.4192	.4207	.4222	.4236	.4251	.4265	.4279	.4292	.4306	.4319
1.5	.4332	.4345	.4357	.4370	.4382	.4394	.4406	.4418	.4429	.4441
1.6	.4452	.4463	.4474	.4484	.4495	.4505	.4515	.4525	.4535	.4545
1.7	.4554	.4564	.4573	.4582	.4591	.4599	.4608	.4616	.4625	.4633
1.8	.4641	.4649	.4656	.4664	.4671	.4678	.4686	.4693	.4699	.4706
1.9	.4713	.4719	.4726	.4732	.4738	.4744	.4750	.4756	.4761	.4767
2.0	.4772	.4778	.4783	.4788	.4793	.4798	.4803	.4808	.4812	.4817
2.1	.4821	.4826	.4830	.4834	.4838	.4842	.4846	.4850	.4854	.4857
2.2	.4861	.4864	.4868	.4871	.4875	.4878	.4881	.4884	.4887	.4890
2.3	.4893	.4896	.4898	.4901	.4904	.4906	.4909	.4911	.4913	.4916
2.4	.4918	.4920	.4922	.4925	.4927	.4929	.4931	.4932	.4934	.4936
2.5	.4938	.4940	.4941	.4943	.4945	.4946	.4948	.4949	.4951	.4952
2.6	.4953	.4955	.4956	.4957	.4959	.4960	.4961	.4962	.4963	.4964
2.7	.4965	.4966	.4967	.4968	.4969	.4970	.4971	.4972	.4973	.4974
2.8	.4974	.4975	.4976	.4977	.4977	.4978	.4979	.4979	.4980	.4981
2.9	.4981	.4982	.4982	.4983	.4984	.4984	.4985	.4985	.4986	.4986
3.0	.4987	.4987	.4987	.4988	.4988	.4989	.4989	.4989	.4990	.4990
3.1	.4990	.4991	.4991	.4991	.4992	.4992	.4992	.4992	.4993	.4993
3.2	.4993	.4993	.4994	.4994	.4994	.4994	.4994	.4995	.4995	.4995
3.3	.4995	.4995	.4995	.4996	.4996	.4996	.4996	.4996	.4996	.4997
3.4	.4997	.4997	.4997	.4997	.4997	.4997	.4997	.4997	.4997	.4998

4. t-분포표

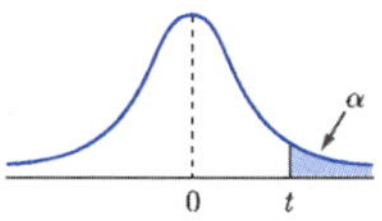

df \ α	0.1	0.05	0.025	0.01	0.005	0.001	0.0005
1	3.078	6.314	12.706	31.821	63.657	318.309	636.619
2	1.886	2.920	4.303	6.965	9.925	22.327	31.599
3	1.638	2.353	3.182	4.541	5.841	10.215	12.924
4	1.533	2.132	2.776	3.747	4.604	7.173	8.610
5	1.476	2.015	2.571	3.365	4.032	5.893	6.869
6	1.440	1.943	2.447	3.143	3.707	5.208	5.959
7	1.415	1.895	2.365	2.998	3.499	4.785	5.408
8	1.397	1.860	2.306	2.896	3.355	4.501	5.041
9	1.383	1.833	2.262	2.821	3.250	4.297	4.781
10	1.372	1.812	2.228	2.764	3.169	4.144	4.587
11	1.363	1.796	2.201	2.718	3.106	4.025	4.437
12	1.356	1.782	2.179	2.681	3.055	3.930	4.318
13	1.350	1.771	2.160	2.650	3.012	3.852	4.221
14	1.345	1.761	2.145	2.624	2.977	3.787	4.140
15	1.341	1.753	2.131	2.602	2.947	3.733	4.073
16	1.337	1.746	2.120	2.583	2.921	3.686	4.015
17	1.333	1.740	2.110	2.567	2.898	3.646	3.965
18	1.330	1.734	2.101	2.552	2.878	3.610	3.922
19	1.328	1.729	2.093	2.539	2.861	3.579	3.883
20	1.325	1.725	2.086	2.528	2.845	3.552	3.850
21	1.323	1.721	2.080	2.518	2.831	3.527	3.819
22	1.321	1.717	2.074	2.508	2.819	3.505	3.792
23	1.319	1.714	2.069	2.500	2.807	3.485	3.768
24	1.318	1.711	2.064	2.492	2.797	3.467	3.745
25	1.316	1.708	2.060	2.485	2.787	3.450	3.725
26	1.315	1.706	2.056	2.479	2.779	3.435	3.707
27	1.314	1.703	2.052	2.473	2.771	3.421	3.690
28	1.313	1.701	2.048	2.467	2.763	3.408	3.674
29	1.311	1.699	2.045	2.462	2.756	3.396	3.659
30	1.310	1.697	2.042	2.457	2.750	3.385	3.646
31	1.309	1.696	2.040	2.453	2.744	3.375	3.633
32	1.309	1.694	2.037	2.449	2.738	3.365	3.622
33	1.308	1.692	2.035	2.445	2.733	3.356	3.611
34	1.307	1.691	2.032	2.441	2.728	3.348	3.601
35	1.306	1.690	2.030	2.438	2.724	3.340	3.591

df \ α	0.1	0.05	0.025	0.01	0.005	0.001	0.0005
36	1.306	1.688	2.028	2.434	2.719	3.333	3.582
37	1.305	1.687	2.026	2.431	2.715	3.326	3.574
38	1.304	1.686	2.024	2.429	2.712	3.319	3.566
39	1.304	1.685	2.023	2.426	2.708	3.313	3.558
40	1.303	1.684	2.021	2.423	2.704	3.307	3.551
41	1.303	1.683	2.020	2.421	2.701	3.301	3.544
42	1.302	1.682	2.018	2.418	2.698	3.296	3.538
43	1.302	1.681	2.017	2.416	2.695	3.291	3.532
44	1.301	1.680	2.015	2.414	2.692	3.286	3.526
45	1.301	1.679	2.014	2.412	2.690	3.281	3.520
46	1.300	1.679	2.013	2.410	2.687	3.277	3.515
47	1.300	1.678	2.012	2.408	2.685	3.273	3.510
48	1.299	1.677	2.011	2.407	2.682	3.269	3.505
49	1.299	1.677	2.010	2.405	2.680	3.265	3.500
50	1.299	1.676	2.009	2.403	2.678	3.261	3.496
51	1.298	1.675	2.008	2.402	2.676	3.258	3.492
52	1.298	1.675	2.007	2.400	2.674	3.255	3.488
53	1.298	1.674	2.006	2.399	2.672	3.251	3.484
54	1.297	1.674	2.005	2.397	2.670	3.248	3.480
55	1.297	1.673	2.004	2.396	2.668	3.245	3.476
56	1.297	1.673	2.003	2.395	2.667	3.242	3.473
57	1.297	1.672	2.002	2.394	2.665	3.239	3.470
58	1.296	1.672	2.002	2.392	2.663	3.237	3.466
59	1.296	1.671	2.001	2.391	2.662	3.234	3.463
60	1.296	1.671	2.000	2.390	2.660	3.232	3.460
70	1.294	1.667	1.994	2.381	2.648	3.211	3.435
80	1.292	1.664	1.990	2.374	2.639	3.195	3.416
90	1.291	1.662	1.987	2.368	2.632	3.183	3.402
100	1.290	1.660	1.984	2.364	2.626	3.174	3.390
110	1.289	1.659	1.982	2.361	2.621	3.166	3.381
120	1.289	1.658	1.980	2.358	2.617	3.160	3.373
130	1.288	1.657	1.978	2.355	2.614	3.154	3.367
140	1.288	1.656	1.977	2.353	2.611	3.149	3.361
150	1.287	1.655	1.976	2.351	2.609	3.145	3.357
∞	1.282	1.645	1.960	2.326	2.576	3.090	3.291

5. F-분포표

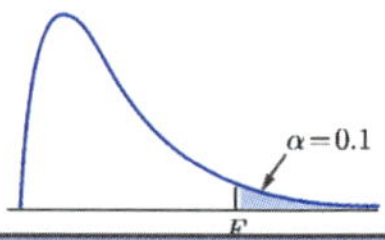

df_2 \ df_1	1	2	3	4	5	6	7	8	9	10
1	39.86	49.50	53.59	55.83	57.24	58.20	58.91	59.44	59.86	60.19
2	8.53	9.00	9.16	9.24	9.29	9.33	9.35	9.37	9.38	9.39
3	5.54	5.46	5.39	5.34	5.31	5.28	5.27	5.25	5.24	5.23
4	4.54	4.32	4.19	4.11	4.05	4.01	3.98	3.95	3.94	3.92
5	4.06	3.78	3.62	3.52	3.45	3.40	3.37	3.34	3.32	3.30
6	3.78	3.46	3.29	3.18	3.11	3.05	3.01	2.98	2.96	2.94
7	3.59	3.26	3.07	2.96	2.88	2.83	2.78	2.75	2.72	2.70
8	3.46	3.11	2.92	2.81	2.73	2.67	2.62	2.59	2.56	2.54
9	3.36	3.01	2.81	2.69	2.61	2.55	2.51	2.47	2.44	2.42
10	3.29	2.92	2.73	2.61	2.52	2.46	2.41	2.38	2.35	2.32
11	3.23	2.86	2.66	2.54	2.45	2.39	2.34	2.30	2.27	2.25
12	3.18	2.81	2.61	2.48	2.39	2.33	2.28	2.24	2.21	2.19
13	3.14	2.76	2.56	2.43	2.35	2.28	2.23	2.20	2.16	2.14
14	3.10	2.73	2.52	2.39	2.31	2.24	2.19	2.15	2.12	2.10
15	3.07	2.70	2.49	2.36	2.27	2.21	2.16	2.12	2.09	2.06
16	3.05	2.67	2.46	2.33	2.24	2.18	2.13	2.09	2.06	2.03
17	3.03	2.64	2.44	2.31	2.22	2.15	2.10	2.06	2.03	2.00
18	3.01	2.62	2.42	2.29	2.20	2.13	2.08	2.04	2.00	1.98
19	2.99	2.61	2.40	2.27	2.18	2.11	2.06	2.02	1.98	1.96
20	2.97	2.59	2.38	2.25	2.16	2.09	2.04	2.00	1.96	1.94
21	2.96	2.57	2.36	2.23	2.14	2.08	2.02	1.98	1.95	1.92
22	2.95	2.56	2.35	2.22	2.13	2.06	2.01	1.97	1.93	1.90
23	2.94	2.55	2.34	2.21	2.11	2.05	1.99	1.95	1.92	1.89
24	2.93	2.54	2.33	2.19	2.10	2.04	1.98	1.94	1.91	1.88
25	2.92	2.53	2.32	2.18	2.09	2.02	1.97	1.93	1.89	1.87
26	2.91	2.52	2.31	2.17	2.08	2.01	1.96	1.92	1.88	1.86
27	2.90	2.51	2.30	2.17	2.07	2.00	1.95	1.91	1.87	1.85
28	2.89	2.50	2.29	2.16	2.06	2.00	1.94	1.90	1.87	1.84
29	2.89	2.50	2.28	2.15	2.06	1.99	1.93	1.89	1.86	1.83
30	2.88	2.49	2.28	2.14	2.05	1.98	1.93	1.88	1.85	1.82
40	2.84	2.44	2.23	2.09	2.00	1.93	1.87	1.83	1.79	1.76
60	2.79	2.39	2.18	2.04	1.95	1.87	1.82	1.77	1.74	1.71
120	2.75	2.35	2.13	1.99	1.90	1.82	1.77	1.72	1.68	1.65
∞	2.71	2.30	2.08	1.94	1.85	1.77	1.72	1.67	1.63	1.60

df_2 \ df_1	12	15	20	24	30	40	60	120	∞
1	60.71	61.22	61.74	62.00	62.26	62.53	62.79	63.06	63.33
2	9.41	9.42	9.44	9.45	9.46	9.47	9.47	9.48	9.49
3	5.22	5.20	5.18	5.18	5.17	5.16	5.15	5.14	5.13
4	3.90	3.87	3.84	3.83	3.82	3.80	3.79	3.78	3.76
5	3.27	3.24	3.21	3.19	3.17	3.16	3.14	3.12	3.10
6	2.90	2.87	2.84	2.82	2.80	2.78	2.76	2.74	2.72
7	2.67	2.63	2.59	2.58	2.56	2.54	2.51	2.49	2.47
8	2.50	2.46	2.42	2.40	2.38	2.36	2.34	2.32	2.29
9	2.38	2.34	2.30	2.28	2.25	2.23	2.21	2.18	2.16
10	2.28	2.24	2.20	2.18	2.16	2.13	2.11	2.08	2.06
11	2.21	2.17	2.12	2.10	2.08	2.05	2.03	2.00	1.97
12	2.15	2.10	2.06	2.04	2.01	1.99	1.96	1.93	1.90
13	2.10	2.05	2.01	1.98	1.96	1.93	1.90	1.88	1.85
14	2.05	2.01	1.96	1.94	1.91	1.89	1.86	1.83	1.80
15	2.02	1.97	1.92	1.90	1.87	1.85	1.82	1.79	1.76
16	1.99	1.94	1.89	1.87	1.84	1.81	1.78	1.75	1.72
17	1.96	1.91	1.86	1.84	1.81	1.78	1.75	1.72	1.69
18	1.93	1.89	1.84	1.81	1.78	1.75	1.72	1.69	1.66
19	1.91	1.86	1.81	1.79	1.76	1.73	1.70	1.67	1.63
20	1.89	1.84	1.79	1.77	1.74	1.71	1.68	1.64	1.61
21	1.87	1.83	1.78	1.75	1.72	1.69	1.66	1.62	1.59
22	1.86	1.81	1.76	1.73	1.70	1.67	1.64	1.60	1.57
23	1.84	1.80	1.74	1.72	1.69	1.66	1.62	1.59	1.55
24	1.83	1.78	1.73	1.70	1.67	1.64	1.61	1.57	1.53
25	1.82	1.77	1.72	1.69	1.66	1.63	1.59	1.56	1.52
26	1.81	1.76	1.71	1.68	1.65	1.61	1.58	1.54	1.50
27	1.80	1.75	1.70	1.67	1.64	1.60	1.57	1.53	1.49
28	1.79	1.74	1.69	1.66	1.63	1.59	1.56	1.52	1.48
29	1.78	1.73	1.68	1.65	1.62	1.58	1.55	1.51	1.47
30	1.77	1.72	1.67	1.64	1.61	1.57	1.54	1.50	1.46
40	1.71	1.66	1.61	1.57	1.54	1.51	1.47	1.42	1.38
60	1.66	1.60	1.54	1.51	1.48	1.44	1.40	1.35	1.29
120	1.60	1.55	1.48	1.45	1.41	1.37	1.32	1.26	1.19
∞	1.55	1.49	1.42	1.38	1.34	1.30	1.24	1.17	1.00

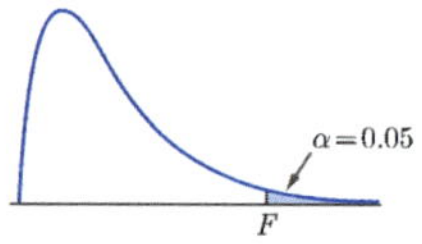

df_2 \ df_1	1	2	3	4	5	6	7	8	9	10
1	161.45	199.50	215.71	224.58	230.16	233.99	236.77	238.88	240.54	241.88
2	18.51	19.00	19.16	19.25	19.30	19.33	19.35	19.37	19.38	19.40
3	10.13	9.55	9.28	9.12	9.01	8.94	8.89	8.85	8.81	8.79
4	7.71	6.94	6.59	6.39	6.26	6.16	6.09	6.04	6.00	5.96
5	6.61	5.79	5.41	5.19	5.05	4.95	4.88	4.82	4.77	4.74
6	5.99	5.14	4.76	4.53	4.39	4.28	4.21	4.15	4.10	4.06
7	5.59	4.74	4.35	4.12	3.97	3.87	3.79	3.73	3.68	3.64
8	5.32	4.46	4.07	3.84	3.69	3.58	3.50	3.44	3.39	3.35
9	5.12	4.26	3.86	3.63	3.48	3.37	3.29	3.23	3.18	3.14
10	4.96	4.10	3.71	3.48	3.33	3.22	3.14	3.07	3.02	2.98
11	4.84	3.98	3.59	3.36	3.20	3.09	3.01	2.95	2.90	2.85
12	4.75	3.89	3.49	3.26	3.11	3.00	2.91	2.85	2.80	2.75
13	4.67	3.81	3.41	3.18	3.03	2.92	2.83	2.77	2.71	2.67
14	4.60	3.74	3.34	3.11	2.96	2.85	2.76	2.70	2.65	2.60
15	4.54	3.68	3.29	3.06	2.90	2.79	2.71	2.64	2.59	2.54
16	4.49	3.63	3.24	3.01	2.85	2.74	2.66	2.59	2.54	2.49
17	4.45	3.59	3.20	2.96	2.81	2.70	2.61	2.55	2.49	2.45
18	4.41	3.55	3.16	2.93	2.77	2.66	2.58	2.51	2.46	2.41
19	4.38	3.52	3.13	2.90	2.74	2.63	2.54	2.48	2.42	2.38
20	4.35	3.49	3.10	2.87	2.71	2.60	2.51	2.45	2.39	2.35
21	4.32	3.47	3.07	2.84	2.68	2.57	2.49	2.42	2.37	2.32
22	4.30	3.44	3.05	2.82	2.66	2.55	2.46	2.40	2.34	2.30
23	4.28	3.42	3.03	2.80	2.64	2.53	2.44	2.37	2.32	2.27
24	4.26	3.40	3.01	2.78	2.62	2.51	2.42	2.36	2.30	2.25
25	4.24	3.39	2.99	2.76	2.60	2.49	2.40	2.34	2.28	2.24
26	4.23	3.37	2.98	2.74	2.59	2.47	2.39	2.32	2.27	2.22
27	4.21	3.35	2.96	2.73	2.57	2.46	2.37	2.31	2.25	2.20
28	4.20	3.34	2.95	2.71	2.56	2.45	2.36	2.29	2.24	2.19
29	4.18	3.33	2.93	2.70	2.55	2.43	2.35	2.28	2.22	2.18
30	4.17	3.32	2.92	2.69	2.53	2.42	2.33	2.27	2.21	2.16
40	4.08	3.23	2.84	2.61	2.45	2.34	2.25	2.18	2.12	2.08
60	4.00	3.15	2.76	2.53	2.37	2.25	2.17	2.10	2.04	1.99
120	3.92	3.07	2.68	2.45	2.29	2.18	2.09	2.02	1.96	1.91
∞	3.84	3.00	2.60	2.37	2.21	2.10	2.01	1.94	1.88	1.83

df_2 \ df_1	12	15	20	24	30	40	60	120	∞
1	243.91	245.95	248.01	249.05	250.10	251.14	252.20	253.25	254.31
2	19.41	19.43	19.45	19.45	19.46	19.47	19.48	19.49	19.50
3	8.74	8.70	8.66	8.64	8.62	8.59	8.57	8.55	8.53
4	5.91	5.86	5.80	5.77	5.75	5.72	5.69	5.66	5.63
5	4.68	4.62	4.56	4.53	4.50	4.46	4.43	4.40	4.36
6	4.00	3.94	3.87	3.84	3.81	3.77	3.74	3.70	3.67
7	3.57	3.51	3.44	3.41	3.38	3.34	3.30	3.27	3.23
8	3.28	3.22	3.15	3.12	3.08	3.04	3.01	2.97	2.93
9	3.07	3.01	2.94	2.90	2.86	2.83	2.79	2.75	2.71
10	2.91	2.85	2.77	2.74	2.70	2.66	2.62	2.58	2.54
11	2.79	2.72	2.65	2.61	2.57	2.53	2.49	2.45	2.40
12	2.69	2.62	2.54	2.51	2.47	2.43	2.38	2.34	2.30
13	2.60	2.53	2.46	2.42	2.38	2.34	2.30	2.25	2.21
14	2.53	2.46	2.39	2.35	2.31	2.27	2.22	2.18	2.13
15	2.48	2.40	2.33	2.29	2.25	2.20	2.16	2.11	2.07
16	2.42	2.35	2.28	2.24	2.19	2.15	2.11	2.06	2.01
17	2.38	2.31	2.23	2.19	2.15	2.10	2.06	2.01	1.96
18	2.34	2.27	2.19	2.15	2.11	2.06	2.02	1.97	1.92
19	2.31	2.23	2.16	2.11	2.07	2.03	1.98	1.93	1.88
20	2.28	2.20	2.12	2.08	2.04	1.99	1.95	1.90	1.84
21	2.25	2.18	2.10	2.05	2.01	1.96	1.92	1.87	1.81
22	2.23	2.15	2.07	2.03	1.98	1.94	1.89	1.84	1.78
23	2.20	2.13	2.05	2.01	1.96	1.91	1.86	1.81	1.76
24	2.18	2.11	2.03	1.98	1.04	1.89	1.84	1.79	1.73
25	2.16	2.09	2.01	1.96	1.92	1.87	1.82	1.77	1.71
26	2.15	2.07	1.99	1.95	1.90	1.85	1.80	1.75	1.69
27	2.13	2.06	1.97	1.93	1.88	1.84	1.79	1.73	1.67
28	2.12	2.04	1.96	1.91	1.87	1.82	1.77	1.71	1.65
29	2.10	2.03	1.94	1.90	1.85	1.81	1.75	1.70	1.64
30	2.09	2.01	1.93	1.89	1.84	1.79	1.74	1.68	1.62
40	2.00	1.92	1.84	1.79	1.74	1.69	1.64	1.58	1.51
60	1.92	1.84	1.75	1.70	1.65	1.59	1.53	1.47	1.39
120	1.83	1.75	1.66	1.61	1.55	1.50	1.43	1.35	1.25
∞	1.75	1.67	1.57	1.52	1.46	1.39	1.32	1.22	1.00

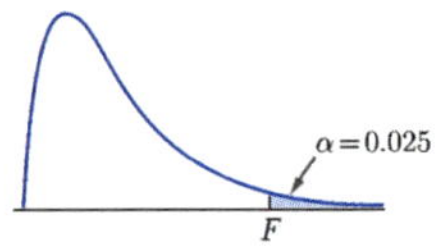

df_2 \ df_1	1	2	3	4	5	6	7	8	9	10
1	647.79	799.50	864.16	899.58	921.85	937.11	948.22	956.66	963.28	968.63
2	38.51	39.00	39.17	39.25	39.30	39.33	39.36	39.37	39.39	39.40
3	17.44	16.04	15.44	15.10	14.88	14.73	14.62	14.54	14.47	14.42
4	12.22	10.65	9.98	9.60	9.36	9.20	9.07	8.98	8.90	8.84
5	10.01	8.43	7.76	7.39	7.15	6.98	6.85	6.76	6.68	6.62
6	8.81	7.26	6.60	6.23	5.99	5.82	5.70	5.60	5.52	5.46
7	8.07	6.54	5.89	5.52	5.29	5.12	4.99	4.90	4.82	4.76
8	7.57	6.06	5.42	5.05	4.82	4.65	4.53	4.43	4.36	4.30
9	7.21	5.71	5.08	4.72	4.48	4.32	4.20	4.10	4.03	3.96
10	6.94	5.46	4.83	4.47	4.24	4.07	3.95	3.85	3.78	3.72
11	6.72	5.26	4.63	4.28	4.04	3.88	3.76	3.66	3.59	3.53
12	6.55	5.10	4.47	4.12	3.89	3.73	3.61	3.51	3.44	3.37
13	6.41	4.97	4.35	4.00	3.77	3.60	3.48	3.39	3.31	3.25
14	6.30	4.86	4.24	3.89	3.66	3.50	3.38	3.29	3.21	3.15
15	6.20	4.77	4.15	3.80	3.58	3.41	3.29	3.20	3.12	3.06
16	6.12	4.69	4.08	3.73	3.50	3.34	3.22	3.12	3.05	2.99
17	6.04	4.62	4.01	3.66	3.44	3.28	3.16	3.06	2.98	2.92
18	5.98	4.56	3.95	3.61	3.38	3.22	3.10	3.01	2.93	2.87
19	5.92	4.51	3.90	3.56	3.33	3.17	3.05	2.96	2.88	2.82
20	5.87	4.46	3.86	3.51	3.29	3.13	3.01	2.91	2.84	2.77
21	5.83	4.42	3.82	3.48	3.25	3.09	2.97	2.87	2.80	2.73
22	5.79	4.38	3.78	3.44	3.22	3.05	2.93	2.84	2.76	2.70
23	5.75	4.35	3.75	3.41	3.18	3.02	2.90	2.81	2.73	2.67
24	5.72	4.32	3.72	3.38	3.15	2.99	2.87	2.78	2.70	2.64
25	5.69	4.29	3.69	3.35	3.13	2.97	2.85	2.75	2.68	2.61
26	5.66	4.27	3.67	3.33	3.10	2.94	2.82	2.73	2.65	2.59
27	5.63	4.24	3.65	3.31	3.08	2.92	2.80	2.71	2.63	2.57
28	5.61	4.22	3.63	3.29	3.06	2.90	2.78	2.69	2.61	2.55
29	5.59	4.20	3.61	3.27	3.04	2.88	2.76	2.67	2.59	2.53
30	5.57	4.18	3.59	3.25	3.03	2.87	2.75	2.65	2.57	2.51
40	5.42	4.05	3.46	3.13	2.90	2.74	2.62	2.53	2.45	2.39
60	5.29	3.93	3.34	3.01	2.79	2.63	2.51	2.41	2.33	2.27
120	5.15	3.80	3.23	2.89	2.67	2.52	2.39	2.30	2.22	2.16
∞	5.02	3.69	3.12	2.79	2.57	2.41	2.29	2.19	2.11	2.05

df_2 \ df_1	12	15	20	24	30	40	60	120	∞
1	976.71	984.87	993.10	997.25	1001.41	1005.60	1009.80	1014.02	1018.26
2	39.41	39.43	39.45	39.46	39.46	39.47	39.48	39.49	39.50
3	14.34	14.25	14.17	14.12	14.08	14.04	13.99	13.95	13.90
4	8.75	8.66	8.56	8.51	8.46	8.41	8.36	8.31	8.26
5	6.52	6.43	6.33	6.28	6.23	6.18	6.12	6.07	6.02
6	5.37	5.27	5.17	5.12	5.07	5.01	4.96	4.90	4.85
7	4.67	4.57	4.47	4.41	4.36	4.31	4.25	4.20	4.14
8	4.20	4.10	4.00	3.95	3.89	3.84	3.78	3.73	3.67
9	3.87	3.77	3.67	3.61	3.56	3.51	3.45	3.39	3.33
10	3.62	3.52	3.42	3.37	3.31	3.26	3.20	3.14	3.08
11	3.43	3.33	3.23	3.17	3.12	3.06	3.00	2.94	2.88
12	3.28	3.18	3.07	3.02	2.96	2.91	2.85	2.79	2.72
13	3.15	3.05	2.95	2.89	2.84	2.78	2.72	2.66	2.60
14	3.05	2.95	2.84	2.79	2.73	2.67	2.61	2.55	2.49
15	2.96	2.86	2.76	2.70	2.64	2.59	2.52	2.46	2.40
16	2.89	2.79	2.68	2.63	2.57	2.51	2.45	2.38	2.32
17	2.82	2.72	2.62	2.56	2.50	2.44	2.38	2.32	2.25
18	2.77	2.67	2.56	2.50	2.44	2.38	2.32	2.26	2.19
19	2.72	2.62	2.51	2.45	2.39	2.33	2.27	2.20	2.13
20	2.68	2.57	2.46	2.41	2.35	2.29	2.22	2.16	2.09
21	2.64	2.53	2.42	2.37	2.31	2.25	2.18	2.11	2.04
22	2.60	2.50	2.39	2.33	2.27	2.21	2.14	2.08	2.00
23	2.57	2.47	2.36	2.30	2.24	2.18	2.11	2.04	1.97
24	2.54	2.44	2.33	2.27	2.21	2.15	2.08	2.01	1.94
25	2.51	2.41	2.30	2.24	2.18	2.12	2.05	1.98	1.91
26	2.49	2.39	2.28	2.22	2.16	2.09	2.03	1.95	1.88
27	2.47	2.36	2.25	2.19	2.13	2.07	2.00	1.93	1.85
28	2.45	2.34	2.23	2.17	2.11	2.05	1.98	1.91	1.83
29	2.43	2.32	2.21	2.15	2.09	2.03	1.96	1.89	1.81
30	2.41	2.31	2.20	2.14	2.07	2.01	1.94	1.87	1.79
40	2.29	2.18	2.07	2.01	1.94	1.88	1.80	1.72	1.64
60	2.17	2.06	1.94	1.88	1.82	1.74	1.67	1.58	1.48
120	2.05	1.94	1.82	1.76	1.69	1.61	1.53	1.43	1.31
∞	1.94	1.83	1.71	1.64	1.57	1.48	1.39	1.27	1.00

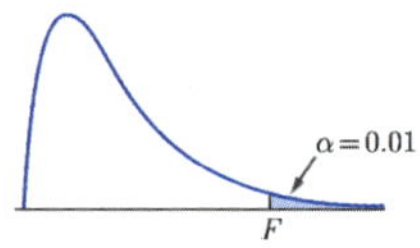

df_2 \ df_1	1	2	3	4	5	6	7	8	9	10
1	4052.18	4999.50	5403.35	5624.58	5763.65	5858.99	5928.36	5981.07	6022.47	6055.85
2	98.50	99.00	99.17	99.25	99.30	99.33	99.36	99.37	99.39	99.40
3	34.12	30.82	29.46	28.71	28.24	27.91	27.67	27.49	27.35	27.23
4	21.20	18.00	16.69	15.98	15.52	15.21	14.98	14.80	14.66	14.55
5	16.26	13.27	12.06	11.39	10.97	10.67	10.46	10.29	10.16	10.05
6	13.75	10.92	9.78	9.15	8.75	8.47	8.26	8.10	7.98	7.87
7	12.25	9.55	8.45	7.85	7.46	7.19	6.99	6.84	6.72	6.62
8	11.26	8.65	7.59	7.01	6.63	6.37	6.18	6.03	5.91	5.81
9	10.56	8.02	6.99	6.42	6.06	5.80	5.61	5.47	5.35	5.26
10	10.04	7.56	6.55	5.99	5.64	5.39	5.20	5.06	4.94	4.85
11	9.65	7.21	6.22	5.67	5.32	5.07	4.89	4.74	4.63	4.54
12	9.33	6.93	5.95	5.41	5.06	4.82	4.64	4.50	4.39	4.30
13	9.07	6.70	5.74	5.21	4.86	4.62	4.44	4.30	4.19	4.10
14	8.86	6.51	5.56	5.04	4.69	4.46	4.28	4.14	4.03	3.94
15	8.68	6.36	5.42	4.89	4.56	4.32	4.14	4.00	3.89	3.80
16	8.53	6.23	5.29	4.77	4.44	4.20	4.03	3.89	3.78	3.69
17	8.40	6.11	5.18	4.67	4.34	4.10	3.93	3.79	3.68	3.59
18	8.29	6.01	5.09	4.58	4.25	4.01	3.84	3.71	3.60	3.51
19	8.18	5.93	5.01	4.50	4.17	3.94	3.77	3.63	3.52	3.43
20	8.10	5.85	4.94	4.43	4.10	3.87	3.70	3.56	3.46	3.37
21	8.02	5.78	4.87	4.37	4.04	3.81	3.64	3.51	3.40	3.31
22	7.95	5.72	4.82	4.31	3.99	3.76	3.59	3.45	3.35	3.26
23	7.88	5.66	4.76	4.26	3.94	3.71	3.54	3.41	3.30	3.21
24	7.82	5.61	4.72	4.22	3.90	3.67	3.50	3.36	3.26	3.17
25	7.77	5.57	4.68	4.18	3.85	3.63	3.46	3.32	3.22	3.13
26	7.72	5.53	4.64	4.14	3.82	3.59	3.42	3.29	3.18	3.09
27	7.68	5.49	4.60	4.11	3.78	3.56	3.39	3.26	3.15	3.06
28	7.64	5.45	4.57	4.07	3.75	3.53	3.36	3.23	3.12	3.03
29	7.60	5.42	4.54	4.04	3.73	3.50	3.33	3.20	3.09	3.00
30	7.56	5.39	4.51	4.02	3.70	3.47	3.30	3.17	3.07	2.98
40	7.31	5.18	4.31	3.83	3.51	3.29	3.12	2.99	2.89	2.80
60	7.08	4.98	4.13	3.65	3.34	3.12	2.95	2.82	2.72	2.63
120	6.85	4.79	3.95	3.48	3.17	2.96	2.79	2.66	2.56	2.47
∞	6.63	4.61	3.78	3.32	3.02	2.80	2.64	2.51	2.41	2.32

df_2 \ df_1	12	15	20	24	30	40	60	120	∞
1	6106.32	6157.28	6208.73	6234.63	6260.65	6286.78	6313.03	6339.39	6365.86
2	99.42	99.43	99.45	99.46	99.47	99.47	99.48	99.49	99.50
3	27.05	26.87	26.69	26.60	26.50	26.41	26.32	26.22	26.13
4	14.37	14.20	14.02	13.93	13.84	13.75	13.65	13.56	13.46
5	9.89	9.72	9.55	9.47	9.38	9.29	9.20	9.11	9.02
6	7.72	7.56	7.40	7.31	7.23	7.14	7.06	6.97	6.88
7	6.47	6.31	6.16	6.07	5.99	5.91	5.82	5.74	5.65
8	5.67	5.52	5.36	5.28	5.20	5.12	5.03	4.95	4.86
9	5.11	4.96	4.81	4.73	4.65	4.57	4.48	4.40	4.31
10	4.71	4.56	4.41	4.33	4.25	4.17	4.08	4.00	3.91
11	4.40	4.25	4.10	4.02	3.94	3.86	3.78	3.69	3.60
12	4.16	4.01	3.86	3.78	3.70	3.62	3.54	3.45	3.36
13	3.96	3.82	3.66	3.59	3.51	3.43	3.34	3.25	3.17
14	3.80	3.66	3.51	3.43	3.35	3.27	3.18	3.09	3.00
15	3.67	3.52	3.37	3.29	3.21	3.13	3.05	2.96	2.87
16	3.55	3.41	3.26	3.18	3.10	3.02	2.93	2.84	2.75
17	3.46	3.31	3.16	3.08	3.00	2.92	2.83	2.75	2.65
18	3.37	3.23	3.08	3.00	2.92	2.84	2.75	2.66	2.57
19	3.30	3.15	3.00	2.92	2.84	2.76	2.67	2.58	2.49
20	3.23	3.09	2.94	2.86	2.78	2.69	2.61	2.52	2.42
21	3.17	3.03	2.88	2.80	2.72	2.64	2.55	2.46	2.36
22	3.12	2.98	2.83	2.75	2.67	2.58	2.50	2.40	2.31
23	3.07	2.93	2.78	2.70	2.62	2.54	2.45	2.35	2.26
24	3.03	2.89	2.74	2.66	2.58	2.49	2.40	2.31	2.21
25	2.99	2.85	2.70	2.62	2.54	2.45	2.36	2.27	2.17
26	2.96	2.81	2.66	2.58	2.50	2.42	2.33	2.23	2.13
27	2.93	2.78	2.63	2.55	2.47	2.38	2.29	2.20	2.10
28	2.90	2.75	2.60	2.52	2.44	2.35	2.26	2.17	2.06
29	2.87	2.73	2.57	2.49	2.41	2.33	2.23	2.14	2.03
30	2.84	2.70	2.55	2.47	2.39	2.30	2.21	2.11	2.01
40	2.66	2.52	2.37	2.29	2.20	2.11	2.02	1.92	1.80
60	2.50	2.35	2.20	2.12	2.03	1.94	1.84	1.73	1.60
120	2.34	2.19	2.03	1.95	1.86	1.76	1.66	1.53	1.38
∞	2.18	2.04	1.88	1.79	1.70	1.59	1.47	1.32	1.00

6. 카이자승분포표

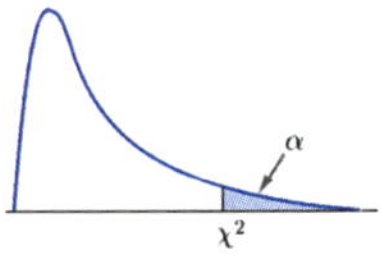

df \ α	0.995	0.99	0.975	0.95	0.9	0.75	0.5	0.25	0.1	0.05	0.025	0.01	0.005
1	0.000	0.000	0.001	0.004	0.016	0.102	0.455	1.323	2.706	3.841	5.024	6.635	7.879
2	0.010	0.020	0.051	0.103	0.211	0.575	1.386	2.773	4.605	5.991	7.378	9.210	10.597
3	0.072	0.115	0.216	0.352	0.584	1.213	2.366	4.108	6.251	7.815	9.348	11.345	12.838
4	0.207	0.297	0.484	0.711	1.064	1.923	3.357	5.385	7.779	9.488	11.143	13.277	14.860
5	0.412	0.554	0.831	1.145	1.610	2.675	4.351	6.626	9.236	11.070	12.833	15.086	16.750
6	0.676	0.872	1.237	1.635	2.204	3.455	5.348	7.841	10.645	12.592	14.449	16.812	18.548
7	0.989	1.239	1.690	2.167	2.833	4.255	6.346	9.037	12.017	14.067	16.013	18.475	20.278
8	1.344	1.646	2.180	2.733	3.490	5.071	7.344	10.219	13.362	15.507	17.535	20.090	21.955
9	1.735	2.088	2.700	3.325	4.168	5.899	8.343	11.389	14.684	16.919	19.023	21.666	23.589
10	2.156	2.558	3.247	3.940	4.865	6.737	9.342	12.549	15.987	18.307	20.483	23.209	25.188
11	2.603	3.053	3.816	4.575	5.578	7.584	10.341	13.701	17.275	19.675	21.920	24.725	26.757
12	3.074	3.571	4.404	5.226	6.304	8.438	11.340	14.845	18.549	21.026	23.337	26.217	28.300
13	3.565	4.107	5.009	5.892	7.042	9.299	12.340	15.984	19.812	22.362	24.736	27.688	29.819
14	4.075	4.660	5.629	6.571	7.790	10.165	13.339	17.117	21.064	23.685	26.119	29.141	31.319
15	4.601	5.229	6.262	7.261	8.547	11.037	14.339	18.245	22.307	24.996	27.488	30.578	32.801
16	5.142	5.812	6.908	7.962	9.312	11.912	15.338	19.369	23.542	26.296	28.845	32.000	34.267
17	5.697	6.408	7.564	8.672	10.085	12.792	16.338	20.489	24.769	27.587	30.191	33.409	35.718
18	6.265	7.015	8.231	9.390	10.865	13.675	17.338	21.605	25.989	28.869	31.526	34.805	37.156
19	6.844	7.633	8.907	10.117	11.651	14.562	18.338	22.718	27.204	30.144	32.852	36.191	38.582
20	7.434	8.260	9.591	10.851	12.443	15.452	19.337	23.828	28.412	31.410	34.170	37.566	39.997
21	8.034	8.897	10.283	11.591	13.240	16.344	20.337	24.935	29.615	32.671	35.479	38.932	41.401
22	8.643	9.542	10.982	12.338	14.041	17.240	21.337	26.039	30.813	33.924	36.781	40.289	42.796
23	9.260	10.196	11.689	13.091	14.848	18.137	22.337	27.141	32.007	35.172	38.076	41.638	44.181
24	9.886	10.856	12.401	13.848	15.659	19.037	23.337	28.241	33.196	36.415	39.364	42.980	45.559
25	10.520	11.524	13.120	14.611	16.473	19.939	24.337	29.339	34.382	37.652	40.646	44.314	46.928
26	11.160	12.198	13.844	15.379	17.292	20.843	25.336	30.435	35.563	38.885	41.923	45.642	48.290
27	11.808	12.879	14.573	16.151	18.114	21.749	26.336	31.528	36.741	40.113	43.195	46.963	49.645
28	12.461	13.565	15.308	16.928	18.939	22.657	27.336	32.620	37.916	41.337	44.461	48.278	50.993
29	13.121	14.256	16.047	17.708	19.768	23.567	28.336	33.711	39.087	42.557	45.722	49.588	52.336
30	13.787	14.953	16.791	18.493	20.599	24.478	29.336	34.800	40.256	43.773	46.979	50.892	53.672
35	17.192	18.509	20.569	22.465	24.797	29.054	34.336	40.223	46.059	49.802	53.203	57.342	60.275
40	20.707	22.164	24.433	26.509	29.051	33.660	39.335	45.616	51.805	55.758	59.342	63.691	66.766
45	24.311	25.901	28.366	30.612	33.350	38.291	44.335	50.985	57.505	61.656	65.410	69.957	73.166
50	27.991	29.707	32.357	34.764	37.689	42.942	49.335	56.334	63.167	67.505	71.420	76.154	79.490
60	35.534	37.485	40.482	43.188	46.459	52.294	59.335	66.981	74.397	79.082	83.298	88.379	91.952
70	43.275	45.442	48.758	51.739	55.329	61.698	69.334	77.577	85.527	90.531	95.023	100.425	104.215
80	51.172	53.540	57.153	60.391	64.278	71.145	79.334	88.130	96.578	101.879	106.629	112.329	116.321
90	59.196	61.754	65.647	69.126	73.291	80.625	89.334	98.650	107.565	113.145	118.136	124.116	128.299
100	67.328	70.065	74.222	77.929	82.358	90.133	99.334	109.141	118.498	124.342	129.561	135.807	140.169

▸ 연습문제 해답

1장

〈객관식〉

2 ②, 4 ④, 6 ②, 8 ②, 10 ④, 12 ②, 14 ④, 16 ③, 18 ③

2장

〈객관식〉

2 ④, 4 ②, 6 ①, 8 ①, 10 ② 12 ①, 14 ②, 16 ④, 18 ④, 20 ①, 22 ①,
24 ①, 26 ③, 28 ③, 30 ④, 32 ②, 34 ①, 36 ④,

〈주관식〉

2. 명목척도 : 숫자는 의미가 없으며 특정 범주만 가르키는 것(예, 성별)
   서열척도 : 명목척도의 특성을 가지며 크기 순서대로 서열화 가능한 것(예, 학급등수)
   등간척도 : 서열척도의 특성을 가지며 덧셈 및 빼셈이 가능해지는 것(예, 수온계 눈금)
   비율척도 : 등간척도의 특성을 가지며 사칙연산이 가능한 것(예, 키, 몸무게)

3장

〈객관식〉

2 ②, 4 ②, 6 ④, 8 ①, 10 ③, 12 ④, 14 ②, 16 ④, 18 ②, 20 ①, 22 ②,
24 ①, 26 ④, 28 ③

〈주관식〉

2. (1) 모집단은 우리나라 대학생 전체, 모수는 우리나라 대학생 전체의 평균 교과서 지불 금액
   (2) 표본은 우리나라 대학생 중 일부, 통계량은 우리나라 대학생 일부의 평균 교과서 지불 금액

4장

〈객관식〉

2 ④, 4 ④, 6 ④, 8 ③, 10 ①

〈주관식〉

2. 평균 = 59kg, 표준편차 = 2kg
4. (1) 최빈치, A = 6, B = 4, 중앙치, A = 6, B = 4, 범위, A = 6, B = 6,
   평균, A = 5.6, B = 5, 표준편차, A = 2.302, B = 2.449
   (2) A와 B의 평균무게는 5.6과 5이고 표준편차는 2.302와 2.449로 나타나 두 회사의 차이는 크지 않다.

6. 변동계수가 동일하다.
8. 후보지 A = 7.6, 후보지 B =7.7
10. (1) A반 = 500, B반 = 1000
    (2) A반 = 40, B반 = 10
    (3) A반 = 8%, B반 = 4%
12. 3
14. 4

5장

〈객관식〉

2 ③, 4 ②, 6 ④, 8 ①, 10 ①

〈주관식〉

2. (1) P(A) = 3/9, (2), P(A) = 8/9
4. (1) 경험적 확률, (2) 고전적 확률, (3) 주관적 확률, (4) 경험적 확률
6. (흰,흰)=2, (흰,검)=1, (검,흰)=1, (검,검)=0

   $2= \frac{3}{6}\times\frac{2}{5}=\frac{6}{30}$

   $1= \frac{3}{6}\times\frac{3}{5}+\frac{3}{6}\times\frac{3}{5}=\frac{18}{30}$

   $0= \frac{3}{6}\times\frac{2}{6}=\frac{6}{30}$

   기대치=1, 분산 $=\frac{12}{30}=$ 0.4, 표분편차 = 0.6325
8. (앞,앞)=20, (앞,뒤)=10, (뒤,앞)=10, (뒤,뒤)=0

   기대치 = 10, 분산 = 50, 표준편차 = 7.0710
10. $E(X)=\sum_x xP(x)=0\times 0.2+1\times 0.5+2\times 0.3=1.1$

   $\sigma^2(X)=\sum_x (x-\mu)^2 p(x)=(0-1.1)^2\times 0.2+(1-1.1)^2\times 0.5+(2-1.1)^2\times 0.3=0.49$

   $E(Y)=E(3X-2)=E(3X)-E(2)=3E(X)-2=3(1.1)-2=1.3$

   $\sigma^2(Y)=\sigma^2(3X-2)=\sigma^2(3X)=9\sigma^2(X)=9(1.3)=11.7$

6장

〈객관식〉

2 ④, 4 ④, 6 ②, 8 ③, 10 ②

〈주관식〉

2.

PDF $P(X=x)$	CDF $P(X\le x)$
$P(X=0)=\frac{1}{10-1+1}=\frac{1}{10}$	$P(X\le 0)=\frac{1-1+1}{10-1+1}=\frac{1}{10}$
$P(X=1)=\frac{1}{10-1+1}=\frac{1}{10}$	$P(X\le 1)=\frac{2-1+1}{10-1+1}=\frac{2}{10}$
$P(X=2)=\frac{1}{10-1+1}=\frac{1}{10}$	$P(X\le 2)=\frac{3-1+1}{10-1+1}=\frac{3}{10}$
$P(X=3)=\frac{1}{10-1+1}=\frac{1}{10}$	$P(X\le 3)=\frac{4-1+1}{10-1+1}=\frac{4}{10}$
$P(X=4)=\frac{1}{10-1+1}=\frac{1}{10}$	$P(X\le 4)=\frac{5-1+1}{10-1+1}=\frac{5}{10}$
$P(X=5)=\frac{1}{10-1+1}=\frac{1}{10}$	$P(X\le 5)=\frac{6-1+1}{10-1+1}=\frac{6}{10}$
$P(X=6)=\frac{1}{10-1+1}=\frac{1}{10}$	$P(X\le 6)=\frac{7-1+1}{10-1+1}=\frac{7}{10}$
$P(X=7)=\frac{1}{10-1+1}=\frac{1}{10}$	$P(X\le 7)=\frac{8-1+1}{10-1+1}=\frac{8}{10}$
$P(X=8)=\frac{1}{10-1+1}=\frac{1}{10}$	$P(X\le 8)=\frac{9-1+1}{10-1+1}=\frac{9}{10}$
$P(X=9)=\frac{1}{10-1+1}=\frac{1}{10}$	$P(X\le 9)=\frac{10-1+1}{10-1+1}=\frac{10}{10}$

평균 $=\frac{0+9}{2}=4.5$, 분산 $=\frac{10^2-1}{12}=8.25$

4. 평균 = 0.5, 분산 = 0.25

6. (1)

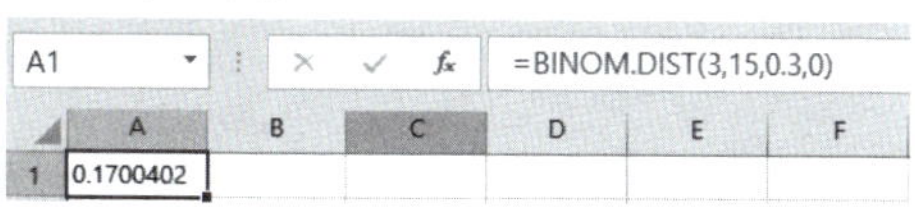

(2)

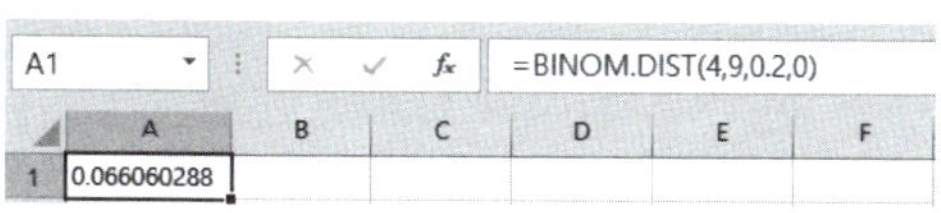

(3)

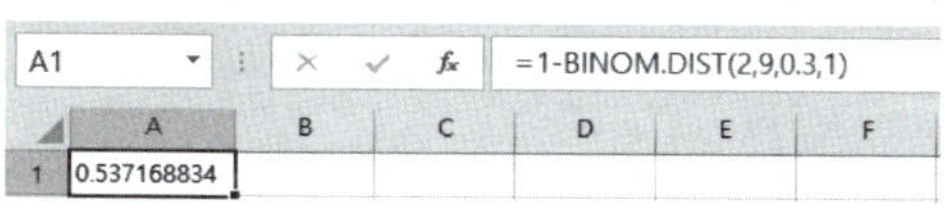

(4)

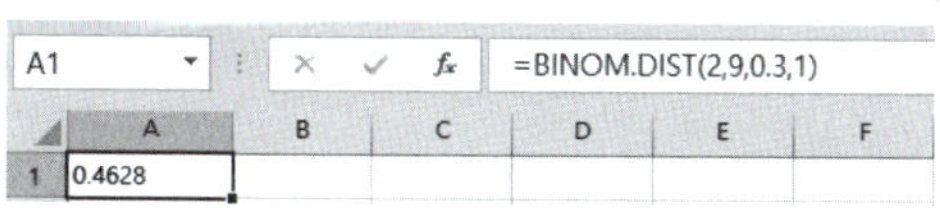

8. (1)

(2)

(3)

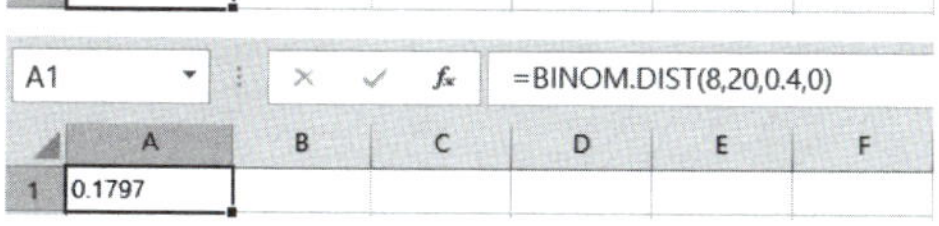

10. (1)

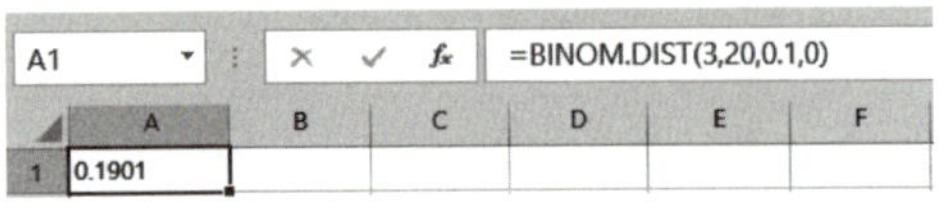

(2)

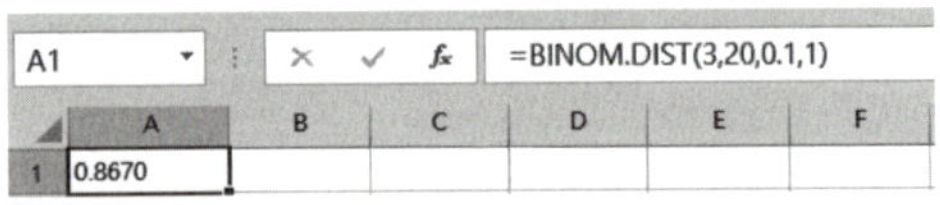

12. (1)

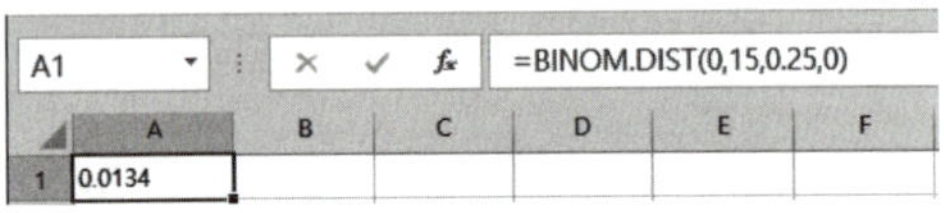

(2)

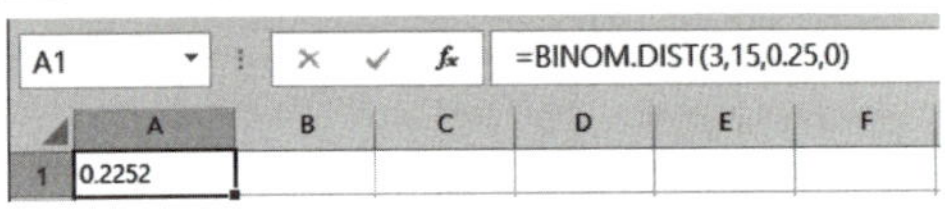

(3) 평균 = 0.25*15 = 3.75, 분산 =0.25*0.75*15= 2.8125

14.

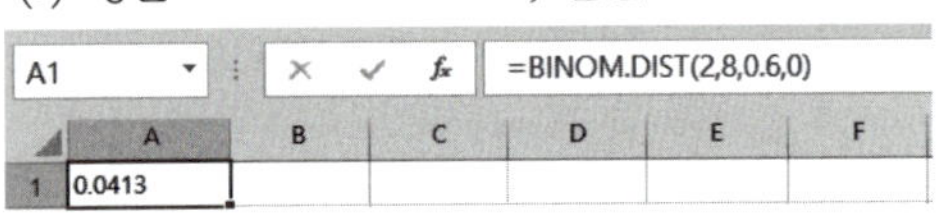

성공비율, 기대값 = 0.6, 분산= 0.24

성공횟수, 기대값 = 4.8, 분산= 1.92

16.

$(n=500, p=0.01)$		$(\lambda=np=1)$	
=BINOM.DIST(2, 500, 0.01, 0)	0.0836	=POISSON.DIST(2, 5, 0)	0.0842

7장

〈객관식〉

2 ①, 4 ③, 6 ③, 8 ④, 10 ①

〈주관식〉

2. (1)

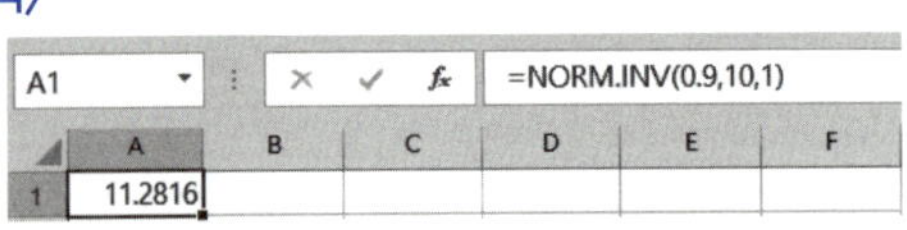

(2)

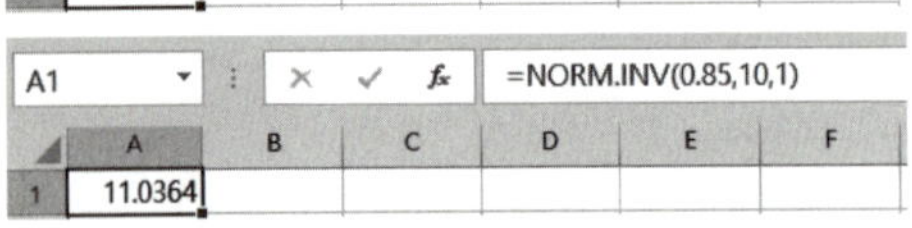

(3)

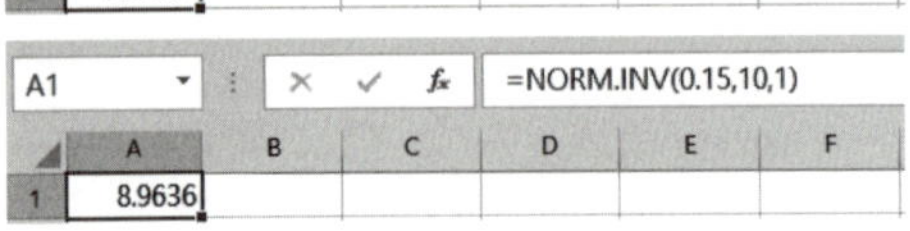

(4)

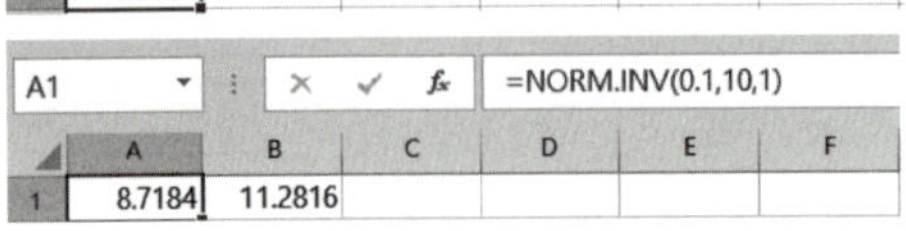

4. (1)

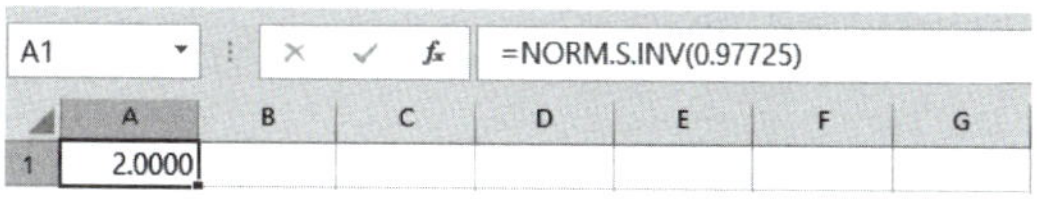

(2)

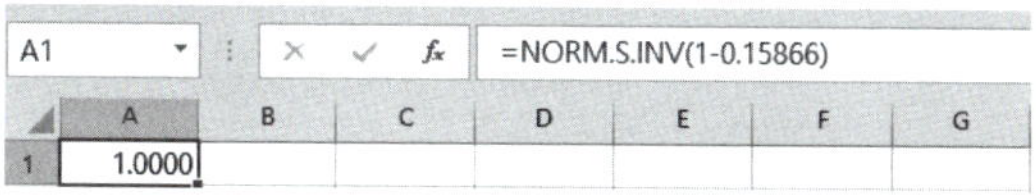

(3)

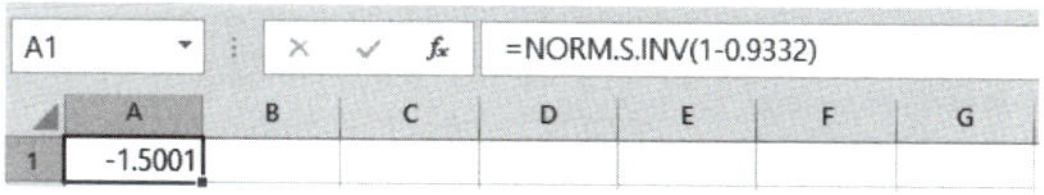

(4)

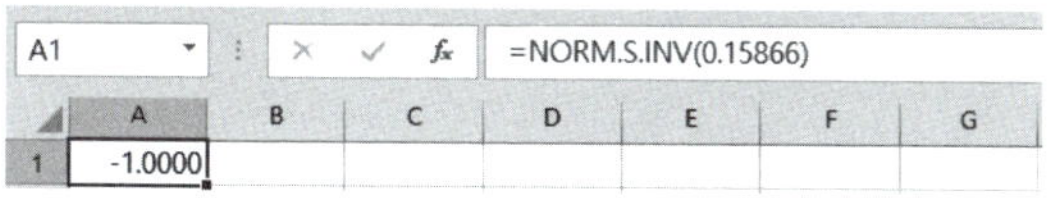

6. (1)

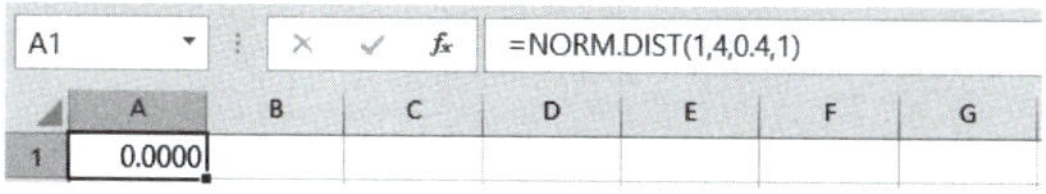

(2)

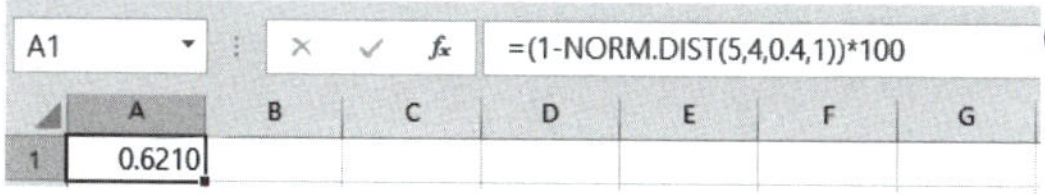

(약 1명)

(3)

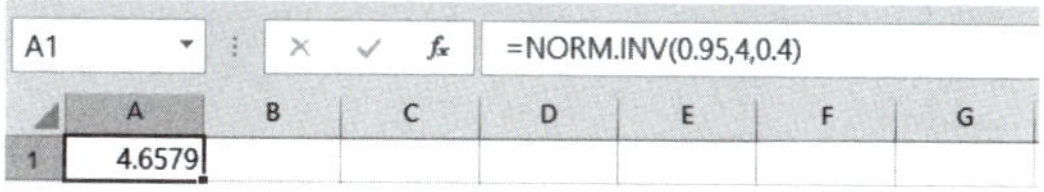

(4)

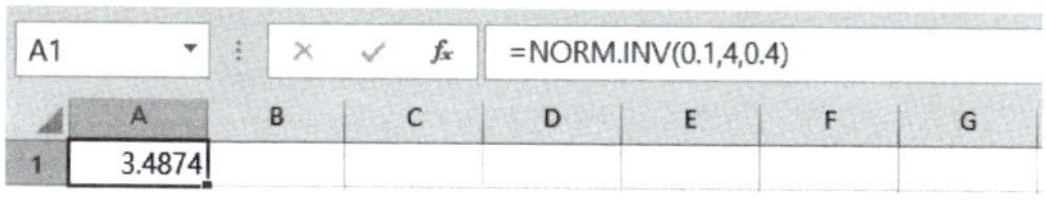

8. (1)

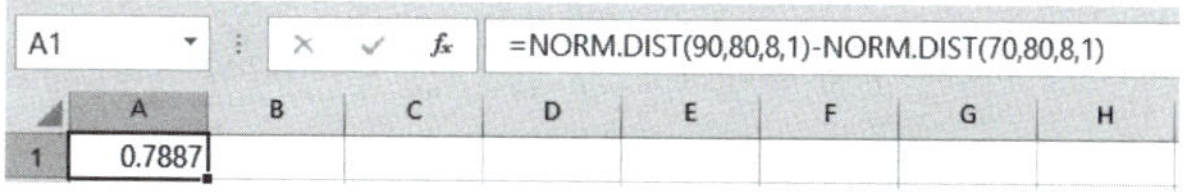

(2)

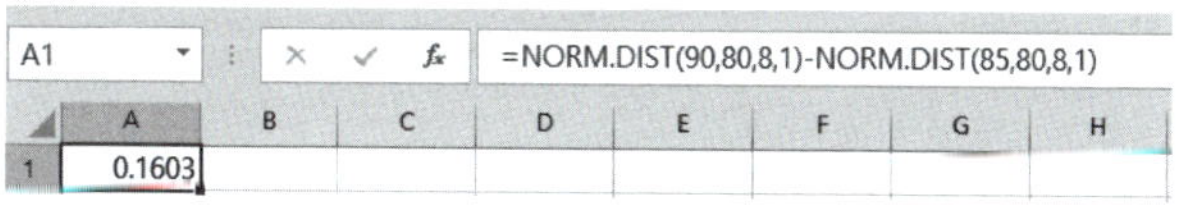

(3)

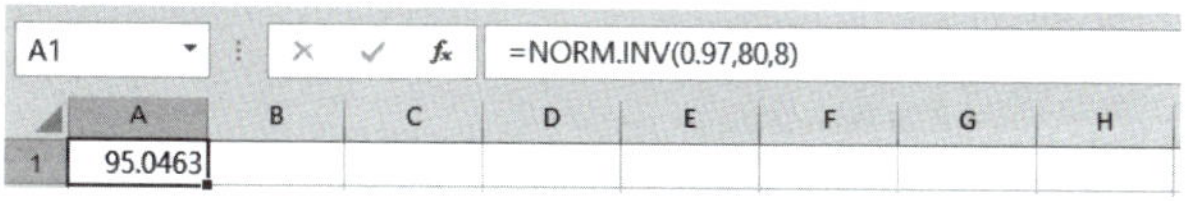

(4)

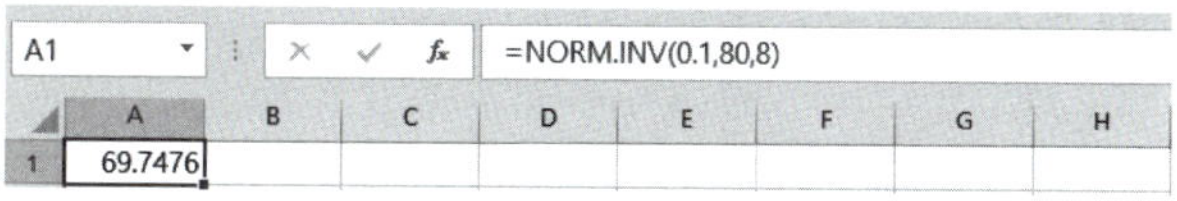

10. (1)

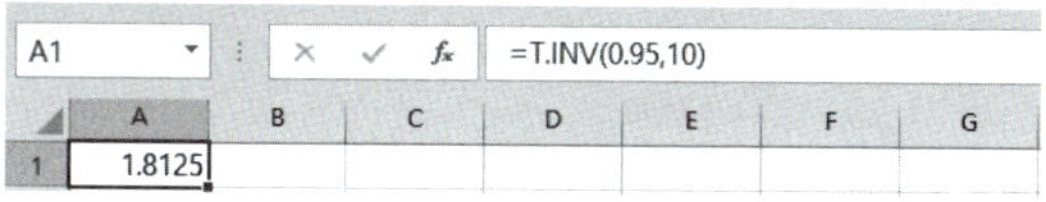

(2) 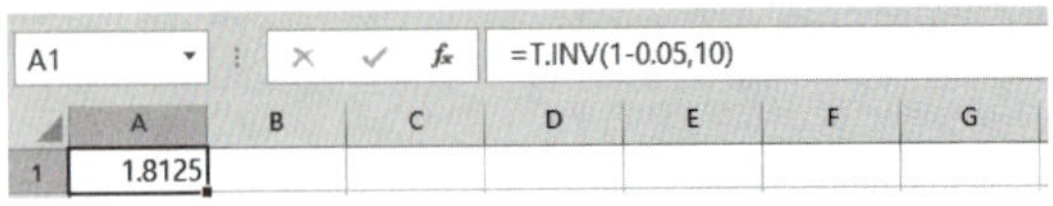

(3) 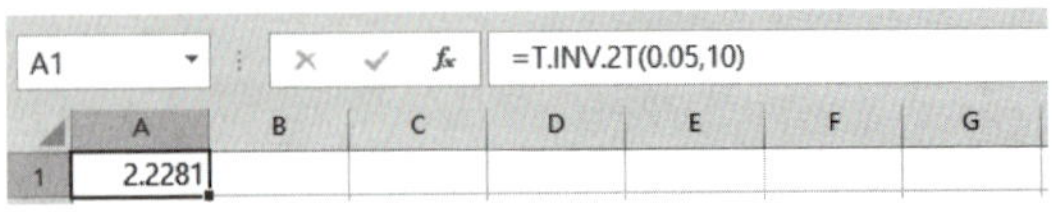

12. (1) 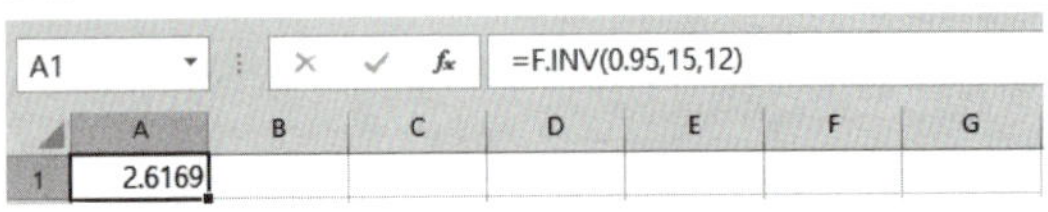

(2) 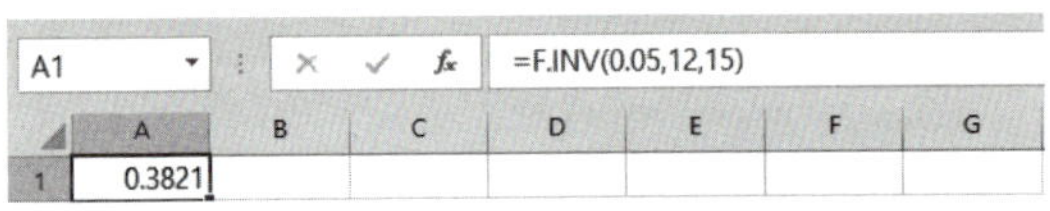

(3) 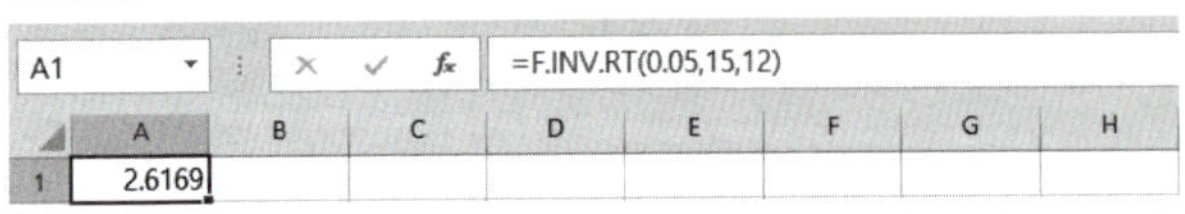

(4) 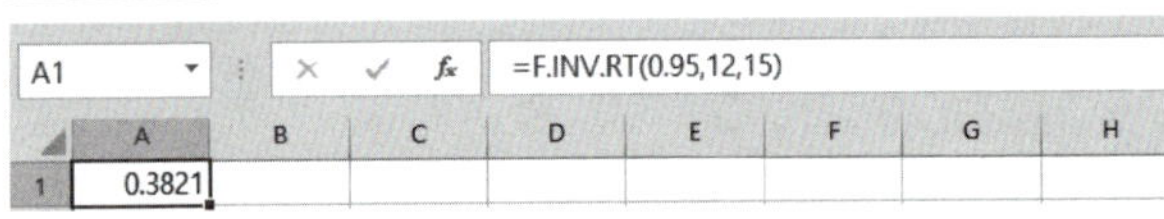

8장

〈객관식〉

2. ②, 4. ②, 6, ④, 8, ②, 10. ④

〈주관식〉

2. 평균의 표본분포는 특정 모집단에서 같은 크기로 뽑을 수 있는 모든 표본을 뽑아 각 표본에서 평균을 계산하였을 때 그 표본평균들의 확률분포를 의미하고 그 뽑은 값 중 하나가 $\overline{X}$이다.

4. (1) 평균 =20, 표본오차는 $\frac{1}{3}$=0.333인 정규분포

(2) $\frac{19-20}{\frac{4}{\sqrt{36}}} = Z = -1.5 \sim \frac{22-20}{\frac{4}{\sqrt{36}}} = Z = 3 = 0.9319$

(3) $\frac{19-20}{\frac{4}{\sqrt{36}}} = Z = -1.5 \sim \frac{22-20}{\frac{4}{\sqrt{36}}} = Z = 3 = 0.9319$

(4) $\frac{19-20}{\frac{4}{\sqrt{36}}} = Z = -1.5 \sim \frac{22-20}{\frac{4}{\sqrt{36}}} = Z = 3 = 0.9319$

6. $\frac{x}{\sqrt{50}} = 20$, $x = 20\sqrt{50}$, $\frac{20\sqrt{50}}{\sqrt{n}} = 10$, $n = 5{,}000$

8. $\pi=0.01$, $\sigma = \sqrt{\frac{0.01*0.99}{900}} = 0.0033$, $Z = \frac{0.009-0.01}{0.0033} = -0.3030$의 면적 0.1293+0.5=0.6293

9장

〈객관식〉

2 ①, 4 ①, 6 ②, 8 ④, 10 ②, 12 ④

〈주관식〉

2. 좀 더 엄격하게 검정을 하겠다는 의미
4. 1) $H_0 : \mu = 10$
   $H_1 : \mu \neq 10$
   2) $\alpha = 0.05,\ Z = 1.96,$
   3) $Z_c = \dfrac{9.8 - 10}{\dfrac{0.2}{\sqrt{36}}} = -6.66667,\ |Z| < |Z_c|$ 대립가설 채택
6. (1) 0.2590, (2) 0.1295 (3) 0.1295
8. =t.dist.2t(2.170,9) = p = 0.0581 > α = 0.05
10. =T.DIST($-$1.9640,9,1) = p = 0.0406 < α = 0.05
12. =T.DIST.RT(1.9905,9) = p = 0.0389 < α = 0.05
14. =NORM.S.DIST(1.3158,0) = p = 0.1679 > α = 0.05

10장

〈객관식〉

2. ②, 4. ③, 6. ④, 8. ①, 10. ①

〈주관식〉

2. (1) (a) 80, (b) 6, (c) 5, (d) 110, (e) 4
   (2) 5
   (3) 11
   (4) 귀무가설: 모든 평균은 같다. 대립가설: 모든평균이 같지는 않다.
   (5) 대립가설 채택

4. 분산 분석: 일원 배치법

요약표

인자의 수준	관측수	합	평균	분산
배터리1	10	1401	140.1	99.43333
배터리2	10	1437	143.7	58.67778
배터리3	10	1288	128.8	1693.289

분산 분석

변동의 요인	제곱합	자유도	제곱 평균	F 비	P-값	F 기각치
처리	1208.867	2	604.4333	0.979421	0.388476	3.354131
잔차	16662.6	27	617.1333			
계	17871.47	29				

p = 0.3885 > α = 0.05 귀무가설 채택

6. 분산 분석: 반복 없는 이원 배치법

요약표	관측수	합	평균	분산
A1	4	31	7.75	1.583333
A2	4	31	7.75	1.583333
A3	4	27	6.75	2.25
B1	3	22	7.333333	1.333333
B2	3	25	8.333333	0.333333
B3	3	25	8.333333	0.333333
B4	3	17	5.666667	0.333333

분산 분석

변동의 요인	제곱합	자유도	제곱 평균	F 비	P-값	F 기각치
인자 A(행)	2.666667	2	1.333333	4	0.078717	5.143253
인자 B(열)	14.25	3	4.75	14.25	0.003885	4.757063
잔차	2	6	0.333333			
계	18.91667	11				

(1) 교과목에 따른 차이는 $p = 0.0787 > \alpha = 0.05$로 나타나 차이가 없는 것으로 나타났다.

(2) 교육방식에 따른 차이는 $p = 0.0039 < \alpha = 0.05$로 나타나 차이가 있는 것으로 나타났다.

8. 분산 분석: 반복 있는 이원 배치법

요약표	기계1	기계2	계
지역1			
관측수	4	4	8
합	26	32	58
평균	6.5	8	7.25
분산	1.666667	0.666667	1.642857
지역2			
관측수	4	4	8
합	28	26	54
평균	7	6.5	6.75
분산	0.666667	0.333333	0.5
계			
관측수	8	8	
합	54	58	
평균	6.75	7.25	
분산	1.071429	1.071429	

분산 분석

변동의 요인	제곱합	자유도	제곱 평균	F 비	P-값	F 기각치
인자 A(행)	1	1	1	1.2	0.294821	4.747225
인자 B(열)	1	1	1	1.2	0.294821	4.747225
교호작용	4	1	4	4.8	0.04893	4.747225
잔차	10	12	0.833333			
계	16	15				

(1) 기계에 따른 차이는 $p = 0.2948 > \alpha = 0.05$로 나타나 차이가 없는 것으로 나타났다.

(2) 지역에 따른 차이는 $p = 0.2948 > \alpha = 0.05$로 나타나 차이가 없는 것으로 나타났다.

(3) 기계와 지역의 상호작용에 따른 효과는 $p = 0.0489 < \alpha = 0.05$로 나타나 상호작용 효과가 있는 것으로 나타났다.

11장

〈객관식〉

2 ②, 4 ①, 6 ①, 8 ④, 10 ④

〈주관식〉

2. (1)

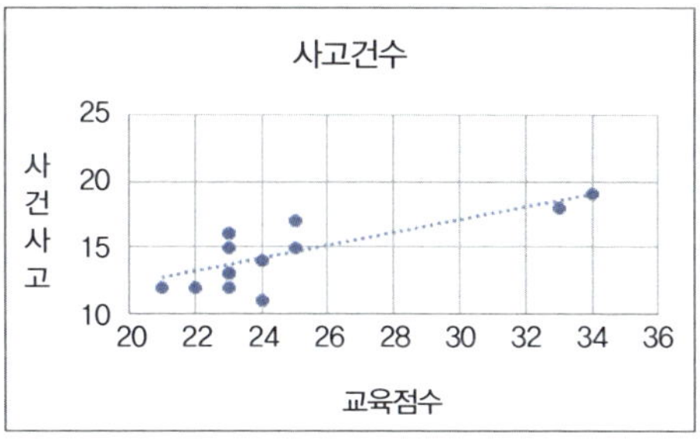

(2)

	교육점수	사고건수
교육점수	1	
사고건수	0.755242	1

(3) 교육점수와 사고건수는 강한 정(+)의 상관관계가 있음

12장

〈객관식〉

2 ①, 4 ②, 6 ③, 8 ④, 10 ④, 12 ①, 14 ①

〈주관식〉

2. 요약 출력

회귀분석 통계량	
다중 상관계수	0.674591
결정계수	0.455073
조정된 결정계수	0.386957
표준 오차	5.54627
관측수	10

분산 분석

	자유도	제곱합	제곱 평균	F 비	유의한 F
회귀	1	205.5111	205.5111	6.680874	0.032377
잔차	8	246.0889	30.76111		
계	9	451.6			

	계수	표준 오차	t 통계량	P-값	하위 95%	상위 95%	하위 95.0%	상위 95.0%
Y 절편	22.15556	7.799913	2.840488	0.021796	4.168924	40.14219	4.168924	40.14219
광고횟수	3.022222	1.169256	2.584739	0.032377	0.325912	5.718532	0.325912	5.718532

(1) 0.4551 (2) Y=22.1556+3.0222X

(3) 34.2444 (4) 46.3332

(5) p=0.0323<α=0.05 대립가설 채택 (6) p=0.0324/2<0.05 대립가설 채택

4. (1) 14 (2) 1개

(3) Y= −4.0029+0.3255X (4) 4.1346

(5) p=0.0035<α=0.05 대립가설 채택 (6) p=0.0035/2<0.05 대립가설 채택

13장

〈객관식〉

2 ②, 4 ④, 6 ③, 8 ③, 10 ③

〈주관식〉

2. $=5+2\times60+4\times5=145$

찾아보기
INDEX

ㅂ

ㅅ

ㅇ

■ 저자소개

• 김길환

중앙대학교 경제학 학사중앙대학교를 경제학과를 졸업하고 고려대학교에서 석사학위(경제학)를, 미국 뉴욕주립대학교 버펄로 캠퍼스에서 박사학위(경영학)를 취득하였다. 에너지경제연구원에서 부연구위원을 역임하였고 2017년부터 계명대학교 조교수로 근무 중이다. 서비스경영, 생산운영관리, 공급사슬관리, 품질경영, 경영과학 등의 수업을 담당하고 있다.

• 정현석

계명대학교 컴퓨터공학과를 졸업하고 계명대학교 경영학과에서 석・박사학위를 취득하였다. 2010년부터 서비스경영, 생산운영관리, 공급사슬관리, 품질경영, 통계자료분석, 경영과학 등의 수업을 담당하고 있고 현재 계명대학교에서 초빙교수로 근무 중이다.

경영학 연구방법

저 자 정현석 · 김길환
발행자 한헌주
발행처 도서출판 **경문사**
서울특별시 서대문구 독립문로 21-9
전화 738－7035 FAX. 722－4678
E－mail : kmsp@korea.com
홈페이지 : http://www.kmsp.co.kr
등 록 1995년 11월 9일 제300－1995－138호

2023년 6월 25일 초 판 1쇄 인쇄
2023년 6월 30일 초 판 1쇄 발행
• 저자와 협의 하에 인지 생략함

정가 26,000원 ISBN 978-89-420-0027-2 93320